AF288484

JAMES O'HEARE

DAS AGGRESSIONSVERHALTEN DES HUNDES

EIN ARBEITSBUCH

animal Learn®

VERLAG

Wir bitten die mangelnde Bildqualität einiger Fotos zu entschuldigen. Es handelt sich um Originalaufnahmen des Autors, die situationsbezogen wichtig sind.

© James O'Heare/ animal learn Verlag
Alle Rechte, insbesondere das Recht der Vervielfältigung, Verbreitung und Übersetzung, vorbehalten. Kein Teil des Werks darf in irgendeiner Form (durch Fotokopie, Mikrofilm oder ein anderes Verfahren) ohne schriftliche Genehmigung reproduziert oder unter Verwendung elektronischer Systeme verarbeitet, vervielfältigt oder verbreitet werden.
Die Rechte für die Fotos liegen bei den jeweiligen Urhebern.

Titel der englischen Originalausgabe:
The Canine Aggression Workbook

ISBN-10: 3-936188-10-6
ISBN-13: 978-3-936188-10-3

Übersetzung ins Deutsche: Brigid Weinzinger, Martina Nagel
Lektorat: Sonja Zbinden
Illustrationen: Jürgen Zimmermann, Stuttgart
Satz & Layout: Annette Gevatter, Riegel a.K.
Druck: FINIDR, s.r.o., Český Těšín, Tschechische Republik

Alle Rechte der deutschen Übersetzung:
animal learn Verlag
Email: animal.learn@t-online.de
www.animal-learn.de

INHALTSVERZEICHNIS

Aggression verstehen
Warum Hunde aggressiv reagieren. Definition des Begriffes.
Physiologie von Stress und Aggression

Aggression vermeiden
Präventivmaßnahmen beim Welpen und beim erwachsenen Hund

Aggression diagnostizieren
Aggressionsprobleme beim Hund Schritt für Schritt erkennen

Aggression behandeln
Lerntheorie und Methoden zur Verhaltenskorrektur verstehen
und auf Problemverhalten übertragen. Inklusive Basisprogramm.

Aggression gegen Kinder
Was ist zu tun, wenn sich die Aggression des Hundes
gegen Kinder richtet? Präventivmaßnahmen.

DANKSAGUNG

Ich möchte allen danken, die mich bei diesem Projekt unterstützten.

Brenda Rushman für Beratung und Unterstützung, für Korrekturlesen und Redigieren.
Verbleibende Fehler sind allein meine Schuld.

Angelica Steinker für ihren Rat und ihre Unterstützung.

Brandy Oliver von doggiedoor.com für die Rolle des Advocatus Diaboli.

Beth Duman vom Wolf Park, die mir bestätigte, dass Hunde keine Wölfe sind.

Laura MacDonald für die Illustrationen im Buch.

Susan Dillon für die Cover-Illustration.

Meiner Frau Pascale, die mir Tausende Dollar und Tausende Stunden
für die Fertigstellung dieses Buches zugestanden hat.

W. Thomas Leroux für die computergestützten Aspekte der Buchproduktion,
die zu meinen Schwachstellen zählen.

Danke allen Studierenden und der ganzen Fakultät der Academy of
Canine Behavioral Theory, von denen ich sehr viel gelernt habe.

Außerdem danke ich Jean Donaldson, Pamela Reid, Pat Miller,
Karen Pryor, Deb Jones, Sue Sternberg, Chris Bach und Ian Dunbar,
die mir eine Quelle der Inspiration waren.

WIDMUNG

Ich widme dieses Buch den vielen Tierheimhunden, die ich im Laufe der Jahre kennen lernte und mit denen ich arbeiten konnte. Ich habe von ihnen mehr gelernt als aus jedem Buch und von jedem Menschen.

VORWORT

WICHTIG: UNBEDINGT VORHER LESEN

Dieses Buch ist keine abgeschlossene Arbeit. Ich habe durch meine Forschungsarbeit und meine Praxis für Verhaltensberatung einiges über Aggressionen beim Haushund gelernt. Wir stehen aber mit der Analyse und Behandlung unerwünschter Aggression beim Hund erst am Anfang. Es wird leidenschaftlich darüber diskutiert, wie man mit aggressiven Hunden richtig umgeht. Um den Hundetrainer und Autor von Good Owners, Great Dogs Brian Kilcommons zu zitieren: „Das Einzige, worauf sich zwei Hundetrainer einigen können, ist, dass ein dritter Unrecht hat." Ich lade meine Leser, die auf eine Berufslaufbahn mit Hunden hinarbeiten oder sich mit der Aggression ihres eigenen Hundes auseinandersetzen, dringend ein, verschiedenes Material zu diesem Thema zu lesen und selbst zu beurteilen, was davon für Sie wichtig und was weniger hilfreich ist. Verwenden Sie dazu auch die Literaturliste am Ende dieses Buches und DENKEN SIE ÜBER ALLES NACH, was Sie gelesen haben.

Die Wissenschaft liefert uns nicht alle Antworten, die wir für den Umgang mit aggressiven Hunden brauchen. Wo es möglich ist, stütze ich mich auf wissenschaftliche Erkenntnisse. Ich gebe im ganzen Buch Quellennachweise an, wenn sich meine Meinung auch mit veröffentlichten Ergebnissen deckt. Wenn es keinen Quellennachweis gibt, handelt es sich um meine eigenen Meinungen und Ansichten, die ich auf Grund meiner Erfahrungen gewonnen habe, oder um Schlussfolgerungen, die ich aus wissenschaftlichen Arbeiten gezogen habe. Statt also jeden Satz mit einem „Meiner Erfahrung nach..." zu beginnen, halte ich einfach fest, dass die Theorien in diesem Buch von mir stammen. Ich halte sie, von meinem heutigen Wissensstand ausgehend, für richtig, aber natürlich kann man sie hinterfragen, und vielleicht sind sie sogar falsch. Damit sich der Bereich der Verhaltensberatung für den Hund zu einem wirklich fundierten und anerkannten Beruf entwickeln kann, müssen wir genau unterscheiden, was wir wissenschaftlich untermauern können, was wir aus dem Erfahrungsschatz von Kollegen ableiten und als allgemein zutreffend einstufen können und was bloße Hypothese ist, die weder von der Wissenschaft noch von der praktischen Erfahrung gestützt wird.

Ich lege die von mir in diesem Buch vorgestellten Theorien sowohl der breiten Öffentlichkeit als auch der Fachwelt zur Diskussion vor und nehme nicht in Anspruch, das Thema könne hiermit ein für alle Mal abgehakt werden. Schließlich ist die Wissenschaft ein Prozess ohne Ende.

Ich verwende Begriffe, die korrekt und präzise sind und werde die verwendete Terminologie jeweils definieren. Man muss den Jargon der Verhaltensberatung und des Hundetrainings nicht kennen, wenn man dieses Buch verstehen will, wird damit aber, nachdem man es gelesen hat, gut zurecht kommen. Dadurch wird weitere Lektüre deutlich leichter, wenn man auf Arbeiten stößt, in denen die Begriffe nicht definiert werden. Wenn Sie Hundebesitzer sind und sich nicht durch den Jargon und die Details arbeiten wollen, dann finden Sie am Ende eines jeden Kapitels den Abschnitt „Zusammenfassung". In diesem Abschnitt wiederhole ich jeweils den Inhalt des Kapitels so einfach wie möglich und ohne Fachjargon. Wenn Sie also mit einem Kapitel Probleme hatten, sollte der Abschnitt „Zusammenfassung" die Sache verständlich machen.

Dass ich ein Buch über aggressives Verhalten schrieb, obwohl viele Trainer und Verhaltensberater sagen, ein Hundebesitzer solle die Sache nicht nur mit einem Buch in der Hand oder einer telefonischen Beratung von einem Trainer/ Verhaltenstherapeuten angehen, hat verschiedene Gründe. Erstens ist über Aggression bei Hunden nicht besonders viel Information in Buchform vorhanden. Es gibt gerade eine Hand voll Bücher, von denen viele nur schwer aufzutreiben oder bereits ziemlich veraltet sind. Bei den wenigen Büchern, die es gibt, bin ich in vielen Punkten ganz anderer Meinung, so dass ich keines wirklich empfehlen kann. Ein weiterer Grund ist der, dass der Rat „Suchen Sie einen guten Hundetrainer oder Verhaltensberater in Ihrer Gegend auf" oft ins Leere geht. Die Menschen tun das einfach nicht, was verschiedene Gründe hat; und selbst wenn sie es machen würden, würde ich ihnen nur ungern vorschlagen, einen Trainer oder Berater in ihrer Gegend aufzusuchen, weil ich weiß, dass es noch immer viele Hundetrainer der alten Schule gibt, die Methoden verwenden, von denen wir heute wissen, dass sie mehr Schaden anrichten als Nutzen bringen. Es ist reine Glückssache, ob man einen wirklich kompetenten Trainer findet oder nicht, und daher mache ich den Vorschlag nur ungern. Ein weiterer Grund ist schließlich, dass professionelle Hilfe zwar nützlich sein kann, es am Ende aber doch SIE, die Hundebesitzer, sind, die den Hund verstehen und mit ihm arbeiten müssen. Der Besitzer eines aggressiven Hundes muss selbst Experte werden, was nicht automatisch passiert, wenn man eine Stunde bei einem professionellen Berater verbringt. Nicht einmal, wenn man das jede Woche und sechs Wochen am Stück macht. Ich bin absolut überzeugt davon, dass die professionellen Berater heute sehr viel mehr Erfahrung haben als früher und natürlich viel mehr als der durchschnittliche Hundebesitzer. Ebenso glaube ich, dass sie Dinge feststellen können, die der Besitzer nicht sieht. Ich würde mir wünschen, alle Hundebesitzer könnten zu einem guten Trainer, Verhaltensberater oder Tierpsychologen gehen, der wirklich auf dem neuesten Stand der Forschung arbeitet und genau weiß, was er tut. Das wäre ideal, meiner Erfahrung nach läuft es aber meistens nicht so. Ich hoffe daher, Sie werden mein Buch lesen, genau über die vorgeschlagenen Möglichkeiten nachdenken, einen qualifizierten Trainer oder Tierpsychologen aufsuchen und einen Trainingsplan entwickeln, statt einfach weiter mit dem Problem zu leben, bis es gänzlich außer Kontrolle gerät. Aus diesem Grund habe ich ein Buch über ein Thema geschrieben, das im Idealfall von einem professionellen Trainer/ Verhaltenstherapeuten persönlich behandelt werden sollte.

Es ist eine umfassende Abhandlung über Aggression mit einer Fülle an Informationen. Trainer müssen sich immer auf eine Gratwanderung einlassen: Einerseits darf man den Klienten nicht mit Informationen und Aufgaben überschütten, weil er dann abschaltet und aussteigt; andererseits muss man dem Klienten ausreichend Information und praktische Fertigkeiten mitgeben, so dass er auch tatsächlich eine Veränderung bewirken kann. Sie sind der Besitzer, es ist IHR Hund, und solange es Ihr Hund ist, müssen SIE zum Experten für aggressives Verhalten und die Methoden der Verhaltenskorrektur für Ihren Hund werden. SIE müssen mit dem Problem zurechtkommen, nicht irgendein Profi irgendwo, weil es darum geht, IHRE Beziehung zu IHREM Hund wieder in Ordnung zu bringen. SIE müssen die GRUNDSÄTZE, von denen die allgemeinen Anleitungen und Übungen abgeleitet sind, voll und ganz verstehen, weil das Leben Ihnen immer neue Situationen bietet. Jeder Hund hat in seinem Leben zwei Trainer: Sie und seine Umwelt. Die Umwelt beeinflusst das Verhalten Ihres Hundes 24 Stunden am Tag. Um eine Wirkung erzielen zu können, müssen SIE, der Besitzer, verstehen, wie sich das auf Sie und Ihren Hund auswirkt, und Sie müssen lernen, was Sie dagegen tun können. Wenn man Ihnen einfach ein fertiges Rezept gibt, was Sie tun sollen, werden Sie unweigerlich in Situationen geraten, in denen das Rezept nicht hilft. Genau solche Situationen stellen den schönsten Plan auf den Kopf, wenn SIE nicht gelernt haben, den Plan selbst zu erstellen. Der kundige und qualifizierte Besitzer und Trainer versteht, WARUM Hunde bestimmte Dinge tun und wie Verhalten von Umweltfaktoren beeinflusst wird, und wird daher in der Lage sein, eigenständig einen Plan zu entwickeln. SIE werden Experte werden müssen, und zwar rasch. Dieses Buch auf ein paar schnelle Tipps oder vermeintliche Orientierungshilfen zu reduzieren, wäre nicht halb so nützlich. Wie Sie sehen, tendiere ich eher dazu, Ihnen zu viel zuzumuten. Wenn Sie nun abschalten und aussteigen, dann schalten Sie eben ab und steigen Sie aus. Wenn Sie aber dranbleiben, dann werden Sie die Informationen bekommen, die Sie brauchen, um die Probleme, die Sie haben, zu lösen. Wenn ich einen Klienten mit einem aggressiven Hund habe, dann arbeiten wir zuerst gemeinsam daran, das Problem zu erfassen, und beginnen danach mit einem sorgfältig entwickelten Trainingsplan. Ich verabschiede mich danach aber nicht einfach und überlasse den Klienten sich selbst. Würde ich das tun, würde meine Erfolgsrate wohl ziemlich in den Keller rasseln. Vielmehr stelle ich in der Nachbetreuung sicher, dass wir die unweigerlich auftretenden Probleme und Fragen klären können. Pläne müssen manchmal angepasst und manchmal zugunsten neuer Pläne über Bord geworfen werden. Lesen Sie daher bitte alles sorgfältig und greifen Sie die Informationen auf. Lesen Sie dann noch einmal nach und studieren Sie das Buch genau, denn SIE werden mit Ihrem Problem fertig werden müssen, nicht das Buch und auch kein Trainer; sondern SIE. Haben Sie inzwischen den Eindruck bekommen, dass es immer nur um SIE (und Ihren Hund) geht? Sie lieben Ihren Hund, sonst wären Sie jetzt nicht hier. Sie haben aber ein Problem. Gehen wir es an.

Wenn Sie Besitzer eines Hundes mit einem akuten Aggressionsproblem sind, werde ich Sie bitten, einige Hausaufgaben zu machen. Sie sollten ein Trainingstagebuch (erhältlich bei www.animal-learn.de) führen, in dem Sie sich einige Notizen machen und wichtige Daten einheften können. Wenn Sie das Wort HAUSAUFGABE lesen, ist das ein Hinweis darauf, dass Sie etwas erarbeiten und in Ihrem Trainingstagebuch notieren oder ablegen sollen. Diese Mappe wird am Ende eine vollständige und umfassende Beschreibung Ihres Problems und der von Ihnen geplanten Gegenmaßnahmen enthalten. Überspringen Sie die Hausaufgaben bitte nicht. Ich weiß, manchmal wird die Versuchung dazu groß sein, aber nur, wenn Sie die Hausaufgaben wirklich machen, können Sie ganz wichtige Informationen und Erkenntnisse gewinnen, denn es ist unmöglich, alles im Kopf zu behalten. Wenn Sie sich dazu entschließen, einen professionellen Berater oder Helfer aufzusuchen, so sind diese Informationen eine wertvolle Hilfe für ihn. Niemand macht gern Hausaufgaben, aber es mag auch niemand einen aggressiven Hund – also, machen wir uns an die Arbeit!

KAPITEL 1
AGGRESSION VERSTEHEN

DIE MENSCH-HUND-BEZIEHUNG

Die Beziehung zwischen Hunden und Menschen ist einzigartig. Keine andere symbiotische Lebensgemeinschaft, die es je gab, kommt an die Beziehung zwischen Hund und Mensch heran. Hunde ermöglichen uns, eine Form der Gemeinsamkeit zu erleben, die von größter Ehrlichkeit und außergewöhnlicher Nachsicht geprägt ist. Hunde intrigieren nicht hinter unserem Rücken gegen uns und handeln nicht aus purer Böswilligkeit. Hunde fühlen genau das, was sie fühlen, und drücken diese Gefühle klar und deutlich aus. Wir können uns darauf verlassen, dass sie in allem integer und ehrlich sind. Die Domestikation hat zu einer Evolution der Hunde geführt, die sie dazu prädestiniert, eine enge Bindung zum Menschen einzugehen. Hunde ermöglichen uns jene Art von Bindung, die in der Welt der Menschen manchmal schwer zu finden ist.

Gelegentlich werden Bindungen und Beziehungen Belastungsproben unterzogen. Aggressives Verhalten kann die Bindung zwischen Mensch und Hund beeinträchtigen, die Beziehung verschlechtern oder gar zum Zusammenbruch des Vertrauensverhältnisses führen. Die Behandlung der Aggression zielt letztlich darauf ab, wieder zu einer sicheren und für beide Seiten vorteilhaften Beziehung zurückkehren zu können.

Die Bindung, die zwischen Ihnen und Ihrem Hund besteht, beziehungsweise die Möglichkeit, diese Bindung wieder herzustellen, ist realistisch betrachtet das Einzige, was Ihnen durch diese Krise helfen kann. In vielen Fällen spielt bei diesem Prozess auch Schuld eine Rolle, aber auf lange Sicht gesehen muss die Verbindung, die zwischen Ihnen besteht, zum Motor für die Veränderung und Behandlung des Problems werden. Versuchen Sie, die Sache aus der Perspektive Ihres Hundes zu betrachten und zu verstehen, dass er sich, wenn er die Wahl hätte, viel lieber sozial verträglich als unverträglich verhalten würde. Er glaubt aber entweder, dass das für ihn zu gefährlich wäre, oder handelt aus einem Instinkt heraus. Unsere Aufgabe besteht darin, ihn davon zu überzeugen, dass es auch anders geht. Als ethisch denkende Wesen liegt es auch in unserer Verantwortung, dabei nicht auf Methoden zurückzugreifen, die mit Strafreizen arbeiten. Ein Großteil der Aggression ist auf Aversion zurückzuführen, und zur Bekämpfung von Aversionen aversive Reize einzusetzen, kann nicht zu einer guten und engen Beziehung führen. Diese bildet aber die notwendige Grundlage für die Lösung von Aggressionsproblemen bei Haushunden.

REALITÄTSVERWEIGERUNG UND TRAUERARBEIT

Vielleicht klingt es zunächst merkwürdig, das emotionale Durcheinander, das ein Hundebesitzer nach einem aggressiven Zwischenfall mit seinem Hund durchlebt, als Trauerarbeit zu bezeichnen. Es ist aber ein weit verbreitetes Phänomen, das Besitzer von aggressiven Hunden durchleben und auch tatsächlich durchleben müssen. Viele Besitzer bleiben in einer bestimmten Phase der Trauerarbeit hängen, was nicht nur den Heilungsprozess, sondern auch dem Erkennen des Problems und der nötigen Behandlung des Hundes im Wege steht.

1. REALITÄTSVERWEIGERUNG

Bei keinem anderen Verhalten unserer Haushunde kommt es zu einer derartigen Realitätsverweigerung wie bei Aggression. Damit muss Schluss sein. Menschen verweigern die Wahrnehmung der Realität, weil es zu schrecklich ist, der Tatsache ins Auge zu schauen, dass ihr Freund und Begleiter gefährlich ist. Niemand will sich einer solchen Wahrheit stellen. Das Problem ist aber, dass damit das Problem nicht gelöst wird; die Sache wird nur hinausgeschoben. Es ist außerdem eine alles andere als bewusst getroffene Entscheidung. Realitätsverweigerung ist ein schwer zu fassender Dämon; einer, gegen den man ankämpfen muss. Viele Menschen machen sich selbst vor, dass ein knurrender halb erwachsener Hund niedlich ist oder dass Jagd- oder Verteidigungsverhalten von selbst wieder aufhören wird, wenn der Hund erst erwachsen ist. Manche setzen ihre Hoffnung darauf, dass sie in einem Kurs zum Grundgehorsam die Probleme mit aggressiven Verhaltensweisen schon irgendwie in den Griff bekommen werden. Ein aggressiver Hund ist aber in diesem Kurs fehl am Platz. Was Sie beim Training zum Grundgehorsam lernen, kann zwar zu einer besseren Beziehung zu Ihrem Hund beitragen (weil Sie eine gemeinsame Sprache und konsequentes Verhalten lernen), aber in einem normalen Erziehungskurs gibt es schlichtweg nicht die Möglichkeit, dem Besitzer eines Hundes mit Aggressionsproblemen die notwendigen Informationen und Ratschläge zu vermitteln. Manchmal klammern sich Menschen an die Vorstellung, dass ihr Hund ja nur die Rangordnung testet, wenn er dauernd alle anderen Hunde angeht. Fälle von aggressivem Verhalten werden aber fast nie ohne gezieltes Training besser. Es gibt keine Entschuldigung und keine Ausreden, denn auch wenn aggressives Verhalten normal ist, müssen wir trotzdem etwas dagegen unternehmen. Auf den Teppich zu pinkeln ist für Ihren Hund auch normal, und trotzdem unternehmen Sie etwas und erziehen ihn zur Stubenreinheit. Ja, es mag sein, dass der Hund vielleicht in seinem früheren Zuhause schlimme Erfahrungen gemacht hat, aber dem Problem müssen wir uns dennoch stellen. Ignorieren Sie bitte die Anzeichen nicht, wenn Ihr Hund ein unangemessen aggressives Verhalten entwickelt oder zeigt. Es geht nicht einfach von selber wieder weg. Es IST ernst. Hat Ihr Hund bereits jemanden angeknurrt? Wenn ja, dann haben Sie ein Problem. Hat Ihr Hund schon jemals nach jemandem geschnappt? Wenn ja, dann haben Sie ein Problem. Kein Wenn und Aber. Es sind klare Zeichen dafür, dass Sie ein Problem haben. Registrieren Sie es und beginnen Sie, etwas dagegen zu tun.

2. WUT

In dieser Phase reagiert man wütend, wenn einen jemand darauf hinweist, dass der Hund problematisches Jagd- oder Verteidigungsverhalten an den Tag legt. Die Wut kann sich auch begründet oder unbegründet gegen den „anderen Hund" oder die Person, die Opfer von Jagd- oder Verteidigungsverhalten wurde, richten. Es kann auch sein, dass man auf den Hund, der unangebrachtes Jagd- oder Verteidigungsverhalten zeigt, wütend ist, weil er sich so verhält. Wir haben es dabei mit einer Bewältigungsstrategie und einer weiteren Form von Realitätsverweigerung zu tun. Wappnen Sie sich dagegen. Wenn Sie jemand darauf hinweist, dass Ihr Hund aggressiv ist, dann achten Sie genau darauf, welche Gefühle Sie in diesem Moment haben. Denken Sie später noch einmal über Ihre Gefühle nach. Behalten Sie die Kontrolle über sich und übernehmen Sie Verantwortung für Ihr Tun. Wenn Sie wütend werden, akzeptieren Sie dieses Gefühl und verdrängen Sie es nicht. Prüfen Sie dieses Gefühl und finden Sie heraus, wozu Ihre Wut dient. Überlegen Sie, wie Sie die Wut als Abwehrmechanismus eingesetzt haben, um sich nicht mit dem anstehenden Problem auseinandersetzen zu müssen. Dann können Sie sich in den Situationen, in denen sich jemand wirklich unangemessen benimmt und zum Beispiel auf Ihren Hund zustürzt und ihm ohne zu fragen den Kopf tätschelt, mit diesem Menschen auseinandersetzen, ohne wütend zu werden. Das ändert natürlich nichts an der Tatsache, dass Ihr Hund auf so etwas mit Knurren und/ oder Abwehrschnappen reagiert. Wenn Sie also wütend werden, dann verdrängen Sie das Gefühl nicht, aber lassen Sie sich dadurch auch nicht den Blick auf die Realität verstellen. Wenn Ihr Hund jemanden beißt, der direkt auf ihn zugeht, um ihn zu streicheln, dann haben Sie ein echtes Problem. Es könnte sogar schon ein Warnsignal sein, wenn Ihr Hund immer dann, wenn ein Kind zu Besuch ist, den Raum verlässt. Achten Sie darauf. Im Endeffekt und vor dem Gesetz haften Sie für das Verhalten Ihres Hundes. Wie Ihr Hund sich verhält, hat auch Auswirkungen auf jeden anderen Hundebesitzer und jeden anderen Hund auf der Welt; so wie ein Stein, den man ins Wasser wirft, Kreise zieht. Übernehmen Sie die Verantwortung und arbeiten Sie daran, das Verhalten Ihres Hundes zu ändern.

3. FEILSCHEN

Mit dieser Phase müssen sich Verhaltensberater am häufigsten auseinandersetzen. Feilschen kann eine weitere Methode der Problemvermeidung und ein Selbstschutzmechanismus sein. Diese Phasen helfen einem, sich einer Lösung anzunähern. Sie haben ihre Berechtigung. Wenn Sie Angst haben oder verwirrt sind, können es Ihnen die verschiedenen Phasen leichter machen, den Schock zu verarbeiten. Sie müssen aber daran arbeiten, jede Phase so ehrlich wie möglich zu bewältigen. Wenn Sie versuchen, mit Ihrem Hundetrainer oder Verhaltensberater (oder sogar Ihrem Hund) zu feilschen, dann versuchen Sie, das Ausmaß des nötigen Trainings möglichst niedrig zu halten und das Problem nicht ganz so ernst zu nehmen. Ein vollständiges Trainingsprogramm setzt voraus, dass Sie sich eingestehen, dass Ihr Problem fortbestehen wird, wenn Sie sich nicht darum kümmern. Wenn es um ein notwendiges Training geht, gibt es kein

Feilschen mehr. Sie müssen etwas unternehmen, und daher müssen Sie sich durch diese Phase durcharbeiten und das Problem akzeptieren lernen. Wappnen Sie sich gegen den Drang zu feilschen, indem Sie sich Ihre Gefühle bewusst machen und ehrlich anschauen, welche Funktion sie haben.

4. DEPRESSION UND SCHULDGEFÜHLE

Wenn alle Selbstschutzmechanismen ausgeschöpft sind, werden Sie vielleicht feststellen, dass Sie Gefühle gegen sich selbst richten und damit der Notwendigkeit zum Handeln ausweichen. Schuldgefühle und Depressionen sind echt, haben aber – als Selbstschutzmechanismus – die Funktion, sich vor der Verantwortung drücken zu können und nicht gleich etwas unternehmen zu müssen. Arbeiten Sie sich durch diese Phase hindurch, indem Sie sich immer wieder vor Augen halten, dass aggressives Verhalten normal und größtenteils genetisch bedingt ist. Aggression dient bei allen Lebewesen einem bestimmten Zweck. Der Haken ist nur, dass Hunde nicht ihren Verstand einsetzen können wie Menschen. Der Hund versteht einfach nicht, dass sein aggressives Verhalten Sie die Wohnung oder ihn das Leben kosten kann. Akzeptieren Sie Ihre Gefühle, aber seien Sie sich bewusst, dass sie auch ein Selbstschutzmechanismus sind. Spüren und gehen Sie Ihren Gefühlen und Gedanken nach. Verdrängen Sie sie nicht, bedenken Sie aber auch, dass Sie sobald wie möglich die nächsten Schritte tun müssen.

5. AKZEPTANZ

Dieser Aspekt ist sehr wichtig. Man kann leicht rational argumentieren, wenn man an diesen Punkt kommt. Es ist einfach zu sagen, dass Sie das Problem akzeptieren, und vielleicht glauben Sie das ja sogar selber. Manchmal ist es aber schwierig zu unterscheiden, ob es ein echtes Annehmen der Situation oder nur ein rational begründetes Akzeptieren ist. Mein Rat ist: Machen Sie sich deswegen nicht allzu viel Kopfzerbrechen. Nehmen Sie Ihre Gefühle und Gedanken einfach so, wie sie kommen, gehen Sie ihnen nach. Vielleicht kommen Sie mehrmals an einen Punkt, an dem Sie Ihr Problem annehmen können, und stellen dabei fest, dass Ihre Akzeptanz in dem Maß, in dem Sie sich mit den vorangegangenen Phasen beschäftigen, immer umfassender wird. Die verschiedenen Phasen laufen nach keinem bestimmten Zeitplan und nicht einmal immer in einer bestimmten Reihenfolge ab, sondern können kreuz und quer durcheinander gehen.

Kurz zusammengefasst: Hüten Sie sich vor Realitätsverweigerung. Akzeptieren Sie Ihre Gefühle. Werden Sie sich über Ihre Gefühle und ihre mögliche Funktion als Selbstschutz klar. Sie sind wichtig. Sie müssen durch die verschiedenen Phasen durch. Versuchen Sie nicht, die Sache abzukürzen und eine Stufe zu überspringen. Seien Sie sich Ihrer Gefühle bewusst und übernehmen Sie die Verantwortung dafür. Nehmen Sie Ihre Gedanken und Gefühle ernst.

Aggression kann man nicht heilen. Ein aggressiver Hund wird immer eine gewisse Tendenz zu aggressiven Reaktionen haben, weil aggressive Reaktionen zur Gewohnheit werden. Unter Stress reagieren Tiere, wie es ihren Gewohnheiten entspricht, weil die bewusst agierenden Teile ihres Gehirns blockiert sind. Sie fallen dann in fast automatisch ablaufende Verhaltensmuster zurück; in Verhaltensmuster, bei denen sie gar nicht erst nachdenken müssen. Wenn ein Hund Angst, Frustration oder Wut erlebt, gerät er in eine Situation, in der er automatisch auf sein gewohntes Verhalten zurückgreift.

Ihr Ziel muss es sein, die Reizschwelle verschiedener Emotionen anzuheben und Ersatzhandlungen anzutrainieren. Es ist ein wenig wie Paddeln gegen die Strömung. Alte, schlechte Angewohnheiten sind nur schwer auszumerzen und können in Stress-Situationen immer wieder zum Vorschein kommen. Mit großem Engagement und viel Arbeit können Sie zwar sehr wohl einen Punkt erreichen, wo es nicht mehr zu aggressivem Verhalten kommt, Sie werden sich darauf aber nie völlig verlassen können. So wie ein Alkoholiker Zeit seines Lebens ein ehemaliger Alkoholiker bleibt, so bleibt auch ein aggressiver Hund Zeit seines Lebens ein ehemaliger aggressiver Hund.

Es gibt keine einfachen Lösungen. Aggression ist kein einfaches Problem. Es ist sehr komplex, hartnäckig und schwer zu ändern, weil es ein so tief verwurzeltes Verhalten ist. Hunde sind von ihrer Biologie her genauso wie Menschen darauf gepolt, Gewalt als Mittel einzusetzen. Viele populäre Bücher, die sich mit aggressivem Verhalten bei Hunden beschäftigen, stellen das Problem vereinfacht dar. Das geschieht vermutlich der besseren Verständlichkeit halber. Dabei wird aber auch der Eindruck erweckt, dass sich das Problem schon lösen lässt, wenn man sich nur ein wenig (oder auch sehr) bemüht. Meine Aufgabe ist es, Ihnen zu sagen, dass man sich in manchen Fällen noch so bemühen kann, das Problem aber unlösbar bleibt.

Denken Sie an einen aggressiven oder gewalttätigen Menschen, den Sie vielleicht kennen. Selbst wenn so ein Mensch erkennt, dass er ein Problem hat, so hat er üblicherweise doch enorme Schwierigkeiten, seinen Charakter (sein Temperament) oder sein Verhalten zu verändern. Auch mit medikamentöser Behandlung oder Psychotherapie kann häufig nur erreicht werden, dass so ein Mensch lernt, sich besser unter Kontrolle zu haben, während sein Charakter (sein Temperament) und sein aggressives Verhalten im Wesentlichen unverändert bleiben. Wenn etwas schief geht oder Druck und Anspannung zu viel werden, brechen die alten Gewohnheiten wieder durch. Es ist fast schon ein Klischee, wenn der Ehemann sich für einen Gewaltausbruch entschuldigt und schwört, dass es nie wieder passieren wird – und das zum zehnten Mal. Ja, klar. Für Hunde gilt vermutlich das Gleiche, mal abgesehen davon, dass sie sich im Unterschied zu Ehemännern nicht schuldig fühlen. Der Hund glaubt wahrscheinlich, er habe völlig richtig gehandelt.

Ich möchte Sie aber nicht unnötig verschrecken. Es gibt zwar gelegentlich einen Hund, den ich für nicht trainierbar halte, aber in der überwiegenden Mehrheit der Fälle bringt eine Schulung sehr wohl etwas. Wenn ein Hundebesitzer bereit ist, das Verhalten seines Hundes zu kontrollieren und ein Trainingsprogramm gewissenhaft durchzuführen, ist in den meisten Fällen ein erfülltes und sicheres Leben das Resultat. Wenn Sie sich dazu entschließen, dürfen Sie aber nicht dem Irrtum erliegen, das Problem mit einem ein paar Wochen oder vielleicht sogar Monate dauernden Trainingsprogramm ein für allemal gelöst zu haben. Es bleibt ein Dauerthema. Wenn Sie sich aber wirklich auf so ein Programm einlassen, werden Sie mit großer Wahrscheinlichkeit zu einem viel tieferen Verständnis Ihres Hundes kommen. Und seien Sie realistisch, dann werden Sie viel eher Erfolg haben.

RECHTLICHE FRAGEN

Hunde gelten fast überall als Eigentum und für einen Schaden, der vom Eigentum einer Person verursacht wird, haftet der Eigentümer. Dazu kommt noch, dass Eigentümer der gleichen Sorgfaltspflicht unterliegen wie jeder andere. Wenn Schaden entsteht, weil der Besitzer die Aufsichtspflicht für seinen Hund vernachlässigt, können gegebenenfalls auch strafrechtliche Schritte gegen ihn unternommen werden. Wenn Sie wissen, dass Ihr Hund potentiell eine Gefahr darstellen könnte, und nicht alle zumutbaren Vorkehrungen treffen, um das zu verhindern, könnten Sie sich eines Vergehens schuldig gemacht haben. Es handelt sich hier um eine allgemeine Warnung. Ich bin kein Jurist und werde mich hüten, eine exakte Rechtsauslegung in Sachen Hundegesetzgebung zu versuchen. Ich rate Ihnen aber, sich bei einem Rechtsanwalt über Ihre Verpflichtungen und Ihre rechtliche Lage beraten zu lassen, wenn Sie einen Hund haben, der möglicherweise gefährlich ist.

SIE HABEN FOLGENDE MÖGLICHKEITEN

Wenn Ihr Hund ein Aggressionsproblem hat, dann müssen Sie als Erstes eine Entscheidung darüber treffen, was Sie nun tun werden. Überlegen Sie, wie Sie das Problem angehen wollen und berücksichtigen Sie dabei folgende Faktoren:

1. RISIKO
Haben Sie Kinder im Haus? Wie schwer ist das Problem zum gegebenen Zeitpunkt? Beißt der Hund so stark, dass man blutet? Können Sie vorher erkennen, wann er beißen wird, oder wirkt er auf Sie unberechenbar? Können Sie die Situationen, die beim Hund Jagd- oder Verteidigungsverhalten auslösen, verhindern?

2. BEREITSCHAFT UND MÖGLICHKEITEN
Sind Sie bereit, VIEL Zeit und Mühe zu investieren, um das Problem in den Griff zu bekommen? Haben Sie die dafür nötige Zeit?

3. GEMEINSAMES HANDELN
Unterstützt jede im Haushalt lebende Person das Trainingsprogramm? Sonst kann es an denen scheitern, die nicht mitmachen.

4. GELD
Können Sie sich tierärztliche Untersuchungen, Medikamente, Verhaltenstherapie, Ausrüstung usw. leisten?

5. KRITIKFÄHIGKEIT UND ÄNDERUNGSWILLE
Wenn Sie ein Buch lesen oder einem professionellen Verhaltensberater zuhören, sind Sie dann bereit, darüber nachzudenken, dass Ihr Verhalten zu einem guten Teil Ursache des Problems und Grund seines Fortbestehens ist? Können Sie das akzeptieren und Ihr eigenes Verhalten ändern?

Hier nun ein paar der Optionen, die Ihnen offen stehen.

Option Nr. 1
Management. Wenn Sie die Möglichkeit haben, verlässlich dafür zu sorgen, dass beim Hund kein aggressives Verhalten ausgelöst wird oder auftritt, dann ist Management eine Option. Management erfordert, Situationen zu vermeiden, in denen der Hund mit Jagd- oder Verteidigungsverhalten reagiert, oder eine geeignete Ausrüstung zu verwenden, damit es in solchen Situationen zu keinen Problemen kommt. Die Option, darauf zu setzen, dass mögliche Auslöser von Problemverhalten vermieden werden können, kann ein wenig riskant sein und empfiehlt sich nur bei Hunden mit Beißgrad 1 oder weniger. Auf die Beißgrade werden wir später noch zu sprechen kommen.

Option Nr. 2
Den Hund abgeben. Wenn es jemanden gibt, der bereit ist, das Problem zu übernehmen und bessere Voraussetzungen hat, damit fertig zu werden, dann bietet sich diese Option an. Ebenso kann diese Lösung funktionieren, wenn Sie oder ein bestimmter Teil der Umgebung, in welcher der Hund lebt, der Auslöser für das Verteidigungsverhalten sind. Sie müssen aber dem neuen Besitzer gegenüber vollkommen offen und ehrlich sein und ihn über das Problem genau informieren. Ich schlage diese Option fast nie vor, denn in den meisten Fällen ist sie ohnehin unrealistisch.

Option Nr. 3
Euthanasie. In manchen Fällen ist das die einzig sichere und humane Option, die es gibt.

Option Nr. 4
Verhaltenstherapie. Bei der Verhaltenstherapie erlernen Hund und Halter geeignete Verhaltensweisen und Strategien zur Bewältigung des Problems. Bei dieser Option geht es nicht ohne Management. Wenn Sie zu einer realistischen Einschätzung Ihres Engagements und der Risiken gelangen, ist das eine mögliche Option. In manchen Fällen bringt die Behandlung keinen Erfolg. Wenn das der Fall ist, dann ist der nächste Schritt möglicherweise die Abgabe oder Euthanasie des Hundes.

AGGRESSION BEIM HUND VERSTEHEN

ALLGEMEINE AGGRESSIONSTHEORIE

Aggression ist ein komplexes Phänomen. Im Folgenden finden Sie eine Beschreibung der typischen Merkmale von Aggression und ihrer Motive.

AGGRESSION BEIM HUND

Aggression ist ein artspezifisches Droh- oder Angriffsverhalten, mit dem das Tier auf einen bestimmten Reiz reagiert. Der Begriff Aggression wird dabei nicht als präziser diagnostischer Terminus verwendet, sondern als allgemeine Bezeichnung für Droh- und Angriffsverhalten. Es ist schwierig, eine genaue Definition des Begriffes zu finden. Für viele Menschen zählt jedes Verhalten, das zu einer Verletzung führen kann, zur Aggression. Andere sprechen nur dann von Aggression, wenn der Hund damit die Absicht verfolgt jemanden zu verletzen. Die Abgrenzung, wann aus allgemeiner Aufregung und Erregung Aggression wird, ist also umstritten. Hier wird der Begriff Aggression als allgemeine Bezeichnung für Verhaltensprobleme angewendet, die aus Droh- und Angriffsverhalten entstehen.

Die Evolution selektiert auf jene Individuen, die am besten an ihre Umwelt angepasst sind. Alle Verhaltensanpassungen dienen letztlich dem Ziel zu überleben. Um das Überleben sicherstellen zu können, muss ein Tier sich an Ereignisse, die mit seinen Bedürfnissen in Zusammenhang stehen, anpassen und auf sie Einfluss nehmen können. Eine dieser möglichen Verhaltensweisen ist Aggression, sie stellt also eine Anpassung dar. Tiere sind genetisch darauf programmiert, jene Verhaltensweisen zu verwenden, die ihnen einen Einfluss auf ihre Umwelt sichern und daher zu größtmöglicher Belohnung und kleinstmöglicher Strafe führen. Bei Aggression geht es also im Wesentlichen um Einfluss und Kontrolle. Kontrolle dient der Anpassung, die wiederum dem Überleben dient. Dem Hund stehen hierfür Dinge wie Beißen, Knurren oder Zähnefletschen zur Verfügung.

Auf die Frage „Warum ist ein Hund aggressiv?" gibt es mehr als eine Antwort. Eine Möglichkeit ist einfach die, dass Hunde aggressiv sind, weil sie entweder Beute töten wollen, unangemessenes Spielverhalten gelernt haben oder weil sie so wie Menschen Angst bekommen oder wütend werden. Hunde, die Angst haben, verteidigen sich falls notwendig – genau wie Menschen, die Angst haben. Wann das für nötig gehalten wird, ist bei Hunden – genau wie bei Menschen – unterschiedlich. Wütende Hunde werden vielleicht so wie wütende Menschen gewalttätig. Jäger, egal ob Hunde oder Menschen, wenden Gewalt an, um ihre Beute zu bekommen. Wir verwenden Gewehre, sie ihre Zähne.

Zusammenfassend kann man sagen, dass Aggression bei Hunden eine natürliche Strategie der Verhaltensanpassung an die Umwelt darstellt, die dazu dient, das zu bekommen, was sie wollen, und das zu vermeiden/ dem zu entgehen, was sie nicht wollen. Der Hund ist von seiner Biologie her darauf programmiert, gegebenenfalls Aggression einzusetzen. Mit jedem aggressiven Erlebnis findet ein Lernprozess statt, der Erfahrungswerte liefert, wie brauchbar Aggression als Weg zum alles dominierenden Ziel des Überlebens ist. Wiederholtes aggressives Verhalten führt zu einem gewohnheitsmäßigen Verhalten, weil der Hund lernt, dass Aggression funktioniert. Aggression ist also teilweise angeboren und wird dann durch Lernerfahrungen und emotional geprägte Auswertungsprozesse individuell variiert.

Aggression ist auch ein strategisches Verhalten. *Tiere setzen Aggression ein, um möglichst viel positive Bestätigung und möglichst wenig negative Einwirkungen zu erhalten.* Dieses Konzept ist sehr wichtig, wenn man aggressives Verhalten verstehen will, weil „möglichst viel positive Bestätigung" auch heißen kann, dass der Hund (zum Beispiel) einen möglichst großen Abstand zu einer Furcht erregenden Sache gewinnt. Der Abstand dient dabei als Verstärker. Im selben Fall würde zu geringer Abstand als negative Einwirkung wahrgenommen, und der Hund würde versuchen, diese zu minimieren, indem er den Abstand vergrößert. Wenn man sich mit Verhalten beschäftigt, muss man die Rolle, die das Lernen spielt, berücksichtigen. Auch wenn es manchmal so scheint, ist Aggression nicht nur eine automatische, reflexhafte Reaktion auf einen Reiz. Das Gehirn wertet ankommende Reize aus und wählt eine Reaktion zum Teil auch auf Grundlage dessen aus, was früher schon funktionierte bzw. nicht funktionierte, um das gewünschte Ziel zu erreichen. Aggression ist also ein komplexes und vielschichtiges Phänomen.

Aggression kann in zwei funktionell unterschiedliche Kategorien eingeteilt werden. Droh- und Angriffsverhalten kann entweder

- affektives Verhalten
- nicht affektives Verhalten

sein. Affektives Aggressionsverhalten ist hochgradig emotional und führt zu einer Stimulierung des sympathischen Nervensystems und automatischer Erregung. In diese Kategorie fallen alle Aggressionsformen außer das Jagdverhalten; wir haben es mit emotional geladenem Verhalten zu tun. Nicht affektives Aggressionsverhalten läuft ohne emotionale Erregung und ohne Stimulierung des sympathischen Nervensystems ab. In diese Kategorie fallen die zum Jagdverhalten zählenden Formen des Angreifens.

NICHT AFFEKTIVE AGGRESSION

Nicht affektive Aggression umfasst Elemente aus der Verhaltenssequenz des Jagens, die auf unangemessene, gefährliche oder für den Menschen unangenehme Art und Weise ausgedrückt werden. Die Coppingers beschreiben ein allgemeines Modell der Jagdsequenz beim Hund folgendermaßen:

Orten > Fixieren > Anpirschen > Hetzen > Packen > Töten > Zerreissen > Konsumieren

Im Zuge der Domestikation und Evolution des Hundes wurden einzelne Elemente dieser Verhaltensabfolge verstärkt, andere unterdrückt oder gelöscht. Bestimmte Hunderassen wie zum Beispiel der Border Collie haben eine ausgeprägte „Orten > Fixieren > Anpirschen > Hetzen"-Sequenz, die sie beim Treiben von Schafherden einsetzen. Sie verfügen auch über die Verhaltenselemente „Zerreißen > Konsumieren", weil schließlich alle Hunde fressen müssen. Allerdings sind diese Elemente von den anderen abgekoppelt, so dass sie bei ihrer Arbeit damit keine Probleme bekommen. „Packen" tritt gelegentlich auf und gilt als Fehler, der durch gezielte Züchtung verhindert werden soll (Züchtung auf Löschen dieses Verhaltenselements), meist aber zumindest latent auftritt. „Packen > Töten" tritt mit noch geringerer Wahrscheinlichkeit auf als das Packen und Schnappen und ist ein noch stärker unterdrückter Teil des Verhaltensmusters. Ein guter Herdenschutzhund verfügt nur über das Element „Fressen". Die anderen Elemente der Verhaltenssequenz wurden nach Coppinger unterdrückt. Bei jeder Rasse und jedem einzelnen Tier tritt die Verhaltensabfolge der Jagdsequenz in einer individuellen Ausprägung auf, die genetisch festgelegt ist und daher eine selektive Züchtung und eine Abwandlung des Verhaltensmusters durch ein gezieltes Zuchtprogramm ermöglicht. Wie bereits erwähnt, führt nicht affektive Aggression nicht zu einer Erregung des sympathischen Nervensystems (emotionale Erregung). Der Hund hat keine Angst und ist auch nicht wütend – er ist auf der Jagd. In vielen Fällen müssen wir feststellen, dass normales Jagdverhalten für den Menschen gefährlich oder zumindest höchst unangemessen sein kann. Die Leute kaufen einen Jagdhund oder Hütehund, halten ihn im Haus und sind dann überrascht, wenn seine angeborenen Verhaltensweisen zum Vorschein kommen. In Einzelfällen können auch für eine Rasse unübliche Varianten des Jagdmusters vorkommen. Zum Beispiel können Border Collies das Element „Packen" zeigen und es in einer Weise einsetzen, die Menschen unangemessen oder gefährlich finden.

AFFEKTIVE AGGRESSION

Affektive Aggression geht mit einer Erregung des sympathischen Nervensystems einher. Diese Form der Aggression ist hochgradig emotional geladen. Ihr liegt – wie bei der menschlichen Aggression – ein emotionaler Auslöser zu Grunde. Die Frage ist allerdings, welcher emotionale Zustand zum Auslöser von aggressiven Verhaltensweisen wird.

Die Bereiche Emotionen und Kognition beim Tier werden sehr kontrovers und heftig diskutiert. Die Meinungen darüber, wie die Wechselwirkungen zwischen beiden aussehen, gehen auseinander. Üblicherweise geht man davon aus, dass Emotionen durch mentale Prozesse beeinflusst werden und mentale Prozesse wiederum von Emotionen. Früher war man der Auffassung, Emotionalität stehe im Widerspruch zu rationalen Überlegungen und wirke sich nachteilig auf sie aus, inzwischen wird aber angenommen, dass Verhalten ohne emotionalen Gehalt und ohne vorangegangenes gefühlsmäßiges Erfassen der Lage unangebracht ausfallen würde. Untersuchungen an menschlichen Patienten, bei denen durch Hirnverletzungen die Verarbeitung von Emotionen blockiert ist, zeigen nicht etwa völlig rationales Verhalten, wie man annehmen könnte, sondern im Gegenteil völlig unpassendes und unangemessenes Verhalten. Emotionen sind allgegenwärtig und beeinflussen unser Verhalten stark. Emotionen ermöglichen eine Einordnung von Umweltreizen und in der Folge eine entsprechend angepasste Verhaltensform, die dem Überleben dient. Man kann Gefühlszustände, mentale Prozesse und sogar körperliche Veränderungen auch selbst beeinflussen. Wenn Sie tief ausatmen und lächeln, können Sie die physiologischen Folgen von Anspannung und Wut tatsächlich verringern. Wenn Sie sich in einen anderen Gefühlszustand hineindenken, verändert sich auch Ihre Stimmung. Zwischen Emotion und Kognition gibt es also sehr komplexe Wechselwirkungen.

Ein Modell der Entstehung von Emotionen geht davon aus, dass die Reize, die ein Tier wahrnimmt, direkt in zwei verschiedene Systeme eingespeist werden: Im einen System werden die Reize identifiziert und differenziert, im anderen findet die Beurteilung und Einordnung statt. Dies bedeutet, dass das Tier die Merkmale eines Reizes erfasst und gleichzeitig seine Bedeutung beurteilt. Dieser Prozess der Auswertung gliedert sich offenbar in zwei Bereiche: positive und negative Einordnung. Der Beurteilungsprozess unterscheidet also zwischen Reizen, die emotional als positiv oder negativ, gut oder schlecht, ungefährlich oder gefährlich wahrgenommen werden. Ob ein bestimmter Reiz als positiv oder negativ erfasst und beurteilt wird, hängt vom Zusammenhang ab, es handelt sich also um ein sehr komplexes Beurteilungssystem. Ein Reiz, der kaltes Wasser signalisiert, kann als gut oder schlecht eingeordnet werden, je nachdem wie heiß es zum Beispiel ist oder wie durstig das Tier ist. Ob Futter als gut oder schlecht eingeordnet wird, hängt davon ab, wie hungrig der Hund ist und welche Erfahrungen er mit diesem Futter in der Vergangenheit machte. Angeborene Triebe und die Empfänglichkeit eines Hundes für bestimmte Reize spielen bei der Einordnung eines Reizes ebenso eine Rolle wie damit zusammenhängende, bereits gemachte und emotional geprägte Lernerfahrungen. Die Beurteilung, als wie gut oder wie schlecht etwas jeweils wahrgenommen wird, kann ein sehr vielschichtiger Prozess sein. Wenn ein Reiz als negativ beurteilt wird, wird das Meide- oder Rückzugsverhalten aktiviert. Wird jedoch ein Reiz als positiv empfunden, werden Annäherungs- und Erkundungsverhalten aktiviert. Unangenehme Dinge zu meiden und angenehme Dinge aufzusuchen ist ein Grundprinzip jeder Überlebensstrategie und offenbar fester Bestandteil des angeborenen, artspezifischen Systems und der emotionalen Reaktionen bei Hunden. Ein einzelner Reiz kann auch widersprüchliche Bedeutungen erhalten. Ein Hund kann zum Beispiel auf Menschen geprägt sein und trotzdem aus irgendeinem anderen Grund auf Menschen ängstlich reagieren. In einem solchen Fall käme es zu einem Konflikt von Annäherungs- und Meideverhalten.

Es ist auch wichtig, ein weiteres System emotionaler Grundprinzipien zu verstehen, nämlich das Prinzip vom positiven Ausgleich und vom negativen Vorrang. Das Konzept vom positiven Ausgleich besagt, dass sich bei geringfügigen Beurteilungsprozessen ein schwach positiver Motivationsstatus gegenüber einem negativen Status durchsetzt (Cacioppo). Das heißt, dass der Hund bei normaler oder geringer Stimulierung tendenziell vorsichtig optimistisch reagieren wird. Ohne diesen emotionalen Antrieb würden sich Tiere nämlich einer möglichen neuen Gelegenheit für Futter, Unterkunft, Sozialkontakt oder für die Abdeckung anderer Bedürfnisse gar nicht erst nähern. Das Konzept vom negativen Vorrang geht andererseits davon aus, dass geringfügig bis intensiv negative Reize eine stärkere Reaktion hervorrufen als geringfügig bis intensiv positive Reize (Cacioppo). Es ist offensichtlich, dass diese Prinzipien für die erfolgreiche Umweltanpassung und Evolution wichtig sind, wenn man bedenkt, dass das Nichtbeachten eines schädlichen Stimulus bedeuten kann, mit dem Leben zu bezahlen, während das Nichtbeachten eines positiven Stimulus nur heißt, dass man vielleicht eine sehr angenehme Erfahrung verpasst. Und um das tägliche Leben entsprechend bewältigen zu können, brauchen Tiere eine vorsichtig optimistische Grundeinstellung.

Welche Emotionen und Gefühlslagen spielen also bei Hunden eine Rolle, die Verteidigungsverhalten (affektive Aggression) zeigen? Als wahrscheinlichste Auslöser gelten Wut und Angst, da viele Forscher sie für grundlegende und mit Meideverhalten eng in Zusammenhang stehende Gefühlslagen halten.

„Wut entsteht üblicherweise durch gescheiterte Versuche, ein bestimmtes Ziel zu erreichen oder in Reaktion auf störende oder feindselige Handlungen wie Beleidigungen, Verletzungen oder Drohungen, die nicht aus einer angsteinflößenden Quelle stammen" (Gale Encyclopedia of Psychology). „Genau wie bei der Angst handelt es sich auch bei der Wut um eine grundlegende Emotion, die als primitiver Mechanismus zur Sicherung des körperlichen Überlebens dient. Die physiologischen Veränderungen, die mit Wut und Angst einhergehen, ähneln einander sehr. Hierzu zählen erhöhter Blutdruck und Herzfrequenz, schnellere Atmung und erhöhter Muskeltonus. Allerdings führt Wut eher zu erhöhtem Muskeltonus, Bluthochdruck und herabgesetzter Herzfrequenz, während Angst eher zu schneller Atmung führt. Während in Fällen von Angst der Körper mit Flucht oder Angriff und daher Adrenalinproduktion reagiert, wird bei Wut sowohl Adrenalin als auch ein weiteres Hormon, das Noradrenalin, ausgeschüttet" (Gale Encyclopedia of Psychology). Bei Wut und bei Angst wird in beiden Fällen ein Stimulus als emotional negativ erfasst und beurteilt. Das nun folgende Zitat aus der Gale Encyclopedia of Psychology beschreibt zwar das Gefühl der Wut beim Menschen, ist aber gleichzeitig eine sehr treffende Schilderung von normalem Hundeverhalten. „Ein passiv aggressiver Schüler wird in der Klasse ein Verhalten an den Tag legen, das auf subtile Weise unkooperativ und respektlos ist, aber keinen konkreten Anlass für ein Einschreiten oder Disziplinarmaßnahmen liefert. Passiv aggressive Handlungen können auch unter dem Deckmantel eines Gefallens oder einer Hilfeleistung auftreten, bei denen allerdings nicht Selbstlosigkeit das Motiv ist, sondern Feindseligkeit. Zu den extremeren Formen des Selbstschutzes gegen Wut zählt die Paranoia..."

Bei Wut und Angst handelt es sich in beiden Fällen um Reaktionen mit einer bestimmten Reizschwelle. Ein Reiz muss eine bestimmte Intensität erreichen, damit die emotionale Reaktion Wut oder Angst ausgelöst wird. Wie erwähnt, gibt es bei der Beurteilung und Einordnung von Reizen komplexe Wechselwirkungen. Die Sache wird noch komplizierter, wenn man versucht, auf Grund des beobachtbaren Verhaltens eines Tieres herauszufinden, ob Angst oder Wut das emotionale Motiv für aggressives Verhalten ist. In einfacheren Fällen hat man es mit einem angstmotivierten Hund zu tun, der Meide- und Rückzugsverhalten zeigt und erst dann zu aktiveren Verteidigungsstrategien übergeht, wenn er keine Fluchtmöglichkeit hat. Der wutmotivierte Hund reagiert aktiv aggressiv auf Frustration auslösende Dinge. In weniger einfachen Fällen kann man es auch mit ängstlichen Hunden zu tun haben, die gelernt haben, eher offensiv als defensiv zu reagieren, und bei denen man sich hinsichtlich des vermeintlichen Motivs für ihr Verhalten leicht irren kann. Man spricht in solchen Fällen von vermeidungsorientierter Aggression, auf die wir später noch genauer eingehen werden. Es ist daher nicht ganz einfach, Aggression entweder als angstbedingt oder als wutbedingt einzuordnen. Es sollte auch darauf hingewiesen werden, dass zwischen Angst und Wut oft nur eine dünne Trennlinie verläuft, da sie beide aus dem Wunsch des Tieres, seine

Umgebung zu kontrollieren und zu überleben, herrühren und beide auf als negativ wahrgenommene Reize zurückgehen. Wut könnte man auch als Folge der Angst, sich nicht entsprechend anpassen und die Umgebung nicht ausreichend unter Kontrolle halten zu können (Frustration), bezeichnen. Es ist nicht immer einfach, Angst und Wut genau voneinander abzugrenzen. Es muss also einmal mehr gesagt werden, dass Aggression ein komplexes Phänomen ist.

ANZEICHEN VON AGGRESSION

- Beißen
- Knurren
- Schnappen
- Anspringen
- Zähne fletschen
- Drohbellen
- Fixieren
- Steifer, hölzerner Gang
- gesträubtes Nackenfell
- hoch getragene steife Rute
- erweiterte Pupillen
- der Fang ist unmittelbar vor einem offensiven Angriff immer geschlossen

Beißen ist der deutlichste Ausdruck von Aggression. Wenn ein Hund beißt, dann ist das entweder

- versehentlich und ein unangemessenes Spielverhalten oder
- es ist aggressives Jagdverhalten oder
- Aggression, die durch Wut oder Angst bedingt ist.

Ein Hund, der schnappt, meint das als Warnung oder Drohung. Das Knurren ist komplexer und besteht aus verschiedenen Formen des Drohens — von der bloßen Lautäußerung, weil er etwas als unangenehm oder frustrierend empfindet, bis hin zur klaren Warnung, dass er bei fortgesetzter Provokation zur nächsten Stufe übergehen wird. Wenn man Knurren als Lautäußerung mit aggressivem Hintergrund einstuft, muss man dabei rassespezifische Unterschiede und Neigungen berücksichtigen. Diese Diskussion würde aber unseren hier gesteckten Rahmen sprengen. Für unseren Zweck reicht es aus zu wissen, dass das Knurren eine Begleiterscheinung eines Verhaltens ist und ein Zeichen für Verteidigungsbereitschaft sein kann, wenn es mit anderen Elementen des oben geschilderten Ausdrucksverhalten einhergeht. Das Gleiche gilt auch für Schnappen, da viele Rassen der Hüte- und Treibhunde auch Spielschnappen zeigen. Es ist wichtig, solche Verhaltensweisen von jenen zu unterscheiden, die Ausdruck einer Verteidigungsbereitschaft sind. Das eine Mal knurrt der Hund in einer höheren, dem Heulen ähnlichen Tonlage und knurrt dabei üblicherweise nichts Spezielles an. Es handelt sich um ein eher jammerndes oder klagendes Knurren, mit dem Unbehagen im Anfangsstadium und vielleicht Frustration zum Ausdruck gebracht werden. Wenn ein Hund ein tiefes Knurren ertönen lässt und den Reiz, der das Verhalten auslöst, anstarrt, dann haben wir es mit einer deutlich ernster gemeinten Drohung zu tun, die in den meisten Fällen eher wutbedingt als angstbedingt ist. Wenn dieses Knurren mit einem Anspannen der Muskeln, einer Erweiterung der Pupillen, dem Sträuben des Nackenfells, dem Aufstellen der Rute - vielleicht auch mit einem langsamen, steifen Wedeln - Zähnefletschen usw. einhergeht, dann steigen Drohgehalt und Gefahr. Der ängstliche Hund will nur erreichen, dass der negative Reiz verschwindet, während ein wütender Hund gefährlicher ist, weil er sich an irgendetwas abreagieren will. Jeder Hund hat verschiedene Reizschwellen dafür, ab wann er zur nächsten Stufe übergeht. Viele Hunde knurren zwar recht schnell, gehen aber nie zum Schnappen oder Beißen über, ganz egal wie intensiv der Reiz wird, der das Verhalten auslösen würde. Bei manchen Hunden liegen die Reizschwellen so dicht beieinander, dass der Übergang vom Knurren zum Beißen praktisch unsichtbar ist. Hunde können auch lernen, die ersten Stufen zu überspringen. Man spricht dann von vermeidungsorientierter Aggression, auf die wir weiter unten eingehen werden.

Wenn Sie herausfinden wollen, warum sich Ihr Hund aggressiv verhält, dann sollten Sie darauf achten, welche Verhaltensweisen in welchen Kombinationen auftreten. Man kann zwar die Stimmung eines Hundes ganz gut daran ablesen, wie er seine Rute trägt, aber man wird sein Verhalten wesentlich besser vorhersagen können, wenn man das Zusammenspiel verschiedener Verhaltensweisen gemeinsam betrachtet. Wenn sich ein Hund möglichst klein macht, sich duckt, die Rute zwischen die Beine klemmt und die Ohren nach hinten anlegt, während er gleichzeitig die Zähne fletscht und zurückweicht, dann wissen Sie, dass der Hund verängstigt ist und gefährlich werden kann, wenn man ihn in die Enge treibt. Solche Hunde können manchmal auch in dem Moment angreifen, in dem sich der angsteinflößende Reiz zurückzieht. Wenn Sie andererseits einen Hund vor sich haben, der sich größer macht, sich beim Stehen vorwärts lehnt, mit nach vorn aufgestellten Ohren und aufgerichteter Rute dasteht, der Sie fixiert, anknurrt oder verbellt, dann wissen Sie, dass es sich um offensives Abwehrdrohen handelt und der Hund viel eher beißen wird, auch wenn Sie ihn nicht in die Enge treiben. Wie gesagt, so ein Hund ist wütend und will sich abreagieren. Bei solchen Hunden passiert es eher, dass sie aktiv ihr Ziel verfolgen, als bei jenen Hunden, die angstbedingt aggressiv sind. Denken Sie aber daran, Wut heißt nicht, dass der Hund nicht auch Grund hätte, den Reiz zu fürchten. In vielen dieser Fälle entsteht die Wut vielleicht aus der Angst. Wenn Sie abschätzen wollen, welche Art von aggressivem Verhalten der Hund zeigt, dann schauen Sie, wie er Ohren und Rute trägt, wie die Augen aussehen, wie das Nackenfell und seine ganze Körperhaltung aussehen und ob er eher eine Rückzugs- oder eine Vorwärtsbewegung zeigt. Achten Sie auf die Tonlage des Bellens oder Knurrens. Als allgemeine Regel gilt, je tiefer die Tonlage, desto ernster das Problem und desto offensiver das Verteidigungsverhalten des Hundes. Schauen und hören Sie genau hin.

Hinweis: Sie als der Hundehalter wissen wahrscheinlich, welche Auslösereize bei Ihrem Hund zu einer Situation wie oben geschildert führen. Es ist wichtig, dass Sie solche Situationen *keinesfalls* absichtlich herbeiführen oder zulassen. Für ein Trainingsprogramm ist das nicht nur nicht notwendig, sondern kann sogar äußerst nachteilige Auswirkungen haben! Da aggressives Verhalten sehr schnell zu einer Gewohnheit wird, führt jede Gelegenheit, bei der der Hund das Verhalten zeigen kann, dazu, dass sich das Muster verfestigt und somit noch schwieriger zu ändern sein wird. Nutzen Sie bitte alle zur Verfügung stehenden Möglichkeiten, um durch geeignetes Management sicherzustellen, dass der Hund keine Gelegenheit dazu erhält, diese Verhaltensweisen zu üben. Geben Sie Ihrem Hund die Chance, sich ändern zu können.

AKTIVES UND PASSIVES VERTEIDIGUNGSVERHALTEN

Verteidigungsverhalten kann sich ausdrücken in:

- aktivem Verteidigungsverhalten (Angriff, offensive Aggression)
- passivem Verteidigungsverhalten (Flucht, Einfrieren, Beschwichtigen)

Man ist leicht versucht, aktives Verteidigungsverhalten als wutbedingte Aggression und passives Verteidigungsverhalten als angstbedingte Verteidigungsreaktion zu bezeichnen. Die Begriffe aktiv und passiv beschreiben beobachtbares Verhalten, während Angst und Wut dem Verhalten zu Grunde liegende Motive und emotionale Zustände bezeichnen. Da sie sich in ihrem Ausdruck überlagern können, ist es vielleicht besser, beobachtbare Indikatoren zu verwenden und sich nicht allzu sehr auf die Analyse der zu Grunde liegenden Motivationen zu verlassen. Das liegt unter anderem daran, dass die Entscheidung für eine bestimmte Verhaltensstrategie durch Lernerfahrungen beeinflusst wird. Ein ängstlicher Hund kann lernen, dass eine passive Reaktion bei weitem nicht so wirksam ist, um eine größere Distanz zum angsteinflößenden Auslösereiz herzustellen, wie ein deutlich offensiveres Vorgehen. Das führt zu einem aktiven Verteidigungsverhalten, welches aber angstbedingt und nicht wutbedingt ist. Wenn wir es mit aktiver Aggression zu tun haben, ist die Erforschung der emotionalen Ursachen reine Spekulation. Siehe auch vermeidungsorientierte Aggression weiter unten.

Welches Verhalten der Hund wählt, hängt von verschiedenen Faktoren ab:

- Lernerfahrungen
- Triebe und Abneigungen
- Wesen
- Vorhandensein von Fluchtmöglichkeiten
- Konsequenzen des ursprünglich versuchten Verhaltens

Mit Lernerfahrungen ist gemeint, dass der Hund weiß, welche Verhaltensstrategien sich in der Vergangenheit als erfolgreich erwiesen haben. Das, was am besten funktioniert, wird der Hund wieder tun. Wenn Flucht am besten funktioniert hat, wird der Hund eher fliehen. Wenn in der Vergangenheit Kämpfen am besten funktioniert hat, wird der Hund wahrscheinlich eher diese Strategie wählen.

Triebe beschreiben das, was ein Hund gern hat und erlangen will. Abneigungen bezeichnen alles, was der Hund nicht mag. Ein gewisser Teil der Triebe und Abneigungen ist angeboren, kann aber unterdrückt oder durch Lernprozesse vor allem während der sensiblen Phasen der Frühentwicklung des Hundes in eine bestimmte Richtung ausgeprägt werden. Ob oder wie Verteidigungsverhalten gezeigt wird, hängt auch davon ab, wie stark ein bestimmter Reiz einen Hund stimuliert oder wie empfindlich er auf einen anderen reagiert. Es sind Faktoren, die das Verhalten beeinflussen.

Mit dem Wesen sind die grundlegenden genetischen Eigenschaften und Verhaltensmerkmale eines Hundes gemeint. Das Wesen eines Hundes besteht aus einer komplizierten Mischung von angeborenem Potential und Prozessen der Hirnentwicklung beim noch jungen Welpen. In dieser Phase der Frühentwicklung werden angeborene Faktoren durch Umwelteinflüsse verändert. Das Wesen ist, wie Coppinger ausführt, nicht durch entweder Vererbung oder Umwelteinflüsse bedingt, sondern Ergebnis der Wechselwirkung zwischen diesen beiden Faktoren.

Forschungsergebnisse zeigen, dass der Hund im Allgemeinen das Fluchtverhalten dem Angriff vorzieht. Wenn der Hund aber durch eine Leine, einen Zaun oder auch ein Bleib-Kommando an dieser - eigentlich bevorzugten - Flucht gehindert wird, steigt die Wahrscheinlichkeit eines Angriffs.

Wenn ein Hund durch Einfrieren oder andere Beschwichtigungssignale versucht, die Bedrohung abzuwenden, diese aber bestehen bleibt und die Flucht nicht möglich ist, wird ebenfalls ein Angriff als Reaktion wahrscheinlicher. Wenn die eine Strategie nicht funktioniert, wird die andere ausprobiert.

Lindsay formuliert seine Beschreibung von Aggression folgendermaßen:

> „...Aggression lässt sich nur dann richtig verstehen und kontrollieren, wenn man erkennt, dass ihre Ursachen und das gezeigte Verhalten dafür sowohl durch emotionale Elemente (reflexhaft) als auch durch ziel-gerichtete Elemente (instrumentale/ operante Lernvorgänge) beeinflusst wird. Der Funktionskreis des aggressiven Verhaltens ist abhängig vom Vorhandensein signifikanter Auslösefaktoren (Variablen der allgemeinen Umgebung und der Motivationslage), von momentanen Gefühlslagen, die zur Aggressionsauslösung beitragen (z.B. Frustration, Reizbarkeit oder Unruhe), und von einem konkreten Ziel oder einer konkreten Situation, die das aggressive Verhalten auslösen und gegen die sich eine Drohung oder ein Angriff wenden. Bei Aggression geht es darum, die Kontrolle zu behalten."

Eine wunderbar präzise Zusammenfassung der weiter oben diskutierten Konzepte.

Physiologisch gesehen ist affektive Aggression eine mit Erregung verbundene Reaktion auf einen aversiven Stressor mit dem Ziel, Kontrolle zu erlangen oder Kontrollverlust zu vermeiden. Als Stressor gilt dabei jede auf den Hund einwirkende Situation oder Gegebenheit, die eine Veränderung oder Anpassung erfordert. Das ist nun eine eher sehr weit gefasste Definition, die fast alle Reize umfasst. Unter aversiv wird alles verstanden, was vom jeweiligen Hund als unangenehm oder angstauslösend/ wuterregend wahrgenommen wird. Der Hund reagiert auf den Stress mit Erregung – einer Aktivierung des Nervensystems, die auf die Analyse und Beurteilung des Reizes abzielt und eine entsprechende Reaktion ermöglicht. Ein Hund wird dabei so stark erregt, dass die Reizschwelle überschritten wird, und erfährt dabei eine negative Stressreaktion. Unter Stress sinkt gleichzeitig die Reizschwelle für viele andere Reaktionen ab. Während dieser Stressreaktion wird das Gehirn des Hundes mit physiologisch süchtig machenden chemischen Stoffen überflutet (die sowohl Euphorie als auch Schmerzunempfindlichkeit verursachen) und die klassische Reaktion Kampf oder Flucht (aktives oder passives Verteidigungsverhalten) oder aber eine deutliche Wutäußerung ausgelöst. Diese Überflutung mit chemischen Stoffen ist dafür verantwortlich, dass aggressives Verhalten gleichzeitig ein selbstbelohnendes Verhalten ist. Das Ergebnis und die Folgen des Verhaltens (wenn es erfolgreich war) stellen die von außen kommende Belohnung für das Verhalten dar. Als Belohnung oder Verstärkung bezeichnet man alles, was zu einer gesteigerten Häufigkeit des besagten Verhaltens führt.

Jeder Hund hat verschiedene Reizschwellen, ab wann mit aggressivem Verhalten reagiert wird. Dabei muss der stressauslösende Reiz vom Hund als aversiv wahrgenommen werden, da nur so die entsprechenden neurologischen Reaktionen im Gehirn ablaufen, die zur Aktivierung der Stressreaktion führen. Verschiedene Reize können unterschiedlich stark als aversiv oder angsteinflößend bzw. wuterregend wahrgenommen werden – was auch von Situation zu Situation variieren kann. Hierzu kann auch die Beschreibung der Reizschwelle für Beißen bei Jean Donaldson in ihrem Buch *Hunde sind anders* nachgelesen werden.

Es ist wichtig zu verstehen, dass ein Hund sich nicht frei entscheiden kann, ob er einen Reiz als negativ erlebt oder nicht, so wie auch wir nicht entscheiden können, ob wir etwas als negativ empfinden. Vielleicht empfindet ein Hund einen Stressor deswegen als aversiv, weil er auf diesen Reiz unzureichend sozialisiert wurde, weil sich der Stressor schon früher als gefährlich herausstellte, weil der Hund ganz generell zu Ängstlichkeit oder zu frustrationsbedingter Erregung tendiert oder aus irgendwelchen anderen Gründen. Welche Gründe es auch immer hat, es beginnt jedenfalls damit, dass der Hund einen Stressor als negativ erlebt. Seine Erregung steigt. Erregung ist ein vielschichtiges Phänomen und kann entweder durch unwillkürliche Verhaltensanteile der jeweiligen Reaktion oder auch durch willkürliche Faktoren bedingt sein. Manche Hunde haben eine höhere Reizschwelle, bevor sie zur nächsten Stufe übergehen, als andere. Manche Hunde haben gelernt, auf Grund ihres Trainings besser mit bestimmten Situationen zurechtzukommen als andere Hunde. An einem bestimmten Punkt wird der negative Stress so stark, dass die Reizschwelle überschritten und das limbische System des Hundes aktiviert wird. Das limbische System ist jener Teil des Gehirns, der für emotionale Reaktionen verantwortlich ist. Gleichzeitig kommt es zu einer Blockade der Funktionen der Großhirnrinde. Das ist jener Teil des Gehirns, der für höhere kognitive Fähigkeiten und das Lernen zuständig ist. Die Überflutung mit chemischen Stoffen hält an und führt zur so genannten aversiven Stressreaktion, zu Flucht oder Angriff.

Man muss wissen, dass viele Hunde, die nie eine Ausbildung genossen haben, eine recht niedrige Stresstoleranz aufweisen. Das kann man ziemlich einfach über Clicker-Training beheben. Im Verlauf dieses Trainings ist es notwendig, geringfügigen Stress zu verursachen (zum Beispiel auf den Klick warten lassen), damit der Hund neue Verhaltensweisen ausprobiert. Ganz nebenbei lernt der Hund bei dieser Methode, auch in Stress-Situationen aufnahme- und lernfähig zu bleiben. Man kann damit wunderbare Veränderungen erreichen!

Im Laufe der Evolution setzte sich eine schnelle Reaktion auf Gefahren als erfolgreiche Strategie durch. Hunde haben in einer gefährlichen Situation nicht die Zeit, erst einmal gründlich nachzudenken, besonders dann nicht, wenn diese Gefahren plötzlich auftreten. Wenn sie erst mal nachdenken, sind sie tot. Daher wurde ein Mechanismus entwickelt, der rationale Überlegungen unterdrückt oder gänzlich abschaltet und eine emotional bedingte Reaktion auslöst, die viel schneller das nötige Gefahrenmeideverhalten aktiviert, als rationale Überlegungen das könnten. In diesem Moment denkt der Hund nicht nach, er hört nichts und er kann kein Kommando befolgen.
Er steckt sozusagen in der Reaktion auf die Gefahrenquelle fest.

Wie ein Hund agiert, wird vom Zusammenspiel des artspezifischen Verteidigungs-verhalten und der individuellen Lernerfahrung bestimmt. Bewusste Kontrolle über das Verhalten hat der Hund dabei nicht mehr. Wir können die Reizschwelle anheben, indem wir dem Hund mehr Selbstbeherrschung und Triebkontrolle vermitteln und ihm bei-bringen, generell ruhiger zu bleiben. Wenn die aversive Stressreaktion aber einmal ein-gesetzt hat, denkt der Hund nicht mehr nach, er handelt einfach. Wenn die Erregung wieder abgeklungen ist, lernt er aus dem Vorfall zwar, allerdings wird die Lernerfah-rung unweigerlich aus einer Kombination von innerlich ablaufenden und von außen kommenden Faktoren bestehen. Da es sich um eine neurologische und physiologische Reaktion handelt und der Selbstbelohnungsfaktor der Handlung damit sehr stark ist, wird die Lernerfahrung von Ihrem Standpunkt aus betrachtet keine positive sein. Was können Sie gegen die physiologisch süchtig machende Überflutung des Gehirns mit chemischen Stoffen und das damit verbundene Erfolgserlebnis für das Verhalten auf-bieten? Nichts.

Die Gefühle, die das affektive Aggressionsverhalten ursprünglich auslösen, sind nicht angenehm. Ein Hund zeigt aggressives Verhalten nicht, weil er in Hochstimmung ist, sondern weil er erregt, frustriert, ängstlich oder wütend ist. Die Erfahrung selbst kann aber sehr selbstbelohnend und sogar physiologisch süchtig machend sein. In der Folge kommt es daher häufig zu einer merkwürdigen physiologisch bedingten Hoch-stimmung. Da das aggressive Verhalten sowohl durch innere Prozesse als auch durch Reaktionen der Umwelt bestärkt wird, kann es zu einer konfliktreichen Kombination aus Frustration und Erregung (Wut) oder ängstlicher Erregung werden, gemischt mit physiologisch süchtig oder schmerzunempfindlich machenden Erfahrungen, Erleichte-rung und natürlich einer Verschlechterung der sozialen Beziehungen. Hunde handeln sehr kurzsichtig, und auf ganz kurze Sicht gesehen sind diese Verhaltensweisen not-wendig und selbstbelohnend. Auf lange Sicht aber bringen Sie dem Hund nur perma-nenten Stress und womöglich die Euthanasie.

AGGRESSION UND LERNEN

Hunde gehorchen den Regeln der operanten Konditionierung (solange die operante Konditionierung nicht in Widerspruch zu den artspezifischen Lernfähigkeiten steht). Es gibt dabei für jedes Verhalten vier verschiedene mögliche Ergebnisse:

- ein subjektiv als angenehm empfundener Reiz tritt ein
  [das Verhalten wird häufiger]
- ein subjektiv als angenehm empfundener Reiz verschwindet
  [das Verhalten wird seltener]
- ein subjektiv als unangenehm empfundener Reiz tritt ein
  [das Verhalten wird seltener]
- ein subjektiv als unangenehm empfundener Reiz verschwindet
  [das Verhalten wird häufiger]

Hinweis: Verhalten wird von dem Wunsch gelenkt, Zugang zu Verstärkern zu erlangen. Wir werden daher in unserem Training nur die ersten beiden verwenden: Belohnung anbieten (positive Verstärkung) und Belohnung wegnehmen (negative Einwirkung). Training mit Belohnung ist sehr effektiv, und man muss außerdem keine unerwünschten Nebenwirkungen befürchten, denn ein aggressiver Hund wird durch Training mit Belohnung nicht noch aggressiver.

Folgende Faktoren haben Einfluss auf die operante Konditionierung:

- belebte Umwelt (Menschen/ Hunde)
- unbelebte Umwelt (Dinge/ Umgebung)
- Physiologie (Empfindungen/ Emotionen; physiologische Veränderungen im Inneren des Hundes)

Hunde haben bei ihrer Geburt vielleicht bestimmte Neigungen und tendieren zu bestimmtem Verhalten, aber mit jeder Erfahrung, die sie nach der Geburt machen, passen sie sich durch Lernprozesse an ihre Umwelt an. Sie lernen, die Folgen ihres Handelns vorherzusehen, und sie lernen, welches Verhalten welche Folgen nach sich zieht. Wenn das Ergebnis oder die Folgen subjektiv als angenehm empfunden werden, wird dieses Verhalten verstärkt. Wenn das Ergebnis oder die Folgen als subjektiv unangenehm empfunden werden, dann wird das Verhalten seltener gezeigt. Diese angenehmen oder unangenehmen Folgen können sowohl körpereigene Reaktionen des Hundes als auch Reaktionen der belebten oder unbelebten Umwelt sein. Wenn ein Hund aggressiv wird, dann wird sein Gehirn von einer Mischung physiologisch süchtig machender chemischer Stoffe wie Adrenalin, Cortisol oder Endorphinen überflutet, die eine sehr intensive Selbstbelohnung auslösen und somit das Verhalten noch verstärken. Wenn mit dem Verhalten das gewünschte Ziel erreicht wird, dann wird es sowohl durch innere als auch äußere Faktoren verstärkt. Auch Erleichterung wirkt als Belohnung. Wenn ein angsteinflößender oder wuterregender Reiz durch ein bestimmtes Verhalten vertrieben werden kann, dann wird dieses Verhalten – was auch immer es war – positiv bestätigt. Lernerfahrungen spielen beim Entstehen von aggressivem Verhalten eine wichtige Rolle, vor allem wenn es über längere Zeiträume hinweg zu Wiederholungen kommt.

Der obige Absatz ist unglaublich wichtig: Aus genau diesem Grund dürfen wir nicht zulassen, dass das Verhaltensmuster eingeübt wird. Hunde lernen sehr rasch durch Einzelereignisse, also durch Umstände, die entweder sehr schlimm oder ungewöhnlich belohnend sind. Dann reichen oft schon ein oder zwei Wiederholungen zur Ausbildung einer Gewohnheitsreaktion. Sie sehen nun, warum es so entscheidend ist, die Umstände so zu managen, dass der Hund keine Gelegenheit hat, aggressives Verhalten zu wiederholen und zu üben.

GENERALISIERUNG

Aggression wird leicht generalisiert. Es ist eine Ironie des Schicksals, dass wir bei der Hundeausbildung immer darauf hinweisen müssen, wie schlecht Hunde eine Lernerfahrung verallgemeinern, also generalisieren, dass die Generalisierung von Aggression hingegen aber sehr schnell erfolgt. Angst wird anfangs durch einen bestimmten Reiz hervorgerufen. Wenn im Laufe der Zeit diese Reaktion wiederholt auftritt oder gezeigt wird, beginnt der Hund verzweifelt, nach einem gemeinsamen Nenner (charakteristischen Reiz) der verschiedenen Begleitumstände zu suchen, um eine angstauslösende Situation im Voraus erkennen und daher vermeiden zu können – ein Prozess der Anpassung, der zum normalen tierischen Verhalten zählt. Mit jeder neuen Episode sammelt der Hund neue Daten, die direkt mit der Angst oder Wut verknüpft werden. Wenn der ursprüngliche Reiz zum Beispiel ein bestimmter Mensch mit Hut war, fürchtete sich der Hund anfangs nur vor dieser Person. Schnell überträgt er aber diese Angst auf alle fremden Menschen mit Hut. Von da ist es nur noch ein kleiner Schritt, bis der Hund Angst vor Hüten im Allgemeinen oder vor allen fremden Menschen oder vielleicht vor allen Männern entwickelt. Was der ursprüngliche Reiz war, lässt sich aufgrund der vielen Generalisierungsschritte schon bald nicht mehr herausfinden. Daher ist es wichtig, Verteidigungsverhalten möglichst früh zu erkennen und zu therapieren. Ist es erst zu einer Generalisierung gekommen, wird es viel schwieriger, dieses Verhaltensmuster wieder zu durchbrechen.

VERERBUNG ODER UMWELTEINFLÜSSE

Jedes Verhalten setzt sich aus Elementen zusammen, die eine Reaktion auf die Umgebung (Umwelteinflüsse) oder aber genetisch fixiert (Vererbung) sind. Wie groß die jeweiligen Anteile sind und welche stärker ins Gewicht fallen, lässt sich unmöglich sagen. Beides ist sehr wichtig. Dr. Ian Dunbar antwortet auf die Frage nach Vererbung und Umwelteinflüssen gern mit der Gegenfrage: „Geht es um das Projekt oder um das Produkt?". Wenn Sie ein Züchter sind oder jemand, der das Züchten gesetzlich regulieren will, um Aggression zu verhindern, dann können Sie den Hund als Projekt betrachten und die Antwort geben: „Züchten Sie nicht mit aggressiven Hunden, weil die Vererbung eine ganz große Rolle spielt." Wenn Sie gerade einen Welpen übernommen haben, dann haben Sie ein Produkt, und die Antwort lautet daher: „Vererbung spielt in diesem Stadium nur eine geringe Rolle, sozialisieren Sie Ihren Welpen lieber gründlich, weil Umwelteinflüsse sehr, sehr wichtig sind." Die genetische Verankerung von Aggression ist ein kompliziertes Thema, weil es sich um ein so genanntes polygenetisches Phänomen handelt. Das heißt, dass Aggression ein maßgeblicher Bestandteil in fast jedem Gen des Hundekörpers ist. Lindsay sagte in Bezug auf die Frage Vererbung oder Umwelteinfluss folgendes: „Die jeweilige Bedeutung der beiden Faktoren unabhängig voneinander zu untersuchen, kann man mit der Frage vergleichen, ob zur Bildung eines Wassermoleküls Wasserstoff oder Sauerstoff wichtiger ist. Gene sind nicht direkt für ein bestimmtes Verhalten verantwortlich, so wie Verhalten nicht direkt für Gene verantwortlich ist (Lindsay, S. 168). Gene wirken sich auf den biochemischen Status aus, der sich wiederum in direkter Weise auf das Verhalten auswirkt. „Die biologische Entwicklung und die Verhaltensentwicklung finden im Rahmen vorgegebener, vererbter Bedingungen statt, die flexibel genug sind, um die Veränderungen zuzulassen, die auf Grund der jeweiligen Erfahrung eines Tieres und seiner Interaktion mit der Umwelt erforderlich werden. Die Anpassung an die Erfordernisse der physischen und sozialen Umwelt ist lernabhängig, Lernen ist aber wiederum nur innerhalb der genetisch bedingten Voraussetzungen des Tieres und seiner Lernfähigkeit möglich" (Lindsay, S. 168). Das Gehirn eines Hundes wächst nach der Geburt weiter. Es verändert sich sowohl in seiner Größe als auch in seiner Form. Mit Form ist die Art der Nervenverbindungen gemeint, die sich bilden. Die Erfahrungen, die ein Hund in der Frühentwicklung macht, führen zu einer bestimmten Ausprägung von Größe und Form des Gehirns, was auch bedeutet, dass das Wesen des Welpen bei der Geburt nicht das Wesen ist, das er als erwachsener Hund haben wird. Die Entwicklung des Fötus und die Geburt sind nur die ersten Schritte bei der Wesensentwicklung des Hundes. Das endgültige Ergebnis wird dann aber eine Mischung aus ererbten Faktoren und Reaktionen auf Umwelteinflüsse sein (Coppinger).

WESENSBESTIMMUNG UND AGGRESSION

Wenn man das Wesen eines Hundes genau versteht, kann man auch besser begreifen, warum er aggressive Verhaltensweisen zeigt.

Das Wesen besteht aus:
- Charakter
- bisher gemachten Lernerfahrungen und Sozialisierung

Das Wesen eines Hundes kann auch folgendermaßen beschrieben werden:
- Triebe
- Abneigungen

Als Triebe oder Neigungen bezeichnen wir alles, was den Hund motiviert, ein bestimmtes Verhalten auszuführen. Sie sind sozusagen der Antrieb, bestimmte Verhaltensweisen zu zeigen, um an Dinge/ Lebensumstände zu gelangen, die dieser Hund als Belohnung betrachtet. Natürlich ist es immer sehr wichtig, jedes Tier als Individuum zu betrachten. In diesem Fall aber ganz besonders, denn jeder Hund neigt zu ganz unterschiedlichen Vorlieben. Diese Neigungen oder Triebe beschreiben einerseits, welche Ziele ein Hund hat, und geben uns andererseits das nötige Werkzeug in die Hand, um ein erfolgreiches Trainingsprogramm durchführen zu können.

Abneigungen sind ganz allgemein negative Assoziationen mit bestimmten Umweltreizen. Sie beschreiben das, was ein Hund nicht mag, was er zu vermeiden versucht oder wovor er flüchtet.

Die Triebe und Abneigungen eines Hundes können viele verschiedene Dinge in unterschiedlicher Abstufung sein. Ein Hund kann zum Beispiel einen hoch entwickelten Sozialtrieb oder einen sehr stark ausgeprägten Jagdtrieb haben. Diese Triebe sind der Motor für die vielen Verhaltensweisen, die ein Hund im Laufe seines Lebens entwickelt. Sie tragen wesentlich zur Entwicklung seines Wesens, seines Charakters bei, was uns wiederum eine Erklärung dafür bietet, warum er sich so verhält, wie er es eben tut und nicht anders. Und sie ermöglichen uns eine Vorhersage, wie er auf verschiedene Reize reagieren wird. Ein Hund kann eine besonders ausgeprägte Abneigung gegen sozialen Druck oder gegen bestimmte Formen des Körperkontakts haben. Auch das Wissen um die Abneigungen ermöglicht es uns, das Verhalten eines Hundes zu verstehen und seine künftigen Reaktionen vorherzusagen. Starke Abneigungen setzen sich gegenüber Trieben durch. Es kann zum Beispiel sein, dass ein Hund einen starken Futtertrieb hat – aber trotzdem nicht frisst, wenn er Angst hat.

Triebe und Abneigungen können sowohl ererbt als auch erlernt sein. Viele Hunde werden mit einer Tendenz zu bestimmten stark ausgeprägten Trieben oder Abneigungen geboren, sie können aber auch bis zu einem bestimmten Grad hervorgerufen und gefördert werden. Hunde können recht leicht neue Abneigungen entwickeln, was auch erklärt, warum ein aggressiver Hund üblicherweise kein positiveres Sozialverhalten entwickelt, wenn kein Trainingsprogramm durchgeführt wird.

Ein besonders hochentwickelter Trieb oder eine besonders stark ausgeprägte Abneigung können auch die Ursache für Aggression beim Hund sein.

HAUSAUFGABE Für jeden aggressiven Hund sollte eine Liste erstellt werden, in der seine wichtigsten oder am stärksten verhaltensbestimmend wirkenden Triebe und Abneigungen aufgeschrieben werden. Diese Liste liefert einen Beitrag zur Wesensbestimmung des Hundes und kann uns helfen, besser zu verstehen, was ihn motiviert, bestimmte Verhaltensweisen zu zeigen. Somit können Sie dann besser abschätzen, wie sich einzelne Beziehungen voraussichtlich entwickeln werden oder wie der Hund auf bestimmte Umweltreize reagieren wird. Sie müssen die Vorlieben und Abneigungen Ihres Hundes kennen. Dann können Sie besser verstehen, welches Ziel er mit seinem aggressiven Verhalten verfolgt. Dies ist ein wichtiger Schritt, um das Problem leichter vermeiden, managen und behandeln zu können.

KATEGORIEN VON AGGRESSION

In der Frage der Kategorisierung von Aggression gibt es zwei Lehrmeinungen. Die eine vertritt die Auffassung, die Unterscheidung verschiedener Kategorien von Aggression sei eine Zeitverschwendung oder sogar irreführend. Es wird dabei argumentiert, wir könnten schließlich nicht wissen, was im Kopf des Tieres vorgeht, und daher auch nicht sicher sein, aus welchem Grund der Hund sich aggressiv verhält. Es wird weiter argumentiert, dass wir uns daher mit dem Reiz beschäftigen müssen, der das aggressive Verhalten auslöst, und nicht damit, irgendwelche verworrenen Konzepte und Kategorien zu entwickeln. Man ist dabei offenbar der Ansicht, ein Verhalten sollte immer auf die gleiche Weise behandelt werden, unabhängig davon, welche Motive ihm zu Grunde liegen, weil ja kein Versuch unternommen wird, diese Motive zu analysieren.

Die andere Lehrmeinung vertritt die Auffassung, man könne Fälle von Aggression nach verschiedenen Arten kategorisieren. Es wird dabei argumentiert, man könne ein besseres Programm zur Verhaltenskorrektur entwickeln, wenn man die Motive und Ursachen verstehe und im Trainingsprogramm gezielt darauf eingehe. Diese Lehrmeinung geht von der Tatsache aus, dass Aggression verschiedene Funktionen haben kann und daher unterschiedliche Behandlungsansätze erforderlich sind, um das jeweilige Motiv des Verhaltens berücksichtigen zu können.

In der Debatte wird häufig mit dem Szenario argumentiert, dass ein Hund ein Kind beißt. Dann wird die Frage aufgeworfen, ob es einen Unterschied macht, ob er das aus Angst tat oder ob es ein Jagdverhalten war. Entsprechend der ersten Lehrmeinung würde argumentiert, dass die Unterscheidung zwischen erwünschtem und unerwünschtem Verhalten die einzig relevante Frage sei. Das gezeigte Verhalten sei unerwünscht, und es würden daher geeignete Management-Maßnahmen getroffen oder der Hund wegen seines Problemverhaltens behandelt werden. Vertreter der anderen Lehrmeinung würden argumentieren, dass das Verhalten unerwünscht sei *und* es für die Behandlung sehr wohl einen Unterschied machen würde, aus welchen Gründen es zu diesem Verhalten gekommen ist. Vertreter der ersten Lehrmeinung fragen dann üblicherweise, ob das Trainingsprogramm denn anders aussehen würde, wenn man die Ursachen des Verhaltens kennt (was den Schluss nahe legt, in ihrem Fall wäre es nicht so), und die Vertreter der zweiten Lehrmeinung würden darauf mit „Ja" antworten (was den Schluss nahe legt, sie würden sich gegebenenfalls für bestimmte Trainingsmethoden entscheiden). Aus der kurzen Schilderung dieser durchaus üblichen Diskussion lässt sich ableiten, dass die Vertreter der ersten Gruppe ein Trainingsprogramm erstellen, das im Wesentlichen auf dem Training von entsprechendem allgemein gehaltenen Alternativverhalten beruht, während die Vertreter der Kategorien-Gruppe vorschlagen würden, ein mit dem vermutlichen Motiv des Verhaltens zusammenhängendes Alternativverhalten zu üben. Vertreter der Kategorien-Gruppe würden zum Beispiel im Falle von Jagdverhalten vorschlagen, andere Möglichkeiten zum Abreagieren des Jagdtriebs zu schaffen, und bei einem ängstlichen Hund Gegenkonditionierung und systematische Desensibilisierung durchzuführen. Die Vertreter der ersten Gruppe werden sich vermutlich einfach auf das Üben eines verlässlichen Fuß- oder

Sitz-Kommandos und das Halten von Blickkontakt konzentrieren, und das auch unter starker Ablenkung trainieren.

Die Vertreter beider Lehrmeinungen bringen gewichtige Argumente vor. Es stimmt, wir können nicht wissen, was im Kopf eines Hundes vorgeht. Wir werden nie sicher sagen können, welches Motiv hinter aggressivem Verhalten steckt, und der Versuch, das Motiv genau zu analysieren, kann uns vom wirklichen Problem ablenken. Wenn wir aber verstehen, warum ein Hund aggressiv reagiert, können wir auch leichter geeignete Trainingsmethoden entwickeln. Ich habe viele Fälle von Aggressionsproblemen erlebt, bei denen ich nicht sicher sagen konnte, was die Ursache war, und bei denen ich einfach unerwünschtes Verhalten analysierte und mit dem Training begann. Ob Sie nun eher dazu neigen, Aggression in Kategorien zu sehen oder diese Kategorisierung abzulehnen, Sie müssen sich in jedem Fall darauf einstellen, dass Ihnen manchmal nichts anderes übrig bleiben wird, als die Aggression als „unerwünschtes" Verhalten zu analysieren und sich mit den jeweiligen Auslösern zu beschäftigen.

In diesem Buch sollen die beiden Lehrmeinungen zusammengeführt werden. Es wurde bereits der Rahmen für eine allgemeine Aggressionstheorie entworfen. Im Rahmen dieser Theorie ist sowohl Abstraktion als auch Generalisierung möglich. Es handelt sich um bloße Grundlagen einer Theorie. Im Folgenden werden wir uns genauer mit den leicht erkennbaren und typischen Formen von aggressiven Verhaltensäußerungen beschäftigen. Eine solche Kategorisierung ist im Rahmen einer ersten Theorieformulierung natürlich problematisch, weil dabei kein Raum für Abstraktion und Generalisierung bleibt und es zu wesentlichen Überschneidungen kommt. Die Auflistung beschreibt verschiedene Formen von aggressivem Verhalten, kann dafür aber keine brauchbare einheitliche Theorie anbieten. Im Wesentlichen dient sie daher der Veranschaulichung bestimmter Fälle. Es handelt sich dabei um eine Beschreibung leicht unterscheidbarer Arten von Äußerungen im Bereich des Verteidigungsverhaltens und einer genaueren Analyse der Ursachen und Motive dafür. Diese genauere Analyse kann hoffentlich dazu beitragen, geeignete Trainingsprogramme zu entwickeln. Bei der Diagnose werden die in der Auflistung angeführten Kategorien von Aggression nicht verwendet. Aggression ist entweder erwünschtes oder unerwünschtes Verhalten, und die Diagnose wird sich darauf beschränken, die Funktion des Verhaltens zu analysieren, ohne eine genaue Ursachenforschung zu betreiben. Der Unterschied zwischen der Funktion und dem Motiv eines Verhaltens liegt darin, dass wir im einen Fall Annahmen treffen müssen. Wenn wir uns mit der Funktion beschäftigen, untersuchen wir, durch welche Ereignisse ein Verhalten verstärkt wird und durch welche Reize es ausgelöst und damit die Gelegenheit geschaffen wird, die gewünschten Ergebnisse zu erzielen. Wir orientieren uns dabei am gezeigten oder ausgelösten Verhalten. Wenn wir uns mit dem Motiv für ein bestimmtes Verhalten beschäftigen, dann müssen wir annehmen, dass es mehr gibt als die bloße Funktion. Für die Erklärung der Verhaltensgrundlagen werden wir die grob umrissenen Grundlagen einer allgemeinen Aggressionstheorie heranziehen und für eine genauere Analyse die Beschreibung der Funktion des Verhaltens. Das Training besteht demnach aus einem Basisprogramm und spezifischen Methoden der Verhaltenskorrektur, die auf den jeweiligen Auslösemechanismus abgestimmt sind. Allgemeine Tricks und Tipps zu den verschiedenen Kategorien von Aggression werden ebenfalls angeführt, sind aber vor allem als anschauliche Beispiele und nur als Anregung für das Erstellen von Trainingsprogrammen gedacht. Verhaltensberater, Trainer und Hundebesitzer müssen bei der Anwendung der verschiedenen geschilderten Methoden flexibel vorgehen.

Ein System mit verschiedenen Kategorien wirft natürlich immer auch Probleme auf. Es sind vermutlich schon ebenso viele Systeme entworfen worden, wie es Experten gibt, die sich damit beschäftigen.

Im einen System wird zwischen aktiver und passiver Aggression unterschieden. Es bleibt dabei allerdings unklar, ob sich das auf die Verhaltensäußerung (offensives oder defensives Abwehrdrohen) oder auf die Ursachen des Verhaltens (Angst oder Wut) oder auf beides bezieht. Ein anderes System unterscheidet zwischen Angstaggression und Dominanzaggression. In diesem System wird auf die Funktion von Aggression gar nicht eingegangen, außerdem beruht es auf einigen höchst problematischen Annahmen, was die den verschiedenen Verhaltensweisen zu Grunde liegenden Motive betrifft.

Fast alle, wenn nicht sogar alle Systeme unterscheiden ganz klar zwischen Jagdverhalten und anderen Verhaltensweisen, die zu einem Angriff führen können. In einigen Werken wird Jagdverhalten sogar wegen seiner völlig anderen Ursachen nicht als aggressives Verhalten definiert. In vielen Systemen wird Jagdverhalten als eigene Aggressionsform angeführt, was vermutlich darauf zurückzuführen sein dürfte, dass auch eine Attacke im Rahmen des Jagdverhaltens zu schwerwiegenden Folgen und Verletzungen führen kann, und es daher wichtig ist, es als eigene Aggressionsform aufzulisten.

Eine Kategorisierung von aggressivem Verhalten nach seiner jeweiligen Funktion gibt es in den unterschiedlichsten Fassungen. Das hier vorgeschlagene System wurde dafür kritisiert (Lindsay, Band 2), dass es zu starke Überschneidungen aufweist und keinen Raum für Abstraktion und Generalisierung bietet. Wie schon angemerkt bezieht sich das System auf unterschiedliche Kategorien von Motiven, während gleichzeitig einige generelle Unterscheidungen getroffen werden, um die theoretische Arbeit zu erleichtern. Das vorliegende System wird sich zwar von vielen anderen unterscheiden, in mancher Hinsicht aber den meisten auch stark ähneln. Das tatsächliche Verhalten eines Hundes passt nicht immer (noch nicht einmal normalerweise) genau in eines der Systeme oder der Kategorien, auf die ich bislang gestoßen bin. Auch das ist natürlich ein wunderbares Argument dafür, Fälle von Aggression nur als erwünschtes bzw. unerwünschtes Verhalten zu definieren. Mit den vorgeschlagenen Kategorien sollen Hundebesitzer natürlich nicht dazu gezwungen werden, runde Bolzen in eckige Löcher zu klopfen. Die Einteilung in Kategorien soll eher der Beschreibung von aggressivem Verhalten dienen und dem Hundebesitzer wie dem Trainer ermöglichen, die Behandlung besser auf die dem Verhalten zu Grunde liegenden Motive abzustimmen, die nach einem so objektiv wie möglich formulierten System in Gruppen zusammengefasst werden.

AGGRESSION GEGENÜBER ANDEREN HUNDEN VS. AGGRESSION GEGENÜBER MENSCHEN

Aggression gegenüber anderen Hunden hat häufig völlig andere Motive und Ursachen als Aggression gegenüber Menschen. Gegen den Menschen gerichtete Aggression ist üblicherweise angstbedingt. Hunde und Menschen haben wenig gemeinsame Triebe, und da wir einer anderen Spezies angehören, klappt die Kommunikation mittels subtilerer Signale oft nicht. Häufig haben wir es auch mit mangelhafter Sozialisierung und übermäßiger Sensibilisierung zu tun, durch die die Ängstlichkeit des Hundes gesteigert wird. Aggression, die sich gegen andere Hunde richtet, ist im Gegensatz dazu üblicherweise auf ein Konkurrenzverhältnis oder auf Frustration zurückzuführen. Hunde haben häufig die gleichen Vorlieben und Interessen und sind sich hierin in jedem Fall wesentlich ähnlicher als Mensch und Hund. Das führt allerdings auch zu Konkurrenz, vor allem bei Hunden, die zusammenleben. Bei Hunden, die nicht zusammenleben, sind häufige Ursachen für Aggression:

- durch unterschiedliche Charaktere bedingte Angst
- eskalierende Aggressivität
- mangelnde Sozialisierung

Typische Beispiele für Aggression unter Hunden sind die Fälle, bei denen ein Hund jeden Tag lernt, einen anderen noch stärker zu mobben, weil er damit Erfolg hat. Solche Hunde verlieren schnell die Geduld und sind leicht frustriert. Die oben genannten Motive sind absolut typische Beispiele: Natürlich gibt es auch Hunde, die aus weniger typischen Motiven Aggression zeigen und etwa Angst vor einem Hund haben, mit dem sie zusammenleben, oder die mit einem menschlichen Mitglied der Familie in einem Konkurrenzverhältnis stehen, solche Fälle sind aber seltener.

ANGSTBEDINGTE AGGRESSION

Vorkommen
Angstbedingte Aggression kann bei jedem Hund auftreten. Weibliche Tiere sind im Allgemeinen ängstlicher als Rüden (Beaver, S. 166). Der Unterschied zwischen gut sozialisierten und nicht sozialisierten Hunden, die aggressives Verhalten zeigen, ist nicht so groß, wie man annehmen könnte, was ein Argument dafür ist, dass es sich um ein deutlich genetisch bedingtes Verhalten handelt (Overall).

Merkmale
Üblicherweise wird angstbedingte Aggression erst dann als offensives Verteidigungsverhalten gezeigt, wenn defensives Verteidigungsverhalten keine Wirkung gezeigt hat oder nicht möglich ist. Die Ausnahme hiervon sind Hunde mit einschlägigen Erfahrungen, die vermeidungsorientierte Aggression zeigen, auf die wir später noch eingehen werden.

Auslösereiz
Der Reiz, der das aggressive Verhalten auslöst, lässt sich üblicherweise genau definieren, solange es noch nicht zur Generalisierung gekommen ist und keine vermeidungsorientierte Aggression entsteht.

Angst und Aggression
Defensives Verteidigungsverhalten (Flucht, Einfrieren, Beschwichtigen) überwiegt bei normalen Hunden gegenüber dem offensiven Verteidigungsverhalten (Angriff). Angst wirkt aggressionsunterdrückend, weil Fluchtverhalten ausgelöst wird. Ein Hund wird unter folgenden Bedingungen entweder schrittweise oder auch sehr schnell von defensivem zu offensivem Verteidigungsverhalten überwechseln:

- Die Flucht schafft keine größere Entfernung zum angsteinflößenden Reiz.
- Die Flucht ist von vornherein unmöglich.
- Der Hund hat bereits gelernt, dass Flüchten nicht den gewünschten Erfolg bringt.
- Der Hund neigt von vornherein zum Angriff/ Kämpfen.

Angstbedingte Aggression hat das Ziel, einen angsteinflößenden Reiz (Bedrohung) zu vermeiden oder unter Kontrolle zu bringen.

Angst kann sich aus folgenden Situationen entwickeln:

- mangelhafte Sozialisierung auf die Reize, die Aggression auslösen
- der Auslösereiz hat sich bei einer oder mehreren vorangegangenen Gelegenheiten als tatsächlich gefährlich erwiesen
- genetische Veranlagung

Neophobie und Erkundungstrieb

Hunde haben einen angeborenen Mechanismus zur Gefahrenvermeidung, nämlich die Angst oder zumindest Unsicherheit, wenn sie mit neuen und möglicherweise gefährlichen Dingen konfrontiert sind. Das funktioniert so, dass die ganz kleinen Welpen anfangs vor fast gar nichts Angst haben. Ein junger Welpe ist sehr neugierig und hat einen sehr starken Erkundungstrieb. Er hat diesen Trieb, damit er möglichst alle Dinge kennen lernen kann, mit denen er *in seinem weiteren Leben* konfrontiert wird. Diese Phase der ausgeprägten Neugier ist eine Zeit, in der das Muttertier die Welpen gut bewacht und in der die Welpen (in Sicherheit) auf alle nötigen Dinge sozialisiert werden. Wenn der Welpe zum Junghund wird, also ein paar Monate alt ist, nimmt der Erkundungstrieb allmählich ab und die Neophobie, die Angst vor Neuem, setzt ein. Er wird weniger neugierig und reagiert zunehmend misstrauisch auf Dinge, mit denen er noch keine positiven Erfahrungen gemacht hat. Er hat bereits gelernt, welchen Dingen er trauen kann und welchen nicht. Zu den Dingen, denen er nicht trauen kann, zählt zunächst alles, was er in der Welpenzeit nicht kennen gelernt hat. Der junge Hund wird unabhängiger und ist auf den Schutz durch seine Mutter nicht mehr so angewiesen. Dieser Zyklus der Sozialisierung funktioniert bei wild lebenden Tieren sehr gut. In unserer Gesellschaft begegnet ein Hund aber derart vielen neuen Reizen, dass es fast unmöglich ist, sie alle im Zuge der normalen Sozialisierung kennen zu lernen. Aus diesem Grund ist die gezielte Sozialisierung des Welpen an Umweltreize auch so wichtig. Wenn Sie die kritische Phase verpassen, können Sie das während des restlichen Lebens Ihres Hundes kaum noch aufholen. Wenn Sie also den Anschluss an den Zug „Sozialisierung" verpasst haben, läuft Ihr Hund eher Gefahr, eine angstbedingte Aggression zu entwickeln.

Einzelereignisse und erlernte Angstaggression

Dr. Ian Dunbar erzählt eine Geschichte, wie ein Mann, der seinen Hund nie zuvor geschlagen hatte, eines Tages nach Hause kommt, feststellt, dass der Hund etwas völlig Inakzeptables getan hat, seine Schlüssel hinlegt und den Hund schlägt. Am nächsten

Tag macht sich der Mann fertig, um zur Arbeit zu gehen; er hat ein schlechtes Gewissen, weil er seinen Hund geschlagen hatte; er sammelt seine Sachen zusammen, inklusive Schlüssel, und plötzlich beißt ihn der Hund. Dr. Dunbar verwendet die Geschichte als Beispiel dafür, wie ein einzelnes Ereignis eine heftige emotionale Reaktion beim Hund auslösen und zu einem aggressiven Zwischenfall führen kann. Die Geschichte wird so erzählt, dass man den Auslösereiz leicht bestimmen kann. In den meisten Fällen, in denen wir es mit einer durch Einzelereignisse erlernten Angstaggression zu tun haben, sind die Reize, die das Verhalten auslösen, aber sehr komplex und viel schwieriger zu entdecken. Es kann sogar zu einer Verknüpfung einer ganzen Serie für uns nicht nachvollziehbarer Auslösereize kommen, die sich kaum noch rekonstruieren lassen. Solche Fälle können einem wahre Rätsel aufgeben. Es handelt sich bei dieser Aggressionsform um eine angstbedingte Reaktion, die aber als eigene Unterform klassifiziert wird, weil sie auf ganz spezifische Weise entsteht. Am besten findet man heraus, welcher Reiz das Verhalten auslöst, indem man jedes Element aus der Umgebung, das bei allen Zwischenfällen vorhanden war, einzeln testet und einer Funktionsanalyse unterzieht. Eine Funktionsanalyse ist eine Methode, bei der Ereignisse so inszeniert werden, dass man die Schlüsselfaktoren bestimmen kann. Pamela Reid erzählt die Geschichte von ihrem Hund, der Kinder immer mochte, bis eines Tages ein Kind den Hund anbellte; ab diesem Augenblick hatte der Hund entsetzliche Angst vor Kindern und stürzte sich auf sie, wenn er die Gelegenheit dazu hatte. Diese Beispiele zeigen, wie (in unseren Augen) eigentlich freundlich gemeinte Handlungen und Ereignisse zu dieser Form von Aggression führen können. Sie führen uns auch vor Augen, wie kompliziert Aggressionsverhalten sein kann. Wie es im Beispiel von Pamela Reid zu dieser Aggression kam, wäre vielleicht nie geklärt worden, wenn nicht sie – als professionelle Verhaltenstherapeutin – Augenzeugin gewesen wäre. Es hätte selbst nach einer intensiven Befragung des Hundebesitzers einer dieser nach außen hin skurrilen und rätselhaften Fälle bleiben können. Selbst wenn der Hundebesitzer die Episode selbst beobachtet hätte, hätte er sie bei der Befragung vielleicht nicht erwähnt. Eine durch Einzelereignisse erlernte Aggression kann bei der Suche nach der Ursache von aggressivem Verhalten ein wahrer Fluch sein.

Vermeidungsorientierte Aggression

Wenn erst angstbedingtes defensives und dann auch offensives Verteidigungsverhalten keinen Erfolg verspricht, kann es in der Folge zu gelernter Hilflosigkeit und Neurosen kommen, weil die Situation scheinbar aussichtslos für den Hund ist. Eine andere Folge könnte möglicherweise auch frustrationsbedingte Wut sein. In den meisten Fällen erkennen die Menschen defensive Verteidigungsstrategien nicht als solche. Der Hund, der das Zimmer verlässt, wenn Kinder kommen, zeigt letztendlich schon defensives Verteidigungsverhalten. Er geht. Menschen sehen darin meist kein Anzeichen von Angst (oder zumindest in dieser Phase kein Anzeichen von Unbehagen). Wenn dieses Verhalten keine Lösung bringt und die Distanz damit nicht vergrößert werden kann oder wenn die Sache einfach in der Summe zu frustrierend wird, geht der Hund zu offensiveren Verteidigungsstrategien über. Wenn solche Strategien erfolgreich enden, werden sie häufiger vorkommen. Der Hund macht das, was ihm die gewünschte Zielsetzung bringt. Vermutlich werden solche Verhaltensweisen nicht immer erfolgreich verlaufen. Jedes Mal, wenn die aggressiven Verhaltensweisen nicht den gewünschten

Erfolg bringen, entscheidet sich der Hund für ein noch offensiveres Verteidigungsverhalten. Wenn zum Beispiel Beschwichtigung und Flucht nicht das gewünschte Ergebnis bringen, kommt es zum so genannten Löschungstrotz. Als Löschen oder Extinktion bezeichnet man jenen Prozess, der bei fehlender Bestätigung eines Verhaltens einsetzt. Das Verhalten variiert danach so lange, bis eine bestimmte Variante wieder belohnt und damit zum bevorzugten Verhaltensmuster wird. Diese Phase des hektischen Erprobens verschiedener Verhaltensvarianten bezeichnet man als Löschungstrotz. Der Hund knurrt ein Kind an, und die Eltern holen das Kind – oder den Hund – aus der Situation heraus. In beiden Fällen hat das Verhalten für den Hund den erwünschten Erfolg gebracht und wird somit belohnt. Im Laufe der Zeit sind die Eltern dann vielleicht ein paar Mal nicht dabei, die Kinder reagieren nicht entsprechend und es kommt daher nicht dazu, dass das Knurren unmittelbar belohnt wird. Als Nächstes schnappt der Hund nach dem Kind. Er versucht nicht einmal mehr zu fliehen, denn dieses Verhalten wurde bereits gelöscht, weil es nicht funktionierte. Was aber hat funktioniert? Nun, eine Zeit lang das Knurren. Jetzt wird Schnappen als Verhalten belohnt. Das Verhalten als solches wird dadurch geformt, dass der Hund ermutigt wird, bestimmte Verhaltensweisen auszuprobieren, was in Folge dazu führt, dass eine heftigere Variante eingesetzt wird. Im Laufe der Zeit lernt der Hund nicht nur durch operante Konditionierung, welche Verhaltensstrategien den gewünschten Erfolg bringen und welche nicht funktionieren, sondern auch, wie er für ihn schwierige Situationen schon vorher erkennen kann. Die bloße Anwesenheit von Kindern wird dadurch zum Auslöser einer offensiven Verteidigungsreaktion. Im weiteren Verlauf wird der Hund in seiner Verteidigungshaltung immer angriffsbereiter. Im nächsten Stadium geht der Hund zum Präventivschlag über. Es kommt bereits zu einer Angstreaktion, wenn ein Kind nur anwesend ist, und der Hund schnappt zu. Zu diesem Zeitpunkt setzt der Hund, wenn überhaupt, nur mehr auf wenige defensive Strategien und wartet nur noch darauf, dass es zum Kontakt mit Kindern kommt. Der Hund ist jetzt bestrebt, die Situation so schnell wie möglich zu beenden. Das Ergebnis ist also ein Hund, bei dem es reicht, dass ein bestimmter Reiz (in unserem Beispiel ein Kind) auftritt, damit er mit aggressiven Verhaltensweisen wie Fixieren und einem offensiven Angriff reagiert. In einem solchen Fall sprechen wir von einem erfahrenen angstaggressiven Hund. In diesem Stadium, in dem keinerlei erkennbare Signale defensiver Verteidigungsbereitschaft mehr ausgesendet werden, ist es schwer bis gar nicht mehr möglich, zwischen einer angstbedingten und einer wutbedingten Aggression zu unterscheiden.

Man kann dieses Verhaltensmuster auch anders herum betrachten. Es ist durchaus möglich, dass das wiederholte Erzeugen von Angst zu Frustration und schließlich zu Wut führt. Es könnte sein, dass Angst zu defensivem und Wut zu offensivem Abwehrverhalten führt. Wenn das stimmt, könnte man alle Formen der Flucht als angstbedingt und alle Formen des Angriffs als wutbedingt einstufen. Es kann sich durchaus um ein zutreffendes Erklärungsmuster handeln. Allerdings wäre es schwierig, für diese Theorie den Wahrheitsbeweis anzutreten, und solange das nicht gelingt, bleibt es eine Theorie – ein nicht überprüftes hypothetisches Modell, das zwar plausibel, aber nicht eindeutig erwiesen ist. Man könnte die Theorie vielleicht überprüfen, indem man Herzschlag, Atemfrequenz und die Ausschüttung von Neurotransmittern misst. Dann könnten wir die Reaktionsmuster Flüchten versus Angriff miteinander vergleichen und auf die bekannten physiologischen Unterschiede zwischen Angst und Wut hin überprüfen.

AGGRESSION AUF GRUND EINES KONTROLLKOMPLEXES

Eine im Zusammenhang mit einem Kontrollkomplex auftretende Aggression beschreibt einen abnormalen emotionalen Zustand, der keine funktionierende Umweltanpassung darstellt. Es handelt sich dabei um Hunde, die richtige „Kontrollfreaks" sind, eine niedrige Frustrationstoleranz besitzen und leicht in Rage geraten. Ihnen fehlt jede Sozialkompetenz.

Vorkommen
65 % bis 90 % der Hunde, die ein durch einen Kontrollkomplex bedingtes Aggressionsproblem haben, sind Rüden (Beaver, S. 157). 90 % dieser Hunde waren zum Zeitpunkt der Verhaltensberatung unkastriert (Beaver, S. 157). Hündinnen, die am selben Problem leiden, sind meistens kastriert (Overall). Die Anzeichen für die Verhaltensstörung sind bei sorgfältiger Beobachtung meist mit Erreichen der Geschlechtsreife (6 – 12 Monate) erkennbar, allerdings eskaliert das Verhalten rasch und ist spätestens mit Erreichen der sozialen Reife (18 – 24 Monate) auch für ungeschulte Beobachter offenkundig. Meistens wird professionelle Hilfe dann gesucht, wenn der Hund zwischen einem und drei Jahren alt ist (Beaver, S. 157). Bei reinrassigen Hunden kommt diese Form der Aggression häufiger vor (82 – 87 %, Beaver, S. 157). Bestimmte Rassen sind dafür anfälliger und bestimmte Zuchtlinien sind in der Statistik über derartige Aggressionsprobleme stärker präsent.

Merkmale
Die durch einen Kontrollkomplex bedingte Aggression weist üblicherweise folgende Merkmale auf:
- sehr niedrige Reizschwelle (wird leicht wütend)
- reagiert mit Frustration und Erregungszustand auf wahrgenommene soziale Kontrolle oder Konkurrenz
- soziale Dominanzreaktionen (aggressiver oder manipulativer Art) auf frustrationsbedingte Erregung
- weitgehend ungehemmte Aggression als Reaktionsmuster (typischerweise bei Ärger oder Wut)

Hunde mit Kontrollkomplexen und damit verbundenen Aggressionsproblemen neigen zu einem Verhalten, das subtil manipulativ ist und auf das Erlangen von Situationskontrolle abzielt. Die meisten Hunde setzen dazu zuwendungsorientiertes und nicht aggressives Verhalten ein.

Subtiles Kontrollverhalten nach Overall (1997) umfasst:

- sich gegen Menschen oder andere Hunde aufzulehnen
- Pfoten oder Kopf auf die Schultern, den Kopf oder den Rücken eines Menschen oder anderen Hundes zu legen
- über einem Menschen zu stehen
- Engstellen (wie z.B. Türen) zu blockieren
- Anstarren/ Fixieren, die Pupillen sind dabei meist erweitert
- Bellen in Reaktion auf eine Anweisung oder ein Verbot vom Menschen
- Betten, Sofas, Spielzeug, Luftmoleküle und jede beliebige andere Ressource zu bewachen

„... in den meisten Fällen von Dominanzaggression [Anmerkung des Autors: bitte ersetzen durch kontrollkomplexbedingte Aggression] handelt es sich offenbar um eine Folge von sozialer Verstörtheit, Frustration, Reizbarkeit, Abneigung gegen Körperkontakt und erlerntes Verhalten. Die meisten dominanzaggressiven Hunde sind gar nicht sozial dominant, sondern schlicht sozial unfähig und nicht imstande, sich an die Anforderungen des Lebens in Sozialgefügen und der sozialen Interaktion anzupassen, ohne gleich zu beißen" (Lindsay, Band 2, S. 241).

Hunde mit einer derart niedrigen Frustrationstoleranz sind insofern abnormal, als ihre Reaktionen nicht dem Durchschnitt entsprechen. Ihnen fehlt es offenbar bei Sozialkontakten am entsprechenden Selbstbewusstsein. Sie nehmen bestimmte Reize so wahr, als handele es sich dabei um Überlebensnotwendigkeiten, was aber gar nicht der Fall ist. Es sind Hunde, deren Hauptantrieb die Selbstverteidigung und die Sicherung des eigenen Überlebens ist, die aber nicht unterscheiden können, was eine reale Bedrohung darstellt und was nicht. Es handelt sich NICHT um Hunde, die dauernd die Rangordnung in Frage stellen und sich hinaufarbeiten wollen; es sind vielmehr richtige Kontrollfreaks. Der Theorie von der Dominanzaggression zufolge müssten diese Hunde äußerst selbstbewusst sein. Das erscheint mir aber vollkommen unsinnig, denn ein wirklich selbstsicheres Tier hätte es nicht nötig, dauernd alles unter Kontrolle zu halten. Wenn Sie jemals einem Menschen begegnet sind, der sofort darauf erpicht war, die Kontrolle an sich zu reißen, dann wissen Sie, dass diese Menschen nicht besonders selbstsicher sind. Ganz im Gegenteil. Sie sind sehr unsicher und kompensieren das auf diese Weise. Bei Hunden ist das nicht anders. Solche Hunde sind alles andere als selbstsicher, haben wenig oder keinerlei soziale Fähigkeiten und sind frustriert.

Kontrollkomplex und Dominanz sind absolut nicht das Gleiche. Wie schon erwähnt – ich glaube nicht, dass wir es hier mit sehr selbstbewussten Hunden zu tun haben, die sich einen höheren Rang erkämpfen wollen. Die ganze Dominanztheorie steht ohnehin auf sehr wackligen Beinen und ist in der Vergangenheit wahrscheinlich gänzlich falsch diskutiert worden. Sie beruft sich auf fragwürdige Annahmen, die in der kognitiven Ethologie getroffen wurden. Der Nachweis, dass Hunde in der Rangordnung höher klettern wollen, ist nicht zu erbringen. Oder sind Hunde etwa in der Lage, Aggression gezielt einzusetzen, um den symbolischen Titel eines Alpha-Tieres zu erringen und sich damit künftige Privilegien zu sichern? Viel wahrscheinlicher ist es doch, dass diese

Tiere ganz und gar nicht selbstsicher und sozial kompetent sind. Diese ganzen Denkmodelle über Rangordnung und Alphastatus haben in der Vergangenheit immer wieder dazu geführt, dass die Beziehungen von Menschen zu ihren Hunden von Ressentiments geprägt und auf Konfrontation und Rangordnungskämpfe ausgelegt waren. Da bei den Begriffen „selbstbewusst" und „Rangordnungskampf" von sehr unwahrscheinlichen Annahmen ausgegangen wird und die bisher gängigen Theorien über das Rudelverhalten höchst problematisch sind und zusätzlich ganz wesentlich zu schwierigen Mensch-Hund-Beziehungen beigetragen haben, lehne ich solche Ansätze ab.

Der Begriff Kontrollkomplex beschreibt ein Syndrom, mit dem wir verschiedene Verhaltensphänomene beschreiben können, die in der Vergangenheit als Dominanzaggression diagnostiziert wurden. Einem solchen Verhalten und Wesen können unterschiedliche Motive zu Grunde liegen. Der Begriff Kontrollkomplex liefert uns ein theoretisches Modell, mit dem wir die verschiedenen Varianten beschreiben können.

Auslösereiz

Folgende Reize können das Verhalten auslösen:

- wenn ein Mensch (oder anderer Hund) nach einer für den Hund wichtigen Ressource greift oder sie wegnehmen will (Ressourcen bewachen)
- wenn der Hund an seinem Ruheplatz gestört wird (Schreckreaktion oder Platz bewachen)
- wenn man den Hund anfassen will, vor allem im Bereich von Kopf, Fang, Rumpf, Pfoten, Hals oder Rücken (Hund hat nicht gelernt, Berührungen zu akzeptieren)
- wenn der Hund zurechtgewiesen oder bestraft wird (Vertrauensbruch)
- wenn der Hund gestört wird, wenn er mit einem bestimmten Familienmitglied zusammen ist, oft dann, wenn er z.B. auf dem Schoß sitzt (Ressourcen bewachen)
- wenn der Hund in die Transportbox gesperrt wird (fühlt sich dort nicht sicher, hat keine positiven Erfahrungen damit gemacht)
- wenn man den Hund anstarrt, manchmal genügt auch schon normaler Blickkontakt (Hund hat gelernt, Blickkontakt mit Strafe zu verknüpfen)
- wenn er mit der Leine korrigiert/ bestraft wird (Vertrauensbruch)

Hinweis: Die Angaben in Klammer beschreiben die wahrscheinlichsten Ursachen für das Verhalten. In vielen Fällen geht es dabei entweder um einen Vertrauensbruch oder um Erfahrungen, die der Hund mit fehlender Belohnung und fehlender Sicherheit gemacht hat. Wird mit Strafe gearbeitet, so wirkt sich das auf alle genannten Aspekte der Beziehung zu Ihrem Hund aus. Es ist ganz entscheidend, dass Sie alle Methoden zur Bestrafung und negativen Einwirkung während der Verhaltenskorrektur aufgeben, damit eine neue Beziehung zwischen Ihnen und Ihrem Hund entstehen kann.

Durch einen Kontrollkomplex bedingte Aggression gegenüber anderen Hunden

Wie bereits angemerkt, geht es bei der durch einen Kontrollkomplex bedingten Aggression gegenüber anderen Hunden hauptsächlich um Konkurrenz untereinander, zu der häufig erlerntes Mobbing als Verhaltensstrategie kommt. Der Streit um Ressourcen ist die häufigste Ursache für die kontrollkomplexbedingte Aggression unter Hunden. Solche Hunde haben eine niedrige Reizschwelle/ Frustrationstoleranz. Diese Form der Aggression unterscheidet sich von bloßer Ressourcenverteidigung dadurch, dass der Besitzanspruch über bestimmte Dinge exzessiv, zwanghaft und unerbittlich durchgesetzt wird. Üblicherweise treten begleitend auch andere Formen von übermäßigem Kontrollverhalten auf. Dieses Verhalten ist bei Hunden abnormal und unzweckmäßig. Es zeigen zwar viele Hunde Konkurrenzverhalten, aber bei denen, die auf Grund ihres Kontrollkomplexes aggressiv reagieren, reichen schon objektiv harmlose Reize auf geringfügigstem Niveau aus, um die Aggression auszulösen (z.B. soziale Kontrolle oder mäßige Konkurrenz).

Durch einen Kontrollkomplex bedingte Aggression gegenüber Menschen

Wie schon erwähnt, haben wir es auch bei Fällen von kontrollkomplexbedingter Aggression gegenüber Menschen mit einer extrem geringen Frustrationstoleranz bei sozialer Kontrolle zu tun. Da Menschen üblicherweise das Signalverhalten von Hunden nicht besonders gut verstehen, laufen sie Gefahr, zum Opfer von scheinbar „aus dem Nichts heraus" kommenden Attacken zu werden. Die Warnsignale werden oft nicht rechtzeitig erkannt, bevor die Aggression beim Hund ausgelöst wird. In den meisten Fällen geht es weniger um direkte Konkurrenz, sondern vielmehr um aufgestaute Reizbarkeit in Folge einer Abneigung gegenüber Körperkontakt. Typisch für solche Hunde ist, dass sie gereizt reagieren, wenn man sie anfasst oder versucht zu kontrollieren.

Der Faktor Konkurrenz

Der Faktor Konkurrenz spielt bei der durch den Kontrollkomplex bedingten Aggression meist bei innerartlichen Begegnungen eine Rolle. Es kann zwar auch zu Konkurrenz zwischen Hunden und Menschen kommen, das ist aber eher untypisch. Lindsay (Band 2, S. 203) vertritt die Meinung, dass sexuelle Rivalität der Grund für derartige Aggressionsfälle ist und ein großer Teil der konkurrenzbedingten Spannungen unter Hunden darauf zurückzuführen ist. Sexuelle Rivalität oder Geschlechterrivalität könnte erklären, warum Aggression hauptsächlich unter Hunden des gleichen Geschlechts auftritt. Beim Sozialverhalten geht es offenbar im Wesentlichen um ein Gleichgewicht zwischen Konkurrenzverhalten und defensivem, auf Abstandswahrung gerichtetem Verhalten einerseits und Bindungsverhalten bzw. auf Abstandsverringerung gerichtetem Verhalten andererseits. Für die meisten Hunde ist Sozialkontakt ein wichtiger Antriebsfaktor. Hunde konkurrieren miteinander um wichtige Ressourcen wie Sexualpartner, vertraute und bequeme Plätze und vertraute Sozialkontakte. Konkurrenz wird oft zum Auslöser für einen innerartlichen Konflikt. Bei Hunden, die zu kontrollkomplexbedingter Aggression neigen, können schon kleinere konkurrenzauslösende Ereignisse dazu führen, dass sie offensives distanzverringerndes Verteidigungsverhalten zeigen. Erlebt sich der Hund in einer Konkurrenzsituation erfolglos und/ oder hilflos, entsteht Frustration. Hunde, die einen sehr hohen Konkurrenztrieb und eine sehr niedrige Reizschwelle haben, sind gefährlich, weil sie die verschiedensten, normalerweise harmlosen Ereignisse als Konkurrenzsituation und daher als Auslöser für Frustration erleben. Dieser Frust erzeugt offenbar Wut und führt damit zu übertriebenen und unangemessen aggressiven Reaktionen. Je gereizter und wütender so ein Hund ist, desto mehr schaukelt sich der Anlass zu einer überlebenswichtigen Frage hoch und desto ungehemmter fällt die Reaktion des Hundes aus. Das Zusammentreffen von Konkurrenztrieb und niedriger Reizschwelle führt bei Hunden, die zu kontrollkomplexbedingter Aggression neigen, zu abnormalem Verhalten.

In vielen Fällen gibt es dabei auch erlernte Verhaltenselemente. Wenn ein Hund lernt, dass er in Konkurrenzsituationen immer Erfolg hat (ein völlig verzogener Hund oder auch nur der größte und triebhafteste Hund), erwartet er natürlich, dass er sich in einer Wettbewerbssituation jedes Mal durchsetzen wird. Wenn der Hund diese Erfahrung immer wieder gemacht hat, ist er sehr schnell frustriert, wenn es einmal nicht nach seinem Kopf geht. Das ist er nicht gewöhnt und er weiß daher auch nicht genau, wie er mit dieser Situation und dem damit verbundenen Stress umgehen soll. Der Hund wird ungeduldig und ist noch leichter zu frustrieren. Aus der Frustration entsteht dann wieder Wut. Solche Tiere wirken oft sehr herrisch und fordernd. Hunde werden aber nicht durch andere Hunde verzogen. Das Problem entsteht erst durch den Menschen, der damit dazu beiträgt, dass solche Tiere dann als dominant-aggressiv gelten. Trainer traditioneller Schule empfehlen dem Hundebesitzer in diesem Fall, ihren Hund auf seinen Platz zu verweisen, was bei ihm noch mehr Frust erzeugt, und schwupps – schon haben Sie ein Riesenproblem. Verziehen Sie Ihren Hund nicht, dann wird aus ihm auch kein verzogener Hund.

Viele an einem Kontrollkomplex leidende Hunde könnte man auch als Soziopathen beschreiben. Man kann häufig beobachten, dass solche Hunde Spielverhalten zeigen oder um Zuwendung betteln, um dann – wenn man darauf eingeht – plötzlich loszuschlagen. Zum Beispiel kann man beobachten, dass ein Hund einem Menschen oder einem anderen Hund ein Spielzeug bringt und plötzlich angreift, wenn diese Spieleinladung angenommen wird. Es kann auch vorkommen, dass sie Menschen oder anderen Hunden gegenüber Unterwerfungsgesten zeigen oder deutliche Signale zur Spielaufforderung (Signale wie die Vorderkörpertiefstellung, mit der signalisiert wird, dass nachfolgende Handlungen vielleicht aggressiv wirken mögen, aber nur spielerisch gemeint sind) und dann, wenn man darauf mit Zuwendung oder mit Spielen reagiert, plötzlich aggressiv werden. Solche Hunde geben oft keinerlei Zuwendung, sondern fordern nur welche. Sie scheinen in vielen Fällen keinerlei positiver, freudiger sozialer Empfindungen fähig, außer vielleicht einer perversen Freude daran, andere herauszufordern.

Unterschiede zwischen kontrollkomplexbedingter Aggression und pathophysiologischer Aggression

Es gibt verschiedene pathophysiologische und neurologische Störungen, die eine niedrige Reizschwelle, unberechenbares Verhalten und ungehemmte Aggression zur Folge haben können. Es ist daher äußerst wichtig, dass eine vollständige medizinische Untersuchung durch einen möglichst erfahrenen Tierarzt durchgeführt wird. Nur so können medizinische Ursachen für Aggressionsprobleme ausgeschlossen werden.

Abneigung gegen Berührung

Viele Hunde, die an kontrollkomplexbedingter Aggression leiden, sind in ihrem Wesen sehr eigenständig und unabhängig. Sie haben, wie Sue Sternberg das nennt, keine „soziale Pufferzone", die bei den meisten Hunden verhindert, dass sie immer sofort frustriert oder gereizt sind, wenn sie durch soziale Kontrolle eingeschränkt werden. Die Beziehung zwischen Besitzer und Hund kann sich so weit verschlechtern oder in ihrer Entwicklung von Anfang an so eingeschränkt sein, dass den Hund schon die bloße Berührung durch den Menschen frustriert. Kommt es zu längeren oder wiederholten Berührungen, dann kann daraus eine Abneigung gegen Berührungen und damit einhergehende Reizbarkeit entstehen und in Folge eine bloße Berührung zu einem sehr starken Reiz für aggressives Verhalten werden. Die generelle Reizbarkeit trägt dabei zu geringer Frustrationstoleranz bei.

Lindsay erklärt mit dieser Theorie der Abneigung gegen Berührungen auch die folgenden Tatsachen:

1. „Die Aggression richtet sich oft gezielt gegen bestimmte Menschen.
2. Die Aggression findet häufig an jenen Orten statt, die üblicherweise mit Streicheln und Zuwendung in Zusammenhang stehen (z.B. auf dem Sofa, auf dem Bett).
3. Die Aggression wird oft von minimalen Reizen ausgelöst, z. B. schon dadurch, dass man harmlos die Hand nach dem Hund ausstreckt.
4. Die Aggression tritt plötzlich, heftig und unangemessen auf, was darauf schließen lässt, dass sich die Spannung über einen längeren Zeitraum hinweg aufgebaut hat.
5. Aus dem Dominanzverhalten [Anmerkung des Autors: bitte ersetzen durch Kontrollkomplex] entsteht allmählich eine zunehmende Ablehnung gegenüber Streicheln und ein Widerstreben gegen gemeinsames Spielen."
(Lindsay, Band 2, S. 248)

Zusammenfassung des Phänomens der durch einen Kontrollkomplex bedingten Aggression

Hunde mit kontrollkomplexbedingten Aggressionsproblemen haben üblicherweise eine sehr geringe Frustrationstoleranz. Kommt es zu Frustration, dann tritt ungehemmtes und offensives Verteidigungsverhalten auf. Die Hunde haben häufig keine soziale Pufferzone und sind recht eigenständig. Sie sind leicht reizbar und geraten schnell in Wut. Aggressives Verhalten wird häufig dadurch ausgelöst, dass man vom Hund verlangt, etwas zu tun, was er nicht tun will, oder wenn man ihn daran hindert, etwas zu tun, was er tun möchte. Solche Hunde sind deswegen abnormal, weil sie eine niedrige Reizschwelle/ geringe Frustrationstoleranz gekoppelt mit einem häufig stark ausgeprägten Konkurrenzverhalten haben. Sie verhalten sich völlig unangemessen und verteidigen sich durch aktive Aggression gegen scheinbare Bedrohungen, die irrationalerweise als lebensgefährlich wahrgenommen werden.

TERRITORIALE AGGRESSION

Vorkommen
Vor allem bei erwachsenen Rüden. Hunde, die besonders eiweißreich ernährt werden, erscheinen in der Statistik häufiger (Beaver, S. 180). Bei nicht kastrierten Rüden läuft das Verhalten meist etwas heftiger ab. Normalerweise verändert sich diese Form der Aggression nach der Kastration kaum (Beaver, S. 180).

Merkmale
- Bei territorialer Aggression wird ein bestimmtes Gebiet verteidigt.
- Bei dem Gebiet, das verteidigt wird, handelt es sich meist um einen besonders vertrauten Platz, oft das Haus oder der Garten, in dem der Hund lebt.
- Das Revier wird gegen „Außenstehende" verteidigt: gegen alle Unbekannten.
- Ein typisches Merkmal für territoriale Aggression ist das Verbellen, das als Warnung dient.
- Das Verhalten wird, zumindest solange der Fremde in einiger Entfernung ist, sehr offensiv und deutlich gezeigt.

Auslösereiz

Annäherung oder Anwesenheit eines unbekannten oder gefürchteten Menschen oder Hundes im eigenen Revier.

Angstbedingtes oder wutbedingtes Verhalten

Das Verhalten beim Verteidigen des eigenen Territoriums ist normalerweise sehr offensiv und umfasst Verbellen, Knurren, Zähnefletschen, Anspringen und in manchen Fällen sogar Schnappen oder Beißen. Aus Frustration oder Angst stammende Wut könnte Anlass zu diesem Verhalten geben.

Angstbedingtes Territorialverhalten

Es kommt häufig vor, dass die Hunde eine angstbedingte offensive Verteidigungsstrategie ausprobieren und oft kommt es zu einer Verstärkung dieses Verhaltens. Im Laufe der Zeit wird das an den Tag gelegte Verteidigungsverhalten daher immer offensiver und heftiger. In vielen Fällen wird das Verhalten generalisiert und auf alle unbekannten Menschen angewandt. Das beste Beispiel, wie diese Form des Territorialverhaltens entsteht, ist der Postbote. Der Postbote kommt zum Haus, was beim Hund Unbehagen auslöst. Der Hund probiert es mit einem leisen „Wuff, Wuff" und ist dann still, während er verfolgt, wie sich sein Verhalten auswirkt. Der Postbote hat die Post eingeworfen und entfernt sich. Der Hund ist erleichtert, was zu einer deutlichen Bestätigung des Verhaltens führt. Nach mehrmaliger Wiederholung wird der Hund in seinem Verhalten sicherer und zeigt offensivere Verteidigungsstrategien. Jetzt steht er an der Tür und bellt drohend. Jedes Mal wird das Verhalten belohnt, da sich der Postbote ja wieder entfernt. Es wird zur Gewohnheit und läuft reflexartig ab. Das Verhalten wird nicht nur jedes Mal dadurch belohnt, dass sich der Eindringling wieder zurückzieht, sondern auch durch die Überflutung des Gehirns mit chemischen Botenstoffen und durch den in dieser Auseinandersetzung freigesetzten Adrenalinstoß, der selbstbelohnend wirkt. Zu einem wesentlichen Teil haben wir es hier vermutlich mit dem Entstehen von vermeidungsorientierter Aggression (wie im Kapitel über angstbedingte Aggression beschrieben) zu tun.

Frustration oder Territorialverhalten

Viele Fälle von augenscheinlich territorialer Aggression werden offenbar eher durch Frustration als durch Angst ausgelöst. Viele Streitereien von Hunden – meist unkastrierten Rüden – am Zaun dürften auf Frustration zurückzuführen sein. Solche Hunde als territorial-aggressiv zu bezeichnen, ist problematisch. Diese Form der Aggression entsteht folgendermaßen: Hunde reagieren mit einem Erregungszustand auf die Anwesenheit eines anderen Hundes, weil sie entweder Sozialkontakt zu ihm aufnehmen wollen oder sich durch den Eindringling gestört fühlen. Mit jeder frustrierenden Begegnung nehmen Reizbarkeit und Anspannung zu. Die Hunde laufen oft am Zaun auf und ab, bellen, springen am Zaun hoch und versuchen, auf den anderen Hund loszugehen. Jeder weitere Zwischenfall dieser Art festigt das Verhalten und lässt es zu einer gewohnheitsmäßigen Reaktion werden. Die aggressive Reaktion verstärkt sich und es entsteht eine besonders frustrationsgeladene Aggressionsform. Begegnungen unter solchen Hunden sind normalerweise vollkommen unberechenbar. Wenn das Motiv die

Verteidigung des eigenen Territoriums war, kann es zu offensivem Verteidigungsverhalten kommen, wenn sie nicht mehr durch einen Zaun getrennt sind. Häufig ist das aber überhaupt nicht der Fall. Wenn die Hunde aufeinander treffen, kann es zwar manchmal zu einem Ausbruch scheinbarer Wut (Abbau von Frustration) kommen, häufig ist es aber auch so, dass die Hunde ohne den Auslösereiz (der Zaun oder das Eingesperrtsein, nicht das Territorium selbst) zu positiver (sozialer) Interaktion übergehen.

Aggression von Kettenhunden

Eine andere, häufig schwer einzuordnende Form der Aggression tritt bei so genannten „Kettenhunden" (schlimm genug, dass es dieses Wort überhaupt gibt) auf, die im Hof angebunden sind. Es ist bekannt, dass Kettenhunde eher aggressive Verhaltensweisen entwickeln, die dann aber eine Folge von Frustration sind. Durch das Angebundensein hat der Hund keine Fluchtmöglichkeit. Das allein führt schon zu verstärkter Angst und hohem Frustrationspegel. Ein in seiner Bewegungsfreiheit eingeschränkter Hund fühlt sich schutzloser und hilfloser. Wird er zusätzlich von Katzen, Kindern oder anderen geneckt oder sogar gezielt provoziert, nehmen Frustration und Angst noch zu. Solche Hunde schlagen oft bei der ersten Gelegenheit sicherheitshalber los oder bekommen einen Wutanfall. Wenn ein Kind sich in Reichweite eines solchen Hundes begibt, greift er häufig gleich an. Das ist ein sicheres Zeichen für Frustration. Anfangs waren solche Hunde vielleicht nur ängstlich, weil sie keine Fluchtmöglichkeiten hatten. Häufig kann man in solchen Fällen auch von vermeidungsorientierter Aggression sprechen. In solchen Situationen auftretende Aggression wird häufig als Form von territorialer Aggression angesehen. Wenn dem aber so wäre, dann dürfte es nur im Territorium des Hundes dazu kommen. Es ist zwar immer wieder die Rede davon, dass Territoriumsgrenzen auch fließend verlaufen und praktisch mit dem Hund mitwandern können, der Begriff Territorium verliert in diesem Fall allerdings seine Bedeutung, denn es könnte auch sein, dass sich der Hund auf vertrautem Gebiet einfach etwas sicherer fühlt und seine Wut nicht durch gleichzeitig auftretende Angst gehemmt wird. Vielleicht kann man territoriale Aggression dann auf das bloße Fehlen von Verhaltenshemmung in der vertrauten Umgebung zurückführen. An einem unbekannten Ort ist der Hund angespannter und ängstlicher, was dazu führt, dass offensive Verteidigungsstrategien gehemmt werden. Das wäre ein Argument, das gegen das Konzept von territorialer Aggression sprechen würde.

RESSOURCENVERTEIDIGUNG UND AGGRESSION

Vorkommen

Jeder Hund kann zum Verteidigen von Ressourcen neigen. Je wertvoller eine Sache für den Hund ist, desto eher wird er diese Ressource verteidigen. Ein Mangel an einer bestimmten Ressource erhöht deren Wert oft noch. Hunde, die nicht an das Teilen von Ressourcen gewöhnt sind, laufen auch eher Gefahr, dieses Verhalten zu zeigen, weil sie nie gelernt haben, dass es mit positiven Folgen verbunden sein kann oder sogar höchstwahrscheinlich mit positiven Folgen verbunden ist, wenn ihnen etwas weggenommen wird.

Merkmale

Hunde, die Aggression zur Ressourcenverteidigung einsetzen, verwenden offensive Aggression, um eine für sie wichtige Ressource zu bekommen oder zu behalten. Hunde haben von Eigentumsrechten und dauerhaftem Besitz keinen Begriff. Sie leben, wie man so schön sagt, im Hier und Jetzt, und bewacht werden die Dinge oder Personen, die dem Hund im Moment wichtig sind. Als Besitz oder Ressource kommt praktisch alles in Frage, vom Spielzeug, über Futter, das Bett, das Sofa, die Box, den Menschen bis zu einem anderen Hund und vieles mehr.

Auslösereiz
  - Annäherung an einen Hund, der eine für ihn sehr wichtige Ressource besitzt.
  - Der Versuch, dem Hund eine sehr wichtige Ressource wegzunehmen oder danach zu greifen.
  - Der Versuch, einen Hund von einem für ihn sehr wichtigen Platz zu vertreiben.

Verschiedene Dinge sind dem Hund unterschiedlich wichtig. Wenn ein anderer Hund oder ein Mensch versucht, sich eine bestimmte Ressource anzueignen oder den Hund davon wegzubringen, so kann dies Verteidigungsverhalten auslösen. Bis zu einem gewissen Grad handelt es sich dabei um ein genetisch fixiertes Anpassungsverhalten. Überließe man Hunde sich selbst, so würden die meisten eine gewisse Art von Ressourcenverteidigung entwickeln (Besitz bewachen). Dieses Verteidigen von Ressourcen kann man sich ein wenig wie das Horten von Vorräten vorstellen. Wir haben es hier mit einer Aggressionsform zu tun, die manchmal als Schutz-Aggression bezeichnet wird. Da es sich aber sehr wahrscheinlich um ein Bewachen oder das Horten von Ressourcen handelt, sollte das auch als solches bezeichnet und nicht als eigene Kategorie geführt werden.

AGGRESSION VON MUTTERTIEREN

Vorkommen
Verhalten von nicht kastrierten Hündinnen. Gelegentlich kann es auch bei kastrierten Hündinnen dazu kommen, wenn die Kastration zu kurz nach der Läufigkeit erfolgte, allerdings müsste man dabei korrekterweise von erlernter Aggression oder Ressourcenverteidigung sprechen.

Merkmale
Offensives Aggressionsverhalten, das der Ressourcenverteidigung ähnelt, aber nur bei nicht kastrierten Hündinnen in folgenden Situationen vorkommt:
- Trächtigkeit
- Scheinträchtigkeit
- beim Werfen
- bei der Welpenaufzucht

Das Verhalten ist stark durch genetische Faktoren und den Hormonstatus beeinflusst. Die Hündin sucht einen Wurfplatz aus, den sie bewacht, oder verteidigt ein Objekt, meist einen weichen Gegenstand wie einen Pantoffel oder ein Stofftier, so als wäre es ein Welpe. Bei Hündinnen, die tatsächlich trächtig sind oder Welpen haben, werden der Wurfplatz und die Welpen bewacht.

Auslösereiz
Sich folgenden Dingen nähern, sie wegnehmen oder sie sonst irgendwie unter Kontrolle bekommen wollen:
- Welpen
- Ersatzobjekte für Welpen
- Wurfplatz

PATHOPHYSIOLOGISCHE AGGRESSION

Jean Dodds ist als führende Forscherin auf dem Gebiet der medizinischen Ursachen von abnormalem Verhalten weithin anerkannt, der Großteil dieses Abschnitts enthält Informationen aus ihrer Forschungsarbeit und ihrem Erfahrungsschatz.

Aggressives Verhalten beim Hund kann verschiedene medizinische Ursachen haben. Aggression gilt als medizinisch bedingt, wenn eine Krankheit diagnostiziert wurde, von der man weiß, dass sie zu aggressivem Verhalten führt, und wenn Häufigkeit und Heftigkeit der Aggressivität des Hundes im Zuge der Behandlung der Krankheit deutlich abnimmt. Aggression kann immer auch zu einem Teil erlerntes Verhalten sein. Besteht die Aggressivität schon über einen längeren Zeitraum, genügt die Behandlung oder Heilung der Krankheit nicht immer, um sie wieder verschwinden zu lassen. In diesem Fall muss man die erlernte Aggression gesondert behandeln, da sie zu einer Gewohnheit geworden ist und als jene Verhaltensstrategie dient, auf die der Hund als Erstes zurückgreift.

Bei aggressivem Verhalten sollte *immer* zuerst eine gründliche Untersuchung durch einen kompetenten Tierarzt durchgeführt werden, um mögliche gesundheitliche Ursachen ausschließen zu können. Es gibt Anzeichen, die klar auf gesundheitliche Probleme hindeuten und eine umfassende medizinische Diagnose erforderlich machen:

- Wenn die Aggressivität plötzlich einsetzt.
- Wenn es sich um einen Ausbruch von aggressivem Verhalten handelt, dessen Ausmaß in keiner Relation zum Auslöser steht.
- Wenn das aggressive Verhalten ohne erkennbaren Auslöser oder gemeinsam mit genereller Gereiztheit und einem Hang des Hundes, sich zurückzuziehen, auftritt.
- Wenn der Hund sich insgesamt so verhält, dass Sie das nur noch als verrückt oder bizarr empfinden.
- Wenn die Aggressivität gleichzeitig mit der Verabreichung eines Medikaments beginnt oder mit einer Verletzung oder Krankheit zusammenfällt, dann ist von einem Zusammenhang zwischen den beiden Phänomenen auszugehen.

Wenn eine oder sogar mehrere der oben geschilderten Situationen der Ihres Hundes entspricht, sollten Sie in jedem Fall Ihren Tierarzt konsultieren und eine *gründliche* Untersuchung vornehmen lassen, um mögliche gesundheitliche Ursachen ausschließen zu können. Sie werden häufig auf die Formulierung stoßen, dass gesundheitliche Ursachen wahrscheinlich auszuschließen sind. *Es sollte Ihnen unbedingt klar sein, dass medizinische Ursachen niemals völlig ausgeschlossen werden können.* Sie können einige häufig auftretende Ursachen für Aggressivität ausschließen, wenn Sie die entsprechenden Untersuchungen vornehmen lassen. Das heißt aber nicht, dass es sich nicht trotzdem um ein medizinisches Problem handeln könnte. Es ist lediglich unwahrscheinlich, dass das Verhaltensproblem von den medizinischen Ursachen, die abgeklärt wurden, herrührt.

„Abnormales Verhalten bei Hunden kann verschiedenste Gründe haben; es kann auch im Zusammenhang mit psychologischen Ursachen stehen. Ein guter Tierarzt untersucht Ihr Tier systematisch auf mögliche medizinische Ursachen, wenn es unübliches oder unangebrachtes Verhalten zeigt. Diese Untersuchungen umfassen, wie von Landsberg aufgelistet (Canadian Veterinary Journal, 31: S. 225-227, 1990):

1. vollständige Anamnese
2. klinische Untersuchung und neurologische Tests
3. Blutuntersuchung mit vollständigem Blutbild und Schilddrüsenwerten
4. Röntgenuntersuchung
5. Urinanalyse, Kotuntersuchung
6. zusätzliche Laborbefunde je nach Indikation (z.B. Hormonstatus, Gallensäuren, Blutammoniak, Blutzuckerwerte, immunologischer Befund und Tests zu Giftstoffen, Pilzbefall oder sonstigen Infektionen)
7. Untersuchung der Gehirnflüssigkeit (Lumbalpunktion)
8. eine genauere neurologische Untersuchung, z.B. Computertomographie oder Elektroenzephalogramm

Normalerweise werden zuerst die Untersuchungsschritte 1 bis 4 durchgeführt; zusätzliche Tests wie in Punkt 5 bis 8 beschrieben werden je nach Indikation vorgenommen." (W. Jean Dodds, DVM, nach dem Artikel in Dog World, Band 77, Nr. 10, Oktober 1992)

Ein sonst ruhiger, gut erzogener und gut sozialisierter Hund kann auf Grund von Schmerzen eine niedrigere Reizschwelle bei Sozialkontakten aufweisen. Hüftgelenksdysplasie, Ohrinfektionen, Magenkrämpfe, Allergien oder jede Menge anderer mit Schmerzen verbundener Beschwerden können zur so genannten Schmerz assoziierten Aggression führen. Blindheit oder Taubheit oder auch nur eine teilweise Einschränkung dieser Sinnesorgane kann aggressive Verhaltensweisen auslösen, wenn sich jemand dem Hund nähert und dieser erschrickt, weil er die Person zunächst nicht bemerkt hatte. Sogar die Erinnerung an Schmerzen kann eine aggressive Reaktion hervorrufen. Ein Pitbull reagiert auf Schmerzen weniger aggressiv als die meisten anderen Rassen, weil er auf Grund seiner Züchtung weniger schmerzempfindlich ist.

Epilepsie und Aggression

Aggression auf Grund gesundheitlicher Probleme kann auch mit krampfartigen Anfällen einhergehen. Epilepsie ist eine allgemeine Bezeichnung für eine ganze Gruppe unterschiedlicher Beschwerden. Es handelt sich bei ihr um eine Störung, bei der eine anomale elektrische Impulsaktivität im Gehirn zu unkoordinierter Nervenaktivität und chaotischer Reizübermittlung an die Muskeln führt. Dadurch wird die Koordination der Muskelarbeit gestört. Die Epilepsie wird grob in den Bereich der idiopathischen Störungen und jenen der symptomatischen Störungen eingeteilt.

Die krampfartigen Anfälle können entweder den gesamten Muskelapparat betreffen oder nur Teile davon. Bei Anfällen, die auf bestimmte Körperteile beschränkt sind und auch als fokale Epilepsie bezeichnet werden, kommt es nur in einem bestimmten Teil des Gehirns zu einer heftigen elektrischen Erregung, während bei einem Anfall, der den ganzen Muskelapparat erfasst, diese elektrische Erregung im gesamten Gehirn stattfindet. Bei partiellen Anfällen unterscheidet man zwischen der einfachen fokalen Epilepsie, bei der der Betroffene bei Bewusstsein bleibt, und der komplexen fokalen Epilepsie, bei der es während des Anfalls zu einer Bewusstseinsveränderung kommt. „Ein komplex partieller Anfall geht von jenem Bereich im Gehirn aus, der für die Verhaltenssteuerung zuständig ist, und wird manchmal auch als psychomotorischer Anfall bezeichnet. Erleidet ein Hund diese Art von Anfällen, dann verändert sich dabei sein Bewusstseinszustand und er legt vielleicht merkwürdiges Verhalten wie unbegründete Aggression oder extreme irrationale Angst an den Tag" (http://www.canine-epilepsy-guardian-angels.com/CanineEpil.htm). „Die Anfälle treten häufig im Abstand von mehreren Wochen oder Monaten auf, wobei dann manchmal gleich mehrere kurz aufeinander folgen. In manchen Fällen werden die Tiere aggressiv und attackieren unmittelbar vor oder nach einem Anfall alles in ihrer Umgebung" (W. Jean Dodds, DVM, und Linda P. Aronson, DVM).

Wenn Ihr Tierarzt für die Anfälle keine andere Ursache findet, sollte er in jedem Fall eine umfassende Untersuchung inklusive neurologischer Tests, einem vollständigen Blutbild samt Blutserumsbefunden und einer Überprüfung der Schilddrüsenfunktion vornehmen. Auch eine Ernährungsberatung ist beim Auftreten von Anfällen wichtig, weil bestimmte Rassen zu Allergien oder Überempfindlichkeiten auf bestimmte Stoffe neigen. Bei der Befragung wird von Ihnen verlangt, dass Sie einen Anfall ganz genau beschreiben und auch alles, was unmittelbar vorher und nachher geschah. Sie sollten die jeweilige Tageszeit, eventuelle gemeinsame Faktoren, die vielleicht den Anfall ausgelöst haben könnten, und eine genaue Beschreibung, was der Hund gerade machte, als der Anfall begann, geben können. Je nachdem, was bei den Untersuchungen herauskommt, können auch weitere Tests notwendig werden, zum Beispiel eine Lumbalpunktion (Untersuchung der Gehirnflüssigkeit), eine Magnetresonanztomographie (MRT) oder ein Elektroenzephalogramm (EEG).

Sie sollten mit dem Tierarzt auch besprechen, ob und wieweit Medikamente weiterhelfen können. Phenobarbital oder Kaliumbromid werden Hunden, bei denen eine medikamentöse Behandlung notwendig ist, oft als Erstes gegeben. Sie dürfen aber nicht davon ausgehen, dass die Anfälle mit Beginn der Behandlung schlagartig aufhören.

Die Tatsache, dass es bei vielen Anfällen nicht zu den typischen krampfartigen Zuckungen kommt, kann zu Schwierigkeiten führen, die notwendigen Untersuchungen durchzusetzen, geschweige denn zu einer klaren Diagnose zu kommen. Manche Tierärzte sind schwer davon zu überzeugen, dass es sich bei den Verhaltensauffälligkeiten, die Sie beobachten, um einen Anfall oder um ein durch einen Anfall verursachtes Phänomen handeln könnte.

Schilddrüsenunterfunktion und Aggression

Warum sich eine verringerte Schilddrüsenfunktion auf das Verhalten auswirkt, ist bisher nicht geklärt. Einiges weist darauf hin, dass Hunde, die an einer Schilddrüsenunterfunktion leiden, Cortisol nicht ausreichend abbauen können. „Patienten mit Schilddrüsenunterfunktion können Cortisol nicht ausreichend abbauen; der konstant erhöhte Cortisolspiegel beziehungsweise das im Körper zirkulierende Cortisol wirken, als wäre das Tier im Dauerstress. Ebenso wirkt die Hemmung der Ausschüttung von TSH und die damit einhergehende Verringerung der Produktion von Schilddrüsenhormonen" (W. Jean Dodds, DVM, und Linda P. Aronson, DVM). Die Verbindung zwischen Dopamin- und Serotoninrezeptoren und jenen Nervenverbindungen im Zentralnervensystem, die mit Aggressionsverhalten zu tun haben, wurde bereits nachgewiesen. „Eine große gemeinsame Studie an der Tufts University hat ergeben, dass Hunde mit abnormaler Aggressivität bereits in der ersten Behandlungswoche positiv auf die Gabe von Schilddrüsenhormonen reagieren" (W. Jean Dodds, DVM, und Linda P. Aronson, DVM). „In manchen Fällen kam es zu einem dramatischen Rückfall und zu den bereits bekannten Verhaltensproblemen, wenn die Medikamente nur ein einziges Mal nicht gegeben wurden" (W. Jean Dodds, DVM, und Linda P. Aronson, DVM).

„Als abnormales Verhalten traten grob gegliedert auf: Aggression (40 % aller Fälle), Anfälle (30 %), Ängstlichkeit (9 %) und Hyperaktivität (7 %). Manche Hunde zeigten mehr als eines dieser Verhaltensprobleme. Eine Schilddrüsenfehlfunktion konnte bei 62 % der aggressiven Hunde, bei 77 % der Hunde, die an Anfällen litten, bei 48 % der ängstlichen Hunde und 31 % der hyperaktiven Hunde diagnostiziert werden." (W. Jean Dodds, DVM, und Linda P. Aronson, DVM)

„Zu den typischen klinischen Zeichen zählen unbegründete Aggression gegen andere Tiere und/ oder Menschen, plötzlich auftretende Anfälle bei erwachsenen Tieren, Orientierungslosigkeit, Launenhaftigkeit, Gemütsschwankungen, hyperaktive Phasen, Teilnahmslosigkeit, Depression, Ängstlichkeit und Phobien, Anspannung, Unterwürfigkeit, Passivität, Zwangshandlungen und Reizbarkeit. Bei den meisten Tieren wurde festgestellt, dass sie unmittelbar nach einem Anfall so wirkten, als würden sie aus einem tranceähnlichen Zustand wieder aufwachen und als hätten sie keine Ahnung von ihrem unmittelbar vorausgegangenem Verhalten" (W. Jean Dodds, DVM, und Linda P. Aronson, DVM).

Sorgen Sie dafür, dass Ihr Tierarzt folgende Untersuchungen durchführt:
- ein Schilddrüsen-Antikörpertest, bei dem die Werte für T3, T4, freies T3 und freies T4 sowie schilddrüseneigene Antikörper gegen T3 und T4 erhoben werden.

Weiterführende Informationen finden Sie im Internet unter:
- http://www.canine-epilepsy.com/testinst.html
- http://www.oxfordlabs.com/vetlabs.htm

IDIOPATHISCHE AGGRESSION (ALIAS „COCKERWUT"/ „RETRIEVERWUT")

Bei idiopathischer Aggression handelt es sich um eine sehr strittige Kategorie von Aggressionsproblemen. Viele Verhaltensfachleute sehen diese Form der Aggression als ausschließlich medizinisches Problem oder, wenn sie bei normalen und gesunden Hunden auftritt, als bloße Frage von ungewöhnlich niedrigen Reizschwellen oder einem schweren Fall von vermeidungsorientierter Aggression. Der Begriff idiopathische Aggression wird häufig auch für Fälle verwendet, die nicht genauer diagnostizierbar sind. Hier soll der Begriff allerdings anders verwendet werden.

Als idiopathische Aggression bezeichnet man Fälle, bei denen die Aggression typischerweise besonders heftig und ohne vorherige Warnung auftritt und sich gegen Menschen, andere Tiere oder unbelebte Gegenstände richtet. Der Hund macht vielleicht unmittelbar vor oder nach dem Angriff einen verwirrten Eindruck oder hat vor dem Ausbruch einen starren, geistesabwesenden oder leicht glasigen Blick. „Dieser Blick könnte auf eine Reaktion des sympathischen Nervensystems zurückzuführen sein, durch die die Lichtreflexion vom Tapetum licitum erhöht wird" (Overall, S. 125). Gelegentlich kann man während eines solchen Ausbruchs ein nervöses Zucken beobachten. Die davon betroffenen Hunde sind nicht generell aggressiv, sondern haben gelegentliche Phasen besonders heftiger Aggressivität. Das Phänomen kommt bei bestimmten Rassen und bei bestimmten Zuchtlinien besonders häufig vor, man geht daher davon aus, dass es zu einem großen Teil erblich bedingt ist. Cocker Spaniels und Springer Spaniels sind am häufigsten betroffen, daher auch die Bezeichnung „Cockerwut". Eine erhöhte Häufigkeit idiopathischer Aggression findet man auch bei Bernhardinern und Golden Retrievern. Diese Kategorie von Aggression ist eher umstritten, da viele Fälle vermutlich medizinisch bedingt sind (Anfallserkrankungen). Die Bezeichnung idiopathische Aggression kann auch missbräuchlich verwendet werden und damit vielleicht verhindern, dass medizinische Ursachen festgestellt werden. Eine solche Diagnose sollte daher erst gestellt werden, wenn mögliche (Anfalls-)Erkrankungen ausgeschlossen wurden, indem entweder die entsprechenden Untersuchungen durchgeführt wurden oder Medikamente gegen Anfallserkrankungen wirkungslos blieben (z.B. Phenobarbital). „Idiopathische Aggression tritt offenbar am häufigsten bei Hunden zwischen ein und drei Jahren auf, ... Das ist jenes Alter, in dem sich leider auch die idiopathische Epilepsie entwickelt." (Overall, 1997, S. 126). „In der Studie von Dodman und Kollegen reagierte einer von drei Hunden positiv auf die Gabe von Phenobarbital" (Overall, 1997, S. 126). Welche Ursachen nicht krankheitsbedingte idiopathische Aggression hat, ist unklar. Jedenfalls sollte der Begriff NICHT einfach dazu verwendet werden, alle Fälle von nicht diagnostizierbarer Aggression darunter zusammenzufassen. Es handelt sich nicht um eine Bezeichnung für nicht genauer diagnostizierte Aggression bei Hunden!

AGGRESSIVES JAGDVERHALTEN

Vorkommen

Von jagdbedingter Aggression spricht man dann, wenn der Hund Elemente des Jagd-verhaltens in unangemessener, unpassender oder sonst unerwünschter Weise an den Tag legt. Am häufigsten kommt das bei Terriern und Hütehunden vor. Grundsätzlich kann aber natürlich jeder Hund Jagdverhalten zeigen.

Merkmale

Siehe dazu auch die Beschreibung von nicht affektiver Aggression weiter oben. Jagd-verhalten ist dadurch gekennzeichnet, dass es sich nicht um eine emotionale Reaktion handelt und es zu keiner Erregung des sympathischen Nervensystems kommt, wie das bei allen anderen Formen der Aggression der Fall ist. Die Angriffe erfolgen normaler-weise lautlos, nachdem der Hund das Beutetier zunächst belauert hat und sich dann angepirscht hat. Die ersten Bisse werden in den meisten Fällen gegen die Rückseite der Beine gerichtet. Wenn die Beute zu Boden geht, folgen Bisse in den Hals und dann in den Rumpf und Kopf (Lauridson, 1993). Bei der Aggression im Zuge des Jagdverhaltens wird normalerweise kein Knurren, Zähnefletschen oder sonstiges Warnsignal gezeigt (Unruh, 1996). Manchmal bleibt der Hund vielleicht kurz vor der Beute stehen und bellt (O'Farrel, 1986). Das könnte daran liegen, dass sich die Beute deutlich von den Erwar-tungen des Hundes daran, wie ein Beutetier aussieht und wie es sich verhält, unter-scheidet. Es könnte sich auch um ein Sondierungsverhalten handeln, wenn der Hund eine Situation als gefährlich einstuft. Wenn zum Beispiel ein Kaninchen hochspringt, wird der Beutetrieb des Hundes ausgelöst, und er reagiert entsprechend. Wenn er aber ein Eichhörnchen hetzt und sich das Eichhörnchen umdreht, um sich zu wehren, könnte der Hund versuchen herauszufinden, wie gefährlich die Lage ist, indem er mehrfach bellt oder abschnappt oder vorspringt. Wenn ein Kind den Beutereflex aus-löst, könnte das Bellen auch eine Übersprungshandlung sein, die dadurch verursacht wird, dass der Auslöser für das Jagdverhalten nicht in die Rubrik Beutetier passt. Es könnte sich auch um die Reaktion eines verwirrten Hundes handeln. Sie haben viel-leicht einen Hund, der normalerweise nicht zubeißen würde, selbst dann nicht, wenn er deutlich provoziert wird. Wenn nun aber bei diesem Hund der Beutetrieb ausgelöst wird, reagiert er vollkommen instinktiv. Solche Fälle von Aggressionsverhalten sind oft nur schwer zu verändern und können sehr gefährlich werden.

Wenn es zu einem aggressiven Zwischenfall zwischen einem großen und einem kleinen Hund kommt, bei dem der große Hund der Angreifer ist, sollte man ebenfalls Jagdverhalten als mögliche Aggressionsursache in Betracht ziehen. Wir sprechen in einem solchen Fall von einer Übertragung des Beuteschemas. Die Hunde spielen vielleicht zusammen, und alles scheint in Ordnung zu sein, aber irgendetwas, was der kleine Hund tut, oder eventuell ein Ton, den er von sich gibt, löst beim größeren Hund das Beuteschema aus. Dies kann zu sehr schweren Verletzungen beim kleineren Hund führen.

Auslösereiz
Sich rasch bewegende Objekte (die meist klein sind, quiekende Töne von sich geben und sich ruckartig bewegen).

AGGRESSIVES SPIELEN

Vorkommen
- Meist bei sehr lebhaften und energiegeladenen Hunden wie den verschiedenen Gebrauchshunderassen, aber auch jeder anderen Rasse oder jedem einzelnen Tier.
- Oft bei Hunden, deren Besitzer sehr wildes Spielen immer toleriert, eventuell sogar selbst provoziert haben.
- Bei Hunden, die aus unterschiedlichen Gründen keine ausreichende Gelegenheit hatten, die Beißhemmung zu erlernen.

Merkmale

Bei dieser Art der Aggression geht es ganz und gar nicht um die Distanzvergrößerung zu jemandem oder etwas, und auch nicht um Angst oder Wut. Wir behandeln dieses Verhalten nur deswegen in der Kategorie Aggression, weil es gefährlich ist und nicht mit anderen Aggressionsformen verwechselt werden sollte. „Die beiden Lieblingsspiele von Hunden sind Nachlaufen und spielerisches Raufen. Das erste dient vor allem dem Einüben von Jagdverhalten, zweiteres dem Entwickeln von Sozialverhalten und der Festigung von Sozialbeziehungen zwischen einzelnen Tieren. Beim Spielen, und zwar sowohl beim angemessenen als auch beim unangemessenen Spielen, wird Sozialverhalten gelernt. In Wirklichkeit kommt es darauf an, wie die Spielpartner des Hundes die Spielregeln festlegen oder auch nicht festlegen" (www.petpsych.com). Schuld an dieser Form der Aggression ist in erster Linie, dass unangebrachtes Spielverhalten belohnt und dem Spiel keine Grenzen gesetzt wurden. Wenn der Hund glaubt, Anspringen und Beißen machen Spaß, und man ihm das durchgehen lässt, dann wird er es auch weiterhin tun. Wenn er nie die Gelegenheit hatte, die Feinabstimmung des Fanges und die Beißhemmung im Umgang mit Menschen und/ oder Artgenossen einzuüben, dann wird er zu fest zubeißen und glauben, dies sei in Ordnung. Es gibt auch Hunde, die aus ihrer Veranlagung heraus fester zubeißen. Ganz offensichtlich ist das bei vielen durchaus der Fall. Wenn der Besitzer auf Spielverhalten reagiert, indem er mit dem Hund entweder in spielerischer Absicht herumbalgt oder weil er ihn damit eigentlich bestrafen will, dann wird der Hund in seinem unangemessenen Spielverhalten noch belohnt. Solche Hunde sind der festen Überzeugung, solche Spielphasen auch selber beginnen zu dürfen. In manchen Fällen reagieren diese Hunde bereits auf kleine Signale des Besitzers, die für den Hund den Anfang von Spielphasen bedeuten. Hundebesitzer, die solches Verhalten des Hundes mit Strafe und Gewalt unterbinden wollen, versuchen oft, den Hund niederzustarren, um ihm so mitzuteilen, dass er das Verhalten unterlassen soll, während der Hund das Anstarren als eine Art spielerische Herausforderung vergleichbar der Vorderkörpertiefstellung interpretiert. Vielleicht glaubt der Hund, das Starren sei die menschliche Form der Vorderkörpertiefstellung, eine Einladung zum Spielen also. Hunde verwenden die Vorderkörpertiefstellung auch, um in einer sehr angespannten Situation zu signalisieren, dass von ihnen keine Bedrohung ausgeht. Aus der Vorderkörpertiefstellung kann ein wildes Spielen mit vollem Körperkontakt entstehen. Für manche Hunde ist ein Spiel zu beginnen vielleicht sogar die beste Strategie, eine drohende Strafe abzuwenden. Auch hier haben wir es wieder mit strategischem Verhalten zu tun.

Manchmal kann aus dem Spiel auch eine durch damit einhergehende Erregung bedingte Aggression entstehen. In einem solchen Fall spielt der Hund anfangs tatsächlich, regt sich dabei aber sehr auf und kippt dann vom Spielen in die Aggression. Dabei geht es weniger um Wut oder Angst, sondern eher um das Raubtier Hund (ob domestiziert oder nicht), das in einen zu hohen Erregungszustand kippt und dann nur noch instinktiv reagiert.

AGGRESSIVE ÜBERSPRUNGS- UND ERSATZHANDLUNGEN/ UMADRESSIERTES VERHALTEN

Dieser Problemkomplex tritt dann auf, wenn ein Hund sehr aufgeregt ist und auf einen bestimmten Reiz aggressiv reagiert und gleichzeitig mit einem zweiten Reiz konfrontiert wird, auf den er dann seine Aggression überträgt. Das passiert zum Beispiel, wenn Ihr Hund mit einem anderen Hund rauft, Sie versuchen, ihn wegzuziehen und er sich im Eifer des Gefechts umdreht und nach Ihnen schnappt oder Sie beißt. Sie waren nicht das eigentliche Ziel der Aggression. Ein anderes Beispiel sehen wir bei einem Hund, der sich sehr aufregt, weil sein „Erzfeind" gerade am Haus vorbeigeht. Er rast am Zaun entlang, kann den anderen aber nicht erreichen und steigert sich immer mehr in seine Erregung hinein. Wenn Sie in diesem Moment dazukommen, kann es Ihnen passieren, dass Sie zum Ziel der Aggression Ihres Hundes werden. Auch in diesem Fall waren Sie nicht der eigentliche Adressat seiner Aggression, sondern einfach nur im falschen Moment am falschen Ort. Diese Form der Aggression tritt üblicherweise nicht in einem bestimmten Alter auf.

Wenn Sie Hundesport betreiben, der ja immer mit einem hohen Grad an Aufregung für den Hund verbunden ist, und Sie bei diesen Gelegenheiten Aggressionsprobleme bei Ihrem Hund feststellen, dann sollten Sie Übersprungshandlungen bzw. Ersatzhandlungen als Ursache von Aggression in Betracht ziehen.

AGGRESSION ZWISCHEN HUNDEN GLEICHEN BZW. UNTERSCHIEDLICHEN GESCHLECHTS

Aggression zwischen Hunden betrifft meist Hunde des gleichen Geschlechts. Bei Hunden, die im selben Haushalt leben, kommt Aggression zwischen Hündinnen wesentlich häufiger vor, während bei Hunden, die in unterschiedlichen Haushalten leben, die Aggression zwischen Rüden am häufigsten vorkommt. Lindsay beschreibt einen bestimmten Problemkomplex von Konflikten zwischen Rüden und Hündinnen mit dem Begriff „Xanthippen-Syndrom". Dazu kommt es, wenn ein aggressiver Zwischenfall oder ein Rivalitätsproblem von der Hündin ausgeht und der Rüde darauf in erster Linie verwirrt reagiert, weil er die Hündin nicht wirklich als Rivalin oder Aggressorin wahrnimmt. In einem solchen Fall setzt sich der Rüde nur halbherzig zur Wehr, was wiederum dazu führt, dass die Hündin davon ausgeht, sich durchsetzen zu können. Dies lässt sie glauben, dass sie sich Rüden gegenüber durchsetzen kann und so wird es häufiger zu Auseinandersetzungen mit diesen kommen. Es ist ganz so, als würde die Hündin feststellen, dass sie mit ihnen rivalisieren kann. Der Grund dafür liegt aber nur darin, dass diese sie eben nicht als echte Konkurrenz wahrnehmen und sich deshalb auch nicht ernsthaft zur Wehr setzen. Sie verschafft sich damit einen Vorteil, der ihr leicht „zu Kopf steigt". Solche Hündinnen terrorisieren andere Hunde oft. Wenn sie aber auf einen Rüden mit hohem Testosteronspiegel trifft, der offensiv und ungehemmt reagiert, gibt es für sie ein böses Erwachen. Man diskutiert, dass aggressive Hündinnen als Föten freiem Testosteron im Uterus ausgesetzt waren.

Aggression unter Hausgenossen

Aggression zwischen Hunden, die im selben Haushalt leben, betrifft meist kastrierte Hündinnen. Man nimmt an, dass durch die Kastration die Bildung von Progesteron, einem beruhigenden Hormon, unterbunden wird und es deshalb häufiger zu Aggression zwischen kastrierten Hündinnen als zwischen unkastrierten kommt. Aus welchem Grund auch immer, es sind jedenfalls in einem Haushalt meist die Hündinnen, zwischen denen es zu Konflikten kommt. Häufig werden die Konflikte auch heftiger ausgetragen als unter Rüden und es kommt zu schwereren Verletzungen.

Ein Grund für Aggression bei Hunden, die im selben Haushalt leben, ist der, dass sie zu erlernter Ungeduld neigen. Hunde, die zusammenleben, lernen bald, mit welchen Folgen sie für ihr jeweiliges Verhalten den anderen gegenüber rechnen müssen. Sie lernen, wen sie gelegentlich unterdrücken können und wen nicht und in welchen Situationen das funktioniert. Wenn ein Hund sich oft gegen einen anderen durchsetzt oder einen anderen ständig tyrannisiert, dann baut er die Erwartung auf, dass er sich immer durchsetzen kann und jederzeit tyrannisieren darf, wenn er das will. Bis seine Erwartung einmal enttäuscht wird. Ein Hund, der bei Auseinandersetzungen immer den Kürzeren zieht, lernt nach dem gleichen Prinzip, dass er immer damit rechnen muss, zu unterliegen. Manchmal ist es für beide Seiten in Ordnung, dass ihre Beziehung stets nach dem gleichen Muster verläuft. Auch der Hund, der sich normalerweise nicht durchsetzt, lernt in den meisten Fällen mit der Situation und dem anderen Hund zurechtzukommen, wenn die Erwartungshaltung immer die gleiche ist. In manchen Fällen wird aber der Hund, der den anderen tyrannisiert, durch die Übung und mit der Zeit immer fordernder und ungeduldiger, während der andere Hund immer stärker traumatisiert, angespannter und ängstlicher wird. Die Sache verschlimmert sich noch, wenn der unterlegene Hund nie genau weiß, wie sich die Dinge entwickeln werden. Wenn er keine verlässlichen „Eckdaten" hat, mit deren Hilfe er sich an die Situation anpassen und mit dem anderen Hund zurechtkommen kann, ist sein Risiko, psychischen und physischen Schaden zu nehmen, noch größer. In jedem Fall kommt es aber in einem solchen System mit wiederholten und dadurch eingeübten Konfliktsituationen dazu, dass forderndes und ungeduldiges Verhalten belohnt wird und die Frustrationstoleranz sinkt.

Will man die Entstehungsgeschichte eines solchen Problems wirklich verstehen, muss man sich vor Augen halten, dass Hunde von Natur aus um Ressourcen konkurrieren und Ungeduld und Frustration durchaus aushalten können. Wenn ein Hund aber für ungeduldiges und forderndes Verhalten mehrfach belohnt wurde, dann wird er einfach noch ungeduldiger und fordernder werden und seine Umgebung tyrannisieren. Der Hund muss daher lernen, dass er mit dem Tyrannisieren der anderen nicht zum gewünschten Erfolg kommt und ihm nur Geduld und Selbstkontrolle diesen Erfolg bringen; daran arbeitet man gezielt mit Trainingsprogrammen.

Vermutlich wäre es gut, die alte Theorie vom „Respektieren der Rangordnung" über Bord zu werfen, bei der den Hundebesitzern gesagt wird, sie sollen herausfinden, welcher Hund der „Alpha" ist, und ihn in seiner Stellung noch bestätigen. Es stimmt, damit wird Klarheit geschaffen, aber es wird damit auch forderndes und tyrannisierendes Verhalten klar eingeübt und Ungeduld und fehlende Selbstkontrolle belohnt. Im Laufe der Zeit kann es bei einem solchen „Alpha"-Hund oft zu unrealistischen und problematischen Vorstellungen darüber kommen, wie wichtig er ist und welche Rechte er hat. Hunde, die auf diese Weise unterstützt werden, können einen Kontrollkomplex entwickeln. Häufig sind es genau diese Hunde, die man dominant nennt, dabei ist ihr Kontrollkomplex vermutlich zumindest zu einem gewissen Teil darauf zurückzuführen, dass ihr Verhalten so lange belohnt wurde und so erfolgreich war, dass sie nun schon auf die kleinste Kleinigkeit heftig reagieren und richtige Kontrollfreaks mit sehr niedriger Reizschwelle/ Frustrationstoleranz sind. Man kann dies mit einem verzogenen Kind vergleichen, das nicht nur gelernt hat, dass es mit seinem Verhalten den gewünschten Erfolg erzielt, sondern das Verhalten bereits verinnerlicht hat und ganz selbstverständlich annimmt, alles werde ihm auf dem Silbertablett serviert. Das Leben läuft aber nicht immer so, und deshalb kommt es zum Konflikt. Vielleicht sind die so genannten „dominanten" Hund ja nur außer Kontrolle geratene, völlig verzogene Kinder.

Außergewöhnlich heftige Konflikte bei Hunden, die im selben Haushalt leben, können auch rassebedingt sein. Die verschiedenen Rassen haben ein unterschiedliches Verhältnis zu Sozialkontakten. Bei manchen Rassen sind die Reizschwellen genetisch bedingt niedriger. Einige kommen von vornherein mit anderen Hunden nicht so gut aus. Ein Haus voller leicht reizbarer Jack Russel Terrier ist vermutlich eine der besten Garantien für Konflikte. Terrier sind ganz allgemein leicht reizbar. Bestimmte Rassen der so genannten Schutz- und Kampfhunde wurden vom Menschen extra auf niedrige Reizschwelle und hohe Schmerztoleranz gezüchtet. Damit ist das Raufen für sie hinsichtlich der Schmerzen mit weniger Konsequenzen verbunden, was zu Kämpfen mit besonders schlimmen Verletzungen führen kann. Viele dieser Hunde verfügen zusätzlich über eine besonders große Beißkraft und sind dafür bekannt, nicht so schnell wieder loszulassen, wenn sie einmal zugebissen haben.

Missverständnisse in der Kommunikation
Eine weitere Ursache für Konflikte können auch Missverständnisse in der Kommunikation sein. Bei Hunden kommt ritualisiertes Verhalten bei weitem nicht so fein abgestuft vor, wie bei anderen Kaniden, zum Beispiel dem Wolf. Und nicht nur das – durch unsere züchterischen Eingriffe oder unsere Vorstellungen über Länge und Beschaffenheit des Haarkleides können sie entweder für andere Hunde bedrohlich aussehen oder bestimmte Elemente des Ausdrucksverhaltens gar nicht mehr zeigen, was sie zusätzlich in ihren Kommunikationsmöglichkeiten einschränkt.

Wir züchten Hunde, deren Körperbau so erscheint, als würden sie sich in Imponierhaltung nach vorne beugen (zum Beispiel Deutscher Schäferhund durch die nach hinten stark abfallende Rückenpartie), was unter Hunden eine Drohhaltung ist. Wir züchten Hunde ohne Schwanz oder kupieren ihn und nehmen ihnen damit ein Schlüsselelement ihres Ausdrucksverhaltens. Mit den Ohren passiert das Gleiche und auch die Augenpartie wird in ihrem Aussehen stark verändert. Es ist angesichts der Tatsache, dass Hunde ohnehin schon über weniger ritualisiertes Kommunikationsverhalten verfügen und das wenige bestehende auch noch durch mangelhafte Kommunikationsmöglichkeiten verzerrt wird, nicht weiter verwunderlich, wenn Hunde durch Missverständnisse Aggressionen entwickeln. Es ist eher verwunderlich, wie häufig sie es nicht tun.

Aggression gegenüber fremden Hunden

Aggression gegenüber Hunden, die nicht im selben Haushalt leben, ist meist auf Rüden beschränkt und da wiederum vor allem ein Problem bei nicht kastrierten Tieren. Vermutlich sind auch andere Probleme auf Testosteron zurückzuführen, die dazu beitragen, dass es sehr rasch zum Konflikt kommt und dieser sehr heftig ist. Ein großer Teil des Verteidigungsverhaltens, das gegen fremde Hunde gerichtet ist, ist angstbedingt oder dient dem Selbstschutz.

Natürlich kann es auch bei Hunden, die nicht zusammenleben, zu Rivalität untereinander kommen. Auch hier ist es oft so, dass Hunde lernen und üben, wie sie andere tyrannisieren können. Dadurch lernen sie, immer ihren Kopf durchzusetzen und das auch zu erwarten. Sie haben kaum Geduld oder Impulskontrolle gelernt. Wenn zwei solche Hunde aufeinander treffen, kommt es normalerweise zum Konflikt, weil sie in ihrer Erwartungshaltung frustriert werden und auf Widerstand stoßen. Solche Hunde können sich wie verzogene Kinder benehmen, die einen Wutanfall bekommen, wenn ihnen etwas nicht passt, weil sie nie gelernt haben, auch geduldig zu sein. Sie haben nie gelernt, dass nicht immer alles sofort nach ihrem Willen geht.

Eine weitere Konfliktursache kann auch mangelnde Sozialisierung sein. Wenn ein Hund als Welpe und Junghund nicht lernt, wann und wie er angemessen Kontakt mit anderen aufnimmt oder auch ritualisiertes Verteidigungsverhalten zeigt, wird er auch später sehr ungenau kommunizieren.

Die Sozialisierung selber kann ebenfalls zu Problemen führen. Wenn ein Welpe oder ein Hund die Erwartung hat, sich immer durchzusetzen, läuft er Gefahr, zu einem Hund zu werden, der andere Hunde tyrannisiert. Wenn er die Erwartungshaltung aufbaute, immer der Unterlegene zu sein, kann er auf sozialen Druck von anderen Hunden sehr empfindlich reagieren und betont defensiv werden.

Ein weiterer Grund für Konflikte kann in den oben beschriebenen Kommunikationsproblemen liegen.

Ein Trauma kann zu einer lebenslänglichen besonderen Empfindlichkeit auf bestimmte Reize führen. Ein Angriff von einem fremden Hund reicht oft schon aus, dass der Hund in Zukunft einer bestimmten Rasse, einem bestimmten Geschlecht, Hunden mit einer bestimmten Farbe oder Hunden ganz allgemein sehr vorsichtig begegnet. Der Reiz, der ursprünglich den Konflikt auslöste, wird verallgemeinert. Oft reicht schon eine einzige schlechte Erfahrung, und der Hund ist nie wieder so selbstsicher, wie er war oder wie er sein könnte.

Wie bereits erwähnt, spielt auch die Rasse eine Rolle. Manche Rassen kennen offenbar keine Individualdistanz. Ein Labrador zum Beispiel hüpft oft praktisch auf andere Hunde drauf oder latscht über sie drüber, ohne sich etwas dabei zu denken. Labradore sind eben so, aber wenn eine andere Rasse auf Individualdistanz bedacht oder einfach reservierter und zurückhaltender ist (zum Beispiel der Akita Inu), wird ein solcher Übergriff als sehr grob und frustrierend erlebt. Manche Rassen (zum Beispiel Pitbull Terrier und Rottweiler) spielen mit sehr viel Körperkontakt und Power und verwenden dabei heftige Rempler und eher grobe Manöver, was für zarter gebaute oder empfindlichere Rassen ein Problem ist und ihnen eventuell Angst macht. Das alles kann bei Hunden, die sich nicht kennen, zu Konflikten führen.

Wenn es zu einem Konflikt kommt, dann sollte man besonders darauf achten, in welche Körperteile ein Hund beißt. Wenn ein Hund einen anderen in die Füße oder Beine beißt (egal ob sie im selben Haushalt leben oder nicht), ist die Sache sehr ernst. Bei vielen Wildkaniden sind Bisse in die Vorderpfoten oder Beine bzw. der Versuch, diese zu brechen oder schwer zu verletzen, die Vorstufe zum Tötungsversuch. Aus diesem Grund sind Hunde normalerweise auch so empfindlich, wenn man ihre Pfoten berühren will. Für einen Hund sind diese Manöver absolut tabu, sie signalisieren ein sehr ernst zu nehmendes und gefährliches Problem. Auch Bisse in den Bauch sind sehr ernst zu nehmen und resultieren manchmal aus dem Beuteschema.

Spiel oder Aggression zwischen Hunden

Wenn Hunde Sozialkontakt miteinander haben, dann kann es sich dabei entweder um Spielen, um Streiten oder um Kämpfen handeln. Wenn Sie diese Dinge klar voneinander unterscheiden können, wissen Sie auch, ob Sie ein Problem haben oder nicht. Es gibt keine in Stein gemeißelten, einfachen Richtlinien, wie man grobes Spielen von einem Streit oder einem Kampf unterscheidet, weil spielerische Kampfstrategien und Raufereien wesentlich zum Spiel dazu gehören. Es gibt aber einige allgemeine Anzeichen, auf die man achten kann und die einem die Unterscheidung leichter machen.

Bei einem angemessen verlaufenden Spiel machen alle Hunde, die daran beteiligt sind, aus freiem Willen mit. Halten Sie also Ausschau danach, ob ein Hund versucht, wegzulaufen und zu entkommen. Rennspiele, bei denen einer voraus und ein oder mehrere andere hinterher laufen, gehören zwar zum normalen Spielverhalten, aber häufig hat ein Hund schließlich das Gefühl, nicht mehr entkommen zu können und es wird ihm zu viel. Versuchen Sie, die Hunde zu trennen, wenn es einmal so weit kommt. Wenn möglich, holen Sie den schlimmsten Grobian zuerst heraus, sonst versuchen Sie einfach, dass Sie die Hunde irgendwie trennen.

Wenn die Hunde dann aus eigenem Antrieb zum Spielen zurückkehren, ist die Wahrscheinlichkeit hoch, dass es sich tatsächlich nur um ein Spiel gehandelt hat. Wenn ein Hund aber versucht, wieder zu entkommen oder sich irgendwo zu verkriechen, dann war die Situation bereits etwas außer Kontrolle geraten.

Auch die Lautäußerungen können wichtige Hinweise geben. Achten Sie besonders darauf, ob ein Hund aufjault. Es könnte sich dabei um ein bloßes Versehen gehandelt haben, aber vielleicht wird auch ein Hund zu wild oder einer ist bereits ein wenig frustriert. Die korrekte Antwort auf das Aufjaulen ist eine Entschuldigung in Hundesprache seitens des Hundes, der das Jaulen verursacht hat. Dazu sollte er entweder lockerlassen und ein wenig Raum geben oder Beschwichtigungssignale (siehe weiter unten) zeigen. Wenn er das tut und der Hund, der gejault hat, die Entschuldigung offenbar annimmt, ist die Sache für den Augenblick vermutlich in Ordnung. Trotzdem wäre es gut, wenn Sie weiter ein Auge darauf haben. Wenn der Hund, der am Aufjaulen des anderen schuld war, sich nicht entsprechend entschuldigt oder der andere Hund die Entschuldigung nicht annimmt, dann entsteht ein Konflikt. In manchen Fällen führt das Aufjaulen sogar dazu, dass der überlegene Hund den anderen noch stärker tyrannisiert. Dann müssen die Tiere getrennt werden. Der überlegene Hund, der andere tyrannisiert, darf nicht lernen, dass er Streit mit anderen Hunden anfangen kann, ohne dass sofort aller Spaß vorbei ist. Streit anzufangen ist nicht in Ordnung.

Knurren gehört zum normalen Spielverhalten. Wenn sich das Spiel aber aufheizt und aggressive Verhaltenselemente hinzukommen, dann ändert sich die Tonlage und das Knurren wird tiefer. Achten Sie genau darauf, ob sich die Intensität ändert. Wenn die Lautäußerungen lauter und häufiger werden, wenn mehr Aufjaulen oder tiefes Knurren vorkommen und weniger Bellen, dann eskaliert das Ganze. Vielleicht ist es nur die Aufregung, aber Aufregung und Konflikt gehen schnell ineinander über.

Es sollte auch auf Verhaltensweisen wie Aufreiten oder dem anderen Hund die Pfote auf die Schnauze oder die Schulter legen geachtet werden. Das Verhalten kann zwar in Ordnung sein, wenn es aber sehr bestimmt und wiederholt vorkommt, kann der Hund auch versuchen, den anderen einzuschüchtern. Das heißt nicht automatisch, dass sich der andere Hund dadurch auch wirklich einschüchtern lässt. Sensiblere Hunde werden dadurch eher eingeschüchtert, weniger sensible vielleicht ganz und gar nicht. In jedem Fall steigt aber der Erregungspegel und die Situation könnte eskalieren. Es handelt sich vielleicht noch nicht um einen Konflikt, es kann aber einer werden. Das wäre vermutlich ein guter Moment, um zu überprüfen, ob nicht einer der beiden Hunde aus der Interaktion lieber aussteigen möchte. Trennen Sie sie für einen Moment und schauen Sie, ob danach *beide* wieder den Kontakt aufnehmen möchten. Außerdem trägt die Unterbrechung auch dazu bei, den Erregungspegel zu senken.

Im Idealfall wünscht man sich, Hunde lernten richtig zu spielen und sogar richtig zu streiten. Man möchte auch, dass ein Hund lernt, sich richtig zu entschuldigen bzw. Entschuldigungen anzunehmen, wenn die Spielregeln einmal verletzt wurden. Spielen ist wichtig, und sogar richtig ausgetragene Konflikte sind wichtig, wenn die Hunde mit ihnen angemessen umgehen können, aber Kämpfen bringt dem Hund nichts Gutes bei. Wenn Sie also feststellen, dass eine Situation eskaliert oder ein Streit nicht schnell und angemessen beigelegt wird, dann müssen Sie einschreiten. Die oben genannten Hinweise helfen Ihnen festzustellen, ob Sie es mit spielenden Hunden oder Hunden in einer Konfliktsituation zu tun haben.

NEUROPSYCHOLOGIE DER AGGRESSION

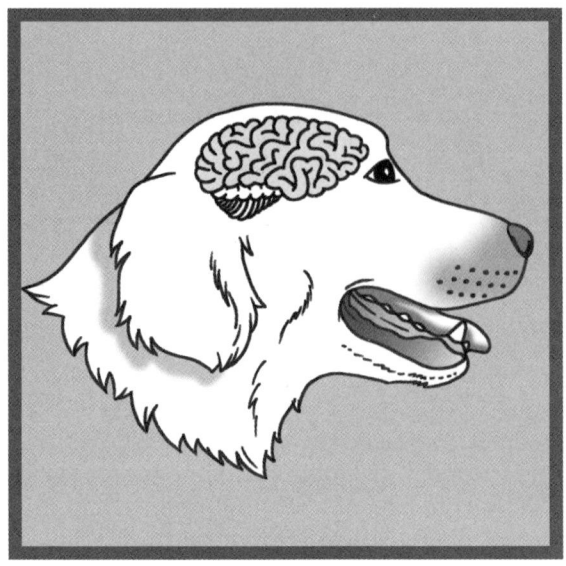

DAS NERVENSYSTEM: DAS GEHIRN

Das Gehirn besteht aus dem Vorderhirn, dem Mittelhirn und dem Hinterhirn. Mittel- und Hinterhirn bilden gemeinsam den Hirnstamm und sind für die Steuerung grundlegender Überlebensfunktionen wie Herz-Kreislauf-System oder die Atmung verantwortlich. Zum Vorderhirn gehören unter anderem das limbische System und die Großhirnrinde. Das limbische System besteht aus dem Corpus amygdaloineum oder kurz Amygdala, dem Gyrus cinguli, dem Fornix cerebri, dem Hippocampus, dem Hypothalamus, dem Riechnerv in der Hirnrinde und dem Thalamus. Die Großhirnrinde oder Cortex ist der äußere Teil des Vorderhirns und besteht aus dem Frontallappen, dem Occipitallappen, dem Parietallappen und dem Temporallappen.

DAS LIMBISCHE SYSTEM

Das limbische System besteht aus einem komplexen Kreislauf neuronaler Strukturen, die vor allem für die Verarbeitung und den Ausdruck von Emotionen zuständig sind. Es ist verantwortlich für die Koordination bestimmter Lernprozesse und ist Sitz des emotionalen Gedächtnisses. (Lindsay 2000, S. 82).

Im Thalamus werden Sinneswahrnehmungen und emotionale Reaktionen aufgenommen und ihre Verarbeitung im Körper, im limbischen System (dem emotionalen Zentrum) und in der Großhirnrinde (dem kognitiven Zentrum) gesteuert (Lindsay 2000, S. 78). Der Thalamus ermöglicht dem Hund, seine Aufmerksamkeit zu fokussieren und sich auf eine Sache zu konzentrieren (Lindsay 2000, S. 79). Er fungiert sozusagen wie ein Relais oder ein Vermittler.

Der Hypothalamus übernimmt ganz allgemein die Regulierung von grundlegenden Körperfunktionen wie Appetit oder Durst und Reproduktionsfähigkeit. Er hält System erhaltende Funktionen wie Blutdruck, Körpertemperatur und Blutzuckerspiegel im Gleichgewicht, was man als Homöostase bezeichnet (Lindsay 2000, S. 79). Er kontrolliert das endokrine System, das Verdauungssystem und spielt auch eine wesentliche Rolle bei der Steuerung des Schlaf- und Wachzyklus. Auch die Aktivität des parasympathischen und sympathischen Nervensystems werden vom Hypothalamus reguliert. (Lindsay 2000, S. 185). Dieser Teil des Gehirns ist Bestandteil der Hypothalamus-Hypophysen-Nebennierenachse, die in Stress-Situationen oder bei Bedrohungen die entsprechenden Reaktionen des Körpers steuert. (Lindsay 2000, S. 185). Eine weitere Funktion des Hypothalamus besteht darin, dass hier durch das System der negativen Rückkoppelung der Testosteronspiegel im Körper kontrolliert wird. Sinkt der Testosteronspiegel, dann veranlasst der Hypothalamus die Ausschüttung des luteotropen Releasinghormons, das wiederum die Hirnanhangdrüse zur Ausschüttung von luteinisierendem Hormon anregt, wodurch dann die Produktion von Testosteron in den Hoden in Gang gesetzt wird. Sobald der korrekte Testosteronspiegel im Körper erreicht ist, wird dadurch die Freisetzung der Releasinghormone gehemmt und der Hypothalamus stellt die Ausschüttung der die Testosteronproduktion fördernden Faktoren ein (Lindsay 2000, S. 185).

Die Amygdala, die zum limbischen System gehört, steuert ängstliches Verhalten und spielt eine Rolle bei der Entstehung von Aggressivität (Lindsay 2000, S. 83). Viele Neuronen der Amygdala sind sehr leicht erregbar und neigen dazu, eine anfallsartige Aktivität zu zeigen, die zu einem aggressiven Ausbruch führen kann (Lindsay 2000, S. 84). „Mit Hilfe von Elektroenzephalogrammen (EEG) konnte bei aggressiven Personen eine abnormale elektrische Aktivität in der Amygdala festgestellt werden. Es kann daher berechtigterweise davon ausgegangen werden, dass eine bestimmte anfallsartige Aktivierung im Amygdala-Komplex zu gesteigerter Aggressivität, Wachsamkeit, Intoleranz, Orientierungslosigkeit und periodisch auftretenden hochaggressiven Ausbrüchen führen kann" (Lindsay 2000, S. 84). Die Amygdala wurde sowohl mit Jagdverhalten als auch mit der Hemmung beziehungsweise Aktivierung von anderen Aggressionsformen sowie Teilbereichen des Sozialverhaltens in Verbindung gebracht (Lindsay 2000, S. 84). Sie spielt eine wichtige Rolle beim emotionalen Lernen (Lindsay 2000, S. 85). Sie ist Teil des limbischen Systems, das für Überlebensreaktionen verantwortlich ist, und steuert bestimmte Hormonausschüttungen.

Beim Menschen koordiniert der Gyrus cinguli Sinneswahrnehmungen mit Emotionen sowie emotionale Reaktionen auf Schmerzen und ist verantwortlich für die Steuerung aggressiven Verhaltens. Bei Hunden hat der Gyrus cinguli vermutlich eine ganz ähnliche Funktion.

Beim Menschen ist der Hippocampus für das Abspeichern neuer Gedächtnisinhalte, für Emotionen, für Orientierung und räumliche Vorstellung verantwortlich. Bei Hunden hat der Hippocampus vermutlich eine ähnliche Funktion. Der Hippocampus spielt bei Hunden offenbar auch eine wichtige Rolle als neurologische Basis beim Entstehen von niedrigen Reizschwellen für Angst und länger anhaltenden ängstlichen Erregungszuständen (Lindsay 2000, S. 192).

Der Fornix stellt beim Menschen die Verbindung zwischen dem Hypothalamus und dem Cerebrum dar. Beim Hund hat der Fornix vermutlich die gleiche Funktion.

Der Riechnerv in der Großhirnrinde ist beim Menschen zuständig für die bewusste Wahrnehmung von Gerüchen, das Erkennen von Gerüchen und die Verarbeitung von Sinneswahrnehmungen aus dem Riechkolben. Bei Hunden spielt dieser Bereich des Gehirns vermutlich eine wesentlich wichtigere Rolle.

Aggression und das limbische System
„Aggression bei Hunden wurde mit bestimmten Bereichen des Gehirns in Verbindung gebracht. Die Entfernung des Septums oder der ventromedialen Bereiche des Hypothalamus führt zu gesteigerter Aggressivität und Reizbarkeit. Eine Stimulierung der Amygdala, des Diencephalons, des Aqueductus cerebri, des Tectum mesencephali oder der retikularen Bereiche kann ebenfalls zu Aggression führen. Angst und angst-aggressives Verhalten treten dann auf, wenn der dorsale Bereich des Amygdalakerns stimuliert wird. Daher könnte vielleicht die beidseitige Zerstörung des Amygdalakerns zur Behandlung von Aggressionen, insbesondere von angstbedingten Aggressionen, dienen. Stimuliert man bestimmte Bereiche des Hypothalamus, das so genannte Aggressionszentrum, so führt dies entweder zu einem Angriff oder zur Futteraufnahme. Dieser Bereich wird normalerweise von dem aggressionshemmenden Zentrum im anterolateralen Hypothalamus kontrolliert, daher können dauerhafte Schädigungen dieses Bereiches ebenfalls zu gesteigerter Aggressivität führen. Weitere Bereiche, die für die Hemmung von Aggression zuständig sind, finden sich in der Amygdala (Corpus amygdaloideum) und im Frontallappen der Großhirnrinde." (Beaver, S. 156)

GROSSHIRNRINDE

Die Großhirnrinde ist der äußere Bereich des Gehirns und hat sich als Letztes entwickelt. Man nimmt an, dass sie in erster Linie der Sitz des Bewusstseins und der Intelligenz ist. Die komplexesten Verknüpfungsfunktionen finden hier statt (Lindsay 2000, S. 90). Die Großhirnrinde hat insbesondere mit der Verarbeitung verschiedener kognitiver Funktionen, wie Lernen oder dem Lösen von Problemen zu tun. (Lindsay 2000, S. 91). Wenn eine Information den präfrontalen Cortex erreicht, finden dort die Verarbeitung und die Entscheidung über daraus resultierende Schritte statt. Wie diese Schritte aussehen, ist jeweils von artspezifischen Handlungsmustern abhängig. Diese Entscheidung wird im präfrontalen Cortex auf Grund bisheriger Lernerfahrungen getroffen (Lindsay 2000, S. 91). Die präfrontalen und orbitofrontalen Regionen der Großhirnrinde sind vermutlich für die Kontrolle von impulsivem Verhalten, etwa Panik und Aggression, zuständig (Lindsay 2000, S. 92). Die Verbindung von der Amygdala (jenem Hirnbereich, der für die Steuerung emotionaler Impulse verantwortlich ist) zur Hirnrinde ist stärker ausgeprägt als die Verbindung von der Hirnrinde zur Amygdala, was viele für den Grund halten, dass manche Hunde ängstliche oder aggressive Verhaltensimpulse nicht gänzlich unter Kontrolle bringen können (Lindsay 2000, S. 92). Die Großhirnrinde gliedert sich in vier Hirnlappen. Der Frontallappen übernimmt die Planung, Ausführung und Steuerung von Bewegungen. Der Parietallappen ist für die Verarbeitung von sensorischen Informationen verantwortlich. Der Okzipitallappen verarbeitet visuelle Eindrücke. Der Temporallappen ist für die auditiven Reize zuständig und eng mit dem limbischen System verbunden, daher wird hier auch ein Teil der emotionalen Informationen verarbeitet.

LIMBISCHES SYSTEM VS. GROSSHIRNRINDE (EMOTION VS. KOGNITION)

Sinneswahrnehmungen und emotionale Information werden vom peripheren Nervensystem zum Thalamus weitergeleitet. Von dort geht diese Information zur Entschlüsselung in die hinteren Hirnlappen. Die Information wird entschlüsselt und das Gehirn analysiert auf der Basis vorhandener Erfahrungen, was die Information bedeutet. Danach wird sie in den Frontallappen des Gehirns geleitet, wo entschieden wird, was damit zu geschehen hat (Strong: *The Dogs Brain*, S. 11). Dabei arbeiten das limbische System und die Großhirnrinde zusammen, um ein Gesamtbild aus dem emotionalen und dem kognitiven Inhalt zu erstellen. Information wird aufgenommen, strukturiert, bewertet, verarbeitet und es erfolgt ein bestimmtes Verhalten, sei es ein unwillkürlicher Reflex oder eine willkürliche Handlung. Limbisches System und Großhirnrinde müssen auch in Beziehung zu Hundeverhalten und möglichen Folgerungen im Training als eng aneinander gekoppelte Systeme betrachtet werden.

„Im komplizierten Regelsystem des Gehirns haben Wissenschafter eine umgekehrte Beziehung zwischen der Aktivierung der Großhirnrinde und der Aktivierung des limbischen Systems festgestellt. Wenn eins von beiden aktiviert ist, wird das jeweils andere gehemmt. Steht also ein Mensch oder ein Hund unter dem Eindruck heftiger Emotionen (zum Beispiel unter dem Druck kämpfen oder flüchten zu müssen), dann kann er buchstäblich keinen klaren Gedanken mehr fassen. Es handelt sich dabei nicht unbedingt um eine bewusste Entscheidung, sondern um eine neurochemische Tatsache." (Clothier: *Body Posture & Emotions*, S. 25)

"In Stress-Situationen kommt es allerdings zu einer verstärkten subkortikalen Aktivierung, während gleichzeitig die entsprechenden Regulationsmechanismen des Cortex vorübergehend gehemmt werden. Vor allem akuter Stress hat eine stark anregende Wirkung auf die Amygdala, die wiederum eine ganze Reihe von Systemen koordiniert, mit denen der Organismus in Alarmbereitschaft versetzt wird. Bei einer solchen stressbedingten Aktivierung werden aus dem präfrontalen Lappen erhöhte Mengen an Noradrenalin und Dopamin ausgeschüttet. Obwohl eine erhöhte Katecholaminaktivität anscheinend subkortikale Prozesse fördert, führt die Ausschüttung dieser Neurotransmitter im präfrontalen Cortex zu einem gegenteiligen Effekt, so dass ein effizientes Funktionieren vorübergehend außer Kraft gesetzt wird." (Lindsay 2000, S. 112)

Die zitierten Passagen weisen auf ein wichtiges Prinzip hin, das bei der Hundeausbildung und bei Programmen zur Verhaltenskorrektur zu berücksichtigen und für das Thema dieses Buches von wesentlicher Bedeutung ist. Es lässt sich daraus ableiten, dass ein Hund nicht mehr wirklich lernen kann, wenn man nicht verhindert, dass er in einen derartigen emotionalen Zustand gerät. Das wirkt sich unter anderem auch auf die Behandlung von Trennungsangst und Aggressionsproblemen aus. Während der Behandlung dieser Probleme sollte man es deshalb nicht zu entsprechenden Reaktionen des sensibilisierten Hundes kommen lassen. Außerdem lässt sich daraus folgern, dass die Konzentration auf eine kognitive Aufgabe dem Hund helfen kann, Stressreaktionen als Folge der Sensibilisierung, abzulegen. Die Gewöhnung an eine bestimmte Sache ohne dabei das entsprechende Angst- oder Aggressionsverhalten des sensibilisierten Hundes auszulösen, kann so zur Grundlage eines Programms zur systematischen Desensibilisierung werden.

NEUROTRANSMITTER

Das Nervensystem verwendet zur Übermittlung von Informationen von einer Stelle im Körper zur anderen Nervenzellen (Neuronen). Neuronen haben zwei verschiedene Arten von Fortsätzen: kurze, die Dendriten, die chemische Botschaften des Körper aufnehmen, ins Gehirn übermitteln und auch als afferentes Nervensystem bezeichnet werden und lange Fortsätze, die Axone. Diese Nervenfasern nehmen direkt im Gehirn Informationen auf, übermitteln sie an den Körper und werden auch als efferentes Nervensystem bezeichnet. Axone und Dendriten haben keine direkten Berührungspunkte. Zwischen ihnen gibt es einen winzigen Spalt, die Synapse, wo Nervenimpulse von einem Neuron auf das andere überspringen.

Chemische, elektrisch geladene Botenstoffe, die als Neurotransmitter bezeichnet werden, wandern auf dem Weg zu ihrem Ziel von einer Zelle zur nächsten. Neurotransmitter enthalten und übermitteln Informationen. Sie führen zu einer Erregung, einer Hemmung oder einer Regulierung der Aktivität von Neuronen. Neurotransmitter werden aus Vorläuferstoffen synthetisiert, von denen einige im Körper selbst hergestellt werden und andere mit der Nahrung aufgenommen werden müssen. Wenn ein Neurotransmitter seine Funktion erfüllt hat, wird er entweder wieder in die Zelle aufgenommen (Resorption) oder gespalten und dadurch inaktiviert. Zu den wichtigeren Neurotransmittern gehören Dopamin, Noradrenalin, Serotonin, Glutamat und GABA (Gamma-Aminobuttersäure).

Dopamin
Dopamin spielt bei der Bewegungskoordination, der Aufmerksamkeit, der Bestärkung von Verhalten und der Reaktionszeit eine Rolle. Dopaminmangel kann zu verminderter

Lernfähigkeit, Reizbarkeit, Angst und einer Abnahme von Endorphinen, also den körpereigenen schmerzlindernden Substanzen des Hundes, führen. Dopamin beeinflusst das Lustzentrum im Gehirn, ein Dopaminmangel kann daher zur Folge haben, dass die Lebensfreude beeinträchtigt wird. Ein Absinken des Dopaminspiegels im Gehirn löst eine Verringerung positiver Empfindungen aus (Lindsay 2000, S. 78). Ein Dopaminüberschuss fördert Impulsivität und Übererregbarkeit. Ein Hund, der sehr stark dopamingesteuert ist, wird dauernd in Schwierigkeiten geraten (Lindsay 2000, S. 90).

Adrenalin und Noradrenalin
Das Hormon Adrenalin wird in den Blutkreislauf ausgeschüttet, wenn der Hund erschrickt (akuter Stress). Das Herz schlägt schneller, und das Blut wird aus der Haut und dem Darm weg zu den Muskeln gepumpt, um auf einen Kampf oder auf Flucht vorbereitet zu sein.

Noradrenalin (NA) ist mit Adrenalin verwandt. NA ist unter anderem für den Energiehaushalt zuständig. Wenn der Körper zu wenig NA hat, wird der Energieverbrauch gedrosselt. Lethargie und Depression können Anzeichen dafür sein, dass der Hund an einem Mangel an NA oder einer Hemmung dieses Hormons leidet. Bei einer Mangelversorgung mit NA kann der Körper nur so lange weiter funktionieren, wie der Energieverbrauch nicht völlig gestoppt wird. Man geht davon aus, dass bei erlernter Hilflosigkeit Noradrenalinmangel eine Rolle spielt (Lindsay 2000, S. 78). Ein hoher Spiegel dieses Neurotransmitters führt zu Aggression, Übererregung, Impulsivität und besonders leichter Erregbarkeit. Ein zu geringer Noradrenalinspiegel kann auch die Folge von einem Trauma oder lang anhaltendem Stress sein (Lindsay 2000, S. 78).

Serotonin
Serotonin reguliert Stimmungen, Schmerzempfinden und Erregungszustände. Ein niedriger Serotoninspiegel kann zu impulsivem, aggressivem Verhalten, reduziertem Lernvermögen, Anspannung und zwanghaftem Verhalten führen. Serotonin wird im Hinterhirn aus der über die Nahrung aufgenommenen Vorläufersubstanz Tryptophan produziert (Lindsay 2000, S. 77). „Serotonin spielt bei der Regulierung bzw. Hemmung von Aggressivität eine wichtige Rolle – zu wenig verfügbares Serotonin gilt als Ursache dafür, dass es im Falle von Frustration oder in Bedrohungssituationen mit einer höheren Wahrscheinlichkeit zu einer impulsiven aggressiven Reaktion kommt" (Lindsay 2000, S. 96). Überschüssiges Serotonin im Gehirn wird von Neuronen wieder aufgenommen und durch das Enzym Monoaminooxidase (MAO) abgebaut (Lindsay 2000, S. 96). „Ein Zusammenhang zwischen Aggression und einem Mangel an Monoaminooxidase A (MAOA) wurde zumindest bei Mäusen und Menschen bereits festgestellt. Dieses Enzym dient normalerweise dem Abbau von Serotonin und Noradrenalin. Acetylcholin und androgene Hormone aktivieren das Aggressionszentrum im Hypothalamus, während Serotonin es hemmt" (Beaver, S. 156). „Im limbischen System vorhandenes Serotonin reguliert nicht nur den Wach- und Schlafzyklus, sondern spielt auch eine wichtige Rolle bei der Hemmung von Wut und Aggression. Außerdem beeinflusst dieser Neurotransmitter in emotional stark angespannten Situationen wie bei Wut oder Aggression direkt das subjektive Schmerzempfinden, so dass die Wirksamkeit physischer Bestrafung bei

emotional bedingter (affektbetonter) Aggression stark herabgesetzt ist" (Lindsay 2000, S. 96). Reisner und Kollegen fanden heraus, dass Hunde, die Aggression zur Kontrolle von Situationen einsetzen, niedrigere Spiegel von Serotonin- und Dopaminmetaboliten (Abbauprodukten) in der Hirnflüssigkeit aufweisen. Die Forschungsergebnisse weisen also darauf hin, dass jene Hunde, die ohne Warnung beißen oder sofort sehr fest zubeißen, sich neurochemisch von jenen unterscheiden, die zuerst warnen und nicht so fest zubeißen. Die warnenden/ weniger bissigen Hunde haben üblicherweise eine ausreichende Serotoninversorgung, während die anderen einen niedrigen Serotoninspiegel oder gar einen Serotoninmangel aufweisen (Lindsay 2000, S. 98). Das wäre ein Hinweis darauf, dass bei einem Hund nicht nur das Erlernen der Beißhemmung, sondern auch die Biochemie des Gehirns entscheidend ist dafür, ob er fest zubeißt oder sich eine gute Beißhemmung entwickelt. "Untersuchungen an Tieren wie Menschen (Mench und Shea-Moore, 1995 Appl. Anim. Behav. Sci. 44 (2/4): S. 99 –118) legen den Schluss nahe, dass eine Zunahme des im Zentralen Nervensystem (ZNS) vorkommenden Serotonins aggressionshemmend wirkt, während eine Abnahme der Serotoninaktivität zu steigender Aggressivität führt." (www.aes.ucdavis.edu) "Wie auch die anderen Katecholamine Adrenalin, Noradrenalin und Dopamin, wirkt auch Serotonin auf den ganzen Körper." (www.life-enhancement.com/displayart.asp?ID=208)

"In den Blutgefäßen führt Serotonin zur Verengung der großen Arterien und trägt damit dazu bei, dass eine übermäßige Erweiterung der Blutgefäße ausgeglichen und ein normaler Blutdruck erreicht werden kann. Im Darm steuert Serotonin die Peristaltik (Muskelkontraktionen im Magen- und Darmbereich). In der Peripherie spielt Serotonin eine wichtige Rolle bei der Aufrechterhaltung des Gleichgewichts der Thrombozyten (Blutplättchen), was bei der Behandlung von Diabetes von Nutzen sein könnte. Ein veränderter Serotoninspiegel kann, wie Stevenson mit der Geschichte von Jekyll und Hyde schön darstellt, sogar zu tiefgreifenden Persönlichkeitsveränderungen führen." (www.life-enhancement.com/displayart.asp?ID=208)

"Der Einfluss, den Serotonin auf Aggressivität hat, reicht evolutionsgeschichtlich weit zurück. Studien bei den unterschiedlichen Spezies, von Schalentieren über Fische und Echsen bis zu Hamstern, Mäusen und Hunden und bis zu Primaten und Menschen haben alle die gleichen Ergebnisse gebracht: Eine Reduktion von Serotonin führt zu einer Zunahme aggressiven Verhaltens, und ein höherer Serotoninspiegel führt zu einer Reduktion aggressiven Verhaltens." (www.life-enhancement.com/displayart.asp?ID=208).

Glutamat & GABA
Glutamat übermittelt Neuronen erregende Botschaften (Lindsay 200, S. 94), während GABA der wichtigste inhibitorische Neurotransmitter ist, der Neuronen daran hindert, unkontrolliert Impulse abzufeuern. Tritt es in geringer Konzentration auf, so kann es für fehlende mentale Stabilität verantwortlich sein. "Glutamat und GABA kontrollieren sich gegenseitig und halten durch einen komplexen Erregungs- und Hemmungsregelkreis das neuronale Gleichgewicht." (Lindsay 2000, S. 94). Diese beiden Neurotransmitter regulieren die Homöostase der neuronalen Aktivität. Kommt es zu einem Ungleichgewicht, dann feuern die Nervenzellen entweder andauernd Impulse ab oder gar nicht

mehr. Es handelt sich also offenkundig um eine wichtige Beziehung. Glutamat und GABA werden aus der Aminosäure Glutamin, einer nichtessentiellen Aminosäure, gebildet.

DAS ENDOKRINE SYSTEM

Wie bereits erwähnt, hängen das Nervensystem und das endokrine System, das für die Koordination der chemischen Vorgänge im Körper verantwortlich ist, eng zusammen. Das endokrine System besteht aus verschiedenen Drüsen, die gesteuert vom Hypothalamus Hormone produzieren. Es ist hauptsächlich für die Aufrechterhaltung der chemischen Homöostase des Körpers verantwortlich. Diese Aufgabe erfüllt das endokrine System, indem es bei Bedarf entsprechende Hormone ausschüttet und deren Produktion auch wieder einstellt, sobald kein Bedarf mehr besteht. Die Drüsen des endokrinen Systems besitzen keinen Ausführungsgang, sondern geben die Hormone direkt in den Blutkreislauf ab. Sie werden so zu allen Körpergeweben transportiert, obwohl fast alle Hormone ein spezifisches Zielorgan haben und ihre Wirkung nur an diesem speziellen Organ entfalten.

Der Hypothalamus liegt an der Hirnbasis. Er übermittelt seine Signale an die daneben liegende Hirnanhangdrüse. Wenn die Hirnanhangdrüse vom Hypothalamus bestimmte Releasing-Hormone erhält, schüttet sie ihrerseits verschiedene Hormone aus, die wiederum die Tätigkeit anderer Drüsen des endokrinen Systems anregen. Eines dieser wichtigen Hormone, die von der Hirnanhangdrüse ausgeschüttet werden, ist das adrenocorticotrope Hormon (ACTH). ACTH regt die Nebennierenrinde zur Produktion von Cortisol an, das im Rahmen der Stressreaktion eine wichtige Rolle spielt. Ein weiteres wichtiges, von der Hirnanhangdrüse produziertes Hormon ist das luteinisierende Hormon (LH), das die Bildung von Testosteron in den Hoden des Rüden anregt und dadurch das geschlechtsspezifische Sexualverhalten und die Aggressivität beeinflusst. Beim weiblichen Tier führt LH zum Eisprung. Der endokrine Teil der Bauchspeicheldrüse produziert das Hormon Insulin, das bei der Verdauung und der Absorption von Glukose, also dem Zucker, der im Blut transportiert wird, eine Rolle spielt. Die Produktion von Insulin beeinflusst durch den Abbau von konkurrierenden Neurotransmittern und die Ausschüttung von gespeichertem Tryptophan auch den Zugang von Neurotransmittern zum Gehirn. Die Nebenniere besteht aus der Nebennierenrinde (dem äußeren Teil) und dem Nebennierenmark (dem inneren Teil). Die Nebennierenrinde produziert verschiedene Hormone, zum Beispiel die Steroide, die den Zuckerstoffwechsel regulieren, für die Produktion von Sexualhormonen zuständig sind und für die nötige Versorgung mit Mineralstoffen sorgen. Zu den wichtigsten Hormonen, die im Nebennierenmark produziert werden, gehört das Adrenalin. Adrenalin ist eines der wichtigsten Hormone im Körper. Zusammen mit dem sympathischen Nervensystem bereitet es den Köper auf Notsituationen vor.

Cortisol ist ein Hormon, das in Stressphasen ausgeschüttet wird. Es ist Teil der Stressreaktion, die den Körper in einer solchen Situation reaktionsbereit macht.

„Unter Einwirkung von Stress schüttet der Hypothalamus das Corticotropin-Releasing-Hormon (CRH) aus. Dadurch wird der Hypophyse signalisiert, dass die Ausschüttung von Adreno-Corticotropin-Hormon (ACTH) in den Blutkreislauf gefordert ist. ACTH regt die Produktion verschiedener Steroide in der Nebennierenrinde an, darunter auch von Cortisol (Corticosteron). Cortisol erfüllt mehrere biologische Funktionen (Regulierung des Blutdrucks, der Blutzuckerwerte, des beschleunigten Abbaus von Eiweiß zu Aminosäuren), die dem Tier helfen, mit Stress, Verletzungen oder der Notwendigkeit, sich verteidigen zu müssen, umgehen zu können. Der Regelkreis der Ausschüttung von Cortisol ins Blut schließt sich, wenn es den Hypothalamus erreicht, wo es zu einer Hemmung der CRH-Produktion führt und dadurch die ACTH Produktion in der Hirnanhangdrüse gestoppt wird. Die Reduktion von im Blut zirkulierendem ACTH führt dazu, dass die Nebennierenrinde die Produktion und Ausschüttung von Cortisol drosselt. Dieses System der langsamer ablaufenden Stressreaktion wird als Hypothalamus-Hypophysen-Nebennierenachse bezeichnet." (Lindsay 2000, S. 79)

STRESS, ANGST, WUT, ANSPANNUNG UND AGGRESSION

Wir haben bereits festgestellt, dass intensive emotionale Reaktionen beim Hund zu einer Beeinträchtigung des klaren Denkvermögens und einer erhöhten Alarmbereitschaft führen, um im Notfall flüchten oder kämpfen zu können. Eine genauere Untersuchung der Auswirkungen von intensiven Emotionen wie Stress, Angst und Anspannung auf den Hund wird im Folgenden vorgenommen. Stress ist vor allem deshalb so wichtig, weil durch Stress Reizschwelle und Toleranz gegenüber verschiedenen Umweltfaktoren vermindert wird.

STRESSDEFINITION

„Stress tritt dann auf, wenn ein Hund damit konfrontiert wird, sich ändern oder anpassen zu müssen" (Lindsay 2000, S. 109). Jede biologische oder psychologische Anforderung löst Stress aus. Dabei müssen die Anforderungen nicht mit negativen Folgen für das Tier verbunden sein, um Stress zur Folge zu haben. Wenn eine Forderung an das Tier gerichtet wird, reagiert es darauf. Diese Reaktion erfordert eine Anstrengung, und das Tier bereitet sich daher auf einen erhöhten Energieverbrauch vor. Bei der Stressreaktion geht es um eben diese Vorbereitung und die Mobilisierung von Reserven. Stress kann innerlich entstehen, wenn ein Tier zum Beispiel an eine Anforderung denkt, oder kann von außen kommen, wenn irgendein Umweltfaktor eine Anforderung an das Tier stellt. An alle Tiere werden jede Minute ihres Lebens neue Anforderungen gestellt. Normale Stresspegel, mit denen ein Tier gut zurecht kommt, gelten daher als Stimulierung. Stress kann pathologisch werden, wenn ein bestimmtes Maß überschritten wird. Eine als negativ wahrgenommene Stressursache kann auch dazu führen, dass eine Kampf- oder Fluchtreaktion ausgelöst wird und es zu entsprechenden Stressreaktionen kommt.

STRESS-SCHWELLE

Als Stress-Schwelle bezeichnet man jene obere Grenze, bis zu der ein Hund in der Lage ist, die Stresseinwirkungen zu tolerieren. Viele Hunde kommen auch mit hohen Belastungen zurecht, ohne ihre Stress-Schwelle zu erreichen, während bei anderen Hunden schon ein geringes Maß an Stress reicht, damit sie angespannt reagieren. Stresstoleranz ist, wie einige Forscher (Burns) meinen, ein angeborenes Merkmal.

„Unterschiedliche emotionale Reizschwellen sind zu einem großen Maß von den bereits bei der Geburt vorhandenen, ererbten, limbischen/autonomen Anlagen abhängig. Während einige Individuen auf Grund ihrer genetischen Anlagen ruhiger und auf Grund der Funktionsweise ihres limbischen Systems und einer parasympathischen Tendenz (das parasympathische System überwiegt) emotional ausgewogener sind, sind andere, bei denen das sympathische System überwiegt, wesentlich leichter erregbar. Sie reagieren schneller mit den Verhaltensprogrammen Flüchten, Einfrieren oder Kämpfen, sind extrem emotional, verharren häufiger in negativen Emotionen, leiden häufiger an neurotischen Problemen, Störungen des psychischen Gleichgewichts und psychosomatischen Erkrankungen." (Lindsay 2000, S. 185)

Bei Hunden mit niedriger Stress-Schwelle ist vermutlich das sympathische Nervensystem dominant. Stress wirkt sich ganz allgemein nachteilig auf den Hund aus, wenn aber die Toleranzschwelle für Stress überschritten wird, findet eine Kette elektrochemischer Reaktionen statt, die man als Stressreaktion bezeichnet. Einen solchen Stresspegel jenseits der Stress-Schwelle bezeichnen wir als „exzessiven Stress". Exzessiver Stress wirkt sich auf das schwächste Glied im Organismus als Erstes aus, beeinträchtigt aber schließlich den Hund insgesamt. Exzessiver Stress führt zu chemischen und funktionellen Störungen. Hunde können übrigens, wie Menschen auch, nach den chemischen Reaktionen, die durch akuten Stress verursacht werden, körperlich süchtig werden. Je negativer oder unangenehmer die Stressursache ist, desto leichter wird beim Hund eine aggressive Reaktion ausgelöst.

REAKTION AUF AKUTEN STRESS

Kommt es plötzlich zu Stress oder Angst, wird die Amygdala mit exzitatorischen Signalen bombardiert, die das übrige Gehirn und den Körper in Alarmbereitschaft versetzen. Wenn der Hund sich fürchtet, wird Adrenalin ins Blut ausgeschüttet. Der Herzschlag wird schneller, und die Blutversorgung wird von Haut und Darm weg zu den

Muskeln geleitet, um für einen Kampf oder zur Flucht bereit zu sein. Noradrenalin und Dopamin werden im präfrontalen Cortex ausgeschüttet. Die Zunahme dieser Neurotransmitter führt dazu, dass die normale Funktion des präfrontalen Cortex, der für Lernen und höhere Denkprozesse zuständig ist, vorübergehend aufgehoben wird. In diesem Bereich des Gehirns findet auch das Abrufen vorhandener Lernerfahrungen, die Impulskontrolle und soziale Hemmung statt. Hemmung, Impulskontrolle und erlernte Mechanismen zur Stress- oder Konfliktbewältigung stehen damit dem Hund nicht mehr zur Verfügung, stattdessen wird artspezifisches Kampf- oder Fluchtverhalten ausgelöst. Bei Stress sinkt die Reizschwelle für aggressives Verhalten. Außerdem können diese Reaktionen durch das limbische System zusätzlich verstärkt werden. Akuter Stress löst körperliche und geistige Alarmbereitschaft aus und setzt rationales Denken vorübergehend außer Kraft.

REAKTION AUF CHRONISCHEN STRESS

Viele Hunde sind dauerhaft Stress ausgesetzt. Der Körper befindet sich dabei dauernd in Alarmbereitschaft und verbraucht wichtige Ressourcen, darunter auch solche, die sich auf das Immunsystem des Körpers auswirken. Serotonin wird im Gehirn gespeichert, zu Melatonin und danach wieder zurück zu Serotonin umgewandelt. Dieser Prozess steuert die innere Uhr und damit den regelmäßigen Schlaf- und Wachzyklus. Eng mit diesem Prozess verknüpft sind auch die Temperatursteuerung und Cortisol, das für uns als wichtigstes Stresshormon von besonderem Interesse ist. Wenn der Körper viel Cortisol produziert, ist er gegen Stress gewappnet. Hält der Stress länger an, kommt es zu einem Absinken von Serotonin, Noradrenalin und Dopamin. Durch den erhöhten Verbrauch von Noradrenalin kommt es zu einer Verminderung der Endorphinaktivität. Endorphine sind die körpereigenen Schmerzmittel. Noradrenalin ist unter anderem für den Energiehaushalt des Hundes verantwortlich. Wird die Ausschüttung dieses Neurotransmitters unterdrückt, dann drosselt der Körper den Energieverbrauch. Lethargie und Depression können Anzeichen für eine Noradrenalin-Hemmung beim Hund sein. Der Körper kann unter diesen Umständen nur begrenzte Zeit weiter funktionieren, bevor die Energieversorgung gänzlich unterbrochen wird. Hält der Stress weiter an, führt der damit einhergehende Noradrenalin-Mangel zu Schlafstörungen, zu einer erhöhten Schmerzempfindlichkeit, zu Störungen der rationalen Denkprozesse, zur Beeinträchtigung der klaren Denkfähigkeit und zur Unfähigkeit, Dinge als angenehm und positiv zu erleben.

Leidet der Hund an exzessivem Stress, dann macht sich das auf verschiedene Weise bemerkbar. Manche Symptome sind unübersehbar, andere schwerer feststellbar. Einige Stress-Symptome drücken sich eher durch gesteigerte Aktivität und Reizbarkeit aus, andere eher durch eine Abnahme der Aktivität, also Passivität. In akuten Stress-Situationen spielt Adrenalin die Hauptrolle im Körper und führt beim Hund zu einer gesteigerten Aktivität. Er reagiert mit voller geistiger und körperlicher Alarmbereitschaft. In chronischen Stress-Situationen wird das Verhalten hauptsächlich vom Mangel an Noradrenalin, Serotonin und Dopamin beeinflusst und ein aktives Handeln des Hundes unterbunden. In beiden Fällen leidet der Hund an exzessivem Stress. Im Folgenden werden nun einige der vielen Stress-Symptome angesprochen:

Flaches, hektisches oder tiefes, kräftiges Hecheln. Hecheln ist normal, wenn der Hund viel Bewegung hatte oder wenn es heiß ist, allerdings sollten dabei die Atemzüge eher tief und die Zunge entspannt sein. Ist der Hund gestresst, zieht er die Lippen zu einem breiten Grinsen zurück, wodurch sich auch die Haut unterhalb der Augen und auf der Stirn in Falten legt. Dieses mögliche Anzeichen für Stress ist daher immer in Zusammenhang mit der Situation und anderen Symptomen zu sehen.

Mangelnde Aufmerksamkeit oder Konzentration. Wenn Ihr Hund auf Signale nicht reagiert, dann ist er vielleicht einfach von einem Eichhörnchen oder irgendetwas anderem abgelenkt. Er könnte allerdings auch gestresst sein. Ziehen Sie die Gesamtsituation in Betracht. In diesem Zustand ignoriert Ihr Hund Sie nicht. Er kann Sie gar nicht hören, geschweige denn das tun, was Sie von ihm wollen. Sein Gehirn zwingt in zu einer Tunnelperspektive, die es ihm unmöglich macht, auf Sie zu reagieren. Vielleicht erinnern Sie sich an eine Situation, in der Sie so gestresst waren, dass Sie kaum noch reagieren konnten und selbst einfachste Aufgaben als unlösbar erschienen? Gewiss kein angenehmer Zustand.

Schweißpfoten. So wie Menschen an den Händen schwitzen, wenn sie nervös sind, schwitzen Hunde über die Pfoten. Sie bemerken vielleicht, dass Ihr Hund auf einem Holzboden oder in seiner Box oder auf dem Untersuchungstisch beim Tierarzt Pfotenabdrücke hinterlässt. Schwitzen heißt, dass der Körper Flüssigkeit abgeben muss.

Gähnen. Gähnen ist ein sehr häufiges und ziemlich deutliches Zeichen für Stress. Es signalisiert immer Stress, es sei denn, der Hund ist müde und schickt sich an ein Nickerchen zu machen. Stressbedingtes Gähnen ist meistens stärker ausgeprägt als normales Gähnen. Im Allgemeinen zieht der Hund dabei das Kinn zur Brust und gähnt dann kräftig.

Hyperaktivität. Ein sehr gestresster Hund kann sehr aktiv erscheinen. Dies dient dann als Abwehrmechanismus. Er sieht womöglich hektisch oder panisch aus oder zeigt ein Verhalten, dass Sie für Herumalbern oder schlicht für Hyperaktivität halten. Es handelt sich oft um ein Paradebeispiel stressbedingter Aktivierung. Ein solches Verhalten kann nicht sehr lange beibehalten werden, denn schnell sind alle Reserven aufgebraucht und der Hund ist erschöpft. Stressbedingte Passivität setzt ein.

Häufiges Urinieren und Koten. Wenn Ihr Hund häufiger als sonst uriniert oder Kot absetzt, dann könnte er entweder krank sein oder an Stress leiden. Erledigt er sein Geschäft im Haus, dann ist er entweder nicht stubenrein oder er steht unter starkem Stress. Dann tendiert der Körper dazu, Flüssigkeit abzugeben. Der Hund hat den unwiderstehlichen Drang, zu urinieren oder zu koten und wird das, wenn es ihm nicht anders möglich ist, auch im Haus tun. Das ist einer der Gründe, warum man einen Hund unter keinen Umständen dafür bestrafen darf, dass er sein Geschäft erledigt.

Erbrechen und Durchfall. Unter Stress spielen Körper und Geist verrückt, und normalerweise reagiert als Erstes das Verdauungssystem. Dass ein Hund erbricht oder Durchfall hat, kann viele Ursachen haben, es kann gesundheitliche Gründe dafür geben, aber in vielen Fällen ist es ein Zeichen für starken Stress.

Strecken und Dehnen. Wenn Ihr Hund gerade aufwacht und sich streckt, dann dehnt und lockert er sich nur, wenn er das aber in einer stressigen Situation tut, gilt es als Stress-Symptom. Hunde strecken sich zum Beispiel oft um Stress abzubauen, wenn sie mit einer Menschenmenge oder einer Hundegruppe konfrontiert werden. Unter Stress erhöht sich die Muskelspannung. Dehnen und Strecken kann dazu dienen, die verspannten Muskeln wieder zu lockern.

Schütteln. Wenn sich der Hund schüttelt, als käme er gerade aus dem Wasser, kann es ein Versuch sein, „Stress abzuschütteln". Man kann das oft in der Hundeschule oder im Auslaufgebiet im Park beobachten. Hunde schütteln sich häufig dann, wenn eine angespannte Situation gerade vorbei ist.

Verstörtheit. Ein stark gestresster Hund verhält sich vielleicht merkwürdig oder verstört. Erinnern Sie sich an die Tunnelperspektive? Es könnte sich auch um gesundheitliche Probleme wie epileptische Anfälle oder einen Akutzustand bei Diabetes handeln, daher ist bei der Interpretation dieses Verhaltens Vorsicht geboten.

Autoaggressives Verhalten. Zu den Verhaltensweisen dieser Kategorie zählen Schwanzbeißen, Wundbeißen einer Pfote oder der Flanken. Wir haben es dabei mit einer schwierigen Sachlage zu tun. Autoaggressives Verhalten kann viele Ursachen haben, unter anderem eine ererbte Tendenz dazu oder gesundheitliche Probleme (z.B. Allergien). Es kann unabsichtlich belohnt und damit erlernt worden sein oder Symptom einer echten zwanghaften Verhaltensstörung sein. Vielleicht hat der Hund eine Verletzung oder eine Krankheit, die an dieser Stelle Schmerzen verursacht. Arthritis in den Vorderpfoten ist zum Beispiel ein häufiger Grund weshalb alte Hunde die Vorderpfoten lecken oder beißen. Welche Gründe auch immer vorliegen, man kann jedenfalls davon ausgehen, dass ein Hund mit autoaggressivem Verhalten unter Stress leidet.

Übermäßige Körperpflege. Wenn ein Hund übermäßige Körperpflege betreibt, dann leckt er meist einen bestimmten Körperteil besonders intensiv. Oft sind davon die Pfoten, die Flanken oder der Genitalbereich betroffen. Es kann auch zu Wundlecken kommen. Auch hier kann die Ursache wieder eine Verletzung oder eine Krankheit beziehungsweise eine zwanghafte Verhaltensstörung sein. Die wahrscheinlichste Ursache sind Allergien, aber auch Stress gilt als möglicher Auslöser.

Übermäßiges Schlafen. Manche Hunde sind einfach faul. Wenn Sie beispielsweise einen Greyhound oder eine Englische Bulldoge haben, dann ist es völlig normal, wenn Ihr Hund täglich 18 Stunden auf dem Sofa verbringt. Wie lebhaft er ist, ist von Hund zu Hund unterschiedlich, daher ist dieses Symptom manchmal erst dann zu erkennen, wenn bereits ein Programm zur Stressreduktion durchgeführt wurde. Viele Hundehalter stellen erst im Nachhinein fest, dass ihr Hund sehr passiv und ohne Energie gewesen war, bis sie damit begannen, die Stressbelastung zu reduzieren. Wir haben es hier mit dem absolut typischen Symptom für chronischen Stress zu tun, mit Passivität und Serotonin-Mangel. Wichtig ist, dass der Hund dabei im Schlaf kaum Erholung findet und daher versucht, noch mehr zu schlafen.

Hautprobleme. Viele Fachleute (unter anderem Turid Rugaas) glauben, Hautprobleme wie entzündete Stellen oder Allergien seien körperliche Symptome für schweren chronischen Stress. Das lässt sich schwer definitiv nachweisen. Mit Sicherheit bedingt aber Stress eine Beeinträchtigung des Immunsystems und kann dadurch zu höherer Infektanfälligkeit und Empfindlichkeit der Haut führen. Hautprobleme sollten in jedem Fall tierärztlich untersucht werden.

Störungen des Immunsystems. Für viele hängen Störungen des Immunsystems eng mit chronischem Stress zusammen. Es wäre daher klug, bei Störungen des Immunsystems auch Stressreduktion in die Behandlung mit einzubeziehen.

Übermäßiger Durst. Wenn ein Hund überdurchschnittlich viel trinkt, leidet er vielleicht an einer Krankheit oder versucht, mit diesem Verhalten Stress abzubauen. Es könnte sich um eine Ersatzhandlung bei Frustration oder eine zwanghafte Verhaltensstörung handeln, in jedem Fall aber geht damit immer auch eine Stressbelastung einher. Ich kannte einen Hund, der in Stress-Situationen zu trinken begann und erst aufhörte, als der Stress wieder vorbei war, egal wie lange das dauerte. War der Hund plötzlich so durstig? Das bezweifle ich. Vielleicht war es ein Versuch, der Situation auszuweichen, indem er einfach etwas anderes machte. Vielleicht handelt es sich auch um ein Beschwichtigungssignal; wir werden auf dieses Thema gleich noch zu sprechen kommen.

Zwanghafte Verhaltensstörungen. Wenn ein Hund viel Zeit mit Bellen, Graben oder Schwanzjagen verbringt, kann das ein Symptom starker Stressbelastung sein. Es kann sich dabei um Mechanismen handeln, mit deren Hilfe der Hund versucht, mit der Stressbelastung zurecht zu kommen. Hält das Verhalten an und hat es keine offensichtliche Ursache, könnte es stressbedingt sein. Serotonin und andere Neurotransmitter spielen bei zwanghaften Verhaltensstörungen vermutlich eine große Rolle, daraus ergibt sich auch ein enger Zusammenhang mit Stressreaktionen. Unter Stress können bestimmte Verhaltensweisen nach einiger Zeit zu zwanghaften Verhaltensstörungen werden.

Leichte Erregbarkeit. Wenn sich Ihr Hund nicht entspannen kann und sofort reagiert, wenn Sie auch nur vom Sofa aufstehen, leidet er vielleicht an übermäßiger Erregbarkeit. Wenn er gleich aufspringt und parat steht, um sich der geringsten Veränderung in der Umwelt zu stellen, ist er vielleicht zu angespannt oder zu nervös. Es kann auch ein Zeichen für wenig erholsamen Schlaf sein.

Steifheit. Unter Stress verspannt sich die Muskulatur des Hundes. Der Gang und die Schwanzbewegungen des Hundes werden dadurch sehr steif. Wenn Sie den Hund berühren, werden Sie feststellen, dass seine Muskeln sehr hart sind.

Zittern. Bei zu großer Stressbelastung zittern viele Hunde. Die Beurteilung der Gesamtsituation gibt Ihnen Aufschluss darüber, ob der Hund friert oder gestresst ist.

Übersprungshandlungen. Wenn Sie von einem gestressten Hund verlangen, etwas Bestimmtes zu tun, zeigt er vielleicht ein ganz anderes Verhalten. Vorausgesetzt, es gelingt Ihnen überhaupt, seine Aufmerksamkeit so lange zu halten, dass er Sie hören kann. Wir haben es dabei mit einem Symptom der Verstörtheit zu tun.

Beschwichtigungssignale. Hunde zeigen manchmal in ihrem normalen Verhalten anderen Tieren oder Hunden gegenüber bestimmte Gesten und Signale, die dazu dienen, das andere Tier zu beschwichtigen. Die Signale können entweder Teil des aktiven Sozialverhaltens sein, mit dem eine gute Beziehung mit anderen Tieren hergestellt wird, oder sie können dazu eingesetzt werden, eine angespannte Situation zu entschärfen. Hunde können Beschwichtigungssignale auch in Stress-Situationen zeigen, um eine Entspannung der Situation zu erzielen.

Zu den häufigsten Beschwichtigungssignalen zählen:

- Kopf oder Blick abwenden
- Körper abwenden und abdrehen
- am Boden schnüffeln (sehr häufig)
- schnelles (eidechsenartiges) Lippenlecken
- Einfrieren
- Bewegungen „in Zeitlupe"
- Hinsetzen oder Hinlegen
- Vorderkörpertiefstellung
- Gähnen (wie bereits erwähnt)

ANGSTREAKTIONEN

Angstreaktionen beim Hund ähneln stark der Reaktion auf intensiven Stress. Die körperliche und geistige Alarmbereitschaft wird aktiviert und der immense Stress führt zu einem chemischen Ungleichgewicht im Gehirn.

„In Angstsituationen führt die vom Thalamus weitergeleitete Sinneswahrnehmung dazu, dass die Amygdala den periventrikularen Hypothalamus anweist, CRH (Corticotropin-Releasing-Hormon) auszuschütten. CRH stimuliert dann die Hypophyse, ACTH (adrenocorticotropin Hormon) ins Blut abzugeben. ACTH ist ein Hormon, das besonders auf die Nebennierenrinde wirkt und dort die Ausschüttung verschiedener Nebennieren-Steroide auslöst. Das Vorhandensein dieser Hormone im Blut führt zur Alarmbereitschaft und zur Aktivierung der körperlichen Verteidigungsmechanismen des Hundes. Zu den von den Nebennieren ausgeschütteten Steroiden zählt auch die als Corticoide bekannte Gruppe von Hormonen, zu der sowohl entzündungsauslösende Hormone (Aldosteron) als auch entzündungshemmende Hormone (Cortisol) gehören. Cortisol wirkt nicht nur entzündungshemmend, sondern beruhigt ängstliche Hunde und macht sie gleichzeitig bereit zu handeln." (Lindsay 2000, S. 109)

WUT

Wut läuft ganz ähnlich wie eine Angstreaktion ab, mit einem Unterschied. „Während für Angstsituationen typisch ist, dass es in erster Linie zur Ausschüttung von Adrenalin und damit zur Flucht- oder Kampfbereitschaft kommt, entsteht Wut durch die Ausschüttung von Adrenalin sowie einem weiteren Hormon, dem Noradrenalin" (Gale Encyclopedia of Psychology).

Neuropsychologie der Aggression
Das Gehirn steuert die neurochemischen Funktionen im Körper. Die chemischen Reaktionen im Gehirn wirken sich auf das Verhalten des Hundes aus. Bestimmte chemische Botenstoffe nehmen in Abhängigkeit von der Art des Stresses in unterschiedlichem Ausmaß zu oder ab. Diese chemischen Stoffe kann man sich entweder als Boten des Glücks oder als Boten der Wut vorstellen. Wenn ein Hund unter einem Übermaß an Stress leidet oder Angst hat oder wütend ist, kommt es zu einem Mangel an Glücksboten und einem Überhandnehmen der Boten der Wut, die dann das Verhalten des Hundes steuern. Diese chemischen Botenstoffe können dazu führen, dass der Hund aggressiv und gleichzeitig seine Denkfähigkeit eingeschränkt wird. Die Schlussfolgerung aus all dem ist, dass Angst, Wut und Stress für das Lernen und für rationales Handeln nicht hilfreich sind.

STATISTIK ZUM AGGRESSIONSVERHALTEN

Der größte Teil der folgenden Informationen stammt von www.dogbitelaw.com, einer ausgezeichneten und sehr hilfreichen Website, die man nur empfehlen kann.

„Zahl der Hunde. In rund 35 % der amerikanischen Haushalte lebte 1994 ein Hund, die Gesamtpopulation der Hunde in den USA betrug mehr als 52 Millionen. (J.K. Wise/ J.J. Yang: Dog and cat ownership, 1991–1998, J. Am. Vet. Med. Assoc. 1994; 204: S. 1166 f.).

Prozentsatz der Hundebisse. 80 % der von Tieren stammenden Verletzungen sind auf Hundebisse zurückzuführen.

Zahl der Opfer. Einer Untersuchung des National Center for Disease Control and Prevention (CDC) in Atlanta zufolge werden rund 2 % der amerikanischen Bevölkerung von Hunden gebissen – das sind pro Jahr mehr als 4,7 Millionen Menschen (J.J. Sacks, M. Kresnow, B. Houston: Dog bites: how big a problem? Injury Prev. 996; 2: S. 52–44). Rund 800.000 Bisse pro Jahr sind so gravierend, dass eine medizinische Versorgung erforderlich ist. In mehr als der Hälfte der Fälle sind die gebissenen Opfer Kinder. Bei Kindern ist in 26 % der Fälle eine medizinische Behandlung erforderlich, bei Erwachsenen im Vergleich dazu nur bei 12 %. Jedes Jahr werden in den USA 2851 Briefträger gebissen (Angaben des US Postal Service). Die Wahrscheinlichkeit, von einem Hund gebissen zu werden, liegt in Amerika jährlich bei 1:50 (Centers for Disease Control, CDC).

Zahl der Todesfälle. Zwischen 1979 und 1996 starben in den USA 304 Menschen durch Hundeattacken, davon 30 allein in Kalifornien. Die durchschnittliche Zahl der Todesfälle betrug 17 pro Jahr. In den meisten Fällen waren die Opfer Kinder. (Center for Disease Control: Dog-Bite-Related-Fatalities – United States, 1995 – 1996, MMWR 46 (21): S. 463–467, 1997). Die Wahrscheinlichkeit, dass ein Einbrecher Opfer eines tödlichen Hundeangriffs wird, liegt bei 1:177 und 7 von 10 Opfern sind Kinder. Allerdings sind Hundeattacken mit tödlichen Folgen sehr selten. Auf jeden tödlichen Hundebiss kommen in den USA rund 670 nicht tödliche Fälle, in denen ein Krankenhausaufenthalt erforderlich ist, 16.000, die in der Notaufnahme behandelt werden müssen, 21.000, die einen Arztbesuch erforderlich machen und 187.000 Bisse, die nicht medizinisch versorgt werden.

Zahl der Opfer. Jedes Jahr werden zum Beispiel in Los Angeles County 20.000 Menschen gebissen, in den gesamten Vereinigten Staaten sind es 4,7 Millionen.

Zahl gefährlicher Hunde. In Los Angeles machen zum Beispiel mehr als 25.000 streunende Hunde die Straßen unsicher.

Finanzielle Folgen von Hundebissen. Opfer von Hundeattacken können schwerwiegende körperliche Verletzungen davontragen. Diese ernsthaften Zwischenfälle werden vor einem Zivilgericht und manchmal auch einem Strafgericht verhandelt. In finanzieller Hinsicht entstehen durch Hundebisse Schadensersatzforderungen und Verluste in der Höhe von jährlich 1 Milliarde $ (Insurance Information Institute, Inc.) Die durchschnittliche Versicherungsleistung beträgt $ 12.000 (State Farm Insurance). Einer von drei einer Haushaltsversicherung gemeldeten Fälle betrifft Hundebisse (State Farm Insurance). Eine medizinische Versorgung wird bei einem von fünf Hundebissen erforderlich (CDC).

Zunahme von Hundebissen. Von 1986 bis 1996 stieg die Zahl jener Zwischenfälle mit Bissverletzungen, bei denen eine medizinische Versorgung notwendig wurde, um 36 %, nämlich von 585.000 auf 800.000, wie einem Bericht des National Center for Injury Prevention and Control zu entnehmen ist. Im selben Zeitraum nahm die Zahl der Haus- und Familienhunde nur um 2 % zu. Experten führen die Zunahme von Hundebissen auf die steigende Beliebtheit von Rassen wie Rottweiler oder Pitbull Terrier zurück.
Die Hundeattacken ereignen sich meist im Haus oder in vertrauter Umgebung. Die meisten Hunde (61 %) beißen daher zu Hause oder in ihrem unmittelbaren Umfeld.

Hunde beißen Familienangehörige und Freunde. Die weitaus überwiegende Zahl der bissigen Hunde (77 %) gehören einem Familienmitglied des Opfers oder einem Freund des Opfers." (www.dogbitelaw.com)

Vereinigte Staaten. Den Angaben des National Center for Health Statistics National Hospital Ambulatory Medical Care Survey für die Jahre 1992 bis 1994 und den Centers for Disease Control and Prevention zufolge sind Hundebisse in den USA jährlich verantwortlich für rund:
- 4,7 Millionen Verletzungen
- 800.000 Verletzungen, die eine medizinische Versorgung notwendig machen
- 17 Todesfälle
- fast 334.000 Behandlungen in den Notaufnahmen der Krankenhäuser
  (das entspricht 914 pro Tag)
- mehr als 21.000 Arzt- oder Klinikbesuche
- mehr als 670 Krankenhausaufenthalte (schwer verletzte Patienten
  bleiben durchschnittlich 4,2 Tage im Krankenhaus)."
  (www.dogbitelaw.com)

Studien über Hundebisse ergaben Folgendes:
- Das Durchschnittsalter der gebissenen Patienten betrug 15 Jahre, am häufigsten waren Kinder, vor allem Jungen zwischen 5 und 9 Jahren, betroffen.
- Die Wahrscheinlichkeit, dass das Bissopfer ein Kind ist, liegt bei 3,2 zu 1 (CDC)
- Die Kinder, die in Notaufnahmen behandelt wurden, hatten meistens Bisse im Gesicht, im Nacken und am Kopf. 77 % aller Bissverletzungen bei Kindern betrafen das Gesicht.
- Zu schweren Verletzungen kommt es vor allem bei Kindern unter 10 Jahren.
- Der Großteil der Hundeattacken (61 %) findet zu Hause oder in vertrauter Umgebung statt.
- Der weitaus größte Teil der bissigen Hunde (77 %) gehört der Familie des Opfers oder einem Freund.

- Bei Kindern unter 4 Jahren, die Opfer eines Hundesbisses werden, gehört der Hund in der Hälfte aller Fälle (47 %) der Familie, der Angriff fand fast immer im Familienhaushalt statt (90 %). (www.dogbitelaw.com)

Studien haben Folgendes gezeigt:
- Hundebisse führen jedes Jahr in rund 44.000 Fällen zu Gesichtsverletzungen, die in Krankenhäusern behandelt werden. Das macht zwischen 0,5 % und 1,5 % aller in den Notaufnahmen behandelten Fälle aus.
- Das Gesicht ist das häufigste Ziel von Hundebissen (77 %). Eine Ausnahme stellen die Briefträger dar, bei denen 97 % aller Fälle den Bereich der unteren Gliedmaßen betreffen.
- Hauptziel eines Bisses ins Gesicht sind Lippen, Nase und Wangen. (www.dogbitelaw.com)
- Am häufigsten erlitten 5- bis 9-Jährige (28,5 %) Verletzungen, die von Hundebissen und Hundeangriffen stammten. Insgesamt waren 57,9 % aller Opfer von Hundebissen männlich. Am häufigsten kam es im Sommer zu Verletzungen (37,7 %) und meist im Zeitraum von 16.00 bis 20.00 Uhr (32,7 %). Die meisten Verletzungen ereigneten sich beim Opfer zu Hause (34,2 %) oder in einem anderen Privathaushalt (30,3 %). Zu den meisten Verletzungen kam es, wenn der Patient mit dem Hund keinen direkten Kontakt hatte (28,9 %). Verletzungen, bei denen nur eine Beratung oder eine geringfügige Behandlung erforderlich war, machten 57,9 % der Fälle aus, während 36,8 % der Patienten eine medizinische Nachbetreuung nach der Behandlung in der Notaufnahme brauchten und 4,5 % stationär ins Krankenhaus aufgenommen wurden. Die häufigsten Verletzungen stammten von Bissen (71,3 %), und der am häufigsten betroffene Körperteil war das Gesicht (40,5 %). (CHIRPP-Datenbank, Zusammenfassung der Daten für das Jahr 1996, alle Altersgruppen)

- 1996 machten Hundebisse und Hundeangriffe 1,0 % aller in der CHIRPP-Datenbank erfassten Verletzungen aus. (CHIRPP Datenbank, Zusammenfassung der Daten für das Jahr 1996, alle Altersgruppen)
- Die Sterblichkeitsstatistik von Statistics Canada zeigt, dass von 1991 bis 1994 in Kanada pro Jahr durchschnittlich ein Mensch an Hundebissen starb. In den USA sterben jährlich rund 17 Menschen an Hundebissen. (Sacks, Sattin, u.a., 1989)

ZUSAMMENFASSUNG

Dieses Kapitel sollte eine Einführung in die wichtigsten Konzepte bieten, die für das Verständnis der Ursachen von Aggressivität beim Hund notwendig sind. Im Folgenden finden Sie die wichtigsten Punkte, die für Sie als Hundebesitzer, der am Fachjargon oder den einzelnen Details vielleicht weniger interessiert ist, wichtig sind.

Aggressive Hunde werden immer zu aggressivem Verhalten neigen. Die Aggressivität ist zur Gewohnheit geworden, und alte Gewohnheiten sind schwer abzulegen.

Hunde verhalten sich aggressiv, weil sie jagen, weil sie das Ding, gegen das sich ihre Aggression richtet, fürchten, weil sie unangemessenes Spielverhalten zeigen oder weil sie eine organische Erkrankung haben. Wenn ein Hund vor etwas Angst hat, hat er folgende Möglichkeiten:

- weglaufen
- sich verteidigen
- sich mit dem Ding anfreunden oder es beschwichtigen

Ob Hunde weglaufen oder bleiben und kämpfen, hängt von einer Vielzahl von Faktoren ab. Man sollte aber bedenken, dass *wenn* ein Hund bleibt und kämpft, dies nicht unbedingt heißt, dass er keine Angst hat. Er verfolgt noch immer das Ziel, möglichst viel Abstand zwischen sich und das angstauslösende „Ding" zu bringen.

Wenn ein Hund nicht jagt, ist aggressives Verhalten ein emotional betontes Verhalten. Angst und Wut sind die wahrscheinlichsten emotionalen Ursachen für Aggression. Wut entsteht vermutlich aus Frustration. Jeder Hund ist anders, und manche reagieren rascher als andere ängstlich oder wütend.

Wenn ein Hund aggressiv wird, überfluten chemische Botenstoffe sein Gehirn. Diese chemischen Stoffe dienen dazu, den Hund in Alarmbereitschaft zu versetzen. Viele dieser Stoffe vermitteln dem Hund sehr angenehme Empfindungen. Der Hund kann nach diesen Empfindungen sogar süchtig werden. Das bedeutet auch, dass jeder einzelne aggressive Zwischenfall für den Hund eine Belohnung darstellt, ohne dass Sie selbst etwas tun oder sagen müssten. Dies macht deutlich, wie wichtig es ist, jeglichen aggressiven Zwischenfall zu verhindern.

Stress kann die Reizschwellen für Angst oder Wut absenken. Wenn ein Hund unter großem Stress steht, ist er vermutlich reizbarer und aggressiver.

Es ist wichtig zu wissen, wie Hunde lernen, da Verhalten zu einem großen Teil von Lernerfahrungen gesteuert wird. Wenn ein Hund ein bestimmtes Verhalten zeigt und das den gewünschten Erfolg bringt oder sich irgendwie gut anfühlt, dann wird er dieses Verhalten mit großer Wahrscheinlichkeit öfter ausführen. Wenn es sich schlecht anfühlt oder nicht den gewünschten Erfolg bringt, dann ist es unwahrscheinlich, dass er dieses Verhalten wiederholt. Die Sache wird dadurch kompliziert, dass auch Emotionen eine wichtige Rolle spielen. Wenn ein Hund Angst hat, dann reagiert er dementsprechend, egal ob die Reaktion den gewünschten Erfolg bringt oder nicht. Er hat Angst und verhält sich dann großteils so, wie er es gewohnt ist. Er lernt aber dabei auch ein bisschen dazu; er lernt bis zu einem gewissen Grad, was gut funktioniert und was nicht. Das Problem dabei ist, dass aggressives Verhalten in den meisten Fällen besser funktioniert als sozial verträglicheres Verhalten. Aus diesem Grund steigert sich Aggressivität häufig. Überlegen Sie, was ein Hund durch sein Verhalten lernt und welche Erfahrungen er damit macht. Wird er für sein Verhalten belohnt? Vergessen Sie auch nicht, dass schon das Ausführen eines Verhaltens dazu führt, chemische Stoffe freizusetzen, die zu einer Selbstbelohnung führen. Daher müssen Sie aggressive Zwischenfälle unbedingt vermeiden. Einzelne Verhaltensweisen können sonst zur Gewohnheit werden. Wenn eine Strategie mehrfach zum Erfolg führt, dann wird sie automatisiert, wie ein bestimmter Schwung beim Golfspielen oder die Bewegungsabläufe beim Autofahren. Das ist ein Vorgriff auf ein Thema, auf das wir später noch eingehen werden, nämlich weshalb man von Anfang an verhindern muss, dass der Hund negativ reagiert, und weshalb man dem Hund dann durch gezieltes Training Verhaltensalternativen anbieten muss, die ihm den gewünschten Erfolg ebenfalls bringen und sich gut anfühlen. Sie ersetzen also eine alte Gewohnheit durch eine neue, zielführende (und sichere) Alternative.

Damit Sie Ihren Hund besser verstehen lernen, sollten Sie herausfinden, was sein Verhalten motiviert. Eine Methode dazu ist, seine Antriebe und Abneigungen herauszufinden. Sie können damit wichtige Erkenntnisse über sein Verhalten erlangen. Als Antrieb gilt alles, was Ihren Hund dazu treibt, etwas tun oder haben zu wollen. Das kann bei manchen Hunden zum Beispiel Futter sein, bei anderen Sozialkontakt. Das bedeutet, dass dem Hund Futter wirklich wichtig ist und er etwas unternimmt, um es zu bekommen, beziehungsweise, er den Kontakt mit Menschen wirklich genießt und aktiv wird, um ihn zu bekommen. Abneigungen sind das, was ein Hund nicht mag und zu vermeiden versucht. Manche Hunde reagieren zum Beispiel mit Abneigung auf Sozialkontakt oder Berührung. Das heißt, sie mögen Sozialkontakt nicht und mögen es nicht, berührt zu werden. Daher versuchen sie aktiv, diese Dinge zu vermeiden. Eine starke Abneigung wirkt stärker als jeder Antrieb. Ein Hund, der Angst hat, wird daher sehr wahrscheinlich weder fressen noch spielen. Wenn Sie die drei wichtigsten Antriebe und Abneigungen Ihres Hundes herausfinden können, bekommen Sie ein genaueres Bild von seinem Wesen und eine Vorstellung davon, was sein Verhalten steuert.

Es gibt mehrere voneinander unterscheidbare Formen von Aggression. Diese Formen können je nach den Motiven des Verhaltens in verschiedene Kategorien untergliedert werden. Einige Aggressionsformen sind rein angstbedingt, bei anderen handelt es sich um Jagdverhalten und bei wieder anderen um Persönlichkeitsstörungen. Manche Hunde verteidigen einen bestimmten Platz oder ein Objekt, andere haben ein gesundheitliches Problem, das ihr sozial unverträgliches Verhalten mitbestimmt. Es ist nicht unbedingt ein Muss, die genaue Aggressionsform zu bestimmen, die Beschreibungen in diesem Buch sollen Ihnen aber Hinweise geben, um das Verhalten Ihres Hundes und die Ursachen besser zu verstehen, und Vorschläge geben, wie Sie das Problem am besten angehen können.

KAPITEL 2
AGGRESSION VERMEIDEN

ZÜCHTUNG

Erbfaktoren spielen bei der Entstehung von Aggression eine wichtige Rolle. Hat man sich zum Beispiel zum Ziel gesetzt, möglichst aggressive Hunde zu züchten, ist dies leicht zu erreichen. Man muss nur beginnen, die jeweils aggressivsten Hunde immer wieder miteinander zu verpaaren und schnell erhält man *sehr* aggressive Hunde. Verpaart man hingegen immer die miteinander, die sich nur geringfügig oder gar nicht aggressiv zeigen, dann erhalten wir eine deutlich geringere Aggressivität in diesem Zuchtbestand.

Genetische Anlagen haben einen Einfluss auf die Struktur und Funktionsweise des Gehirns und führen so zu niedrigen oder hohen Reizschwellen für aggressives Verhalten. Der richtige Umgang mit dem Hund während der kritischen Phasen seiner Frühentwicklung ist zwar auch entscheidend, am Anfang steht aber immer die Genetik. Wir Menschen, die wir den Hund domestiziert haben, sollten in der Zucht viel mehr Wert darauf legen, aggressive Verhaltensweisen auf ein Minimum zu reduzieren. Und wir sollten für eine gute Sozialisierung der Hunde sorgen.

Bei der C.A.P.P.D.T.-Konferenz 2000 schlug Dr. Ian Dunbar vor, erst ab einem Alter von 10 Jahren mit Hunden zu züchten, denn erstens würden aggressive Hunde meist nicht so lange leben und zweitens hätten wir so ausreichend viel Zeit herauszufinden, wie sich der Hund wirklich entwickelt. Alles in allem teile ich diese Meinung voll und ganz. Allerdings scheint mir, dass vielleicht fünf Jahre ein akzeptableres Alter wäre – vor allem bei Rassen, bei denen die durchschnittliche Lebenserwartung sowieso nur sieben Jahre beträgt. Diese niedrige Lebenserwartung ist im Übrigen schon eine Abartigkeit in sich, aber das ist eine andere Geschichte.

Bei den meisten professionellen Züchtern, Hobbyzüchtern, kommerziellen Händlern oder Zufallspaarungen von Hunden aus der Nachbarschaft wird das Wesen und der Charakter eines Hundes nicht berücksichtigt. Hieraus resultieren dann Probleme, die ganz einfach zu lösen wären, wenn wir anfingen, auf Wesensfestigkeit, Leistungsbereitschaft und Gesundheit zu züchten, statt sich mit Rassestandards zu beschäftigen, die einzig und allein ein bestimmtes Aussehen fokussieren. Auch eine rechtzeitige Kastration und ein Verbot des Hundeverkaufs in Tierhandlungen würde Lösungsansätze bringen. Hunde aus Tierhandlungen neigen viel eher dazu, aggressive Verhaltensweisen zu entwickeln. Am besten sollte überhaupt erst dann gezüchtet werden, wenn es bereits feste Abnehmer für die Welpen gibt. Außerdem sollten die Züchter für eine entsprechend gute Sozialisierung und Früherziehung der Welpen sorgen. Man bräuchte Fortbildungsveranstaltungen, auf denen sich interessierte Hundebesitzer informieren könnten, woran man einen guten Züchter erkennt und wie man den richtigen Welpen aus einem Wurf auswählt. Züchter und Hundebesitzer müssten darüber informiert werden, wie Sozialisierung und Training richtig durchgeführt werden. Die Zuchtrichtlinien müssten dahingehend geändert werden, dass sich die Züchter mehr auf Wesen und Gesundheit der Hunde konzentrieren als auf deren Aussehen.

Wenn Sie einen Welpen von einem Züchter kaufen wollen, sollten Sie sichergehen, dass die Tiere genetisch gesund sind und in ihrer Frühentwicklung richtig gefördert wurden.

Genetische Gesundheit heißt, dass die Elterntiere der Welpen nicht aggressiv sind und es bei Nachkommen aus früheren Würfen nicht zu Aggressionsproblemen gekommen ist. Sie können sich zum Beispiel bei Leuten erkundigen, die einen Hund von diesem Züchter haben. Ich würde Ihnen das dringend empfehlen, allerdings sollten wir uns nichts vormachen: Vom Züchter werden Sie natürlich nur Referenzen der Leute bekommen, die positive Erfahrungen gemacht haben und zufrieden sind. Deshalb ist es wichtig, dass Sie beide Elterntiere und nach Möglichkeit auch bereits erwachsenen Nachwuchs beziehungsweise die Großeltern Ihres möglichen Welpen kennen lernen.

Achtung: Viele der im Folgenden vorgeschlagenen Übungen könnten unter Umständen gefährlich sein. Sie müssen selbst beurteilen, ob und welche Sie machen wollen, und sollten nur die ausführen, bei denen Sie sich sicher fühlen. Wenn Sie überhaupt nie Angst vor Hunden haben, sollten Sie die Übungen vielleicht NICHT durchführen. Seien Sie vorsichtig und hören Sie sofort auf, wenn Sie sich bei einer Übung aus irgendeinem Grund unwohl fühlen.

Fragen Sie den Züchter, ob Sie die Hunde selbst begutachten dürfen, und fragen Sie nach, ob es bereits Zwischenfälle mit Abwehrdrohen oder -schnappen, vor allem fremden Personen gegenüber, gab. Wenn so etwas bereits vorgekommen ist, sollten Sie von diesem Züchter vielleicht besser keinen Hund nehmen. Wenn Sie sich die Elterntiere anschauen, dann nehmen Sie sich jeden Hund einzeln vor und nicht beide gemeinsam. Achten Sie auf Anzeichen von Nervosität, wenn Sie sich den Hunden nähern. Wenn sie nervös reagieren, dann beobachten Sie, wie lange sie brauchen, um sich wieder zu beruhigen. Wenn die Hunde nicht innerhalb von ein oder zwei Minuten nach Ihrer Ankunft ein wenig aufgetaut sind, dann nehmen Sie lieber keinen Welpen aus diesem Wurf. Achten Sie auch darauf, ob die Hunde an Sozialkontakt interessiert ist. Die Hunde sollten sich Ihnen nähern und Ihnen neugierig begegnen. Sie sollten Sie akzeptieren und im Idealfall Ihre Aufmerksamkeit erlangen wollen. Wenn sie Ihnen gegenüber eher gleichgültig sind, ist das ein Zeichen dafür, dass die Hunde sehr unabhängig sind. Für manche Menschen kann das vollkommen in Ordnung sein, es könnte allerdings auch sein, dass diesen Hunden die nötige soziale Pufferzone fehlt, die ihre Reizschwelle und Frustrationstoleranz im grünen Bereich hält. Vertrauen Sie Ihrem Urteilsvermögen. Halten Sie Ausschau nach Hunden, die Sozialkontakt suchen. Bieten Sie dem Hund ein Leckerchen an und schauen Sie, wie sehr er sich dafür interessiert. Ein Hund, der mit Futter leicht zu motivieren ist, ist ideal. Außerdem kann er so einfacher freundschaftlichen Kontakt zu Ihnen aufbauen. Lassen Sie den Hund an Ihrer Hand schnuppern, damit er sich an Sie gewöhnen kann, und bieten Sie ihm dann an, ihn an der Brust zu kraulen. Sollten nicht zu viele Ablenkungen um den Hund herum sein, können Sie ihm auch sagen, dass er sitzen soll. Streicheln Sie ihn sachte am Kopf. Streichen Sie dann mit der Hand über den Rücken des Hundes. Halten Sie jede Pfote ein paar Sekunden lang ganz leicht fest, schauen Sie in beide Ohren und sehen Sie sich die Zähne an. Stellen Sie sich dann vor den Hund und schauen Sie ihm ein paar Sekunden lang in die Augen, aber bitte ohne ihn bedrohlich zu fixieren. Bei all diesen Übungen sollten Sie freundlich und sanft sein. Wenn der Hund auf irgendetwas unfreundlich reagiert, beenden Sie die Übung sofort und nehmen von diesem Züchter lieber keinen Welpen, denn schließlich möchten Sie einen Hund, der freundlich bleibt. Die meisten Hunde mögen es nicht besonders, wenn man ihre Pfoten anfasst oder ihre Zähne untersucht, allerdings sollte ihre Reaktion dabei über ein bloßes Zurückziehen nicht hinausgehen. Wenn der Hund steif wird oder knurrt, ist das ein schlechtes Zeichen. Sie werden vielleicht nicht die Gelegenheit haben, auch die folgenden Tests durchzuführen, sie wären aber ebenfalls sehr nützlich.

- Stellen Sie dem Hund eine Futterschüssel hin und nähern Sie sich mit Ihrer Hand dieser Schüssel, während der Hund frisst.
- Wecken Sie das Interesse des Hundes mit einem tollen Spielzeug. Wenn er sich dafür interessiert, gehen Sie hin und nehmen Sie es kurz weg.

Wann immer Sie sich bei der Reaktion des Hundes nicht ganz wohl fühlen, beenden Sie die Übung sofort. Wenn Sie die Elterntiere und vielleicht einige ihrer Nachkommen oder Wurfgeschwister oder die Großeltern der Welpen auf diese Weise getestet haben und dabei feststellen, dass die Hunde durchwegs sehr freundlich und sozial sicher reagieren, können Sie davon ausgehen, dass die Welpen genetisch gesund sind – soweit sich das in einem Test eben feststellen lässt. Allerdings ist diese Vorgehensweise – und das kann ich nicht oft genug betonen – riskant. Einen Hund auszutesten bedeutet immer ein gewisses Risiko. Wenn Sie sich nicht ganz sicher sind, woran Sie bei einem Hund Unbehagen und Probleme rechtzeitig erkennen können, dann führen Sie die Tests nicht selber durch. Lassen Sie das einen Fachmann für Sie machen.

Unter einer richtigen Förderung während der Frühentwicklung verstehen wir, dass der Züchter die Hunde im richtigen Alter abgibt und die Welpen davor angemessen sozialisiert und aktiv mit ihnen arbeitet. Stellen Sie ihm offene Fragen wie zum Beispiel: „Welches Training hat der Hund schon gehabt, wenn ich ihn abhole und mit nach Hause nehme?" Das Gleiche gilt für die Sozialisierung. Es reicht nicht, wenn die Welpen im Haus aufwachsen statt im Zwinger und mit dem Training zur Stubenreinheit begonnen wurde. Die Züchter sollten Ihnen genau sagen können, mit welcher Ausbildung bei den Welpen bereits begonnen wurde und, was noch wichtiger ist, ob die Welpen systematisch und in einem ihnen angemessenen Tempo mit neuen Dingen vertraut gemacht wurden. Sie sollten Ihnen zusichern können, dass die Welpen auf unterschiedliche

Geräusche und Objekte, verschiedene Situationen und Menschen sozialisiert wurden. Diese Sozialisierung sollte auf eine Art und Weise durchgeführt worden sein, die sicherstellt, dass jeder Welpe die neuen Reize als positive Erfahrungen erlebte. Einige Züchter geben vielleicht sehr allgemeine oder vage Antworten. Das liegt meistens daran, dass sie nicht wissen, wie detailliert Sie informiert werden wollen. Haken Sie nach und stellen Sie offene Fragen. Bitten Sie sie darum, die Antworten näher zu erläutern und genau zu beschreiben, wie sie mit den Welpen gearbeitet haben.

Der nächste Punkt ist die Auswahl des Welpen. Manchmal werden Sie keine Wahl haben. Die Welpen sind bereits vor der Geburt fest vergeben oder aber der Züchter führt selber Welpentests durch, um jeden Welpen an den richtigen Platz vermitteln zu können. Die robusteren und lebhafteren werden vielleicht an Menschen vergeben, die für einen schüchternen Welpen zu dominant erscheinen. Im Idealfall können Sie Ihren Welpen selbst auswählen, häufig wird sich diese Möglichkeit aber nicht bieten. Das weist nicht unbedingt auf einen schlechten Züchter hin. Sie sollten aber über die Art der Welpenvergabe genau informiert werden und verstehen, was dabei geschieht. Ein guter Züchter weiß sehr viel über seine Welpen und kann auf Grund seiner Gespräche mit Ihnen und den dabei gewonnen Eindrücken auch Sie einschätzen. Viele gute Züchter trauen einem unerfahrenen Hundebesitzer nicht zu, den richtigen Welpen auszuwählen. Besuchen Sie den Züchter möglichst mehrmals und führen Sie die Tests bei jedem Besuch durch. Ein einzelnes Testergebnis ist nicht unbedingt ein verlässlicher Hinweis darauf, wie das spätere Verhalten des erwachsenen Hundes sein wird.

Als Erstes beobachten Sie nur, wie die Welpen miteinander spielen. Schauen Sie, welcher die anderen immer neckt oder sich immer mit ihnen anlegt. Üblicherweise macht das der kräftigste Welpe, meist ein Rüde. Der Welpe kommt auf die Liste jener Hunde, die Sie für eine durchschnittliche Familie nicht nehmen. Schauen Sie jetzt, welcher Welpe von den anderen am meisten geneckt wird und häufig unterliegt. Oftmals ist das der kleinste. Auch dieser Welpe kommt auf die Liste der Hunde, die Sie für eine durchschnittliche Familie nicht nehmen. Sie suchen besser einen der kleinen Kerle aus, die irgendwo dazwischen liegen. Stellen Sie sich das wie eine Skala unterschiedlicher Charaktere vor. Wenn Sie selber eher lebhaft und bestimmt sind, dann nehmen Sie lieber einen Welpen, der in die Richtung des Welpen, der immer alle anderen neckt, tendiert. Wenn Sie selber ruhig und eher schüchtern sind, dann nehmen Sie einen Welpen vom anderen Ende der Skala. Denken Sie aber bitte daran, dass es bei einem ängstlichen Besitzer mit einem ängstlichen Hund manchmal zu wirklichen Problemen kommen kann, weil sie sich in ihrer Angst gegenseitig aufschaukeln. Wenn Sie selber eher ängstlich sind, werden Sie mit einem sehr selbstbewussten und herrischen Hund auch eher Schwierigkeiten haben. Sie nehmen einen solchen Welpen besser nicht, sollten aber gleichzeitig daran arbeiten, selbstbewusster und sicherer zu werden, damit Sie Ihrem Hund klare und eindeutige Signale geben können und er nicht Ihre Unsicherheit übernimmt.

Nehmen Sie jeden Welpen einzeln aus der Gruppe und bringen Sie ihn in einen Raum oder ein Areal, wo es wenig Ablenkungen gibt. Wenn er Sie ansieht, hocken Sie sich hin und klopfen sich auffordernd an den Schenkel, damit der Hund zu Ihnen kommt. Dabei geht es darum, herauszufinden, ob der Hund sozial interessiert ist oder abweisendes oder unfreundliches Verhalten zeigt. Laufen Sie jetzt mit kleinen Schritten vom Welpen weg und ermuntern Sie ihn, Ihnen nachzulaufen. Im Idealfall folgt er Ihnen begeistert.

Setzen Sie sich als Nächstes auf den Boden und berühren Sie den Welpen am ganzen Körper. Untersuchen Sie die Ohren, Zähne, Zehen usw. Gehen Sie dabei ruhig und sachte, aber nicht zu zögerlich vor. Die meisten Welpen sind dabei eher unruhig und unsicher. Manche rollen sich vielleicht auf den Rücken oder urinieren in Extremfällen sogar. Solche Hunde sind vermutlich überempfindlich. Andere schnappen vielleicht nach Ihrer Hand oder knurren sogar. Solche Hunde können ebenfalls überempfindlich sein und reagieren darauf mit offensivem Verteidigungsverhalten. Welpen, die sich das gut gefallen lassen und Ihnen dabei vielleicht noch die Hände lecken, sind jedenfalls die bessere Wahl.

Die nächste Übung geht in die gleiche Richtung. Sie halten dabei den Welpen ein paar Sekunden in liegender Position fest. Im Idealfall lässt sich der Welpe das gefallen, ohne allzu frustriert zu werden. Versuchen Sie auch, den Hund in einer sitzenden Position kurz festzuhalten.

Geben Sie dem Welpen als Nächstes ein Spielzeug, in das er ganz vernarrt ist. Lassen Sie ihn kurz damit spielen und versuchen Sie dann, es ihm wegzunehmen. Im Idealfall haben Sie einen Welpen, der es Ihnen gerne gibt oder es zumindest ohne größeren Protest zulässt, dass Sie das Spielzeug nehmen. Wenn Welpen mit dem Spielzeug weglaufen, ist es vielleicht nur ein Spiel oder ein Austesten. Wenn ein Hund dabei aber knurrt oder steif wird, dann besteht eine große Wahrscheinlichkeit, dass er später zum (aggressiven) Bewachen von Ressourcen tendieren wird, wenn man nichts dagegen unternimmt. Sie suchen aber einen Welpen und keine Aufgabe.

Als Nächstes halten Sie ein Leckerchen oder ein heiß geliebtes Spielzeug des Hundes für ihn unerreichbar hoch. Wenn er immer weiter danach springt und immer frustrierter wird, kann dies ein Hinweis darauf sein, dass der Hund mit Frustration nicht gut umgehen kann. Wenn er das anfangs zwar macht, sich dann aber rasch beruhigt oder sich hinsetzt, um das Leckerchen oder das Spielzeug zu bekommen, ist das ein besseres Zeichen. Wenn ein Hund zu schüchtern ist, um das Spielzeug oder das Leckerchen überhaupt zu nehmen, ist das ein Zeichen für extreme Sensibilität.

Beim letzten Test geht es um die Schreckreaktion und darum, wie schnell sich der Hund davon wieder erholt. Nehmen Sie eine leere Dose mit ein paar Münzen darin und lassen Sie sie, wenn der Welpe gerade nicht hinsieht, etwa zwei Meter entfernt auf den Boden fallen. Bitte nur aus ca. 1 Meter Höhe, denn es geht bei dieser Übung nicht darum, ihn zu Tode zu erschrecken. Wenn der Hund gar nicht erschrickt, ist er praktisch durch nichts zu erschüttern (oder taub). In diesem Fall erfahren wir nicht, wie lange er brauchen würde, um sich von einem Schreckreiz wieder zu erholen. Wir wissen aber immerhin, dass er zum gegebenen Zeitpunkt und unter den gegebenen Umständen nicht leicht erschrickt und auch nicht übermäßig geräuschempfindlich ist. Wenn der Welpe erschrickt, geht es darum herauszufinden, wie lange er braucht, bis er sich davon wieder erholt. Wenn er erschrickt und die Dose aber kurz danach schon untersucht, dann erholt er sich sehr schnell, was ein gutes Zeichen ist. Wenn er aber ein paar Minuten braucht, um sich wieder zu erholen, dann heißt das, dass er zumindest zum gegebenen Zeitpunkt und in dieser Situation geräuschempfindlich ist. Das kann ein Hinweis darauf sein, dass es sich um einen Hund handelt, der leicht erschrickt, auf neue Reize sehr sensibel reagiert und sein inneres Gleichgewicht nur schwer wiederfindet. Nehmen Sie einen solchen Welpen lieber nicht. Allerdings sollten Sie fairerweise auch nachfragen, ob er heute schon irgendwelchen besonderen Belastungen ausgesetzt war und vielleicht nur deshalb etwas „dünnhäutiger" ist als normalerweise. **Diesen Test sollten Sie bei Welpen im Alter von acht bis zehn Wochen nicht mehr durchführen, weil in dieser Phase der Angstreflex einsetzt und schon ein einzelnes Erschrecken traumatisierend sein kann.** Schließlich wollen Sie keine lebenslange Angst vor Dosen oder klappernden Geräuschen hervorrufen.

Ein letzter Punkt. Nehmen Sie, wenn möglich, einen professionellen Hundetrainer mit, der die Tests für Sie durchführt. Es geht dabei um Erfahrungswerte und die feinen, kleinen Unterschiede, die es zu erkennen gilt. Wenn ein Profi für Sie die Tests durchführt, werden die Ergebnisse wesentlich genauer sein. Die Investition lohnt sich also.

Ebenfalls wichtig: Lassen Sie dem Welpen zwischen den Testphasen ausreichend lange Erholungspausen. Er soll ja nicht durch Reizüberflutung verunsichert werden. Außerdem wären Ihre Testergebnisse dann wertlos.

DIE RASSE

Um Aggressionsprobleme zu vermeiden, ist es sehr wichtig, sich für die richtige Rasse zu entscheiden. Wenn Sie eine Rasse aussuchen, die nicht zu Ihnen passt, können der dadurch entstehende Stress und die Frustration zu Aggressionsproblemen führen. Wenn Sie Kinder haben, sollten Sie von bestimmten Rassen lieber absehen. Ich werde mich jetzt tapfer vorwagen und einige Rassen nennen, die Sie nicht nehmen sollten, wenn Sie Kinder haben. Das soll nicht heißen, dass nicht der eine oder andere dieser Hunde mit Kindern gut zurechtkommt oder es nicht auch andere Rassen gibt, die problematisch sein könnten, wenn Sie Kinder haben. Schicken Sie mir deswegen bitte keine Briefe. Ich weiß, dass ich jetzt verallgemeinere. Es soll auch nicht heißen, ich hielte diese Rassen von Natur aus für aggressiv. In manchen Fällen sind die Hunde einfach nur zu groß und kräftig oder zu aktiv und lebhaft, um einen sicheren Umgang mit Kindern zu gewährleisten. Hierzu gehören unter anderem der Dalmatiner, Pitbull-ähnliche Hunde, der chinesische Shar Pei, der Chow Chow, der Akita Inu, der Rottweiler und der Komondor. Ich bitte um Entschuldigung, wenn Ihre Lieblingsrasse dabei ist. Ich habe aber schon zu viel erlebt, als dass Sie mich vom Gegenteil überzeugen könnten. Wenn Sie ein eher ruhiges Leben führen, nehmen Sie keine Hunderasse, die viel körperliche und geistige Beschäftigung braucht (zum Beispiel Border Collie oder Jack Russell Terrier). Terrier sind allgemein sehr lebhaft und leicht erregbar. Auch Herdenschutzhunde neigen zu aggressiven Verhaltensweisen, besonders, wenn es um die Bewachung Ihres Territoriums geht.

Sammeln Sie alle Informationen über die Rasse, für die Sie sich interessieren, bevor Sie sich für so einen Hund entscheiden und überlegen Sie, wofür der Hund ursprünglich gezüchtet wurde und welche dieser Eigenschaften bei Ihrem Lebensstil zum Problem werden könnten.

WARUM SIE KEINESFALLS EINEN HUND AUS EINEM ZOOFACHGESCHÄFT ODER VON EINEM HÄNDLER KAUFEN SOLLTEN

Hunde aus Tierhandlungen kommen in der Statistik der Tiere mit Verhaltensproblemen überdurchschnittlich häufig vor. „Vor allem Formen von Dominanzaggression und Unsicherheit im Sozialverhalten kommen bei Hunden aus Tierhandlungen überdurchschnittlich häufig vor." (Serpell, S. 91)

> „Die Tatsache, dass Hunde aus Tierhandlungen besonders häufig Verhaltensprobleme aufweisen, ist deswegen interessant, weil Welpen in Tierhandlungen oft aus der Massenproduktion so genannter Welpenfarmen stammen, wo wenig auf das Wesen der Hunde geachtet wird, mit denen gezüchtet wird. (...) Außerdem kommt es bei diesen Tieren zu mangelhafter Sozialisierung und einer Reihe abnormaler oder traumatischer Früherfahrungen, die die Grundlage für spätere Verhaltensprobleme beim erwachsenen Tier sein können." (Serpell, S. 91)

Kaufen Sie keinesfalls einen Hund in einem Zoofachgeschäft oder bei einem Händler! Die meisten Geschäfte verkaufen keine Hunde und unterstützen Tierheime, indem sie bei der Vermittlung helfen. Unterstützen Sie bitte solche Geschäfte und boykottieren Sie jene, die Hunde aus Welpenfarmen verkaufen. Wenn man Ihnen sagt, dass die Welpen von „Züchtern aus der Umgebung" stammen, gehen Sie wieder. Kein seriöser Züchter würde seine Welpen über ein Zoofachgeschäft verkaufen. Papiere sagen nichts. Es handelt sich um eine Formalität und sagt nichts über das Wesen der Welpen oder die Qualität der Zucht aus. Bei einer verdeckten Aktion konnte sogar ein Kätzchen als reinrassiger Golden Retriever registriert werden! Es wird viel weniger Aggressionsprobleme geben, wenn erst einmal der Verkauf von Hunden bei Hundehändlern verboten wird, wie das in einigen Ländern schon der Fall ist. In Norwegen zum Beispiel gibt es wenig Probleme mit Aggression bei Hunden und dort werden sie nicht in Geschäften oder bei Händlern verkauft. Werden Sie den Hunden zuliebe zum Tierschutzaktivisten!

WELPENSPIELSTUNDEN

Gut durchgeführte Welpenspielstunden sind sehr wichtig. Optimal wäre es, diese zwei Mal pro Woche besuchen zu können. Wenn Ihr Hund mit den Welpenspielstunden fertig ist, sollten Sie gleich anschließend einen Kurs besuchen, der den Grundgehorsam aufbaut. Danach können Sie mit ihm Agility, Degility oder einen anderen Hundesport machen. Kontinuierlicher (aber behutsamer) Kontakt mit fremden Menschen, anderen Hunden, verschiedenen Orten und unterschiedlichen Betätigungen sind die beste Voraussetzung für eine gute Sozialisierung. Ich würde empfehlen, den Hund schon im Alter von 10 Wochen in die Welpenspielstunde zu bringen. Vergewissern Sie sich, dass dort AUSSCHLIESSLICH mit positiven Methoden gearbeitet wird. Kein Schimpfen, kein Würgehalsband, kein Leinenruck! Schauen Sie sich eine Welpenspielstunde zuerst an, bevor Sie mit Ihrem Hund hingehen, damit Sie auch sicher sein können, dass alles so abläuft, wie Sie es sich vorstellen. Erlauben Sie niemandem, mit Ihrem Hund etwas zu tun, bei dem Sie sich nicht wirklich wohl fühlen. Es passiert einem leicht, dass man sich der allgemeinen Stimmung und Gruppendynamik beugt und einem „Fachmann" erlaubt, den eigenen Hund grob zu behandeln, weil man glaubt, der müsse schließlich wissen wie es gemacht wird. Tappen Sie nicht in diese Falle! Kein guter Hundetrainer wird einen Hund grob behandeln. Er wird sich statt dessen bemühen, den Hund mit Belohnungen zu motivieren.

Denken Sie daran darauf zu achten, wann es Ihrem Hund zu viel wird und er seine Individualdistanz gewahrt wissen möchte. Dieser Punkt ist in gewisser Hinsicht eine Gratwanderung, wenn Hunde miteinander spielen. Denn einerseits wollen Sie ja erreichen, dass Ihr Hund lernt, mit anderen Hunden zu kommunizieren, und dabei kann es auch einmal etwas rauer zugehen. Wenn Sie sich aber zu sehr einmischen, wächst Ihr Hund überbehütet auf und kann genau diese Kommunikation mit anderen Hunden nicht ausreichend üben. Dies widerum kann schnell zu einem gewohnheitsmäßigen Verteidigungsverhalten führen. Andererseits wollen Sie natürlich nicht, dass Ihr Hund traumatisiert wird, denn schon eine einzelne sehr schlimme Erfahrung kann ebenfalls zu einer lebenslänglichen Tendenz zu gewohnheitsmäßigem Verteidigungsverhalten führen. Stören Sie die Welpen beim Spielen nicht, wenn es nicht unbedingt sein muss. Wenn das Spiel außer Kontrolle gerät und die Aufregung zu sehr steigt, nehmen Sie den Hund raus, der immer der „Chef" ist. Wenn der Hund, den die anderen immer necken, weiterspielen will und auf den zuspringt, den Sie gerade rausgenommen haben, ist vermutlich alles in Ordnung. Lassen Sie die Hunde noch eine Weile weiterspielen, am besten nach einer kurzen Pause, in der sie sich wieder beruhigen konnten. Wenn der Hund allerdings auf Abstand bleibt, lassen Sie ihm den Raum.

In guten Welpenspielstunden kann sich viel Positives entwickeln. Der Hund lernt, seine Sprache zu beherrschen, er wird sozialisiert, in seinem Sozialverhalten stimuliert, geistig und körperlich beschäftigt und gewöhnt sich daran, das zu tun, was man ihm sagt. Solche Hunde haben später meistens weniger Aggressionsprobleme. Ihre Großhirnrinde ist sehr aktiv. Sie denken mehr nach.

SOZIALISIERUNG

„Das Gehirn wächst in zwei Richtungen: Es wird größer und seine Form verändert sich. Die Umweltstimulation während der ersten 16 Wochen bestimmt, um wie viel das Gehirn wächst und wie es seine Form verändert." (Coppinger & Coppinger)

> „Der Welpe hat bei der Geburt im Wesentlichen alle Gehirnzellen, die er in seinem ganzen Leben haben wird.
> Wenn das Gehirn eines Welpen aber bereits die Gesamtzahl der Zellen des erwachsenen Gehirns beinhaltet, wie kann es dann wachsen und zehnmal größer werden? Der Grund hierfür ist, dass das Wachstum des Gehirns praktisch zur Gänze aus der Bildung von Nervenverbindungen zwischen den Zellen besteht. Eine riesige Anzahl der bei der Geburt bereits vorhandenen Zellen bildet keine Verbindungen aus und wird nicht vernetzt. In der Frühentwicklung der Welpen findet eben diese Vernetzung zwischen den Nervenzellen nach einem bestimmten Muster statt. Einige Nerven bilden spontan und infolge körpereigener Signale eine Verbindung. Einige Nerven „suchen" einen Muskel, an den sie anknüpfen können. Andere Nervenverbindungen entstehen als Reaktion auf Signale von außen." (Coppinger & Coppinger)

„Ein Welpe, der in einer reizarmen Umgebung aufwächst, hat ebenfalls ein kleineres Gehirn. (…) Wenn ein Welpe aus einer reizarmen Umwelt als erwachsenes Tier in eine vielfältige und an Reizen reiche Umwelt kommt, kann er nicht mehr lernen, sich in dieser Umwelt zurechtzufinden, weil er nicht über die erforderlichen Nervenverbindungen verfügt. Wenn ein Hund 16 Wochen alt wird, hat er praktisch alle für das Sozialverhalten wichtigen Verknüpfungen hergestellt (oder eben nicht), die er je haben wird." (Coppinger & Coppinger)

Bei Zuchtprogrammen geht es um den potentiellen Hund. Wenn Sie einmal das fertige Produkt (nämlich den tatsächlichen Hund) haben, ist der allerwichtigste Faktor bei der Aufzucht des Hundes die Sozialisierung. Die Grafik oben beschreibt die gegenläufigen Einflüsse, die den Hund dazu treiben, einerseits seine Umgebung zu erkunden und neue Reize zu untersuchen und andererseits neue Reize zu meiden (einsetzende Ängstlichkeit). Es zeigt bildlich, in welchem Zeitfenster Sie Ihren Hund mit jenen Eindrücken konfrontieren sollten, mit denen er es in seinem späteren Leben zu tun haben wird.

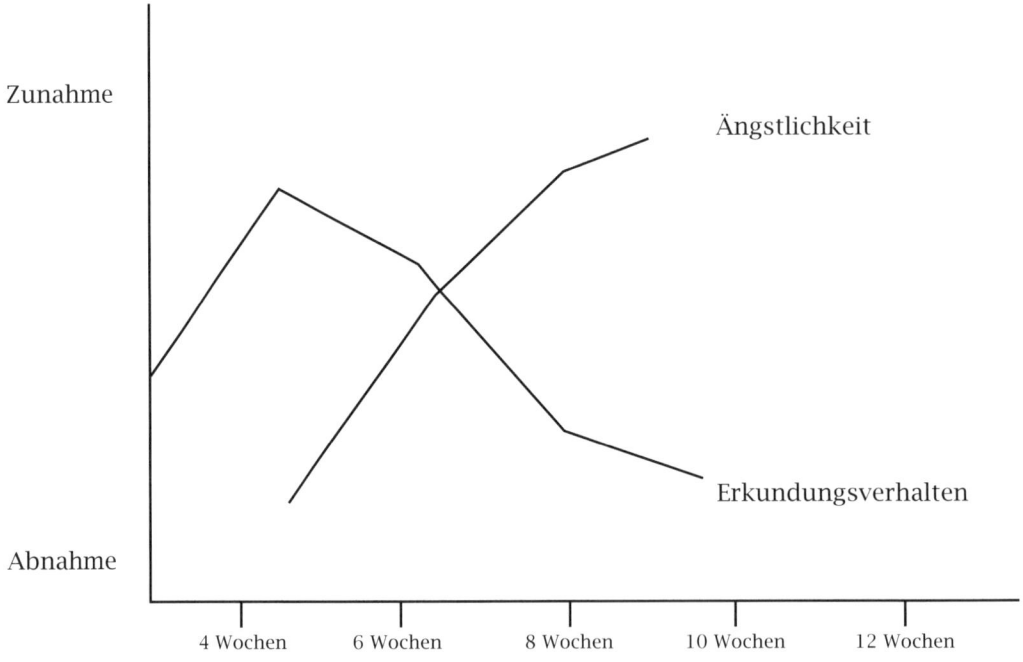

Alter und Erkundungsverhalten vs. Ängstlichkeit

Die wahrscheinlichste Theorie für die Erklärung dieses Zeitfensters ist die, dass Kaniden in der Wildnis neuen Dingen gegenüber vorsichtig sein müssen, um möglichen Gefahren aus dem Weg gehen zu können. Gäbe es nicht auch den gegenläufigen Mechanismus, dann hätte er vor allem und jedem Angst. Ein Ausgleich wird dadurch erreicht, dass Hunde im Welpenalter, solange sie unter dem Schutz ihrer Mutter oder ihres Rudels stehen, jene Situationen und Dinge erforschen, die sie im Laufe ihres Lebens brauchen werden. In der Wildnis funktioniert das gut, weil es nur eine begrenzte Anzahl von Reizen gibt, auf die das Tier trifft. Das Leben in unserer modernen Welt ist allerdings wesentlich vielfältiger. Mit zunehmendem Alter wird der Welpe immer vorsichtiger und ängstlicher. Zu dieser Zeit hat der Kanide bereits eine große Vertrautheit mit jenen Dingen entwickelt, die er im Laufe seines Lebens brauchen wird. Es ist ein geniales System und dieser Zyklus der Sozialisierung funktioniert in der Wildnis sehr gut. In unserer Gesellschaft ist ein Hund mit so vielen neuen Reizen konfrontiert, dass es so gut wie unmöglich ist, sie im Rahmen dieses Systems zu verarbeiten. Aus diesem Grund ist Sozialisierung so wichtig. Wenn Sie die kritische Phase verpassen, laufen Sie der Entwicklung Ihres Hundes den Rest seines Lebens hinterher. Wenn Sie also in der kritischen Phase der Sozialisierung den Zug verpasst haben, trägt Ihr Hund ein höheres Risiko, eine angstbedingte Aggression zu entwickeln.

Dr. Ian Dunbar schrieb: „Ein Löffel Vorbeugung ist so viel wert wie eine ganze Wagenladung voll Heilmittel" (Dunbar 1999). Niemand mag Zeitlimits, aber das Zeitfenster, in dem Ihr Welpe mit der Welt auf sensible und positive Weise bekannt gemacht werden muss, damit er zu einem glücklichen und gut angepassten Hund heranwächst, ist relativ kurz. Ohne geeignete Sozialisierung läuft Ihr Hund viel eher Gefahr, Verhaltensprobleme inklusive Aggression zu entwickeln. Viele schwere und schwierig zu verändernde Verhaltensprobleme können auf unzureichende und ungeeignete Sozialisierung zurückgeführt werden. Es kann gar nicht genug betont werden, wie wichtig es ist, in den sauren Apfel zu beißen und jede Menge Arbeit in die Sozialisierung Ihres Hundes zu investieren. Ihr Züchter hat hoffentlich mit der Sozialisierung schon begonnen und den Welpen mit Geräuschen, Menschen, anderen Hunden und sonstigen Umweltreizen vertraut gemacht. Nun liegt es an Ihnen, den Prozess fortzuführen.

So wichtig es mir auch ist, Ihnen zu vermitteln, dass eine mangelnde Sozialisierung zu riesigen Problemen führen kann, muss doch auch darauf hingewiesen werden, dass ein Hund pro Tag nur eine gewisse Menge neuer Dinge verarbeiten kann, selbst wenn es nur positive Erfahrungen sind. Man kann Hunde mit Sozialisierungsmaßnahmen auch stressen und ermüden, was sich dann kontraproduktiv auswirkt. Achten Sie daher auf eine kontinuierliche, aber nicht zu umfangreiche Sozialisierung und beobachten Sie Ihren Hund genau, ob es ihm auch nicht zu viel wird. Führen Sie die Sozialisierung in gleichmäßigen Schritten durch. Zeigen Sie Ihrem Welpen jeden Tag ein Stück von der großen weiten Welt, statt immer nur am Wochenende ein Riesenprogramm durchzuführen. Vor allem aber ist es wichtig, dass jede neue Erfahrung eine positive Erfahrung ist.

Negative Assoziationen bleiben ein Leben lang bestehen, positive Assoziationen hingegen werden leicht vergessen. Der erste Eindruck ist deshalb ausgesprochen wichtig. Das ist im Wesentlichen alles, worum es bei der Sozialisierung geht. Der Hund sollte natürlich möglichst immer nur positive Erfahrungen machen, die erste Erfahrung mit etwas Neuem ist aber besonders wichtig. An sie sollten sich nach Möglichkeit weitere positive Erfahrungen mit der neuen Sache anschließen.

7 bis 12 Wochen
Wenn Sie Ihren Welpen nach Hause holen, geben Sie ihm am ersten Tag Zeit, sich an sein neues Zuhause zu gewöhnen und beginnen Sie dann schrittweise und behutsam, ihn mit der neuen Umgebung vertraut zu machen.

Versuchen Sie, Ihren Welpen mit so vielen verschiedenen Leuten zusammenzubringen wie möglich. Laden Sie Freunde, Verwandte und Kollegen ein, Ihren Welpen zu besuchen. Welpen generalisieren ihre Erfahrungen schlecht, Sie müssen daher für eine Fülle von Lernerfahrungen sorgen. Ein Mann ist die eine Sache, aber ein Mann mit einem Bart ist wieder eine andere. Versuchen Sie auch, so viele ethnische Gruppen wie möglich einzuladen. Achten Sie darauf, dass Ihr Welpe Menschen beiderlei Geschlechts kennen lernt, dass er auf große und kleine Menschen, auf sehr alte und ganz junge trifft. Stellen Sie sicher, dass Ihr Welpe auch Kinder kennen lernt und dass diese Begegnung eine angenehme Erfahrung für den Welpen ist. Bringen Sie ihn mit Menschen mit und ohne Hut zusammen, mit lauten und mit zurückhaltenden. Es ist wichtig, dass auch Menschen dabei sind, die sich in der Gegenwart von Hunden unwohl fühlen und sich ablehnend verhalten, damit der Hund später nicht erschrickt, wenn er auf ein derartiges Verhalten stößt. Stellen Sie Ihrem Welpen auch Menschen in Uniform vor, machen Sie ihn mit dem Briefträger, mit Feuerwehrleuten und Polizisten bekannt und geben Sie ihm dabei immer ein Leckerchen. Das kann Ihrem Hund später einmal vielleicht das Leben retten, wenn zum Beispiel ein Polizist nach Ihrem Führerschein greift und seine Hand durch das Autofenster steckt!

Es ist besser, wenn Sie die Leute einen nach dem anderen und nicht alle auf einmal einladen, sonst wird Ihr kleiner Hund völlig überfordert. Erklären Sie den Leuten, wie sie Ihren Hund zu sich locken können, oder wie sie ihn – wenn er schon so weit ist – zur Begrüßung kurz absitzen lassen und ihm dann ein Leckerchen oder ein Spielzeug geben. Wildes Spielen ist nicht erlaubt. Wenn der Welpen einmal knurrt, lachen Sie nicht. Es ist nicht komisch, und Lachen könnte zu einem Verstärker für ein Verhalten werden, mit dem Sie dann ein lebenslanges Problem haben. Wenn das passiert, ignorieren Sie den Welpen völlig. Der Hund lernt dabei, dass neue Erfahrungen etwas Angenehmes bedeuten, und er lernt gleichzeitig, mit welchem Verhalten er die angenehmen Dinge bekommt. Achten Sie darauf, dass er die angenehmen Dinge nur für angemessenes Verhalten bekommt und unangemessenes Verhalten nicht belohnt wird. So einfach funktioniert Vorbeugung.

Versuchen Sie auch, Ihren Welpen mit so vielen neuen Gegenständen vertraut zu machen wie möglich. Schirme, Schubladen, Spazierstöcke, Rollstühle, Gehhilfen, Einkaufswagen usw. Spielen Sie ihm Aufnahmen von weinenden Kindern vor und lassen Sie ihn an Windeln schnuppern, wenn Sie vorhaben, Kinder zu bekommen. Arbeiten Sie mit so vielen Dingen wie möglich. Aber auch hier gilt: bloß nicht alles auf einmal!

Es wäre auch gut, mit dem Hund verschiedene Berührungen und Behandlungen zu üben. Sie gewöhnen den Welpen damit an Dinge, die er später vielleicht über sich ergehen lassen muss und jetzt ist es leichter, ihn daran zu gewöhnen. Ziehen Sie Ihrem Hund alle paar Tage ein T-Shirt an, geben Sie ihm ein paar Leckerchen und gehen Sie, nachdem Sie ihm das T-Shirt wieder ausgezogen haben, weg und kümmern Sie sich ein paar Minuten lang nicht um ihn. Vielleicht muss der Hund später einmal ein Mäntelchen tragen oder Bandagen, die sich wie ein Shirt anfühlen, oder Kinder versuchen in einem unbeaufsichtigtem Moment, ihn zu verkleiden. Es ist besser, die Sache gleich jetzt zu lernen. Gewöhnen Sie den Hund auch schrittweise daran, sich an den Pfoten berühren und die Krallen schneiden zu lassen. Evolutionsgeschichtlich ist es für einen Hund tabu, sich die Pfoten berühren zu lassen, bringen Sie ihm also gleich bei, dass das in Ordnung ist und keine Gefahr bedeutet. Arbeiten Sie dabei mit Leckerchen und machen Sie ein Spiel daraus. Gehen Sie es langsam an und überfordern Sie Ihren Hund nicht. Bringen Sie ihn auch ein paar Mal zum Tierarzt, damit er das Personal kennen lernen kann und von ihnen Leckerchen bekommt. Wenn Sie die tierärztliche Praxis besuchen, sollten Sie Ihren Hund eventuell tragen, damit er weniger Gefahr läuft, sich mit irgendetwas zu infizieren. Simulieren Sie kurze tierärztliche Untersuchungen zu Hause oder zahlen Sie die Tierarzthelfer für ein paar Minuten echter Untersuchung, wie sie ein Fachmann vornimmt.

Wenn Sie mit Ihrem Hund an Ausstellungen oder Wettbewerben teilnehmen wollen oder wenn Sie wissen, dass Ihr Hund auf Grund Ihres Lebensstils regelmäßig mit anderen Hunden zusammenkommen wird, und Sie wollen, dass er damit gut zurecht kommt, dann sollten Sie ihm jetzt die Möglichkeit bieten, möglichst viele Hunde zu treffen. Das Problem ist allerdings, dass die körpereigene Abwehr in dieser Phase noch nicht voll entwickelt ist. Die Anzahl der über die Muttermilch aufgenommenen, schützenden Antikörper nimmt allmählich ab und die Impfungen wirken in den nächsten zwei Monaten noch nicht zuverlässig. Daher besteht eine höhere Infektionsgefahr. Manche Tierärzte empfehlen deshalb, den Hund von anderen Hunden getrennt zu halten, bis er die komplette Grundimmunisierung erhalten hat. Das Dilemma ist nun: Wir wissen, dass Infektionen gefährlich sind und wir wissen, dass Isolation gefährlich ist. Die meisten Tierärzte werden vermutlich bestätigen, dass sie mehr Hunde mit isolationsbedingten Verhaltensproblemen als erkrankte Welpen einschläfern müssen. Auch Welpen, die an einer lang andauernden Krankheit leiden, laufen Gefahr, Verhaltensprobleme zu bekommen, und zwar vermutlich deshalb, weil sie während der Behandlungs- und Rehabilitationsphase sozial isoliert waren. Letztendlich ist es Ihre Entscheidung, ob, und falls ja, wie isoliert Sie Ihren Welpen halten. Treffen Sie die Entscheidung so, wie es der Lebensweise Ihres Hundes am besten entspricht.

Informieren Sie sich und überlegen Sie gründlich, welches Risiko Sie eher eingehen wollen. Wenn Ihr Hund auf Grund Ihres Lebensstils mit anderen Hunden gut zurecht kommen soll, muss er – wie bereits erwähnt – gut sozialisiert werden. Wenn Sie sich dafür entscheiden, ihn gut mit Artgenossen zu sozialisieren, bevor er den vollen Impfschutz hat, sollten Sie gewisse Sicherheitsvorkehrungen treffen. In vielen Hundeschulen werden bereits Spielgruppen für Welpen von 8 bis 14 Wochen angeboten. Bei diesen Kursen sollte darauf geachtet werden, dass alle Welpen in offenkundig guter körperlicher Verfassung sind und strenge Hygienevorschriften eingehalten werden. Die Welpen werden in die Halle oder das abgeschlossene Gelände gebracht, in der die Spielgruppe stattfindet. Eine solche Spielgruppe bietet Ihrem Welpen eine großartige Gelegenheit, Sozialverhalten zu üben und in seiner Sprache zu kommunizieren. Wenn Sie bis zum Alter von 14 oder 16 Wochen warten, verpasst Ihr Hund einige wichtige Lektionen. Es gibt keine Garantie, wie gut die Sozialisierung bei einem Hund klappt, aber seine Chancen auf ein problemloses Leben steigen damit erheblich. Eine andere Möglichkeit wäre es, Freunde oder Verwandte und deren Hunde einzuladen. Diese Hunde sollten aber durchgeimpft und – auch auf Welpen – gut sozialisiert sein. Setzen Sie das nicht voraus. Viele erwachsene Hunde sind Welpen gegenüber oft recht intolerant und ungeduldig. Unangemessen grobes und ungeduldiges Verhalten der erwachsenen Hunde kann zu einer Traumatisierung des Welpen führen. Greifen Sie aber nicht zu früh in das Geschehen ein. Ihr Welpe soll lernen, sich an bestimmte Spielregeln zu halten. Der gut erzogene erwachsene Hund wird den Welpen tolerieren und ihn moderat zurecht weisen, wenn er den Bogen überspannt. Diese Lektionen können sehr wichtig sein. Wenn sich der erwachsene Hund dem Welpen gegenüber scheu verhält und keinen Kontakt zu ihm aufnehmen will, sollten Sie dies nicht erzwingen.

12 bis 16 Wochen

Wenn Sie sich dafür entschieden haben, Ihren Welpen erst mit anderen Hunden zusammenzubringen, wenn sein Impfschutz einigermaßen vollständig ist, dann sollten Sie jetzt mit ihm in den Welpenkurs gehen. Sie lernen dort die Grundregeln der Hundeausbildung und Ihr Hund lernt, bestimmte Verhaltensweisen auf ein Signal hin auszuführen. Er kommt auch mit neuen Menschen, neuen Hunden und neuen Situationen in Kontakt.

Achten Sie weiterhin auf eine intensive Sozialisierung auf neue Menschen, Hunde, Orte und Objekte. Gehen Sie in ein Einkaufszentrum und stellen Sie sich eine Weile hin, damit Ihr Hund erste Erfahrungen mit Menschenmengen sammelt. Suchen Sie sich dafür eine Stelle aus, die garantiert, dass es eine angenehme Erfahrung für Ihren Hund wird. Wenn er irgendwann ängstlich reagiert, dann ignorieren Sie das bitte nach außen hin, bringen aber den Hund aus der Situation heraus. Reden Sie ihm nicht gut zu, das würde die Sache nur verschlimmern. Erlauben Sie Passanten, Kontakt zu Ihrem Hund aufzunehmen. Am besten wäre es, wenn Sie ihnen ein Leckerchen geben und sie bitten, Ihren Hund absitzen zu lassen und ihm dafür das Leckerchen zu geben. Gehen Sie häufig in Parks, wo viele Menschen sind, und auf gut geführte Hundespielwiesen. Die Mühe, die Sie jetzt dafür aufwenden, wird sich das ganze Leben Ihres Hundes lang bezahlt machen.

16 Wochen bis ein Jahr

Die Sozialisierung muss vor allem im ersten Lebensjahr des Hundes fortgesetzt werden. Konfrontieren Sie Ihren Hund auch weiterhin regelmäßig mit neuen Menschen, Hunden und Orten. So haben Sie die beste Chance, dass Ihr Welpe/ Junghund zu einem gut an seine Lebensumstände angepassten erwachsenen Hund heranwächst. Das Erlernen des Grundgehorsams oder auch Obedience-Training ist für dieses Alter ebenfalls sehr gut geeignet, genauso wie verschiedene Hundesportarten. Berücksichtigen Sie bei der Auswahl der Sportart den Verwendungszweck, für den Ihr Hund ursprünglich gezüchtet wurde. Außerdem sollte ihm das Training Spaß machen. So entsteht eine enge Bindung zwischen Ihnen und Ihrem Hund, während der Hund gleichzeitig wieder ein Stück von der Welt kennen lernt. Bevor Sie mit einem Trainingsprogramm beginnen, sollten Sie sich dafür unbedingt grünes Licht von Ihrem Tierarzt holen. Bei einigen sehr großen Rassen ist es besser, damit zu warten, bis der Hund etwas älter ist.

Ab 1 Jahr

Sorgen Sie dafür, dass Ihr Hund mit der Außenwelt in Kontakt bleibt. Unternehmen Sie viel. Gehen Sie weiterhin in Kurse und achten Sie darauf, dass Ihr Hund neue Erfahrungen als angenehm erleben kann.

DAS LEBENSLÄNGLICHE NILIG-PROGRAMM

NILIG steht für „Nichts Im Leben Ist Gratis". Genauere Informationen dazu finden Sie im dazugehörigen Abschnitt von Kapitel 4. Hunde, die keine Aufgaben haben, können unter Umständen unrealistische Erwartungen entwickeln, für sie existierten keine Grenzen und Regeln. Es ist daher wichtig, schon Welpen nach dem Prinzip aufzuziehen, dass man für alle guten Dinge im Leben etwas tun muss. Ihr Welpe kann Streicheleinheiten, Lob, Blickkontakt, Futter, Leckerchen, Spielsachen, Zerrspiele usw. haben – aber nur, wenn er „bitte" sagt, zum Beispiel indem er sitzt und geduldig wartet oder eine kleine Übung ausführt. Die guten Dinge des Lebens gibt es immer nur, wenn sich der Hund gut benimmt und gehorsam ist. Geben Sie Ihrem Hund eine Aufgabe, die ihm Spaß macht. Auch dadurch lernt Ihr Hund, das zu tun, was man ihm sagt – was sich später noch bezahlt machen wird.

TEILEN

Hunde können unter Umständen sehr besitzergreifend sein. Sie können vielleicht mit dem Begriff Eigentum nicht viel anfangen, aber sie wissen ganz genau, was ihnen wichtig ist und wollen das haben. Wenn man einem Hund etwas, das ihm wichtig ist, wegnehmen will, ist das für ihn sehr frustrierend oder sogar bedrohlich, wenn man ihn nicht rechtzeitig darauf vorbereitet hat. Ihr Ziel muss es daher sein, Ihren Hund daran zu gewöhnen, dass man ihm Dinge wegnimmt. Bringen Sie ihm bei, dass Teilen sogar eine sehr positive Sache ist. Wenn Ihr Hund gerade auf einem Lieblingsobjekt herumkaut, gehen Sie gelegentlich hin und nehmen ihm das Objekt weg. Reichen Sie ihm dabei sofort ein Leckerchen und geben Sie ihm das Objekt wieder zurück. Das Leckerchen sollte wirklich ungewöhnlich schmackhaft sein. Gebratene Leber funktioniert zum Beispiel super. Halten Sie die Leckerchen versteckt und überraschen Sie den Hund damit. Schließlich wollen Sie Ihren Hund ja nicht dazu erziehen, ihn bestechen zu müssen, damit er hergibt, was er hat. Daher darf er nicht wissen, wann es eine Belohnung gibt und wann nicht, weil er sonst nur dann tut, was er soll, wenn er eine Bestechung erhält. Überraschen Sie ihn also mit einer Belohnung, wenn er sein Lieblingsobjekt hergibt. Nehmen Sie ihm nach Möglichkeit abwechselnd unterschiedliche Dinge weg. Sie können auch ein Kommando wie „Gib's mir" verwenden. Nehmen Sie ihm aber trotzdem gelegentlich ein Objekt einfach so weg. Wenn der Welpe offenkundig Spaß daran findet, dass Sie ihm etwas wegnehmen oder das Ding sogar freiwillig hergibt, wenn Sie kommen, weil er weiß, er bekommt dafür eine Belohnung, dann wissen Sie, Sie haben alles richtig gemacht. Diese Übung ist nie ganz abgeschlossen. Nehmen Sie Ihrem Hund sein ganzes Leben lang immer mal wieder Dinge weg und belohnen Sie ihn dafür, wenn er es sich problemlos gefallen lässt.

WIE SIE VERMEIDEN, DASS AUS DER FRAGE DER INDIVIDUALDISTANZ EINE FRAGE DER PERSÖNLICHEN SICHERHEIT WIRD

Hunde haben wie Menschen auch eine Individualdistanz, die einzuhalten ist. Mit Individualdistanz ist ein bestimmter Abstand rund um den Hund gemeint, ab dem er sich unwohl oder bedroht fühlt, wenn man näher kommt. Wie groß die Individualdistanz des Hundes ist, hängt von verschiedenen Faktoren ab:

- von der körperlichen und psychischen Verfassung des Hundes
- davon, wie vertraut ein bestimmter Reiz bereits ist
- davon, ob es mit einem Reiz in der Vergangenheit positive oder negative Erfahrungen gab
- davon, wie vertraut dem Hund seine Umgebung ist
- vom Grad der Ablenkung in einer bestimmten Situation
- von genetischen Faktoren
- davon, wie sehr der Hund die Person mag, die die Individualdistanz unterschreitet

Wird die Individualdistanz eines Hundes unterschritten, dann reagiert er darauf mit Unruhe, Frustration oder mit Verteidigungsverhalten. Im ersten Schritt reagiert der Hund auch mit Beschwichtigungssignalen. Vielleicht versucht er auch, sich zurückzuziehen. Wird die Individualdistanz aber wiederholt verletzt, reagiert der Hund mit offensivem Verteidigungsverhalten. Es kommt zu zwei Dingen:

- Der Hund nimmt Situationen, in denen er ein Verteidigungsverhalten für notwendig hält, vorweg. Bestimmte Dinge werden damit zum Auslöser von gewohnheitsmäßigem offensiven Verteidigungsverhalten.
- Außerdem lernt der Hund mit jeder dieser Situationen, mit welchem Verhalten er die für ihn unangenehme Situation am leichtesten auflösen kann und mit welchem nicht.

Die meisten Menschen glauben, Hunde hätten entweder gar keine Individualdistanz oder sie würden eine Unterschreitung dieser einfach akzeptieren oder sie würden sich über diese Unterschreitung sogar freuen. Viele verstehen außerdem subtile oder defensive Verteidigungsreaktionen, wie Beschwichtigungssignale oder einen Rückzug des Hundes, nicht. Daher bleibt die für den Hund unangenehme Situation bestehen. Er lernt, dass Beschwichtigungssignale und Rückzug die Lage für ihn nicht verbessern (gewünschter Erfolg) und sein Unbehagen steigt zusätzlich, weil er jetzt nur noch wenige Handlungsmöglichkeiten hat. Im Laufe der Zeit setzt der Hund daher offensiveres Verteidigungsverhalten ein. Die Besitzer erkennen oft erst dann, dass ein Problem vorliegt, wenn der Hund schließlich zuschnappt oder beißt. Realitätsverweigerung spielt dabei ebenso eine Rolle wie schlichte Unkenntnis der Psychologie der Verteidigungsbereitschaft eines Hundes.

Aus Fragen der Individualdistanz wird dann eine Frage der eigenen Sicherheit, wenn aus dem Unbehagen des Hundes Angst wird. Ist ein bestimmter Reiz für einen Hund zu einer Frage der eigenen Sicherheit geworden, ist es äußerst schwierig bis unmöglich, die Angelegenheit wieder zurück auf die Ebene der Individualdistanz zu bekommen. Ein Hund, der sich in seiner Sicherheit bedroht fühlt, verteidigt sich – so einfach ist das. Der nächste Schritt ist, dass es zur Generalisierung kommt. Der Hund verknüpft seine Angst oder Frustration mit verschiedenen Reizen, die in dieser Situation zufällig ebenfalls vorhanden sind. Sehr rasch wird sein Verhalten auch durch diese anfangs zufälligen Reize ausgelöst. Und schon ist es kaum noch möglich, den ursprünglichen Auslöser herauszufinden. Es wird immer schwieriger vorherzusehen, in welchen Situationen es zu aggressivem Verhalten kommen kann.

Dieser Teufelskreis ist deswegen so bedeutsam, weil so die meisten Aggressionsprobleme bei Haus- und Familienhunden entstehen. Sie sollten daher auf Folgendes unbedingt achten:

- Gutes Training mit Ihrem Hund, den Sie mit so vielen Reizen wie möglich vertraut machen, damit er diese als ungefährlich einstuft. Achten Sie jedoch darauf, ihn dabei nicht zu überfordern
- Wahrung der Individualdistanz Ihres Hundes.
- Systematische Desensibilisierung und Gegenkonditionierung zur Verringerung der Individualdistanz Ihres Hundes, damit er sich hierdurch nicht mehr bedroht fühlt.

Dazu müssen Sie als Erstes...

- ... aufhören zu glauben, ein Hund werde in jedem Fall gern angefasst und müsse auf alles und jeden freudig reagieren.
- ... aufhören zu glauben, dass Hunde damit „schon klarkommen", „sich nicht so anstellen sollen" und „das schon irgendwie verkraften".

Danach sollten Sie die Vorsätze fassen:

- Die Individualdistanz Ihres Hundes muss gewahrt werden.
- Jeder Kontakt mit einem Reiz soll freiwillig stattfinden und nicht auf Grund von physischem oder psychischem Zwang.
- Jede neue Erfahrung für Ihren Hund wird eine angenehme Erfahrung.
- Jede freiwillige Begegnung mit einem neuen oder einem normalerweise angsteinflößenden Reiz wird für den Hund sehr angenehm und lohnend gestaltet.

Wenn Sie diese Vorsätze beherzigen, dann wird das zu einer einfühlsamen, aber intensiven Sozialisierung Ihres Hundes führen. Sie müssen lernen, im Alltag auf die Körpersprache Ihres Hundes zu achten. Wenn er unruhig oder nervös wird, müssen Sie ihn aus dieser Situation herausholen. Achten Sie darauf, dass Sie die aversiven Reaktionen Ihres Hundes nicht durch Strafe verschärfen, aber auch nicht belohnen. Üben Sie daher, Ihren Hund so aus einer Situation herauszuführen, dass er es möglichst nicht als direkte Bestätigung seines Verhaltens empfindet. Das heißt, holen Sie Ihren Hund möglichst ohne großes Getue aus der Situation heraus.

ÜBUNGEN FÜR KÖRPERKONTAKT UND KÖRPERPFLEGE

Bringen Sie Ihrem Hund jetzt bei, dass körperlicher Umgang und Körperpflege angenehm sind, und Sie werden später weniger Probleme damit haben. Das soll nicht heißen, dass man alle Hunde dazu bringen kann, Körperkontakt zu mögen. Bei einigen wird das nie der Fall sein, ganz gleich, was Sie auch versuchen. Sie sollten Ihren Welpen mit allen möglichen Formen des körperlichen Umgangs bekannt machen, in jedem Fall mit tierärztlichen Untersuchungen, dem Kämmen und Bürsten oder dem Anziehen von Jacken und Stiefelchen. Die meisten Welpen wehren sich zwar dagegen festgehalten zu werden, tolerieren aber, dass man sie anfasst. Üben Sie tierärztliche Untersuchungen oder das Anziehen von T-Shirt oder Socken regelmäßig. Geben Sie Ihm dabei viele Leckerchen und üben Sie spielerisch. Sie sollten dabei fröhlich sein und lächeln. Bei manchen Hunden gehen Sie besser langsam vor. Nehmen Sie eine Pfote hoch und geben Sie dem Hund schon dafür ein Leckerchen. Halten Sie die Pfote jedes Mal ein wenig länger. Lassen Sie den Hund an der Krallenzange schnuppern und geben Sie ihm ein Leckerchen. Berühren Sie als Nächstes mit der Krallenzange seine Kralle und geben Sie ihm ein Leckerchen. Hantieren Sie danach direkt neben den Krallen mit der Krallenzange und geben Sie ihm ein Leckerchen. Schneiden Sie dann ein kleines Stückchen von einer Kralle ab und geben Sie ihm mehrere Leckerchen. Gehen Sie bei allen Übungen in Sachen Körperkontakt oder Körperpflege langsam und Schritt für Schritt vor und belohnen Sie jeden Schritt mit Leckerchen oder mit einem Spiel und schaffen Sie eine angenehme, fröhliche Atmosphäre. Bei großen und sehr großen Rassen empfehle ich Krallenzangen mit einem Stopper. Man kann damit immer nur einen sehr kleinen Teil der Kralle abknipsen, und durch den Stopper geht es sehr schnell und leicht und mit einem Minimum an Stress ab. Eine Desensibilisierung ist trotzdem notwendig und ratsam, aber die Gefahr einer Verletzung ist damit wesentlich geringer.

Die meisten Leute machen beim Welpen alles falsch, was mit dem Hund und seinem Futter zu tun hat. In Folge kommt es logischerweise dazu, dass der Hund sein Futter bewacht. Ihr Hund sollte beim Fressen möglichst nicht allein sein. Ich würde sogar vorschlagen, der Welpe sollte in den ersten Wochen nicht einmal eine Futterschüssel haben. Damit wäre nicht nur das Bewachen der Futterschüssel gelöst, sondern noch eine Reihe weiterer Probleme. Füttern Sie Ihren Hund stattdessen aus der Hand, und zwar immer als Belohnung für gutes Benehmen. Sie könnten ihm einen Teil des Futters auch in einem Buster Cube (einem mit Futter befüllbaren Spielball oder Würfel, bei dem durch eine kleine Öffnung Futterstücke herausfallen, wenn der Hund damit spielt) anbieten und ihn dadurch gleichzeitig mental stimulieren oder Futter zusammen mit Kauspielzeug geben. Gehen Sie folgendermaßen vor:

1. Schritt:
Stellen Sie die Tagesration des Hundes in einem verschließbaren Behälter bereit.

2. Schritt:
Geben Sie dem Hund einen Teil seines Futters in einem Kong oder einem Buster Cube, damit er das Spielkauen auf die richtigen Objekte lenken lernt.

3. Schritt:
Das restliche Futter sollte im Laufe des Tages Stück für Stück als Belohnung für richtiges Verhalten gegeben werden. Belohnen Sie damit jedes Zeichen von Gehorsam und Unterordnung. Belohnen Sie auch alles, was der Hund sonst tut und was Sie gut finden und verstärken wollen.

4. Schritt:

Führen Sie nach einigen Wochen eine Futterschüssel ein. Lassen Sie den Hund sitzen und legen Sie ein paar Futterstücke in die Schüssel. Achten Sie darauf, dass Ihr Hund das Futter erst auf Ihr Kommando hin nimmt und sich nicht sofort darauf stürzt. Machen Sie es Ihrem Hund nicht zu schwer. Geben Sie ihm das Kommando zum Fressen, bevor er selbst ans Futter geht. Wenn er fressen will, bevor Sie ihm das Kommando gegeben haben, nehmen Sie die Futterschüssel weg und lassen ihn wieder sitzen. Nach ein paar Wiederholungen wird der Hund lernen, dass er sein Futter erst dann bekommt, wenn er das Kommando abgewartet hat. Ob er Futter bekommt, ist von seinem Verhalten abhängig. Wenn Sie feststellen, dass Sie die Futterschüssel sehr oft wegnehmen müssen, könnte das für den Hund frustrierend werden, was wir ja vermeiden wollen. Wenn das der Fall ist, dann haben Sie zu schnell zu viel verlangt. Lassen Sie den Hund anfangs nur kurz warten, bis Sie das Kommando zum Fressen geben, und bauen Sie die Übung schrittweise auf.

5. Schritt:

Sie können als Variante zu Schritt Nr. 4 die Futterschüssel auch auf dem Schoß halten und den Hund daraus füttern. Setzen Sie sich dazu einfach mit der Futterschüssel auf dem Schoß hin und geben sie einen Teil des Futters in die Schüssel. Warten Sie, bis der Hund den ersten Teil gefressen hat, bevor Sie ihm mehr geben.

6. Schritt:

Greifen Sie gelegentlich nach der Futterschüssel, während der Hund frisst, und geben Sie ein besonders leckeres Stückchen Futter hinein.

7. Schritt:

Greifen Sie gelegentlich nach der Futterschüssel und halten Sie sie fest, während der Hund frisst, und geben Sie ein besonders tolles Leckerchen hinein.

8. Schritt:

Greifen Sie gelegentlich nach der Futterschüssel und heben Sie sie hoch, geben Sie dem Hund ein besonders tolles Leckerchen und stellen Sie die Futterschüssel wieder hin, so dass der Hund weiterfressen kann.

9. Schritt:

Steigen Sie gelegentlich über den Hund, während er frisst und geben Sie ihm für diese Belästigung ein besonders tolles Leckerchen.

10. Schritt:

Füttern Sie Ihrem Hund ein paar Mal pro Woche eine Mahlzeit aus der Hand.

11. Schritt.

Füttern Sie Ihrem Hund sein Leben lang einmal pro Woche eine Mahlzeit aus der Hand.

ZUSAMMENFASSUNG

Überlegen Sie sehr gut, wo Sie Ihren Hund kaufen. Kaufen Sie nie einen Hund in einer Tierhandlung oder von einem Züchter, der Ihnen nicht hilft, den für Sie richtigen Hund auszuwählen. Wählen Sie eine Rasse, die zu Ihnen passt. Versuchen Sie, die Elterntiere Ihres Welpen kennen zu lernen und sich zu überzeugen, dass sie ein freundliches Wesen haben. Schauen Sie sich danach die Welpen an und suchen Sie den aus, der von seinem Wesen her am besten zu Ihnen passt. Wenn Sie selber sehr groß sind und sehr bestimmt auftreten, sollten Sie nicht den sensibelsten Welpen des Wurfes nehmen. Wenn Sie hingegen selber sensibel sind, nehmen Sie nicht den frechsten und kräftigsten und auch nicht den nervösesten Welpen.

Wenn Sie Ihren Welpen nach Hause geholt haben, machen Sie alle in diesem Kapitel beschriebenen Übungen. Wenn Sie sich jetzt wirklich bemühen, werden Sie später sehr wahrscheinlich keine Probleme mit unangemessenem Verteidigungsverhalten haben.

Wenn Sie einen Hund aus dem Tierheim nehmen, sind Sie mit einem etwas älteren und in seinem Wesen gefestigten Tier besser dran. Fragen Sie nach schriftlichen Berichten zu diesem Hund und erkundigen Sie sich beim Pflegepersonal über ihn. Machen Sie sich selbst ein Bild von ihm. Wenn Sie sich in seiner Gegenwart wohl fühlen und sein Verhalten keine Bedenken aufkommen lässt, entscheiden Sie sich für ihn.

Prägen Sie sich die Grundprinzipien der Hundeausbildung wirklich gut ein und arbeiten Sie danach. Sorgen Sie dafür, dass Ihr Hund eine Aufgabe hat, die er erfüllen kann, die ihn nicht überfordert und mit der er sich die angenehmen Dinge des Lebens verdienen kann. Wenn Sie Ihren Hund so erziehen können, dass es für ihn normal ist, sich seinen Lebensunterhalt zu verdienen, wird es ihm später leichter fallen, Ihren Anweisungen zu folgen.

KAPITEL 3
AGGRESSION DIAGNOSTIZIEREN

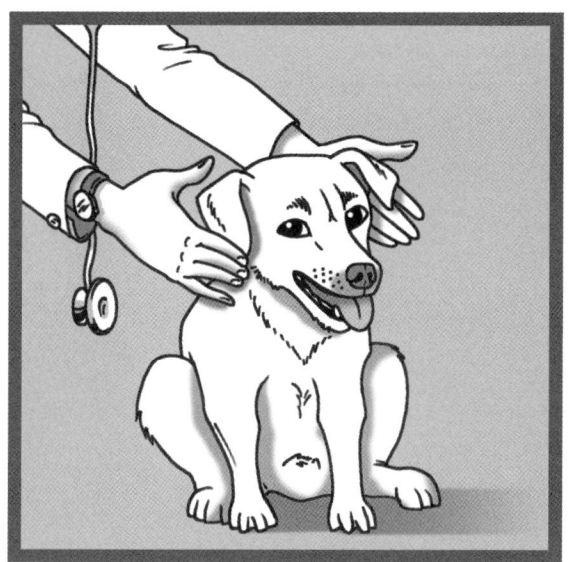

DIAGNOSEMETHODEN

MEDIZINISCHE URSACHEN AUSSCHLIESSEN

Bei der Diagnose von Aggressionsproblemen besteht der erste Schritt darin, mögliche gesundheitliche Probleme und medizinische Ursachen auszuschließen, die aggressives Verhalten auslösen oder verstärken können. Solange gesundheitliche Probleme als Ursachen nicht ausgeschlossen wurden, lässt sich keine Verhaltensdiagnose erstellen. Eine oberflächliche tierärztliche Untersuchung ist zu wenig. Leider fehlt vielen Tierärzten das Wissen, wie man mögliche gesundheitliche Probleme als Ursachen für aggressives Verhalten feststellt. Suchen Sie sich einen qualifizierten Tierarzt, der sich damit auskennt. Zu einer vollständigen Untersuchung gehören ein Blutbild und möglicherweise weitere Tests.

Wenn Sie gesundheitliche Probleme ausschließen können, war diese Untersuchung nicht umsonst. Sie wissen nun, dass Ihr Tier organisch gesund ist und können jetzt mit der Verhaltensanalyse beginnen. Wenn Sie eine Verhaltensdiagnose haben, können Sie einen zweiten Termin beim Tierarzt vereinbaren und eine mögliche medikamentöse Behandlung diskutieren. Auch hierfür ist in den meisten Fällen eine Blutuntersuchung (und vielleicht zusätzliche Tests) erforderlich, damit die richtigen Medikamente verschrieben werden können und ihre Verträglichkeit gewährleistet ist.

DIAGNOSE DER AGGRESSION

1. ZIEL

Im ersten Teil Ihrer Analyse geht es darum herauszufinden, gegen welches Ziel sich die Aggression richtet. Handelt es sich um Menschen, um Hunde oder andere Tiere?

> **HAUSAUFGABE:** Schreiben Sie jetzt gleich alle Ziele auf.

2. FUNKTION (AUSLÖSER, REAKTIONEN & FOLGEN)

Mit Funktion eines Verhaltens ist gemeint, welche Faktoren beim fraglichen Verhalten eine Rolle spielen. Im Allgemeinen geht es dabei um die Auslöser des Verhaltens, um die unmittelbaren Anlässe und die dahinterstehenden Motive bzw. um mögliche Verstärker.

Funktionsanalyse

Bei der *Funktionsanalyse* geht es darum, die operante Variable des Verhaltens zu ermitteln. Sie dient dazu, eine möglichst objektive Einschätzung des Verhaltens zu erreichen und dadurch eine weitestgehend rationale Grundlage für die Entwicklung eines Behandlungsplanes zu erhalten. Außerdem bekommen Sie dadurch wichtige Informationen, die Ihnen eine Beurteilung der Fortschritte, die Sie mit Ihrer Behandlung im Vergleich zur Ausgangslage erreicht haben, ermöglicht.

Das ABC der Aggression

Im ersten Schritt einer Funktionsanalyse wird das sogenannte Verhaltens-ABC analysiert. ABC steht für:

- A wie Auslöser (also das dem Verhalten unmittelbar vorhergehende Geschehen)
- B wie betreffendes Verhalten (jenes Verhalten, um das es geht)
- C für Konsequenzen (Was verspricht sich der Hund von seinem Verhalten, welche Zielsetzung hat er? Was geschieht durch sein Verhalten?)

Der Auslöser ist das, was unmittelbar vor dem gezeigten Verhalten geschieht. Jeder in der Umgebung vorkommende Reiz kann zum Auslöser werden. Wenn ein Hund jemanden beißt, muss ich genau wissen, was das Verhalten hervorgerufen oder ausgelöst hat. Ich möchte dann genau wissen, was unmittelbar, bevor der Hund zubiss, geschah. Dabei geht es um größte Genauigkeit und nicht darum, etwas vorauszusetzen oder von festen Vorstellungen auszugehen. Nehmen wir als Beispiel einen Fall, bei dem in Anwesenheit der Hundesbesitzerin ein fremder Mann auf den Hund zuging und Blickkontakt mit ihm herstellte. Der Mann hatte einen Bart und war sehr groß. Der Hund war an der Leine, und die Besitzerin nahm die Leine kürzer, als der Fremde näher kam. Das wäre dann der Auslöser für das fragliche Verhalten.

HAUSAUFGABE: Machen Sie jetzt gleich eine Liste aller Auslöser für das aktuelle Problemverhalten Ihres Hundes. Wichtig: Bringen Sie Ihren Hund NICHT absichtlich in eine Situation, in der er aggressiv reagiert! Sie können diese Hausaufgabe aus dem Gedächtnis erledigen... es ist weder notwendig noch ratsam, einen aggressiven Zwischenfall heraufzubeschwören, weil dadurch das Verhalten Ihres Hundes nur verstärkt wird und eine Gewohnheit daraus werden kann.

Das Verhalten scheint vielleicht ganz klar zu sein, wir müssen aber bei der Beschreibung sehr genau sein. Im genannten Fall biss der Hund zu, senkte aber auch den Kopf, als der Fremde näher kam, legte die Ohren zurück und als der Fremde auf einen Meter herangekommen war, ließ er ein tiefes Knurren hören. Als der Fremde noch näher kam, wich der Hund einen Schritt zurück und begann ein wenig die Zähne zu fletschen. Als der Fremde direkt vor dem Hund stand und Blickkontakt herstellte, biss ihn der Hund mit Stärke 3 (s. Beschreibung weiter unten) ins Bein. Diese Beschreibung schildert das genaue Verhalten. Sie werden feststellen, dass es gewisse Überschneidungen gibt. Das liegt daran, dass es im Ablauf des Verhaltens immer wieder zu neuen Auslösern und neuen Verhaltensweisen kommt.

HAUSAUFGABE: Schreiben Sie jetzt gleich jeden Auslöser und jedes in der Folge auftretende Verhalten in der oben beschriebenen Art und Weise für das aktuelle Verhaltensproblem Ihres Hundes auf.

Als Konsequenz bezeichnen wir alles, was unmittelbar nach dem Verhalten geschieht. In diesem Fall zuckte der Fremde zurück und ging ein Stück vom Hund weg. Die Hundebesitzerin entschuldigte sich bei dem Fremden überschwänglich und war offenkundig aufgeregt. Nachdem sie sich bei dem Fremden entschuldigt hatte, brachte sie den Hund aus dieser Situation weg. Das wären dann die Konsequenzen des fraglichen Verhaltens.

HAUSAUFGABE: Beschreiben Sie jetzt gleich die Konsequenzen, die das aktuelle Verhaltensproblem Ihres Hundes hat.

Sie haben jetzt eine genaue Liste jeder Situation, die das Verhalten auslöst, der entsprechenden Verhaltensreaktionen und der Konsequenzen, die das Verhalten hat. Wenn Sie bereits auf eine ganze Serie solcher Zwischenfälle zurückblicken können, sind Sie nun in der Lage, jene Faktoren herauszufiltern, die jedes Mal vorkamen. Wenn zum Beispiel der gemeinsame Nenner der war, dass der Auslöser immer ein Fremder war, der Blickkontakt zum Hund herstellte, während der Besitzer die Leine kürzer nahm, und dabei die Fremden manchmal, aber nicht immer große Personen waren, dann können Sie nun besser abschätzen, was davon als Auslöser des Verhaltens wirkt:

Es sind Fremde, die Blickkontakt aufnehmen und nicht notwendigerweise große Fremde, die Blickkontakt aufnehmen.

Genauso können Sie nun feststellen, welche gleichbleibenden Konsequenzen das jeweilige Verhalten hatte, und bekommen damit eine aufschlussreiche Liste dieser entscheidenden Konsequenzen.

Das Problem ist natürlich, dass Sie dafür eine ganze Serie von Zwischenfällen mit dem jeweiligen Problemverhalten brauchen, um diese Informationen herausfiltern zu können, und das ist natürlich nicht immer der Fall. Außerdem geht es auch darum, die Situation unter Kontrolle zu halten, weil Sie ja nicht eine Reihe von gebissenen Opfern hinterlassen wollen. An diesem Punkt müssen Sie nun zur nächsten Ebene der möglichen Analysemethoden wechseln. Sie isolieren einzelne Auslöser und Konsequenzen und konfrontieren den Hund damit in einer sicheren und von Ihnen kontrollierten Art und Weise, um herauszufinden, was nun das Verhalten auslöst und welche Konsequenzen es hat.

ACHTUNG: Den Hundebesitzern schlage ich vor, dass sie die folgenden Analysemethoden von einem Fachmann durchführen lassen. Aggression beim Hund auszulösen hat seinen Preis und sollte sich daher wirklich lohnen und wichtige Informationen liefern. Als unerfahrener Hundebesitzer haben Sie kaum die Chance, die Übungen so durchzuführen, dass Sie daraus wirklich die notwendigen Informationen ziehen können, während Sie damit sehr wohl Ihren Hund noch tiefer in sein Problem hineintreiben können. Die Anwendung folgender Methoden ist vor allem für professionelle Hundetrainer gedacht. Das Auslösen aggressiver Reaktionen ist gefährlich und sollte nur dann erfolgen, wenn die dadurch gewonnene Information einen hohen Stellenwert besitzt. Jenen Hundebesitzern, die sich aus dem einen oder anderen Grund nicht in eine professionelle Hundeverhaltensberatung begeben, rate ich, sich nur die stattgefundenen Zwischenfälle genau anzuschauen und zu versuchen, daraus die Auslöser und Konsequenzen so gut wie möglich herauszufiltern, statt die im Folgenden beschriebenen Übungen durchzuführen.

Analyse des Auslösers

Wenn einzelne Auslösereize identifiziert und getestet werden sollen, muss man sehr vorsichtig vorgehen. Man provoziert den Hund dabei notwendigerweise, so dass er sich bedroht fühlt. Das ist nicht nur für die Person riskant, die diese Verhaltensweisen auslöst, sondern es ist auch für den Hund problematisch. Wenn Sie Ihren Hund einem solchen Test aussetzen, muss es dafür einen guten Grund geben. Es soll dabei so effizient wie möglich gearbeitet werden, damit es nicht zu einem Einübungseffekt von Verteidigungsverhalten kommt. Es muss sichergestellt sein, dass der Hund dabei immer unter Kontrolle ist. Wenn Sie nicht sicher sind, dass die ausführende Person dies schafft, dann führen Sie die Tests besser nicht durch.

Es ist auch wichtig darauf hinzuweisen, dass nicht alle professionellen Hundetrainer diese Tests durchführen. Manchen fehlt das nötige Fachwissen, viele sind der Auffassung, dass der Nutzen den Schaden nicht ausreichend aufwiegt. Ich erläutere die Testmethoden hier vor allem, um ein vollständiges Bild zu vermitteln. Das soll allerdings nicht heißen, dass Sie die Tests in jedem Fall oder auch nur in manchen Fällen durchführen sollen. Ich setzte die Tests gelegentlich ein und fand die dadurch gewonnenen Informationen sehr hilfreich. Es gab aber auch viele Fälle, in denen sie unnötig waren. Überlegen Sie gut, bevor Sie sich entscheiden. Wenn Sie wirklich das Gefühl haben, dass Sie eine genauere Analyse der Auslösereize oder der Konsequenzen brauchen, dann setzen Sie die Tests in jedem Fall behutsam ein.

Die Testmethoden bauen darauf auf, dass einzelne Auslöser identifiziert und die Reaktion des Hundes auf diese Reize getestet wird. Eine andere Methode, die oft besser funktioniert, besteht darin, einen Auslösereiz zu entfernen und die Reaktion des Hundes auf die verbleibende Kombination von Reizen zu testen. Durch ein solches Verfahren der Identifizierung einzelner Auslösereize ist es hoffentlich möglich herauszufinden, was genau bei Ihrem Hund eine aggressive Reaktion auslöst und welche Auslösereize am problematischsten sind. Bedenken Sie dabei, dass die aktuelle Befindlichkeit des Hundes, die Stressbelastung oder sogar Hunger die Reizschwelle deutlich beeinflussen können. Wenn Ihr Hund einmal ganz besonders schlechte Laune hat, wird er viel rascher auf einen Auslösereiz reagieren. Vergessen Sie das nicht und versuchen Sie, das im Rahmen des vorgestellten Systems zu berücksichtigen, damit Sie genauer einordnen können, was bei Ihrem Hund eine aggressive Reaktion auslöst. Nehmen wir an, dass die Besitzerin in dem weiter oben beschriebenen Beispiel den Hund mit Männern und mit Frauen zusammenbrachte und feststellte, dass Männer ein Problem waren. Dann testete die Besitzerin vielleicht Männer mit und ohne Bart und stellte fest, dass dabei kein wirklich signifikanter Unterschied bestand. Nehmen wir an, dass sie danach testete, wie es einerseits mit lockerer Leine, andererseits mit straffer Leine aussah, und feststellte, dass es bei straffer Leine deutlich schlimmer war. Wie Sie sehen, liefern die Tests keine endgültigen Ergebnisse, aber Besitzerin und Verhaltenstherapeut bekamen dadurch wesentliche Informationen. Sie entdeckten, dass der Hund mit fremden Männern ein Problem hat und dass dieses Problem durch eine straffe Leine verschlimmert wird, weil die Besitzerin dadurch entweder ihre eigene Angst an den Hund weitergibt oder weil sie damit die Fluchtmöglichkeiten des Hundes einschränkt. Die beiden genannten Begründungen beruhen auf einer Annahme, in jedem Fall aber ergibt sich daraus ein guter Ansatz zur Lösung des Problems, je nachdem wie sich die Situation entwickelt. Vielleicht kann die Besitzerin nun darauf achten, dass sie die Leine nie straff nimmt, wenn fremde Personen näher kommen, und aufpassen, dass fremde Männer die Individualdistanz ihres Hundes nicht verletzen, dann könnte sie das Problem recht gut in den Griff bekommen. Die Besitzerin könnte auch noch weitere Übungen einbauen und versuchen, an einer Änderung des Verhaltens und der Einstellung Ihres Hundes fremden Männern gegenüber zu arbeiten.

Es ist wichtig, dass Sie jeden möglichen Auslösereiz, auf den der Hund treffen könnte, analysieren. Dass Sie einen Auslöser vermeiden können, heißt noch nicht, dass er nicht dennoch auftreten kann. Schenken Sie jedem einzelnen möglichen Auslöserreiz, mit dem sich Ihr Hund konfrontiert sehen könnte, Aufmerksamkeit.

Analyse der Konsequenzen

Die Analyse der Konsequenzen funktioniert genauso. Wenn Sie die genauen Konsequenzen eines Verhaltens analysieren, die ein Verhalten auslösen oder verstärken, ist es einfacher, wenn Sie feststellen, was nicht passieren darf, damit es nicht zu einer Verstärkung des Verhaltens kommt. Viele Mechanismen der Verstärkung eines Verhaltens bewegen sich außerhalb Ihrer Einflussmöglichkeiten. Viele Verhaltensweisen, die gewohnheitsmäßig auftreten, was im Fall von Aggression ja häufig der Fall ist, sind selbstbelohnend. Das Gehirn wird bei einer aggressiven Reaktion des Hundes mit chemischen Stoffen überflutet, die nicht nur eine selbstbelohnende Wirkung haben, sondern sogar süchtig machen können. Eine weitere Schwierigkeit besteht darin, dass ihr Hund erleichtert ist, wenn Sie ihn aus einer aggressionsgeladenen Situation herausnehmen, und diese Erleichterung kann das Verhalten verstärken. Wenn Sie ihn aus einer solchen Situation allerdings nicht herausnehmen, erhält er die Möglichkeit, aggressives Verhalten einzuüben und es sich anzugewöhnen. Außerdem könnten dabei Menschen verletzt werden. All das ist höchst unerwünscht. Noch komplizierter wird die Sache dadurch, dass Verhaltensweisen, die sich als erfolgreich erwiesen haben, nur schwer zu verändern sind. Wenn das Verhalten regelmäßig verstärkt wurde, dann ist es leichter zu löschen. Wenn das Verhalten aber unregelmäßig, also variabel verstärkt wurde (was im Alltag häufiger der Fall ist), dann kann es nicht so schnell gelöscht werden. Das Verhalten kann sich sogar noch verschlimmern, bevor eine Besserung eintritt. Dennoch sollten Sie versuchen, genauer herauszufinden, was jeweils unmittelbar nach einem bestimmten Verhalten passiert und zu einer Verstärkung und dem Fortbestand einer Reaktion (eines Verhaltens) beiträgt. Wie bereits erwähnt, kann es zu Selbstbelohnungseffekten kommen. Das kann man nur als Tatsache hinnehmen. Identifizieren und analysieren Sie so wie bei den Auslösern auch hier einzelne Reize. Der Unterschied ist allerdings, dass Sie mehrere Wiederholungen des Verhaltens beobachten müssen. Vielleicht kommt es zu Löschungstrotz, einem sicheren Hinweis darauf, dass das Entfernen eines bestimmten Reizes zu einer Löschung des Verhaltens führt. Dies ist eine heikle Angelegenheit, weil Sie dabei beurteilen müssen, wie sich ihre Versuche, bestimmte Faktoren zu isolieren, auf das Verhalten auswirken. Bei diesem Testverfahren geht es hauptsächlich darum, durch das Löschen eines Verhaltens die entsprechenden Schlüsse ziehen zu können, welche Konsequenzen als Motivation für ein bestimmtes Verhalten dienen. Am besten gehen Sie dabei davon aus, dass alles Mögliche ein Verhalten verstärken kann, auch Dinge, auf die Sie vielleicht nicht gleich gekommen wären. Wenn Sie zum Beispiel einen Hund bestrafen, dann kommt es – wie Forschungsergebnisse bewiesen haben – zur Ausschüttung von schmerzdämpfenden chemischen Substanzen, die selbstbelohnend wirken und süchtig machen können. Dadurch kann es passieren, dass ein Klaps oder das Anbrüllen des Hundes eine sehr wirksame Verstärkung auslösen. Wenn Sie einen Hund aus einer bestimmten Situation herausnehmen, dann kann das ebenfalls wie eine Belohnung wirken. Wenn Sie die Liste der Folgen eines Verhaltens einmal sehr kritisch und genau überprüft haben, sollten Sie sich dafür entscheiden, nur die wahrscheinlichsten Verstärker wirklich zu testen.

Zusätzlich sollten Sie davon ausgehen, dass bestimmte Reize ein Verhalten in jedem Fall bestätigen und diese notieren. Ohne ausreichende Erfahrung kann die Interpretation eines Verhaltens oft recht schwierig sein, setzen Sie dabei auf Ihr Urteilsvermögen und den gesunden Menschenverstand (und ein bisschen Recherche) und versuchen Sie, so gut wie möglich herauszufinden, was Ihren Hund zu einem bestimmten Verhalten veranlasst.

3. AUSMASS DES PROBLEMS

Das Ausmaß des Problems lässt sich am besten an der Heftigkeit der Reaktion des Hundes ablesen. Hunde sind Raubtiere. Sie können so fest zubeißen, dass Knochen splittern. Ihre Bewaffnung reicht also aus, wirklichen Schaden anzurichten. Gleichzeitig leben sie in Familienverbänden. Aggression und schwere Beißereien untereinander wären für das Überleben des Rudels und der Spezies sehr kostspielig. Hunde entwickelten daher ein ritualisiertes Aggressionsverhalten, das einerseits den Nutzen von Aggression (bekommen, was man will und braucht) möglichst hoch und andererseits die Kosten (Verletzungen) möglichst niedrig hält. Hunde verfügen NICHT über eine angeborene Beißhemmung, sie muss im Laufe der Welpenzeit erlernt werden. Zum Glück ist die Beißkraft eines Welpen noch sehr gering. Welpen sind aber mit nadelspitzen Babyzähnen ausgestattet. Warum? Vermutlich unter anderem, damit sie ein Feedback bekommen, wie fest sie jeweils zubeißen, und dadurch die Beißhemmung erlernen können. Das ist eine wichtige Grundlage des ritualisierten Aggressionsverhaltens. Hunde und auch andere Kaniden lernen diese Lektion, wenn sie ihr Welpengebiss haben. Der Lernprozess ist nach dem Zahnwechsel abgeschlossen. Welpen haben eine angeborene Tendenz, die Beißhemmung zu erlernen – deshalb beißen sie in alles Mögliche. Sie sind regelrecht kleine Beißmaschinen, denn nur so können sie ausprobieren und lernen.
Es ist daher klar, dass es viel schwieriger ist, einem erwachsenen Hund eine Beißhemmung beizubringen. Sie sollten herausfinden, wie stark die Beißhemmung Ihres Hundes bereits ist, damit Sie wissen, ob Sie sich bemühen müssen, seine Beißhemmung zu verbessern, und um einschätzen zu können, wie gefährlich er Ihnen und anderen werden könnte. Man muss auch wissen, dass die Beißkraft zum Teil genetisch bedingt sein kann und nur teilweise veränderbar ist. Einige Hunde beißen einfach immer fest zu, egal, welches Feedback sie darauf bekommen. Sie können auch mit gezieltem Training nicht lernen, weniger fest zuzubeißen. In einem solchen Fall ist vermutlich die Verabreichung von Serotonin oder trizyklischen Antidepressiva empfehlenswerter, um eine Reduktion der Beißkraft und eine stärkere Beißhemmung zu erreichen. Es gibt einige Rassen, die aus ihrer Veranlagung heraus ein so genanntes „weiches Maul" haben, was bedeutet, dass sie normalerweise nicht so fest zubeißen. Hierzu gehören die riesenwüchsigen Rassen und einige Apportierhunde, vor allem die, die für das Bringen von Vögeln bei der Jagd eingesetzt werden. Das soll nicht heißen, dass nicht auch sie fest zubeißen können, es bedeutet aber, dass sie tendenziell über eine ausgeprägtere Beißhemmung verfügen.

Es gibt ein Standardsystem, bei dem man „Beißer" nach der Stärke ihrer Beißkraft in verschiedene Grade einteilt. Das System differenziert zwischen zwei Gruppen und unterscheidet zwischen Bissverletzungen beim Menschen und Bissverletzungen bei Hunden. In jedem System gibt es sechs unterschiedliche Grade. Jeder Grad wird mit den dazugehörigen Verhaltensweisen kurz beschrieben und dem äquivalenten menschlichen Verhalten gegenübergestellt. Ich habe das ursprüngliche System leicht abgeändert.

Beißgrade von Bissverletzungen beim Menschen

Grad 1:
Knurren, Zähne zeigen, Bellen, Fixieren, Schnappen, kein Beißkontakt.
(Entsprechendes menschliches Verhalten: Streiten, Drohen.)

Grad 2:
Einzelner leichter Biss, kein Blut, Hund speichelt.
(Entsprechendes menschliches Verhalten: Stoßen/ Schubsen.)

Grad 3:
Einzelner Biss mit 1 bis 4 Verletzungen, die höchstens halb so tief gehen wie ein Hundezahn lang ist.
(Entsprechendes menschliches Verhalten: körperlicher Angriff, Schlag.)

Grad 4:
Einzelner Biss mit 1 bis 4 Verletzungen, die tiefer gehen als ein halber Hundezahn, Beuteschütteln, bei sehr festen Bissen gibt es innerhalb von zwei Tagen einen blauen Fleck.
(Entsprechendes menschliches Verhalten: Angriff mit Körperverletzung.)

Grad 5:
Mehrere Bisse, die tiefer gehen als die Hälfte der Länge des Hundezahns, Beuteschütteln, schwere Verletzungen.
(Entsprechendes menschliches Verhalten: Angriff mit schwerer Körperverletzung.)

Grad 6:
Todesfall.
(Entsprechendes menschliches Verhalten: Angriff mit schwerer Körperverletzung und Todesfolge.)

Hunde der Kategorie 1 bis 3 verfügen über ein gewisses Maß an Beißhemmung, weshalb es vergleichsweise einfach sein kann, mit ihnen zu arbeiten. Solange ein Hund nicht zugebissen hat, können Sie nicht wissen, ob er eine Beißhemmung hat oder nicht. Vielleicht hatte er bislang nur noch keinen Grund, zuzubeißen. Das heißt deswegen aber noch nicht, dass er gegebenenfalls nicht fest zubeißen würde. Sie wissen es einfach noch nicht. Sie sollten sich in einem solchen Fall die Geschichte des Hundes genau anschauen. Wenn er vor der achten Lebenswoche von seinen Wurfgeschwistern getrennt wurde, hatte er vielleicht nicht ausreichend lange Kontakt mit den Geschwistern und Elterntieren, um die für die Entwicklung der Beißhemmung notwendigen Verhaltenselemente zu lernen. Wenn ein Welpe in den ersten Lebenswochen und -monaten keine Gelegenheit hatte, auch am Menschen auszuprobieren, wie er seinen Fang einsetzen darf und wie nicht, dann wissen wir schlicht nicht, ob er ein hartes oder weiches Maul hat. Er hatte schlichtweg keine Gelegenheit, die Beißhemmung am Menschen ausreichend zu erlernen. Vielleicht hat er von Natur aus ein eher weiches oder eher hartes Maul. Wir werden es erst erfahren, wenn er provoziert wird und schließlich zubeißt. Wenn die Besitzer dem Hund im Welpenalter auf zu feste Bisse kein entsprechendes Feedback gaben, zum Beispiel weil es Ihnen peinlich war oder weil Sie nicht wussten, wie sie reagieren sollten, dann kann der Hund nicht wissen, dass Menschen eine viel dünnere und empfindlichere Haut haben.

Hunden mit Beißgrad 4 fehlt die Beißhemmung, sie sind daher gefährlich und die Arbeit mit ihnen ist oft schwierig. Man sollte bei ihnen zuerst am Aufbau der Beißhemmung arbeiten, bevor man mit Übungen gegen die Aggressivität beginnt.

Hunde mit Beißgrad 5 und 6 sind extrem gefährlich. Viele Trainer und Verhaltenstherapeuten weigern sich mit diesen Hunden zu arbeiten, weil ihnen das Risiko zu hoch ist. Wenn ein Hund ein Familienmitglied schwer verletzte oder gar tötete, wird empfohlen, den Hund einzuschläfern. Man glaubt, das psychologische Trauma, das die Familie erlitt, kann nicht überwunden werden, solange sie täglich mit dem Hund konfrontiert ist. Außerdem sind auch die Chancen auf einen Trainingserfolg für den Hund sehr schlecht. Sie werden festgestellt haben, dass bei Grad 5 und 6 Beuteschütteln zu den Symptomen zählen kann. Ein Hund, der während des Beißens anfängt, sein Opfer zu schütteln, zeigt meistens Elemente des Jagdverhaltens. Bestimmte Rassen wie zum Beispiel der Pitbull Terrier wurden darauf gezüchtet, sich festzubeißen, nicht mehr loszulassen und das Opfer zu schütteln. Dieses Verhalten ist das Ergebnis einer bestimmten Zuchtauswahl und entspricht nicht dem normalen Verhalten. Es gibt übrigens keine Beweise dafür, dass Pitbull Terrier beim Beißen eine Art „Kiefersperre" haben. Das ist ein Mythos. Sie wurden darauf gezüchtet, nach dem Beißen möglichst nicht mehr loszulassen, und das hat zum Mythos von der Kiefersperre geführt. Das Problem wird durch jene Besitzer, die ihren Hund Gewichte tragen lassen, um seine Kraft und Ausdauer zu trainieren, noch verschärft. Zu den Bissformen, die in den Kategorien 5 und 6 ebenfalls vorkommen, gehören auch mehrere tiefe Bisse und solche, die zu schweren Verletzungen oder zum Tod des Opfers führen.

Bedenken Sie bitte auch, dass die Beißgrade in Relation zu Rasse, Körpergröße, Gewicht usw. gesehen werden müssen. Ein Pitbull Terrier mit Beißgrad 4 ist etwas ganz anderes als ein Zwergpudel mit Beißgrad 4.

Beißgrade von Bissverletzungen bei Hunden

Grad 1:
Knurren oder Schnappen, kein Beißkontakt.
(Entsprechendes menschliches Verhalten: Streiten, Drohen.)

Grad 2:
Einzelner leichter Biss, Kratzer/ blauer Fleck.
(Entsprechendes menschliches Verhalten: Stoßen/ Schubsen.)

Grad 3:
Einzelner Biss, Biss in den Rücken, Kopf oder Hals, 1 bis 4 Bissverletzungen, die höchstens halb so tief gehen wie die Länge eines Hundezahns.
(Entsprechendes menschliches Verhalten: körperlicher Angriff, Schlag.)

Grad 4:
Mehrfacher oder einzelner Biss mit Verletzungen, die tiefer gehen als die Länge eines halben Hundezahns oder Bisse in Füße, Beine oder den Bauch.
(Entsprechendes menschliches Verhalten: Angriff mit Körperverletzung.)

Grad 5:
Mehrfache Bisse, (schwere) Verletzungen.
(Entsprechendes menschliches Verhalten: Angriff mit schwerer Körperverletzung.)

Grad 6:
Todesfall.
(Entsprechendes menschliches Verhalten: Angriff mit schwerer Körperverletzung und Todesfolge.)

Hunde der Kategorie 1 bis 3 zeigen ein gewisses Maß an Beißhemmung. Hunde mit Beißgrad 4 beißen entweder mehrfach oder in Tabuzonen wie den Bauch oder die Beine. Sie zeigen mangelnde Beißhemmung und können sehr gefährlich sein. Wenn ein Wildkanide einen anderen töten will, was sehr selten und eigentlich abnormal ist, dann bricht er seinem Gegner oft zuerst die Beine. Wenn dieser dann humpelt und sich nicht mehr zur Wehr setzen kann, geht er zur Tötung über. Vermutlich ist das der Grund dafür, dass Hunde sich so ungern an den Pfoten berühren lassen. Ein Kanide kann recht kräftige Bisse in den Nacken oder Kopf erhalten, ohne wirkliche Verletzungen davonzutragen, Verletzungen an den Pfoten oder am Bauch können aber schnell lebensgefährlich sein. Einen anderen Kaniden in diese Körperteile zu beißen ist daher gegen die ungeschriebenen Verhaltensregeln der Kaniden. Wenn ein Hund das dennoch tut, dann weist das auf eine ernsthafte Störung der Verhaltenshemmung (ähnlich wie Vergewaltigungen beim Menschen) und eine mögliche Geisteskrankheit hin. Ein Hund, der andere Hunde schwer verletzt oder tötet, hat keinerlei Verhaltenshemmung und ist sehr gefährlich. Natürlich ist die Sache nicht ganz so einfach. Es kann zu einem Phänomen kommen, das als „Auslösen des Beuteschemas" bezeichnet wird. Hierbei kann es zu Zwischenfällen kommen, obwohl die Begegnung zunächst vollkommen normal ablief oder bei denen zwei Hunde aneinander geraten, die normalerweise über eine gute Beißhemmung verfügen. Meistens passiert das bei Begegnungen zwischen einem großen und einem deutlich kleineren Hund. Dabei haben die beiden Hunde normalen Kontakt miteinander, bis beim großen Hund plötzlich durch das Verhalten des kleinen Hundes das Beuteschema ausgelöst wird und er entsprechend reagiert. Dabei kann es zu schweren Verletzungen oder sogar zur Tötung des kleineren Hundes kommen. Wie bereits erwähnt kann es zu diesem Verhalten auch dann kommen, wenn der große Hund normalerweise eine sehr gute Beißhemmung hat und noch nicht einmal aggressiv gestimmt war. Wenn es sich bei dem Problem, an dem Sie arbeiten, um eine Kombination von einem großen und einem deutlich kleineren Hund handelt, dann sollten Sie das Auslösen des Beuteschemas als mögliche Ursache in Betracht ziehen, damit bei dem Hund, von dem der Angriff ausging, keine falsche Diagnose gestellt wird.

PROGNOSE

Eine Prognose, ob die Behandlung erfolgreich sein oder fehlschlagen wird, ist sehr schwierig und muss im Zusammenhang mit mehreren Faktoren gesehen werden. **Diese Aufgabe überlässt man am besten einem Profi mit langjähriger Erfahrung.** Einige wichtige Faktoren sind unten angeführt und kurz beschrieben. Damit sollen Ihnen Hinweise für eine mögliche Prognose Ihres Problems geliefert werden.

PROGNOSE BEI AGGRESSION GEGEN MENSCHEN

Behandlungsziel. Wenn Sie erreichen wollen, dass Ihr Hund alle Menschen bedingungslos liebt, dann ist das Scheitern vorprogrammiert und die Prognose schlecht. Wenn Sie an einen Punkt gelangen wollen, wo Sie das Problem so weit im Griff haben, dass niemand gefährdet wird, dann stehen Ihre Chancen besser, und die Prognose wird je nach Ausgangslage recht gut sein. Setzen Sie sich also ein realistisches Ziel.

Ausmaß des Problems. Wenn Sie einen Hund mit Beißgrad 4 haben, wird selbst die beste Prognose noch bescheiden ausfallen. Wenn der Hund in Kategorie 5 oder 6 fällt, ist die Prognose schlecht. Ein solcher Hund stellt ein hohes Risiko dar, und Sie sollten ernsthaft in Erwägung ziehen, ihn einschläfern zu lassen.

Vorhersehbarkeit. Wenn Sie absehen können, auf welche Reize Ihr Hund aggressiv reagiert, dann ist das ein gutes Zeichen; je weniger Sie das absehen können, desto schlechter fällt die Prognose aus.

Kontrolle. Wenn Sie Ihren Hund mit Hör- und Sichtzeichen oder physisch unter Kontrolle halten können, sind die Aussichten gut. Je weniger Kontrolle Sie über den Hund haben, desto schlechter wird die Prognose ausfallen.

Ausbildung. Wenn der Hund gut ausgebildet und gehorsam ist, dann ist das ein Pluspunkt. Wenn nicht, werden Sie einiges an Arbeit investieren müssen, und die Prognose wird davon abhängen, wie weit Sie das tun können und wie gut der Hund auf das Training anspricht.

Trainierbarkeit. Wenn der Hund leicht mit Futter zu motivieren und sehr aufmerksam (und damit leicht auszubilden) ist, ist das erfolgversprechend. Wenn der Hund auf Futter nicht so gut anspricht, aber auf Sozialkontakt oder Spielzeug schon, dann ist auch das positiv. In vielen Fällen ist die Verwendung von Futter als Motivation einfacher. Wenn der Hund hyperaktiv ist oder es aus anderen Gründen (zum Beispiel mangelnder Konzentration) schwierig ist, seine Aufmerksamkeit zu bekommen, dann wird das Trainingsprogramm dadurch erschwert und die Prognose verschlechtert sich.

Soziale Bindung. Wenn der Hund am liebsten immer mit Ihnen zusammen und an Sozialkontakt sehr interessiert ist, dann ist das ein gutes Zeichen. Wenn der Hund eher unabhängig und abweisend ist, dann weist das auf eine fehlende soziale Pufferzone hin und die Prognose verschlechtert sich.

Kinder. Wenn im Haushalt kleine Kinder leben und der Auslösereiz auch nur irgendwie mit den Kindern oder ihren Aktivitäten in Zusammenhang steht, dann ist das Risiko extrem groß, und der Hund sollte vermutlich besser nicht in diesem Haushalt bleiben. Wenn ältere Kinder im Haushalt leben, ist die Prognose vielleicht etwas besser, je nachdem, um welche Auslösereize es sich handelt und wie alt die Kinder bereits sind. Wenn der Auslösereiz mit Kindern zusammenhängt und es Kinder in der Nachbarschaft gibt, ist das Risiko ziemlich hoch.

Ältere oder körperlich/ geistig behinderte Menschen. Wenn ältere oder körperlich/ geistig behinderte Menschen im Haushalt leben und der Auslösereiz auch nur entfernt mit diesen Menschen zusammenhängt, dann ist die Prognose sehr schlecht, wenn der Hund im selben Haushalt bleibt. Diese Menschen sind gefährdet, weil sie meist nicht in der Lage sind, sich zu wehren. Außerdem kommt es leichter zu Übergriffen auf alte oder behinderte Menschen. Dies könnte zum Beispiel daran liegen, dass alte/ behinderte Personen aus Sicht des Hundes merkwürdige Bewegungsmuster zeigen, komisch sprechen, sich einfach nicht der Norm entsprechend verhalten, worauf sich der Hund fokussiert. Aggressive Hunde und diese Personengruppen sollten also getrennt werden.

Größe des Hundes. Wenn der Hund zu einer Schoßhundrasse gehört, ist die Prognose wesentlich besser, weil Schoßhunde viel weniger oft schwere Verletzungen verursachen. Verstehen Sie mich bitte nicht falsch: ein Biss der Stärke 4 ist auch bei einem Schoßhund schmerzhaft. Je größer der Hund ist, desto schlechter wird aber die Prognose. Wenn der Hund um die 20 kg oder mehr wiegt, verschlechtert sich die Prognose dramatisch.

Rasse. Es tut mir leid, das sagen zu müssen, aber sehen wir den Tatsachen ins Auge. Manche Rassen sind gefährlicher als andere. Wenn der Hund zu einer Pitbull-ähnlichen Rasse gehört, dann ist die Prognose vermutlich deutlich schlechter als bei einem Collie. Ja, natürlich gibt es auch gefährliche Collies und sehr nette Pitbulls, aber Pitbulls sind sehr leicht reizbar, sie regen sich sofort auf, sie brauchen lange, um sich wieder zu beruhigen und zeigen kein so deutliches Warnverhalten wie andere Rassen (Sternberg). Andere möglicherweise problematische Rassen sind Chow Chow, Rottweiler, Dalmatiner, Komondor und der Shar Pei. Diese Rassen haben ein teilweise sehr eigenwilliges Naturell, das zu einer schlechteren Prognose beitragen kann.

Geld. Noch ein ungünstiger Prognosefaktor. Wenn Sie sich einen Trainer oder Verhaltenstherapeuten, tierärztliche Untersuchungen, notwendige Ausstattung usw. nicht leisten können, dann ist ein Erfolg weniger wahrscheinlich. Das muss nicht unbedingt so sein, kann aber in manchen Fällen der entscheidende Faktor sein.

Zeit. Wenn Sie nicht die Zeit haben, täglich mit ihrem Hund zu trainieren und ein Trainingsprogramm umzusetzen, dann sind Ihre Erfolgschancen sehr gering.

Engagement. Wenn Sie sich nicht voll und ganz dafür engagieren, das Verhalten Ihres Hundes in jeder Situation unter Kontrolle zu halten, dann steigt das Risiko, und die Prognose wird schlechter. Sie müssen immer genau wissen, wie die Stimmung Ihres Hundes ist und auf möglicherweise auftretende Probleme achten. Sie müssen mit angespannten Situationen fertig werden können und Ihren Hund sein Leben lang aufmerksam beobachten. Wenn Sie die Verpflichtung, Ihren Hund sein Leben lang zu managen und zu trainieren, nicht übernehmen können, dann steigt das Risiko und die Erfolgschancen sinken.

Umsetzung. Sie bringen vielleicht viel Engagement für die Arbeit mit Ihrem aggressiven Hund mit, wenn Sie aber nicht akzeptieren können, dass jeder einzelne Schritt des Trainingsprogramms sehr wichtig ist, und es nicht gewissenhaft Schritt für Schritt umsetzen, dann wird die Prognose deutlich schlechter sein.

Krankheit/ Vererbung. Wenn das Problem zum größten Teil auf eine unheilbare Krankheit oder Verletzung zurückzuführen oder genetisch oder neurologisch bedingt ist, ist die Prognose schlecht.

Dauer. Wenn das Problem bereits seit langer Zeit besteht und sich verschlimmert, dann ist die Prognose schlechter. Wenn es schwer ist, den Auslösereiz zu bestimmen, dann ist das ein Hinweis darauf, dass das Verhalten bereits generalisiert wurde, was sich ebenfalls negativ auf die Prognose auswirkt.

Vieles von dem, was unter dem Punkt Prognose bei Aggression gegen Menschen ange-führt wurde, gilt auch für die Aggression gegen Hunde. Spezifische Faktoren der Pro-gnoseerstellung für Aggressionsfälle unter Hunden sind folgende:

Aggression unter Hunden im selben Haushalt. Wenn die Hunde zusammenleben, ist die Prognose weniger gut als bei Hunden, die nicht zusammenleben. Wenn Hunde, die zusammenleben, sich in die Pfoten oder den Bauch beißen, ist die Prognose extrem schlecht und einer der Hunde sollte abgegeben werden, wenn man sie nicht durchgän-gig getrennt halten kann. Eine solche Entscheidung ist nicht leicht, derartige Situati-onen entsprechend zu managen, kann kräftezehrend sein. In vielen Fällen ist es schlicht unmöglich.

Vom Besitzer ausgelöste Aggression. Wenn bei Hunden, die zusammenleben, die Besitzer eine wichtige Rolle für das Entstehen von Aggression unter den Hunden spie-len und sie dieses Verhalten ändern können, ist die Prognose besser, als wenn der Kon-flikt ausschließlich zwischen den Hunden besteht oder die Besitzer nicht bereit oder nicht imstande sind, den eigenen Anteil zu sehen.

Übertragener Jagdtrieb. Wenn das Problem durch eine Übertragung des Jagdtriebs ent-steht und dabei ein großer Hund einen kleineren hetzt und verletzt, handelt es sich größtenteils um instinktives Verhalten, und die Prognose ist schlecht.

Wenn der **Beißgrad bei Aggression** unter Hunden hoch ist, fällt die Prognose schlecht aus, wenn nicht der Kontakt der Hunde untereinander streng kontrolliert oder ganz vermieden werden kann.

Wenn Sie erreichen wollen, dass Ihr Hund alle anderen Hunde liebt, dann wird die Prognose ebenfalls schlechter sein, als wenn Sie nur eine gesteigerte Toleranz und bes-sere Selbstkontrolle erreichen wollen.

ZUSAMMENFASSUNG

Wenn Aggressionsprobleme diagnostiziert werden, müssen einige Bestandteile des Verhaltens identifiziert werden. Mit Ziel der Aggression ist gemeint, ob ein Hund Aggression gegen Menschen und/ oder gegen Hunde zeigt. Die Funktion des Verhaltens zu analysieren ist etwas schwieriger. Es geht darum herauszufinden, welchen gemeinsamen Nenner die Situationen haben, in denen es zu einer aggressiven Reaktion kommt. Versuchen Sie, dabei so genau wie möglich zu sein. Versuchen Sie, die wichtigsten Auslösereize herauszufiltern. Schreiben Sie zum Beispiel auf Ihre Liste nicht fremde Menschen, wenn es eigentlich nur fremde Männer sind. Wenn das Verhalten von fremden Männern ausgelöst wird, sind es wirklich alle fremden Männer oder gibt es noch ein bestimmtes Merkmal, das wesentlich ist – zum Beispiel nur solche mit Bart oder nur große Männer? Seien Sie möglichst genau. Schreiben Sie alles auf, was unmittelbar vor, während und nach einem Zwischenfall passiert und Ihnen helfen kann herauszufinden, warum Ihr Hund sich aufregt und welche Konsequenzen das Verhalten möglicherweise verstärken. Das Ausmaß des Problems lässt sich recht objektiv messen. Verwenden Sie dazu die im Text beschriebene Systematik. Wenn es zu Verletzungen kam, sollte ein Arzt beurteilen, wie tief die Wunden sind. Wenn der Vorfall schon einige Zeit zurückliegt und nicht gemessen wurde, wie tief die Bisse gingen, dann versuchen Sie eine realistische Schätzung. War der Biss sehr fest und gab es deutliche blaue Flecken oder war der Biss gerade so fest, dass die Verletzung ein wenig blutete? Kam die Verletzung hauptsächlich durch den Biss und die Heftigkeit des Bisses zustande oder eher dadurch, dass das Opfer sich losriss?

Gehen Sie nochmals Kapitel 1 durch und überprüfen Sie, ob Sie eines der Motive aus der Auflistung der Aggressionsformen wieder erkennen. Das kann Ihnen wichtige Hinweise für die Erstellung eines Trainingsprogramms liefern.

Zur Prognose: Wenn ein hohes Risiko besteht, ist die Prognose schlecht. Wenn Sie den Hund nicht unter Kontrolle halten können oder er den Beißgrad 4 oder mehr zeigt, dann ist die Prognose nicht gut. Wenn der Hund irgendwann mit Kindern zusammenkommt, dann ist die Prognose ebenfalls nicht gut. Selbst wenn die Aggressivität nichts mit den Kindern zu tun hat, könnte das aggressive Verhalten schnell generalisiert und auf Kinder übertragen werden. Damit könnte in absehbarer Zeit ein weiteres Problem entstehen. Wenn Sie eine Prognose stellen wollen, sollten Sie dafür das Risiko, Ihre Möglichkeiten und Ihr Engagement sehr genau einschätzen.

NOTIZEN

KAPITEL 4
AGGRESSION BEHANDELN

Eines muss ich Ihnen vorab gleich sagen: Zauberei gibt es nicht. Gegen Aggression gibt es KEIN Heilmittel, weil Aggression sehr schnell zum gewohnheitsmäßigen Verhalten führt. Gewohnheiten kann man nur schwer wieder ablegen, und es passiert immer wieder, dass man in eine alte Gewohnheit zurückfällt, wenn ein neues Verhalten nicht den gewünschten Erfolg bringt. Hunde, die aggressiv sind, werden immer eine Tendenz zur Aggressivität haben. Es gibt auch keine einfachen Lösungen. Ein Training besteht zum Grossteil daraus, alles so zu organisieren, dass Probleme vermieden werden können. Außerdem arbeiten Sie daran, Ihren Hund über Hörzeichen besser unter Kontrolle halten zu können. Die Behandlung kann Medikamente erforderlich machen und Maßnahmen beinhalten, die dazu dienen, Gewohnheiten Ihres Hundes zu verändern. Und schließlich werden in einem gewissen Ausmaß auch spezielle Methoden zur Verhaltensveränderung angewandt. Im Großen und Ganzen tut man, was man nur kann und was einem nur einfällt, und kann trotzdem NIE ganz sicher sein, dass der Patient keinen Rückfall bekommen wird. Die folgenden Ausführungen beschäftigen sich deshalb nicht damit, wie das Problem geheilt wird, sondern wie man es in den Griff bekommen kann.

Als Erstes werden wir uns damit beschäftigen, wie Hunde lernen und wie wir ihr Verhalten verändern können. Danach folgen genaue Anweisungen, wie man das Leben mit einem aggressiven Hund Schritt für Schritt besser managen und dadurch - hoffentlich - auch sein Verhalten verändern kann.

1 X 1 DER LERNTHEORIE

„Man kann sich nicht aussuchen, ob man die empirisch nachgewiesenen Prinzipien des Lernens anwendet oder nicht. So wie die Gesetze der Schwerkraft sind auch die Prinzipien des Lernens immer am Werk. Die Frage ist also nicht, ob man die Prinzipien des Lernens anwendet, sondern wie man sie am effektivsten einsetzt." (Spreat und Spreat, *Learning Principles*, 1982)

Lerntheorie ist jene Wissenschaft, die sich damit beschäftigt, wie Lebewesen lernen. Wenn wir verstehen, wie Hunde lernen, können wir zumindest bis zu einem gewissen Grad besser beurteilen, *warum* sie etwas tun. Lerntheoretische Erkenntnisse ermöglichen es uns, neue Verhaltensweisen effizienter zu trainieren und bestehendes Verhalten zu verändern. Es gibt keine universell anerkannte Definition von Lernen, Domjan (1998) definiert es aber folgendermaßen: „Lernen führt zu einer dauerhaften Veränderung der Verhaltensmechanismen, wobei spezifische Reize und/ oder Reaktionen, die auf vorherigen Erfahrungen mit ähnlichen Reizen und Reaktionen beruhen, eine Rolle spielen." Im Folgenden wird ein Überblick über einige wichtige theoretische und praktische Konzepte der Lerntheorie gegeben.

GRENZEN DES LERNENS

ARTSPEZIFISCHE LERNBEREITSCHAFT UND ANGEBORENE VERHALTENSWEISEN

Lernen ist im Wesentlichen ein Anpassungsmechanismus, der eine wichtige Rolle für das Überleben des Organismus und der Spezies spielt. Es ist wichtig zu wissen, dass Lernen dem Muster des biologischen Umfeldes eines Organismus folgt und mit unkonditionierten, artspezifischen oder arttypischen Reaktionen zusammenhängt. Lindsay (2000) gibt ein Beispiel dafür, wie sich das biologische Umfeld eines Hundes auf das Lernen auswirkt. Das Training zur Stubenreinheit ist beim Welpen vergleichsweise einfach. Der Welpe kann diese Lektion deswegen leicht erlernen, weil er aus einem bestimmten evolutionären Umfeld kommt. Bei einem Schimpansen ist im Gegensatz dazu das Training zur Stubenreinheit fast unmöglich, weil weder von der Natur noch vom Menschen ein Evolutionsdruck in Richtung bewusster Kontrolle von Verdauungsvorgängen ausgeübt wurde. Schimpansen gelten als intelligenter als Hunde, aber sowohl Schimpansen als auch Hunde lernen schließlich das, wofür sie auf Grund ihres entwicklungsgeschichtlichen biologischen Hintergrunds prädestiniert sind. Dazu zählen auch viele nicht gelernte Triebe und Verhaltensweisen. Zwischen den nicht gelernten und gelernten Reaktionen besteht eine komplexe Wechselbeziehung.

Eine klassische Arbeit dazu mit dem Titel „The Misbehavior of Organisms" stammt von Breland und Breland (1961) und kann unter www.psychclassics.yorku.ca im Internet nachgelesen werden. In diesem Artikel wird aufbauend auf den persönlichen Erfahrungen von Tiertrainern der Versuch unternommen, zwischen dem radikalen Behaviorismus (einer sehr stark auf Laborversuchen aufbauenden Strömung, die jegliches Verhalten als erlernt definiert und Instinktverhalten als Konzept ablehnt) und den praktischen Erfahrungen im Tiertraining eine Brücke zu schlagen. Es wurde der Terminus „instinctive drift" für die artspezifische Lernbereitschaft von Tieren eingeführt.

Domjan (1998) formuliert es folgendermaßen:

> „Der Verhaltenssystemtheorie zufolge wird bei einem Tier bei Futtermangel und wenn es sich in einer Lage befindet, in der es auf Futter stoßen könnte, das Futtersystem aktiviert, und es beginnt mit der Nahrungssuche und sonstigen damit in Verbindung stehenden Verhaltensreaktionen. Dieses Verhaltenssystem soll nun durch einen Prozess instrumenteller Konditionierung überlagert werden. Wie effektiv mit diesem Prozess eine Zunahme einer instrumentell konditionierten Reaktion erreicht werden kann, hängt davon ab, wie weit diese Reaktion mit der vorgegebenen Funktionsweise des Futtersystems beim Tier kompatibel ist. Welche anderen Reaktionen im Laufe des Trainings (oder der artspezifischen Lernbereitschaft) auftreten, hängt auch von den einzelnen Verhaltenselementen des Futtersystems ab, die durch die instrumentelle Konditionierung aktiviert werden. (...) Die artspezifische Lernbereitschaft bezeichnet also das Auftreten von Reaktionen, die zum jeweiligen Verhaltenssystem, das durch die instrumentelle Konditionierung aktiviert wird, gehören." (Domjan, S. 140 und S. 142)

INSTRUMENTELLE KONDITIONIERUNG/ OPERANTE KONDITIONIERUNG.

Instrumentelle Konditionierung ist eine andere Bezeichnung für operante Konditionierung. Dem genannten Paradigma zufolge sind arttypische oder artspezifische Verhaltensweisen unmittelbare, nicht erlernte Reaktionsmuster, die dann aktiviert werden, wenn der zugehörige Motivationszustand eintritt. Das Vorhandensein von Futter ist jener Reiz, der die natürlichen Futtersuchreaktionen auslöst oder hervorruft. Ähnlich werden Reaktionen aus dem Paarungsverhalten dadurch abgerufen, dass der Motivationszustand und sexuelle Reize vorhanden sind; Verteidigungsreaktionen treten auf, wenn der entsprechende Motivationszustand und gefahrenanzeigende Reize gegeben sind, das Gleiche gilt auch für Reaktionen aus dem Bereich des Revierverhaltens. Es wird nicht bestritten, dass diese Reaktionen auch durch Lernprozesse beeinflusst werden, sie sind aber wesentlich weniger plastisch als die meisten anderen Reaktionsmuster.

Viele Forscher vermeiden inzwischen den Begriff *Instinkt*. Man geht davon aus, dass es sich dabei um einen Mechanismus der klassischen Konditionierung handelt, der die entsprechenden Reaktionen auslöst oder hervorruft. Im Kontext der Verhaltenssystemtheorie wird eher von Reflexen, von modalen Aktionsmustern oder von artspezifischen und arttypischen Verhaltensweisen gesprochen. Bei der klassischen Konditionierung sprechen wir von nicht konditionierten (unbedingten) und konditionierten (bedingten)

Reaktionen. Die Verhaltenssystemtheorie ist nicht zuletzt deswegen nützlich, weil sie eine Vorhersage bestimmter Reaktionsmuster erlaubt.

Worin der Unterschied zwischen artspezifischer Lernbereitschaft und dem so genannten Auto-Shaping (der selbstständigen Verhaltensformung) liegt, ist bislang nicht ganz klar. Allerdings lässt sich feststellen, dass Tiere offenbar arttypische, nicht konditionierte und wenig formbare Reaktionsmuster haben und wir vermutlich das Gleiche meinen, wenn wir entweder von arttypischen modalen Aktionsmustern oder von nicht konditionierten Reaktionen sprechen. Klassische Konditionierung, operante Konditionierung und artspezifische phylogenetische Reaktionsmuster stehen offenbar in einem engen Zusammenhang und führen dazu, dass der Verhaltenssteuerung über ausschließlich operante Konditionierung Grenzen gesetzt sind.

RASSESPEZIFISCHE UNTERSCHIEDE

Es gibt rassespezifische Unterschiede. Die Philosophie von „Ein Hund ist ein Hund" ist in erster Linie auf die Begeisterung, was man mit Lerntheorie alles erreichen kann, zurückzuführen. Es stimmt zwar, dass alle Hunde lernen können und sie alle lernen auf sehr ähnliche Weise, aber man darf nicht übersehen, dass Anpassung und Motivation die Grundlagen des Lernens sind. Jede Rasse oder jede Gruppe von Rassen unterlag morphologisch und wesensmäßig einem bestimmten Selektionsdruck. Dies führte unter anderem dazu, dass ihr Verhalten und ihre Lernprozesse unterschiedlich geformt wurden. Lindsay nennt als Beispiel den Border Collie, der ein ausgezeichneter Hütehund ist, und den Coonhound, der ein ausgezeichneter Spürhund ist. Selbst mit dem besten Training kann man aus dem Border Collie keinen ebenso guten Spürhund und aus dem Coonhound keinen ebenso guten Hütehund machen. Das Nervenkostüm des Hundes wird durch die Züchtung beeinflusst, was sich wiederum auf die Reizschwellen für bestimmte Verhaltensweisen und Wesenszüge auswirkt. Terrier sind im Vergleich zu den meisten anderen Hunderassen üblicherweise sehr lebhafte und extrovertierte Hunde. Das lässt sich kaum abstreiten. Jeder Hund lernt so, wie es ihm unterschiedliche Reizschwellen und die in bestimmten Zuchtlinien vererbten Wesenszüge erlauben. Wenn man sich mit dem Lernverhalten eines bestimmten Hundes beschäftigt, sollte man berücksichtigen, wofür die Rasse gezüchtet wurde. Die „Verhaltenssysteme" (auf die weiter unten näher eingegangen wird) sind bei jeder Rasse und jedem Einzeltier ein wenig anders. Wenn man zum Beispiel das Laufen an lockerer Leine mit einem Spürhund und einem Labrador trainiert, dann sollte man berücksichtigen, dass der Spürhund auf jeden Geruch in der Umgebung mit größerem Interesse und höherer Aufmerksamkeit reagiert. Die eingehendere Beschäftigung mit den verschiedenen Rassen ist für jeden angehenden Hundetrainer und Verhaltenstherapeuten eine wichtige und wertvolle Lernerfahrung.

GEWÖHNUNG UND SENSIBILISIERUNG

Gewöhnung und Sensibilisierung sind gegenläufige Lernprozesse und vermutlich die simpelsten, einem Organismus als Anpassungsmechanismus zur Verfügung stehenden erlernten Verhaltensstrategien.

Tritt ein Reiz, der ein bestimmtes Verhalten auslöst, wiederholt auf, kann dies zu einer Veränderung der Verhaltensreaktion auf diesen Reiz und damit zum Lernen führen. Nimmt infolge einer wiederholten Präsentation eines bestimmten Reizes die Reaktion darauf ab, dann spricht man von Gewöhnung, nimmt die Reaktion jedoch zu, dann wird das als Sensibilisierung bezeichnet. Ein typisches Beispiel für einen Gewöhnungseffekt finden wir bei Leuten, die eine Wohnung unmittelbar neben einer Eisenbahnlinie beziehen und anfangs auf jeden Zug reagieren. Im Laufe der Zeit nehmen die Reaktionen ab, bis sie die Züge kaum mehr wahrnehmen. Ein Beispiel für eine Sensibilisierung finden wir dann, wenn Menschen immer heftiger reagieren, je öfter sie Spinnen als Reiz ausgesetzt waren. Gewöhnung und Sensibilisierung sind Prozesse, mit denen der Hund das tägliche und unaufhörliche Bombardement von Sinneseindrücken und Reizen bewältigen und einordnen kann. Als Reiz gilt alles, was der Hund wahrnimmt. Der Hund ist permanent von einer Vielzahl von Reizen umgeben und braucht gewisse Lernerfahrungen, um seine Reaktionen auf bestimmte Reize reduzieren oder steigern zu können und nicht völlig unorganisierte Verhaltensmuster an den Tag zu legen, was ein Zeichen von Unfähigkeit wäre, mit Reizen umzugehen und sie richtig einzuordnen.

Gewöhnung
Eine Reaktionsverringerung ist nicht immer unbedingt eine Folge von Gewöhnung. Wenn Sie zum Beispiel an einem sonnigen Wintertag in eine verschneite Landschaft hinaustreten und es draußen so grell ist, dass sie ein paar Minuten lang kaum etwas sehen, denn liegt Ihre verringerte Reaktion auf bestimmte Reize nicht daran, dass Sie bestimmte Lernerfahrungen gemacht hätten, sondern daran, dass sich Ihre Sinnesorgane erst an die Situation anpassen müssen. Ähnliches ist der Fall, wenn beispielsweise Muskeln, die bei einer bestimmten Reaktion eingesetzt werden, ermüden; die verminderte Reaktion ist dann nicht auf Lernen, sondern auf Ermüdung zurückzuführen. Von Gewöhnung kann man erst dann sprechen, wenn eine Reaktionsverringerung eintritt, obwohl das Tier in der Lage wäre, weiterhin in gleichem Ausmaß zu reagieren.

Es gibt zwei Arten von Gewöhnungseffekten. Bei der *kurzfristigen Gewöhnung* kommt es zu einer sehr schnellen Reaktionsverringerung, während bei der *langfristigen Gewöhnung* die Reaktionen über einen längeren Zeitraum hindurch und langsamer abnehmen. Wenn ein Reiz in kurzer Zeit sehr häufig auftritt, dann führt das meist zu kurzfristiger Gewöhnung, tritt ein Reiz aber über einen bestimmten Zeitraum und weniger häufig auf, dann kommt es eher zu langfristiger Gewöhnung. Wenn Sie also jemanden ein paar Minuten lang alle drei Sekunden mit einem „Huuh!" erschrecken, dann wird das Ergebnis höchstwahrscheinlich kurzfristige Gewöhnung sein. Wenn Sie aber ein paar Wochen lang nur einmal am Tag „Huuh!" rufen, dann führt das meist zu langfristiger Gewöhnung. Hat ein Tier eine langfristige Gewöhnung durchlaufen, dann verschwindet zwar nicht jegliche Reaktion auf den Reiz, aber gleichzeitig kommt es auch nicht so leicht zu einer Spontanerholung und damit einem Rückfall in das alte Reaktionsmuster. Bei kurzfristiger Gewöhnung kommt es zwar oft zu einem völligen Erliegen jeglicher Reaktion auf einen Reiz, dafür aber zu einer Spontanerholung, wenn der Reiz über einen längeren Zeitraum nicht auftrat. Wenn Ihr Bekannter also durch kurzfristige Gewöhnung lernte, auf Ihr „Huuh" nicht mehr zu reagieren, und Sie dann eine Woche warten und wieder „Huuh" rufen, werden Sie damit sehr wahrscheinlich eine deutliche Reaktion hervorrufen. Wenn Ihr Bekannter aber durch langfristige Gewöhnung lernte, auf den Reiz nicht mehr zu reagieren und Sie dann das Gleiche tun, dann werden Sie wahrscheinlich eine geringfügige Reaktion auslösen, die deutlich weniger stark ist als die bei kurzfristiger Gewöhnung.

Gewöhnung ist reizspezifisch, das heißt, Gewöhnungseffekte betreffen immer nur einen spezifischen Reiz. Wenn Sie Ihren Bekannten an ein „Huuh!" gewöhnen und dann die Art des Reizes verändern, werden Sie feststellen, dass es zu einer Reaktion auf diesen neuen Reiz kommt und keine Gewöhnungseffekte feststellbar sind. Wenn Sie das Wort anders sagen oder ein anderes Wort verwenden, wird das bei Ihrem Bekannten wieder eine Reaktion hervorrufen, so als hätte nie eine Gewöhnung stattgefunden. Im Laufe der Zeit kann eine gewisse Generalisierung dieser Gewöhnung auf verschiedene Reize eintreten. In einem solchen Fall könnte sich der Gewöhnungseffekt beispielsweise auf das Wort „Haah!" generalisieren.

Sensibilisierung

Sensibilisierte Reaktionen auf einen Reiz können unterschiedlich lang anhalten, meist handelt es sich aber um kurzfristige Effekte. Wenn der Auslösereiz sehr stark ist, dann bleibt das Tier länger sensibilisiert, wenn der Auslösereiz eher schwach ist, dann bleibt das Tier weniger lang sensibilisiert, bis die Wirkung wieder nachlässt. Sensibilisierung funktioniert nicht so reizspezifisch wie Gewöhnung. Wenn es bei Ihrem Bekannten auf das Wort „Huuh!" hin zu einer Sensibilisierung kommt, dann führt ein „Haah!" vermutlich zur gleichen Reaktion. Bei einer Sensibilisierung kommt es zu einer vermehrten Reaktion auf einen Reiz und meistens schnell zu einem Erregungszustand und den damit einhergehenden physiologischen Veränderungen.

KLASSISCHE KONDITIONIERUNG

Bei der klassischen Konditionierung geht es im Wesentlichen um Ankündigungseffekte. Klassische Konditionierung ermöglicht es uns zu erkennen, dass bestimmte Dinge mit anderen verknüpft sind und sie ankündigen. Für die Verhaltenskoordination und das Zurechtfinden in der Umwelt ist es äußerst wichtig, zu lernen, welche Dinge welche Ereignisse ankündigen. Ohne klassische Konditionierung könnten sich Tiere nicht auf biologisch relevante Ereignisse vorbereiten, zum Beispiel auf plötzlichen Lichteinfall, auf Futter, das sich dem Maul nähert, oder dass Feuer einen verbrennt. Ohne diese reflexhaften Reaktionen könnten Tiere nicht lernen, welche Signale Beute oder die Anwesenheit von Raubtieren ankündigen, und daher nicht wissen, ob sie näher kommen oder sich zurückziehen sollen. Klassische Konditionierung spielt auch beim Lernen emotionaler Reaktionen eine entscheidende Rolle (Domjan, S. 58).

EXZITATORISCHE KLASSISCHE KONDITIONIERUNG

Exzitatorische klassische Konditionierung führt dazu, dass eine bestimmte Reaktion ausgelöst wird. Blinzeln, Speicheln, Annäherung an Signale, die Futter ankündigen, usw. – dies sind alles Beispiele für exzitatorische klassische Konditionierung.

Das bekannteste Beispiel für exzitatorische klassische Konditionierung stammt von Pawlow, der die Verdauungsprozesse bei Hunden erforschte. Wird ein Tier wiederholt unmittelbar vor einem *unkonditionierten Reiz* (US, unkonditionierter Stimulus: ein Reiz, der auch ohne Lernerfahrung eine bestimmte Reaktion auslöst, z.B. Sozialkontakt) mit einem *neutralen Reiz* (NS, neutraler Stimulus) konfrontiert, dann wird das Tier darauf konditioniert und stellt eine Verknüpfung zwischen beiden Reizen her. Das Tier lernt, dass das Auftreten des neutralen Reizes das Auftreten des US ankündigt. Wenn diese Verknüpfung hergestellt wurde, ist der neutrale Reiz nicht mehr neutral, sondern hat eine Bedeutung angenommen und kündigt nun den unkonditionierten Stimulus (US) an. Ab diesem Moment nennen wir den Reiz daher einen *konditionierten Stimulus (KS)*, der in der Fachliteratur auch als konditionierter Reiz zu finden ist. Das läuft folgendermaßen ab:

1. Schritt:	US (Futter) → UR (Speicheln)
2. Schritt:	NS (Glocke) → keine Reaktion
3. Schritt:	NS (Glocke) → US (Futter) → UR (Speicheln)
4. Schritt:	den dritten Schritt so oft wiederholen wie nötig, damit der 5. Schritt erreicht wird
5. Schritt:	KS (Glocke) → KR (Speicheln)

Wichtig ist, dass die konditionierte Reaktion (KR) nicht immer mit der unkonditionierten Reaktion (UR) identisch ist. Man sollte besser sagen, dass die beiden vergleichbar sind.

Warum ist es wichtig, exzitatorische klassische Konditionierung zu verstehen, wenn es um aggressives Verhalten geht? Emotionale Reaktionen laufen stark nach den Prinzipien klassischer Konditionierung ab, und viele Aggressionsprobleme können durch konditionierte Reaktionsmuster verschärft werden.

Es gibt noch eine andere Form klassischer Konditionierung, die als inhibitatorische klassische Konditionierung bezeichnet wird und in den meisten Büchern über Hundeverhalten nicht erwähnt wird. Während exzitatorische klassische Konditionierung ein Verhalten auslöst, wird durch inhibitatorische klassische Konditionierung ein Verhalten gehemmt.

Es gibt im Wesentlichen zwei Methoden der klassisch konditionierten Hemmung: die Standardmethode und die Alternativmethode. Bei der Standardmethode werden zwei Versuchsdurchgänge gemacht. Bei der ersten Versuchsreihe wird ein exzitatorischer konditionierter Reiz, abgekürzt KS+, unmittelbar vor einem unkonditionierten Reiz, abgekürzt US, präsentiert. Das führt zu einer klaren exzitatorisch konditionierten Reaktion. Bei der zweiten Versuchsreihe wird ein konditionierter inhibitatorischer Reiz, abgekürzt KS-, gleichzeitig mit einem KS+, aber ohne US präsentiert. Wenn danach der KS+ alleine präsentiert wird, tritt eine exzitatorische Konditionierung ein, und es kommt zu einer konditionierten Reaktion. Werden aber KS+ und KS- gleichzeitig präsentiert, dann weiß das Tier, dass kein US kommt und die konditionierte Reaktion wird unterdrückt. Sie wurde nicht gelöscht, weil ja die Reaktion noch immer auftritt, wenn kein KS- präsentiert wird.

Auch bei der Alternativmethode gibt es zwei verschiedene Versuchsreihen. Beim ersten Durchgang der Versuche wird ein KS+ unmittelbar vor dem US präsentiert, und es kommt zu einer exzitatorischen Konditionierung. Im zweiten Durchgang wird kein KS+, sondern ein KS- präsentiert, auf den kein US folgt. Das Tier lernt dabei, dass ein KS+ einen US ankündigt, dass ein KS- dies aber nicht tut. Es muss darauf hingewiesen werden, dass die Alternativmethode nicht immer so effektiv ist wie die Standardmethode (Domjan, S. 76).

KLASSISCHE EXTINKTION

Klassische Konditionierung ist nicht unveränderlich. Die Konditionierung kann rückgängig gemacht oder es kann gegenkonditioniert werden. Wäre das nicht möglich, dann wäre das Verhalten eines Tieres nicht flexibel, und ein Tier könnte sich nicht an seine Umwelt anpassen. Wenn es nicht möglich wäre, eine Konditionierung auch wieder zu verändern, dann würde jedes Ereignis eine Verknüpfung entweder verstärken oder nicht verstärken, und es gäbe kein Zurück und keine Möglichkeit, sich daran anzupassen, wenn sich die Bedeutung bestimmter Dinge und dessen, was sie ankündigen, verändert.

Um eine Extinktion, also ein Löschen, einer klassisch konditionierten Reaktion zu erreichen, wird ein KS+, der allerdings zu keinem US führt, so lange präsentiert, bis gelernt wurde, dass die Verknüpfung nicht mehr stimmt und die konditionierte Reaktion abnimmt und schließlich aufhört.

Im Unterschied zu der klassisch konditionierten Hemmung wird bei der Extinktion gelernt, dass ein bestimmter Reiz in keinem Fall mehr ein bestimmtes Ergebnis ankündigt, während bei der Hemmung ein Reiz (KS-) als Unterscheidungskriterium dafür eingeführt wird, ob ein bestimmter US folgen wird oder nicht. Bei der Extinktion wird direkt mit der Reaktion gearbeitet, bei der Hemmung wird sie über einen Umweg beeinflusst.

Bei der Extinktion kann es wie auch bei der Gewöhnung nach einiger Zeit zu einer Spontanerholung und einem Rückfall in alte Reaktionsmuster kommen.

Häufig wird gesagt, bei der Extinktion werde eine bestimmte Sache wieder verlernt oder eine Lernerfahrung rückgängig gemacht. Das ist sehr wahrscheinlich nicht der Fall, wie inzwischen nachgewiesen wurde (Domjan, S. 82). Wahrscheinlicher ist, dass bei der Extinktion neue Lernerfahrungen bereits Gelerntes überlagern und aufheben.

UNVERÄNDERLICH UND UNWILLKÜRLICH?

Lange Zeit dachte man, klassische Konditionierung habe nur mit unwillkürlichen Reaktionen wie Blinzeln, Speicheln und verschiedenen Reflexen zu tun. Die meisten Forscher verabschieden sich von dieser Vorstellung, weil sie das Verständnis des Ankündigungscharakters von Reizen zu sehr einengt. Genauso nahm man lange an, die Reaktionen seien deswegen unveränderlich, weil es sich um Reflexe handelt. Auch das erwies sich als falsch. Sogar Reflexe selbst sind variabel und können unterschiedlich ausgedrückt und hervorgerufen werden. Klassische Konditionierung ist ein komplexes und vielschichtiges Phänomen, bei dem es in erster Linie um den Ankündigungseffekt geht.

KLASSISCHE KONDITIONIERUNG UND DIE THEORIE VOM VERHALTENSSYSTEM

Die Theorie vom Verhaltenssystem ermöglicht es, Verhaltensweisen begrifflich in verschiedene Kategorien von Verhaltenssystemen zusammenzufassen. Es gibt Kategorien für Sexualverhalten, Nahrungsaufnahmeverhalten, Verteidigungsverhalten, thermoregulatives Verhalten, Territorialverhalten, Sozialverhalten usw. Klassische Konditionierung kann zu einer Aktivierung der verschiedenen Verhaltenssysteme führen. Auf diese Weise kann man sich leicht bildlich vorstellen, welche Rolle klassische Konditionierung zum Beispiel beim Auftreten von Verteidigungsverhalten spielt. Klassische Konditionierung beeinflusst die Entwicklung des Verteidigungsverhaltens und kann auch gezielt zu seiner Behandlung im Rahmen von Trainingsprogrammen eingesetzt werden.

Welche Bedeutung hat nun die klassische Konditionierung für die gezielte Veränderung von Verhaltensweisen? Es besteht ein enger Zusammenhang zwischen emotionalen Reaktionen und klassischer Konditionierung. Hunde können eine Reihe verschiedener Reize mit anderen als unangenehm erlebten Reizen verknüpfen. Um eine solche emotionale Reaktion zu verändern, muss der Hund lernen, den gefürchteten Reiz mit einer angenehmen, statt einer unangenehmen Emotion zu verbinden.

Die Unterscheidung zwischen operanter und klassischer Konditionierung ist nicht immer ganz klar, und es kann auch oft zu beträchtlichen Überschneidungen kommen. Häufig treten beide Arten der Konditionierung gleichzeitig auf. Wir können uns zwar damit beschäftigen, wie jede Form der Konditionierung stattfindet, wenn wir aber ein Verhaltensproblem behandeln, werden wir üblicherweise beide Formen der Konditionierung gleichzeitig einsetzen müssen. Die Unterscheidung ist eher von akademischem Interesse und ermöglicht ein besseres Verständnis der Theorie, warum Hunde bestimmte Dinge lernen und wie man einmal Gelerntes wieder verändern kann. Wenn Sie zum Beispiel einen Hund haben, der sich vor Kindern fürchtet und diesen Hund in einem Abstand von 30 Metern in die Nähe eines Kindes bringen, wo er sich noch nicht bedroht fühlt, und dann die Anwesenheit des Kindes mit Leckerchen oder einem Spiel kombinieren, dann findet sowohl klassische als auch operante Konditionierung statt. Sie erreichen damit, dass Kinder für Ihren Hund gleichbedeutend mit Leckerchen und Spielen (positiven emotionalen Erlebnissen) werden. Man erhofft sich davon, dass mit der Zeit Kinder beim Hund eine positive und nicht negative konditionierte Reaktion auslösen. Gleichzeitig verstärken Sie bei dieser Übung Toleranzverhalten. Beide Lernformen treten gleichzeitig auf und sind beabsichtigt.

Andererseits muss man auch wissen, dass im realen Leben, wo man es mit komplexen emotionalen Zusammenhängen zu tun hat, klassische Konditionierung nur schwer umgekehrt werden kann. Wenn ein Hund auf etwas furchtsam reagiert und Kampf oder Flucht ausgelöst wird, dann lässt sich diese emotionale Reaktion nur sehr schwer verändern. Gibt es etwas, vor dem Sie Todesangst haben? Nehmen wir an, ein Bankräuber hält Ihnen eine Pistole an den Kopf und löst damit eine Angstreaktion aus. Womit könnten wir diese Situation nun kombinieren, damit Ihre emotionale Reaktion darauf angenehm ausfällt? Wie oft müssten beide Dinge gleichzeitig auftreten, bis sich Ihre emotionale Reaktion ändert? Glauben Sie, der sich schließlich einstellende Fortschritt sei eher auf die wiederholte Erfahrung zurückzuführen, dass es in dieser Situation keine negativen Konsequenzen gibt (die so genannte gelernte Bedeutungslosigkeit), oder eher darauf, dass eine „schlechte Sache" mit einer „guten Sache" (die so genannte Gegenkonditionierung) gekoppelt wurde? Und wenn es nur um eine Frage der Verknüpfung von guten und schlechten Dingen miteinander geht, wer sagt denn, dass dadurch das Schlechte plötzlich als gut wahrgenommen wird und nicht das Gute als schlecht? Die Antwort darauf hängt vermutlich davon ab, was stärker wirkt – die gute oder die schlechte Sache – und welcher Reiz zuerst auftritt und was ankündigt. Die Fragen sind ganz schön knifflig, und ich werfe sie nicht auf, um gegen die Verwendung von klassischer Konditionierung zu argumentieren, sondern weil die Fragen in der verfügbaren Fachliteratur unzureichend behandelt werden und daraus Missverständnisse entstehen könnten, was funktionieren kann und was nicht. Es kann jedenfalls extrem schwierig sein, emotionale Reaktionen zu verändern.

GEGENKONDITIONIERUNG

Gegenkonditionierung ist eine Methode der klassischen Konditionierung. Sie wirkt einer bereits bestehenden Konditionierung entgegen. Sie überlagert diese bestehende Konditionierung mit einer unvereinbaren konditionierten Reaktion und soll dazu führen, eine negative konditionierte Reaktion durch eine positive konditionierte Reaktion zu ersetzen. Man kombiniert dabei einen Reiz, der bislang eine unangenehme emotionale Reaktion auslöste, mit einem für den Hund sehr positiv besetzten US und erhofft sich dadurch eine Veränderung der KR und der Bedeutung des Reizes, der künftig nicht mehr etwas Negatives, sondern etwas Positives ankündigt – das eine ist mit dem anderen unvereinbar. Gegenkonditionierung wurde häufig als Beschreibung für das Einüben eines mit einem unerwünschten Verhalten unvereinbaren Alternativverhaltens verwendet, was aber nur teilweise richtig ist. Der Begriff Gegenkonditionierung stammt aus der klassischen Konditionierung, während der Prozess des unvereinbaren Alternativverhaltens ganz klar ein Prozess der operanten Konditionierung ist. Man sollte daher diesen Prozess mit einem entsprechenden Begriff aus dem Bereich der operanten Konditionierung, wie gezielte Bestätigung von unvereinbarem Verhalten (DRI, englische Abkürzung für differential reinforcement of incompatible behavior), bezeichnen. Die beiden Begriffe unterscheiden sich dadurch, dass beim einen die entsprechende Reaktion klassisch konditioniert, beim anderen operant konditioniert wird.

Um eine emotionale Reaktion zu verändern, muss das fragliche Objekt mit einem Reiz kombiniert werden, der eine starke angenehme Reaktion auslöst. Jeder Hund ist aber anders.

> **HAUSAUFGABE:** Schreiben Sie eine Liste der fünf Lieblingsdinge Ihres Hundes, welche die stärksten angenehmen Reaktionen auslösen, und ordnen Sie diese danach, was Ihr Hund am allerangenehmsten empfindet, was am zweitangenehmsten usw. Platz 1 auf Ihrer Liste ist dann der am stärksten positiv besetzte Reiz für Ihren Hund, Platz 2 der am zweitstärksten positiv besetzte Reiz usw. Ein solcher Reiz kann zum Beispiel eine bestimmte Aktivität sein, ein Spiel, ein Spielzeug und natürlich Futter. Schreiben Sie die Liste gleich jetzt und legen Sie sie in Ihre Mappe.

Gegenkonditionierung erreicht man, indem man zwei Reize mehrfach und so lange gemeinsam präsentiert (eigentlich kommt der angenehme erst ganz knapp nach dem unangenehmen), bis eine andere Reaktion ausgelöst wird. Die Gleichzeitigkeit alleine reicht allerdings nicht aus, um klassische Konditionierung zu erzielen. Die Reize müssen auch in einem gewissen Zusammenhang zueinander stehen, damit eine größtmögliche Wirkung erzielt werden kann.

Systematische Desensibilisierung ist eine Methode der klassischen Konditionierung und ähnelt dem Prozess der Gegenkonditionierung. Bei der systematischen Desensibilisierung wird der Hund einem bestimmten Reiz in einer – hinsichtlich Abstand, Dauer und Ablenkungsgrad – genau kontrollierten Situation so ausgesetzt, dass er dabei keine sensibilisierte Reaktion erlebt und sich an den Reiz in dieser Stärke gewöhnt. Wenn es zu dieser Gewöhnung gekommen ist, wird der gleiche Reiz etwas intensiver präsentiert und dem Hund wieder Zeit zur Gewöhnung gegeben. Gewöhnung ist jener Prozess, bei dem eine Reaktion an Stärke abnimmt, nachdem sie mehrfach hervorgerufen wurde. Der Hund soll sich jeweils an eine bestimmte Intensität des Reizes gewöhnen, bevor diese Intensität gesteigert wird. Man geht nämlich davon aus, dass ein Hund sich an einen sehr starken Reiz nicht gewöhnen kann, weil die sensibilisierte Reaktion darauf zu stark ist. Wir müssen sozusagen den Fuß in die Tür bekommen. Wenn wir die Intensität des Kontakts mit einem Reiz reduzieren können, kann sich der Hund daran gewöhnen, und wenn er sich erst einmal daran gewöhnt hat, können wir einen engeren Kontakt mit dem Reiz herstellen und den Hund auch daran gewöhnen. Diese Steigerung kann häufig nur in winzig kleinen Schritten vorgenommen werden. Am einfachsten kann man sich systematische Desensibilisierung so vorstellen, dass wir die „Sicherheitzone" des Hundes ein klein wenig ausweiten, bis sich der Hund daran gewöhnt hat, und dann weiten wir sie noch ein kleines Stückchen aus, und wenn er sich auch daran gewöhnt hat, wieder ein kleines Stück. Dieses System wird so lange fortgeführt, bis ein Punkt erreicht ist, an dem der Hund Alltagssituationen besser bewältigen kann.

Ich habe bei der Definition weiter oben die Formulierung „Desensibilisierung" verwendet. Es wird aber praktisch nie der Prozess der systematischen Desensibilisierung allein verwendet. Meistens wird systematische Desensibilisierung gemeinsam mit Gegenkonditionierung eingesetzt. Durch den schrittweisen Prozess und die gleichzeitige Änderung der KR haben wir damit ein sehr wirksames Instrument, um das Verhalten eines Hundes, dem ein bestimmter Reiz nicht geheuer ist, zu verändern. Je mehr emotionale Komponenten das Problem beinhaltet, desto wichtiger ist dieser Prozess.

Im wirklichen Leben ist die Ausdehnung der Sicherheitszone des Hundes oft nicht so einfach zu bewerkstelligen. Es kann vorkommen, dass man ein bisschen zu viel macht und es zu einer sensibilisierten Reaktion des Hundes kommt. In einem solchen Fall muss man wieder ein paar Schritte zurückgehen und es nochmal versuchen, diesmal aber langsamer vorgehen.

WIE MAN SYSTEMATISCHE DESENSIBILISIERUNG UND GEGENKONDITIONIERUNG EINSETZT

Sie können systematische Desensibilisierung und Gegenkonditionierung folgendermaßen verwenden:

Nehmen wir an, Ihr Hund hat Angst vor Fremden. Nehmen wir weiter an, er nimmt einen Fremden in 30 Meter Entfernung wahr, fühlt sich aber auf diese Entfernung noch nicht bedroht. Bei einem Abstand von 15 Metern reagiert er mit Anspannung und konzentriert sich völlig auf die fremde Person. Bei einem Abstand von sieben Metern versucht der Hund, sich hinter Ihren Beinen zu verstecken. Bei drei Metern Entfernung bellt er wie verrückt und springt vor. Werden eineinhalb Meter unterschritten, beißt er zu, wenn er die Möglichkeit dazu hat.

1. Schritt:
Führen Sie diese Übung vor der Fütterungszeit durch und benehmen Sie sich Ihrem Hund gegenüber möglichst normal, solange kein Fremder in Sicht ist. Sorgen Sie dafür, dass ein Fremder in 30 Metern Entfernung auftaucht, und geben Sie Ihrem Hund in genau diesem Moment seine Lieblingsleckerchen. Füttern Sie ihn damit ein paar Sekunden bis zu einige Minuten lang. Wenn der Fremde wieder verschwindet, hören Sie sofort mit dem Füttern auf und benehmen sich wieder möglichst normal. Wiederholen Sie das pro Einheit ein paar Mal und machen Sie viele solcher Einheiten. Gehen Sie erst zum 2. Schritt über, wenn der Hund eindeutig freudig darauf reagiert, wenn er den Fremden in 30 Metern Entfernung sieht. Wenn der Fremde auftaucht und Ihr Hund gleich mit dem Schwanz wedelt und Sie erwartungsvoll ansieht, weil er auf seine Leckerchen wartet, dann sind Sie so weit, dass Sie den nächsten Schritt angehen können. Möglicherweise brauchen Sie für den ersten Schritt nur ein paar Tage oder aber ein paar Monate. Es ist aber unerlässlich, mit Schritt 2 erst zu beginnen, wenn der Hund ganz eindeutig mit freudiger Erregung auf den Fremden in 30 Meter Entfernung reagiert.

2. Schritt:
Sehen Sie nun zu, dass der Fremde in einer Entfernung von 25 Metern erscheint. Sie sollten dem Hund die Leckerchen bereits bei einer Entfernung von 30 Metern zeigen, sie ihm aber erst geben, wenn der Fremde auf 25 Meter Abstand ist. Wiederholen Sie das mehrmals pro Einheit und mehrere Einheiten lang, bis der Hund sichtlich freudig auf den Fremden im Abstand von 25 Metern reagiert. Machen Sie genauso und schrittweise weiter, während sie den Abstand auf 23 Meter und 20 Meter verkürzen. Dann verringern Sie den Abstand auf 17 Meter, auf 15 Meter, auf zehn Meter, auf acht Meter, auf fünf Meter, auf drei Meter und auf anderthalb Meter. Denken Sie bitte daran, den Abstand NIE zu verringern, solange der Hund sich nicht mit der jeweiligen Distanz absolut sicher und wohl fühlt.

3. Schritt:
Sie machen es dem Hund nun einfacher, indem Sie den Schwierigkeitsgrad senken und den Abstand wieder auf 30 Meter vergrößern, allerdings soll Ihr Hund das Gelernte nun generalisieren. Daher gehen wir wieder zurück zu einer niedrigen Intensität, setzen

nun aber eine andere Person als Fremden ein. Diesmal sollten Sie schneller vorankommen, aber dennoch darauf achten, dass Sie Ihrem Hund so viel Zeit wie nötig lassen. Wenn Sie dann bereits mit unterschiedlichen fremden Personen gearbeitet haben, können Sie die Übung als Nächstes in einer anderen Umgebung oder mit mehr Ablenkung durchführen. Immer wenn Sie ein neues Element einführen, müssen Sie den Schwierigkeitsgrad senken und erst wieder langsam aufbauen. Machen Sie erst weiter, wenn der Hund die Lektion generalisiert hat und auf Fremde in unterschiedlichen Situationen eindeutig freudig reagiert.

4. Schritt:
Auf Reichweite heranzukommen ist schwieriger und gefährlicher, daher ist es ganz wichtig, die Übungen unter Schritt Nr. 3 gründlich durchzuführen. Im 4. Schritt kommt es nun zu einem direkten Kontakt. Jetzt ist auch der Gesamtzusammenhang wichtig. Schnelle, aber auch übertrieben langsame Bewegungen können einen Hund völlig verängstigen. Ihn anzustarren ist bedrohlich. Man muss sich sehr genau überlegen, wie der Schwierigkeitsgrad langsam gesteigert werden kann. Anfangs sollte der Fremde sich dem Hund seitlich nähern und mit normaler und vorhersehbarer Geschwindigkeit gehen. Vielleicht fangen Sie damit an, dass der Fremde in etwa drei Metern Entfernung neben Ihnen und dem Hund hergeht und dem Hund von dort ein Leckerchen zuwirft. Nach einigen Wiederholungen kann der Schwierigkeitsgrad erhöht werden und der Fremde aus zwei Metern Entfernung und dann aus einem Meter Entfernung Leckerchen werfen und schließlich dem Hund direkt geben. Steigern Sie den Schwierigkeitsgrad nur sehr langsam und schrittweise. Wenn der Hund erst einmal wirklich genießt, Leckerchen aus der Hand des Fremden zu nehmen, kann sich der Fremde jedes Mal ein wenig normaler benehmen, bis sich der Hund völlig wohl fühlt, wenn sich fremde Personen ihm gegenüber völlig normal verhalten.

Es ist nicht erforderlich, für die oben beschriebenen Übungen jeweils Ihre Freunde und Bekannten zu verpflichten, obwohl das Ganze meist besser funktioniert, wenn anfangs mit bekannten Personen gearbeitet wird. Der Hund lernt dabei, wie die Sache funktioniert, bevor wirklich ein „fremdes Element" auftritt. Sie suchen sich dafür einfach eine gut geeignete Stelle, wo Sie genügend Platz haben, um arbeiten und ausweichen zu können, und wo in passender Entfernung Passanten vorbeikommen. Sie führen dann die Übungen mit Ihrem Hund durch. Achten Sie nur darauf, dass Sie immer den richtigen Abstand halten können und die Situation unter Kontrolle haben. Das unten stehende Diagramm beschreibt, wie Sie dabei vorgehen. Q steht für den Fremden, und der Pfeil gibt an, in welche Richtung er sich bewegt. Nehmen wir mal an, dass Q (der Fremde) eine Straße entlanggeht und X (Sie mit Ihrem Hund) auf einer angrenzenden Wiese steht. Die Entfernung zwischen Q und X ist das, was Sie verändern, wobei Sie in unserem Beispiel mit einer Entfernung von 30 Metern beginnen und dann allmählich näher an die Straße herangehen. Jedes Mal, wenn ein Passant vorbeigeht, ist das für Sie eine Gelegenheit, Ihrem Hund Leckerchen zu geben, und wenn niemand vorbeigeht, benehmen Sie sich möglichst normal. Genau dieser Unterschied ist der springende Punkt bei dieser Übung.

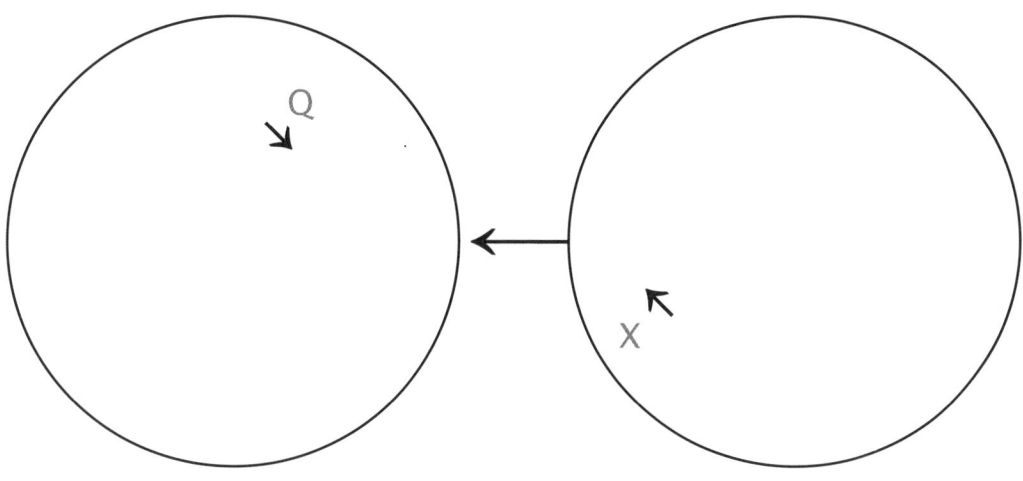

Wie man systematische Desensibilisierung im Alltag üben kann.

Wenn ein Passant plötzlich und unerwartet in Ihrer Nähe auftaucht und Sie nicht verhindern können, dass der Hund darauf aggressiv reagiert, dann sagen Sie nichts und gehen Sie möglichst schnell weg. Wenn Sie weit genug weg sind, dann warten Sie einige Minuten, bis der Hund von sich aus – ohne dass Sie etwas sagen oder tun – wieder zur Ruhe kommt. Schauen Sie ihn nicht einmal an. Wenn der Hund sich wieder beruhigt hat, verlangen Sie ein einfaches Kommando wie zum Beispiel „Sitz" und belohnen Sie ihn für die Ausführung, damit die Episode ein positives Ende findet. Merken Sie sich aber, in welcher Umgebung es zu diesem Zwischenfall kam. Sie werden später darauf zurückkommen und in dieser Umgebung nochmal üben müssen, um auch hier positive Erfahrungen zu verankern.

Sie müssen die Übungen sehr lange fortsetzen, auch dann noch, wenn Sie schon glauben, der Hund habe mit Fremden keinerlei Probleme mehr. Die größten Fehler bei dieser Methode sind die, viel zu früh aufzuhören oder den Schwierigkeitsgrad zu schnell zu steigern. Auch wenn der Hund ab einem bestimmten Zeitpunkt offenbar schon gut mit der Situation zurechtkommt, üben Sie noch ein paar Wochen lang weiter. Auch danach sollten Sie sich zwischendurch bietende Gelegenheiten nutzen, um ein wenig zu üben. Gehen Sie nie davon aus, dass einmal Erreichtes ewig hält. Wenn Sie Fremden begegnen, werfen Sie Ihrem Hund ein paar Leckerchen zu oder einen Ball oder was immer Ihr Hund mag. Zeigen Sie ihm immer wieder, dass Fremde etwas Tolles sind.

Reizüberflutung nennt man jenen Prozess, bei dem man den Hund mit einem starken Reiz konfrontiert, ihm keinen Ausweg lässt und den starken Reiz so lange beibehält, bis sich der Hund schließlich daran gewöhnt. Von Reizüberflutung kann man erst dann sprechen, wenn der Hund bei diesem bestimmten Reiz keine sensibilisierte Reaktion mehr zeigt. Erst nachdem dieser Punkt erreicht ist, kann sich der Hund überhaupt an den Reiz gewöhnen. Die Methode ist durchaus riskant und wird kaum mehr angeraten, seit die Methode der systematischen Desensibilisierung weiter entwickelt wurde. Reizüberflutung hat sich zwar (bei richtiger Durchführung!) als sehr wirksam erwiesen, allerdings bringt man das Tier dabei in eine extrem schwierige Situation, so dass die Verwendung dieser Methode aus ethischen Gründen abzulehnen ist.

OPERANTE KONDITIONIERUNG

Operante Konditionierung findet statt, wenn die Häufigkeit eines Verhaltens auf Grund der Konsequenzen, die es in vorangegangenen Situationen nach sich zog, entweder zu- oder abnimmt. Als operantes Verhalten bezeichnet man Verhaltensweisen, die durch ihre Folgen beeinflusst werden. Bei operanter Konditionierung geht es um zielorientiertes Verhalten. Hunde verfolgen das Ziel, bestimmte Dinge im Leben zu erreichen, egal ob es dabei um unmittelbare Bedürfnisse wie Sauerstoff oder eher um subjektive positive Empfindungen wie das Lieblingsspielzeug oder einen interessanten Geruch geht. Hunde machen, was notwendig ist, um das zu bekommen, was sie wollen oder brauchen. Welche Verhaltensweisen dabei eingesetzt werden, hängt ganz davon ab, wie erfolgreich die jeweilige Strategie in der gleichen Situation bisher war. Wenn die Strategie Erfolg hatte, dann wird sie auch wieder eingesetzt.

Thorndikes *Gesetz der Wirkung* beschreibt, nach welchen Regeln operante Konditionierung funktioniert. Das Gesetz der Wirkung besagt, dass ein Verhalten verstärkt wird, wenn es zu einem zufrieden stellenden Ergebnis führt, und ein Verhalten tritt seltener auf, wenn es ein nachteiliges Ergebnis zur Folge hat. Beachten Sie bitte, dass die Einstufung als „zufrieden stellend" oder „nachteilig" ausschließlich aus dem Blickwinkel des Tieres getroffen wird. Wenn ein Hund in Ruhe gelassen werden möchte und Sie entfernen sich von ihm, dann hat er mit seinem Verhalten das gewünschte Ziel erreicht, und dieses Verhalten wird verstärkt. Möchte der Hund aber, dass Sie bei ihm bleiben und ihn streicheln, dann wird es keine positive Verstärkung sein, wenn Sie sich von ihm entfernen. Es könnte sogar als Strafe empfunden werden. Es kommt ganz und gar darauf an, was der Hund erreichen möchte und ob er mit seinem Verhalten das gewünschte Ziel erreichen kann oder nicht. Ob etwas als Verstärkung oder als Strafe wirkt, hängt nicht davon ab, wie Sie das einschätzen oder was Sie von einem Reiz halten, der präsentiert oder entfernt wird. Die einzige Methode, wie Sie feststellen können, ob etwas als Belohnung oder Bestrafung wirkt, ist die Häufigkeit eines Verhaltens zu beobachten und zu sehen, ob es in der Folge häufiger oder weniger häufig auftritt.

Konzentrieren Sie sich darauf, welche Auswirkungen Ihre eigenen Handlungen tatsächlich auf das Verhalten Ihres Hundes haben, und gehen Sie nicht davon aus, was Sie für eine Belohnung oder Bestrafung halten.

METHODEN DER OPERANTEN KONDITIONIERUNG

Es gibt ganz allgemein vier Methoden, die zu einer operanten Konditionierung führen. Einen Überblick finden Sie im nachfolgenden Diagramm.

	beginnt	endet
Angenehmes	Positive Verstärkung Angenehmes beginnt Verhaltenshäufigkeit steigt	Negative Strafe Angenehmes hört auf Verhaltenshäufigkeit sinkt
Unangenehmes	Positive Strafe Unangenehmes beginnt Verhaltenshäufigkeit sinkt	Negative Verstärkung Unangenehmes hört auf Verhaltenshäufigkeit steigt

Die vier Methoden der operanten Konditionierung

Ein Tier kann Dinge unterschiedlicher Herkunft oder Ursache als Konsequenz seines Verhaltens empfinden. Der Besitzer oder andere Personen können für Konsequenzen sorgen. Die Umwelt sorgt ebenfalls für Konsequenzen. Und schließlich können auch Prozesse im Körper des Hundes als Konsequenz erlebt werden. Zum Beispiel kann der Hund die chemischen Stoffe, die bei einer sensibilisierten Reaktion das Gehirn überfluten und euphorisierend und als Schmerzmittel wirken, als angenehm empfinden, was zur Folge hat, dass das Verhalten zunimmt, welches zu diesen sensibilisierten Reaktionen führt. Es gibt Hunde, die bedingt durch solche körpereigenen chemischen Reaktionen ein autoaggressives Verhalten entwickeln. Solche Reaktionen können sogar als eine Form von Selbstmedikation gelten.

POSITIVE VERSTÄRKUNG

Bei positiver Verstärkung erhält das Tier etwas Angenehmes. Wenn Sie dem Hund etwas geben, was er als angenehm empfindet, dann wird das Verhalten, das sich für ihn so positiv auswirkte, wahrscheinlicher. Verhalten orientiert sich an dem, was wirkt. Hunde tun das, was ihnen angenehme Erfahrungen/ Vorteile verschafft. Man kann sich darauf verlassen, dass Hunde bestrebt sind, möglichst viel an positiver Verstärkung zu erhalten.

Wichtig ist das Timing. Jenes Verhalten, das der Hund bei der Verstärkung ausführt, wird häufiger werden. Wenn Ihr Hund nun etwas tut, was Sie belohnen möchten, und Sie warten drei Sekunden, bis Sie ihm die Belohnung geben, weiß Ihr Hund dann noch, wofür er belohnt wurde? Er kann in der Zwischenzeit schon wieder zehn verschiedene Dinge gemacht haben, von denen dann ein oder zwei ebenfalls bestätigt werden, die mit dem Verhalten, das Sie eigentlich belohnen wollten, vermutlich nichts zu tun haben. Sie verstärken somit jenes Verhalten, welches danach häufiger auftritt und nicht unbedingt jenes, das Sie zu verstärken glauben. Sie glauben vielleicht auch, dass Sie ein Verhalten bestrafen, aber was Sie glauben, zählt nicht. Es zählt nur, was das Tier erlebt, und wenn das Tier etwas als positive Verstärkung empfindet, dann ist das so. Viele Leute glauben zum Beispiel, dass es für den Hund eine Strafe ist, wenn man ihn anschreit und wegschubst, wenn er an einem hoch springt um Aufmerksamkeit zu erlangen. Normalerweise löst das aber eine Verstärkung des Verhaltens aus, weil das Anspringen ein aufmerksamkeitsheischendes Verhalten ist und Anschreien und Wegschubsen sind eine Form von Aufmerksamkeit. Das Verhalten wird daher häufiger und in den seltensten Fällen wird den Leuten klar, was eigentlich passiert, weil sie ja die ABSICHT haben, den Hund zu bestrafen, und ihnen dadurch der Blick auf die Folgen ihres Handelns verstellt ist. Oder ein anderes Beispiel: Hat sich ein Hund erst einmal an Strafe gewöhnt, dann werden im Körper stressreduzierende Hormone freigesetzt, wenn er bestraft wird. Diese Stoffe sind physiologisch süchtig machend und verursachen angenehme Körperempfindungen. Die Besitzer merken meist nicht, dass das Verhalten zunimmt, weil sie ja „sicher" sind, den Hund zu bestrafen, während die vermeintliche Strafe auf den Hund als hochgradige Verstärkung wirkt. Beobachten Sie, wie sich bestimmte Dinge tatsächlich auf das Verhalten des Tieres auswirken und ob das Verhalten verstärkt wird oder nicht.

NEGATIVE STRAFE

Bei negativer Strafe wird dem Tier etwas Angenehmes weggenommen. Wenn ein Hund Aufmerksamkeit oder Zuwendung haben will, dann führt es zu einer Reduktion von unerwünschtem Verhalten, wenn Sie von ihm weggehen. Wenn Sie einem Hund ein Leckerchen so vor die Nase halten, als würde er es gleich bekommen, und es wegnehmen, wenn er etwas Unerwünschtes tut, dann sollte das Verhalten in der Folge seltener werden. Das Verhalten hat dem Hund nicht den gewünschten Erfolg gebracht, die Hoffnung oder die Chance auf das Leckerchen schwindet. Eine andere Methode negativer Strafe, die Sie bei aggressiven Hunden oder Hunden mit Kontrollkomplex einsetzen können, ist die so genannte Auszeit oder das „Time-Out". Bei einer Auszeit wird der Hund ein paar Minuten in einen Auszeit-Bereich gebracht oder, wenn das nicht möglich ist, findet zumindest keine Interaktion mit dem Hund statt. Eine andere Möglichkeit ist, dass Sie immer dann, wenn Ihr Hund etwas Unerwünschtes tut, einfach weggehen (vorausgesetzt, der Hund empfindet Ihre Anwesenheit als etwas Angenehmes), was ebenfalls zu einer reduzierten Häufigkeit des Verhaltens führen sollte.

POSITIVE STRAFE

Bei positiver Strafe erfährt der Hund etwas, was er als aversiv oder unangenehm empfindet. Wenn Sie einem Hund einen Elektroschock verpassen, ihn treten oder heftig mit ihm schimpfen, dann nimmt die Häufigkeit des Verhaltens, das er in diesem Augenblick ausführte, sehr wahrscheinlich ab. Dies sind nur Beispiele und ich möchte Sie keinesfalls ermuntern, diese anzuwenden! Hunde versuchen in jedem Fall, Strafe möglichst zu vermeiden, und werden daher Verhaltensweisen, die eine Strafe nach sich ziehen, aufgeben, wenn die sich bietende Verstärkung die negative Erfahrung nicht überwiegt. Positive Strafe sollte nicht eingesetzt werden, solange auch positive Verstärkung eine mögliche Option ist, und sollte nur von einem Profi angewendet werden, der eine geeignete Trainingssituation sorgfältig inszeniert. Undifferenzierte oder nicht korrekt verwendete positive Strafe muss aus ethischen Gründen abgelehnt werden. Damit positive Strafe korrekt eingesetzt werden kann, müssen einige Kriterien erfüllt sein.

1. Die Strafe muss so intensiv sein, dass der Hund erschrickt und das Verhalten dadurch unterbrochen wird.
2. Die Strafe muss jedes Mal erfolgen, wenn das fragliche Verhalten auftritt.
3. Die Strafe muss **sofort** auf das Verhalten folgen.
4. Der Hund muss eine Verhaltensalternative gelernt haben, mit der er die positive Strafe vermeiden kann.
5. Das bestrafte Verhalten muss bereits nach wenigen Malen Strafen deutlich abnehmen oder ganz aufhören. Im Idealfall hört das Verhalten sofort auf, wenn eine positive Strafe erfolgt. Wenn das Verhalten bereits über längere Zeit eindeutig verstärkt wurde, dann kann man es mit positiver Strafe nur sehr schwer beeinflussen.

Es ist nicht so, dass Strafe nicht funktionieren würde. Wenn sie korrekt ausgeführt wird (was selbst bei Fachleuten kaum jemals der Fall ist und schon gar nicht bei Hundebesitzern), ist sie sehr effizient. Das Problem ist, dass Strafe ethisch bedenklich ist, wenn sich positive Verstärkung als Alternative anbietet, und diese Alternative besteht fast immer. Außerdem gibt es bei positiver Strafe bedenkliche Nebenwirkungen. Es kommt gleichzeitig zu operanter und klassischer Konditionierung. **Der Hund verknüpft Angenehmes wie Unangenehmes mit der Person, von der die Strafe stammt. Und das sind Sie!** Wenn eine Strafe nicht völlig korrekt ausgeführt wird, und vermutlich selbst dann, kommt es beim Hund zu einer Stressreaktion, die das Lernen blockiert. Außerdem muss der Hund, damit er bestraft werden kann, das Verhalten zuerst ausführen, jede Wiederholung des Verhaltens hat aber eine selbstbelohnende Wirkung und verstärkt es. Wäre es nicht besser, diesen Wiederholungseffekt zu vermeiden, die Verstärker abzubauen und eine Verhaltensalternative aufzubauen und zu bestätigen? Verwendet man positive Strafe, begibt man sich überdies auf eine abschüssige Bahn. Wenn sich jemand erst einmal entschieden hat, positive Strafe anzuwenden, heißt das meistens, dass keine Kreativität für die Suche nach Möglichkeiten zur positiven Verstärkung mehr aufgewendet wird. Solche Personen werden unbeweglicher in ihrem Denken, weil positive Strafe einfach ist und weniger Nachdenken erfordert und weil die

Tatsache, dass sie dabei eigene Emotionen abreagieren können, ihr eigenes Verhalten verstärkt. Menschen, die positive Strafe ablehnen, sind meistens einfallsreicher und bemühen sich, weniger riskante Methoden zur Verhaltenskorrektur zu finden.

Lindsay (2000) schlägt sieben verschiedene Methoden zur Verhaltenskorrektur vor, die versucht werden sollten, bevor man die Anwendung von Strafe überhaupt in Erwägung zieht. Es sind die Folgenden:

1. Das unerwünschte Verhalten in eine akzeptable Form bringen,
2. die Umwelt so verändern, dass sich keine Gelegenheit für das unerwünschte Verhalten mehr bietet,
3. ein akzeptableres Ventil für das unerwünschte Verhalten anbieten,
4. das Verhalten unter Signalkontrolle bringen,
5. die Rahmenbedingungen, die zu einer Verstärkung des unerwünschten Verhaltens führen, verändern und damit das Verhalten löschen,
6. ein mit dem unerwünschten Verhalten unvereinbares Alternativverhalten auswählen und verstärken,
7. im Fall von intrinsisch (eines von innen) verstärktem Verhalten das Verhalten unter Kontrolle eines extrinsischen (von außen wirkenden) Verstärkers bringen und dann löschen.

Das sind ausgezeichnete Vorschläge, und wenn Sie darauf ebensoviel Zeit und Mühe verwenden, wie Sie für die Entwicklung eines effektiven Trainingsprogramms mit positiver Strafe verwenden würden, sollten Sie danach eigentlich kein Verhaltensproblem mehr haben.

NEGATIVE VERSTÄRKUNG

Bei negativer Verstärkung wird etwas, was das Tier als unangenehm empfindet, entfernt. Die Voraussetzung für negative Verstärkung ist, dass es vorher positive Strafe gab, da man nur dann unangenehme Dinge entfernen kann, wenn sie vorher entweder durch Ihr Einwirken oder in der Umgebung vorhanden waren. Wenn Sie einen Hund mit dem Kettenhalsband würgen, bis er aufhört zu ziehen, dann arbeiten Sie mit negativer Verstärkung, und wenn das Tier diese Erfahrung mehrfach gemacht hat, wird das Ziehen weniger häufig auftreten, wenn die sich bietende Verstärkung die negative Erfahrung nicht überwiegt und wenn der aversive Effekt nicht so stark war, dass dadurch die Aktivität der Großhirnrinde gehemmt wird, wo die kognitiven Fähigkeiten und das Lernen im Gehirn angesiedelt sind, und wenn es beim Hund nicht zur Gewöhnung kommt. Emotionale Reaktionen auf ein aversives Ereignis beeinträchtigen das Lernen. Negative Verstärkung sollte nicht verwendet werden, solange man auch mit positiver Verstärkung arbeiten kann (was praktisch immer der Fall ist, wenn Sie ein wenig nachdenken und Einfallsreichtum beweisen). Ich habe noch kein Verhaltensproblem gesehen, bei dem ich nicht ein auf positiver Verstärkung aufbauendes Programm hätte entwickeln können.

PROBLEME MIT POSITIVER STRAFE UND
NEGATIVER VERSTÄRKUNG (UNANGENEHMES)

Sie werden bemerkt haben, dass sowohl bei positiver Strafe als auch bei negativer Verstärkung die Formulierung vorkam „wenn nicht die sich bietende Verstärkung die negative Erfahrung überwiegt". Verhalten wird nämlich vor allem über Verstärkung gesteuert. Hunde versuchen, Unangenehmes möglichst gering zu halten (das heißt, unangenehme Dinge zu umgehen, um an den Verstärker zu kommen), solange aber nicht direkt in den Mechanismus der Verstärkung eines Verhaltens eingegriffen wird, versuchen sie, den unangenehmen Dingen einfach auszuweichen und trotzdem an die Verstärker zu kommen. Angenehmes gezielt einzusetzen ist der beste Weg einer effizienten Steuerung des Verhaltens.

Das ist aber nicht das einzige Problem, wenn wir im Training mit „unangenehmen Dingen" arbeiten. Wie bereits erwähnt, kommt es zu operanter und gleichzeitig klassischer Konditionierung. Wenn ein Hund eine positive oder negative Erfahrung macht, verknüpft er sie mit den in diesem Augenblick vorhandenen Reizen. Sie sind einer dieser Reize! Wenn Sie im Training mit negativen Erfahrungen arbeiten, wird Ihr Hund gleichzeitig lernen, Sie mit unangenehmen Dingen zu assoziieren. Im Fall von aggressivem Verhalten haben wir es sowieso schon mit einem Hund zu tun, der sich mit einer Situation oder einem Reiz unwohl fühlt. Wenn Sie den Hund, der auf einen Reiz ohnehin schon mit Unbehagen oder negativ reagiert, mit positiver Strafe oder negativer Verstärkung operant konditionieren, dann kommt es automatisch auch zu einer klassischen Konditionierung, bei der der Reiz mit einer unangenehmen Erfahrung verknüpft wird. Aus diesem Grund ist die Verwendung von „unangenehmen Dingen" im Training eher dazu angetan, aggressives Verhalten noch zu steigern, statt zu reduzieren. Der Hund fühlt sich in Anwesenheit des aggressionsauslösenden Reizes noch unbehaglicher als sonst und hat daher noch mehr das Bedürfnis, sich zu verteidigen. Schließlich führt Strafe zu einer Hemmung des Verhaltens und nicht dazu, dass es aus dem Verhaltensrepertoire des Hundes verschwindet. Das Verhalten existiert noch, wird aber in diesem Moment nicht gezeigt. Wenn ein Hund mit Aggressionsproblemen mit positiver Strafe und negativer Verstärkung trainiert wurde, kann man den Trainingsergebnissen nicht wirklich trauen, weil die Ursachen nicht behandelt wurden. Ein Hund, der ein Verhalten aus Angst unterdrückt, kann schnell gefährlich werden!

Das Problem mit positiver Strafe ist auch, dass es sich dabei um eine Gratwanderung handelt, die auf Dauer nicht gut gehen kann. Hunde nehmen einen Reiz entweder als Strafe oder als Belohnung wahr, und Sie würden sich wundern, was manche Hunde als Belohnung empfinden. Wenn Ihr Hund den Versuch, ihn zu bestrafen, als Verstärkung empfindet, laufen Sie Gefahr, dass sein Verhalten noch häufiger auftritt. Wenn er es tatsächlich als Strafe empfindet, dann muss sichergestellt sein, dass die Strafe schwer genug ist, um den Hund in seiner Kosten-Nutzen-Abwägung dazu zu bringen, das betreffende Verhalten zu verringern. Eine derart schwere Strafe könnte allerdings auch zur Traumatisierung des Hundes führen. Wenn die Strafe zu hart ist, verfällt der Hund in ein offensives Verteidigungsverhalten, und wenn die Strafe nicht schwer genug ist, kommt es zur Gewöhnung. Diese Gratwanderung auf Dauer durchzuhalten ist praktisch unmöglich. Es ist beachtlich, wenn es einem Fachmann gelingt, eine Bestrafung wirklich richtig durchzuführen, und es wäre mehr als außerordentlich beachtlich, wenn ihm das mehr als einmal gelänge. Selbst sehr erfahrene Trainer können nicht davon ausgehen, dass sie Strafe wirklich immer korrekt anwenden, weil jeder Hund anders ist, andere Triebe und Abneigungen hat und es auch Rasse- und Größenunterschiede gibt. Ein durchschnittlicher Hundebesitzer ist dazu keinesfalls in der Lage. Der Vorschlag, bei einem defensiv-aggressiven Hund positive Strafe anzuwenden, führt garantiert zum Desaster. Geht der Versuch schief, dann hat das ernste Konsequenzen. Es macht daher sehr viel mehr Sinn, sich auf positive Verstärkung zu konzentrieren und die Häufigkeit von erwünschtem und mit Aggressivität unvereinbarem Verhalten zu steigern.

Es gibt ein weiteres Problem mit Strafe: Nach mehrmaliger Bestrafung reagiert der Hund allmählich physiologisch anders auf die Strafe. Es kommt bei Bestrafung zu einer Ausschüttung verschiedener stressreduzierender Stoffe ins Blut. Diese chemischen Stoffe wie Cortisol, Endorphine oder Adrenalin wirken höchst selbstbelohnend, weil sie zu euphorischen Empfindungen führen und schmerzlindernd wirken. Dadurch kann nach mehrmaliger Bestrafung sogar die Strafe selbst zu einem sehr wirksamen Verstärker werden. In den wenigsten Fällen wird einem diese Wirkung bewusst. Im besten Fall merkt man nur, dass die Strafe offenbar wirkungslos bleibt. Positive Strafe ist aber auch für jene Menschen, die sie verwenden, eine solche Verhaltensverstärkung, dass sie schon alleine deswegen die Wirkungslosigkeit der Strafe nicht bemerken. **Gewalt beginnt dort, wo das Wissen endet.** Ich habe immer große Zweifel, wenn ich mit der Aussage konfrontiert bin, Bestrafung sei das einzig funktionierende Mittel und damit implizit gemeint ist, man habe ja „alles versucht". Es ist sehr unwahrscheinlich, dass in solchen Fällen wirklich schon alles versucht wurde. Man hat also eine Situation, in der der Hund durch die Strafe in seinem Verhalten bestätigt wird und der Besitzer den Hund immer wieder bestraft und bestraft, ohne zu merken, dass er damit mehr Schaden anrichtet als Nutzen zu erzielen. Es sprechen einfach zu viele gute Gründe gegen positive Strafe und negative Verstärkung, um sie als effiziente Methoden bezeichnen zu können.

Die Arbeit mit negativen Reizen ist schließlich auch aus ethischen Gründen problematisch. Hunde suchen sich das Zusammenleben mit uns nicht aus. Sie sind es, der einen Hund aussucht und zu sich holt. Kein Lebewesen verdient es, schlecht behandelt zu werden. Selbst wenn positive Strafe und negative Verstärkung problemlos funktionieren würden, ist der springende Punkt ein anderer. **Der Zweck heiligt nicht die Mittel.** Es ist nicht richtig, einem Lebewesen absichtlich unangenehme Empfindungen zuzufügen, es zu schlagen, zu würgen, anzubrüllen oder an der Leine zu rucken, noch dazu einem Lebewesen, das SIE sich als Sozialpartner ausgesucht haben. Dieses Lebewesen ist Ihr Freund. Es ist ein Tier, das Sie in eine ihm fremde Welt geholt haben (siehe auch *Hunde sind anders* von Jean Donaldson). Ihr Freund hat Probleme, sich in dieser Welt zurechtzufinden. Tun Sie Ihrem Freund bitte nicht weh. Wenn Sie keinen anderen Weg der Problemlösung finden, als dem Tier derartig viel Angst zu machen, dass es zu einer

Unterdrückung des Problemverhaltens kommt, dann geben Sie den Hund besser ab oder lassen Sie ihn einschläfern. Sie tun ihm Schlimmeres an, wenn Sie ihn dauernd misshandeln. Wenn Sie Ihren Hund lieben, dann lassen Sie sich etwas einfallen, holen Sie sich professionelle Hilfe und finden Sie einen Weg, wie Sie ohne Misshandlung ein Verhalten erreichen können, mit dem es sich leben lässt. Ich bitte Sie dringend darum!

DIE WUNDERBARE WELT DER POSITIVEN VERSTÄRKUNG UND IN GERINGEREM AUSMASS DER NEGATIVEN STRAFE (ANGENEHMES)

Die Steuerung von Verhalten erfolgt über Verstärkung. Das Wunderbare an der Verhaltensbeeinflussung durch angenehme Dinge ist, dass Sie damit Sympathien erwerben. Der Hund stellt eine positive Verknüpfung mit allen mit einem positiven Verstärker zeitgleich anwesenden Reizen her, und Sie können damit die Ursachen von Aggression bekämpfen. Es ist möglich, sehr viele Belohnungen selbst zu steuern. Sie können dem Hund angenehme Dinge sehr einfach geben oder wegnehmen, was gleichzeitig auch dazu führt, die Aufmerksamkeit Ihres Hundes zu gewinnen und sein Verhalten wirksam zu beeinflussen.

OPERANTE EXTINKTION

Als operante Extinktion oder Löschung bezeichnet man die Auswirkungen auf die Reaktionshäufigkeit, wenn man einen Verstärker, der ein bestimmtes Verhalten motivierte, entfernt. Nicht alle Verstärker lassen sich entfernen. Es kann beispielsweise körpereigene Prozesse geben, die als Verstärker wirken und die man nicht beeinflussen kann. Manchmal kommt es auf Grund von artspezifischer Lernbereitschaft zu einer Aktivierung bestimmter Verhaltenssysteme, die eine operante Extinktion ebenfalls erschweren können. Es kann sehr schwierig sein herauszufinden, was ein Verhalten verstärkt, und selbst wenn man es herausgefunden hat, kann es schwierig sein, diese Verstärkung zu verhindern. Denken Sie nur an den Adrenalinschub, den Hunde durch aggressives Verhalten erleben. Wie soll man diese Verstärkung verhindern? Das ist unmöglich. Man muss in diesem Fall verhindern, dass die Erfahrung überhaupt gemacht wird. Häufig kann man die Verstärker aber sehr wohl beeinflussen. Man muss wissen, dass Extinktion allein bei kaum einem Verhalten besonders gut funktioniert, außer vielleicht bei sehr simplem aufmerksamkeitsheischenden Verhalten. Man muss die Methode mit der gezielten Verstärkung eines Alternativverhaltens kombinieren, um die Behandlung effizienter zu machen. Im Zusammenhang mit Extinktion sind der Löschungstrotz (auch extinction burst) und die Spontanerholung zwei wichtige Komponenten, die man kennen sollte.

Verhalten ist variabel. Hunde werden immer versuchen, möglichst viele Verstärker zu bekommen. Ein Verhalten ist dann gut konditioniert, wenn der Hund dafür einen Verstärker erwartet. Wenn Sie einen Verstärker wegnehmen, dann verschwindet das Verhalten nicht einfach. Das ist vor allem dann nicht der Fall, wenn das Verhalten nicht kontinuierlich, sondern variabel verstärkt wurde. Das heißt, ein Hund, der für ein bestimmtes Verhalten nicht jedes Mal, sondern nur gelegentlich belohnt wurde, hat gelernt, dass es normal ist, wenn er die Belohnung nicht gleich bekommt und dass er nur weiter dafür arbeiten muss. Manchmal erhält er für sein Verhalten eine Belohnung, und daher wiederholt er dieses Verhalten immer wieder, in dem Wissen, dass es bald wieder so weit sein wird. Vielleicht muss er sich ja nur ein bisschen mehr anstrengen, um die Belohnung zu erhalten. Wenn Sie das Verhalten jedes einzelne Mal genau gleich belohnt haben, dann kann es leichter gelöscht werden, und es kommt nicht so leicht zu heftigem Löschungstrotz. Nach dieser Annäherung ans Thema nun eine Beschreibung, was genau beim Löschungstrotz passiert.

Der Hund führt ein Verhalten (Knurren) aus und wurde darin bislang von den Menschen in seiner Umgebung belohnt (zum Beispiel weil sie daraufhin weggingen). Dann beginnt man mit einem Programm zur Löschung des Verhaltens. Wenn der Hund das nächste Mal das Verhalten (Knurren) ausführt, wird ihm diese Belohnung vorenthalten (die Menschen gehen erst weg, wenn der Hund nicht mehr knurrt). Der Hund hat aber durch die vorangegangene Konditionierung die Erwartung, dass sein Verhalten den gewünschten Erfolg bringen sollte, und statt nun sämtliche bisherigen Investitionen in Plan A (Knurren) über Bord zu werfen, versucht er sein Verhalten so abzuwandeln, dass er damit doch noch zum gewünschten Erfolg gelangt. Auch auf die Gefahr hin, nun eine vermenschlichende Formulierung zu verwenden, aber es ist etwa so, als würde der Hund denken: „Dieses Verhalten muss doch funktionieren! Vielleicht mach ich es nicht ganz richtig. Mal sehen, ob ich es etwas anders machen muss, damit es doch wieder funktioniert." Der Hund geht daher zu Variante 1 seines Plans A über. Er knurrt und springt gleichzeitig ein wenig vor oder er knurrt noch lauter und bellt dazwischen. Er wandelt sein Verhalten ab, weil er versucht, doch sein angestrebtes Ziel zu erreichen. Nun ein ganz wichtiger Hinweis: Wenn der Besitzer jetzt nachgibt und den Hund für diese neue Variante des Verhaltens belohnt (indem er zurückweicht oder weggeht), wird dieses Verhalten als neuer Plan A ins Regelprogramm übernommen und damit ein noch schlimmeres Verhalten fest verankert. Wenn die Besitzer aber dranbleiben und dem Hund konsequent jede Verstärkung vorenthalten, probiert er verschiedene Varianten des Verhaltens ohne Erfolg durch. Erst ab diesem Zeitpunkt nimmt das Verhalten an Intensität und Häufigkeit ab. Sie müssen also, wenn Sie ein Programm zur Löschung eines Verhaltens beginnen, damit rechnen, dass es anfangs zu einer Intensivierung des Verhaltens kommt. In dieser Phase scheitern viele Trainingsprogramme, und es entstehen viele wirklich schlimme, durch Konditionierung verstärkte Aggressionsprobleme. Jeder Hund ist anders und jeder Hund probiert unterschiedlich viele Varianten aus. Das hängt zum größten Teil davon ab, nach welchem Muster der Hund belohnt wurde und wie lange er dieses Verhalten bereits wie erfolgreich ausgeführt hatte. Wenn ein

Verhalten sehr gut gelernt, mit einem Muster sehr seltener Belohnungen verstärkt und sehr lange ausgeführt wurde, dann widersetzt es sich der Extinktion im Regelfall. Das Verhalten wird dadurch so variabel, dass ein Zusammenhang mit dem ursprünglichen Lernkontext nicht mehr unbedingt notwendig ist. Vielleicht versucht der Hund, selber wegzugehen oder sich zu setzen oder sonst etwas. Wenn Sie zulassen, dass er damit den gewünschten Erfolg hat, dann entsteht damit ein neues Verhaltensmuster und Sie sind auf dem richtigen Weg. Die Moral von der Geschichte: Bevor die Dinge besser werden, können sie erst mal schlechter werden. Daher gilt: Bleiben Sie dran.

SPONTANERHOLUNG

Wenn ein Verhalten gelöscht wurde, kann es anfangs vereinzelt wieder auftreten. Es handelt sich um eine Art „Ausprobieren", ob das Verhalten tatsächlich nicht funktioniert. Der Hund erinnert sich daran, dass das Verhalten einmal erfolgreich war, und diese Erinnerung löst das Verhalten noch gelegentlich aus. Daher läuft anfangs alles gut, aber gelegentlich versucht es der Hund doch mit der alten Strategie, um zu sehen, ob das klappt. Die Strategie ist noch immer in seiner Trickkiste. Die gute Nachricht ist, es wird im Laufe der Zeit immer seltener. Die schlechte Nachricht ist, dieses Verhalten wird nie endgültig verschwinden.

GEZIELTE VERSTÄRKUNG UND VERSCHIEDENE VERSTÄRKERPLÄNE

Bei gezielter Verstärkung geht es darum, die Häufigkeit eines gewünschten Verhaltens zu erhöhen. Am besten setzt man dabei gleichzeitig die Methode der Extinktion ein, um unerwünschtes Verhalten zu verringern. Es gibt dafür verschiedene Möglichkeiten. Wenn Sie ein Verhalten jedes Mal belohnen, dann spricht man von einer kontinuierlichen Verstärkung. Wenn Sie ein Verhalten nicht jedes Mal, sondern gelegentlich belohnen, dann spricht man von einer variablen Verstärkung. Wenn man selbst steuert, wann ein Verstärker kommt, und das gezielt einsetzt, dann können damit bestimmte Verhaltensweisen verstärkt und andere reduziert werden. Von gezielter Verstärkung spricht man dann, wenn bestimmte Verhaltenweisen ausgewählt und belohnt werden und andere nicht. **Das ist Ihr wirksamstes und effektivstes Instrument zur Behandlung von Aggressionsproblemen!!!** Indem Sie die Verstärker selbst und gezielt einsetzen, können Sie die Häufigkeit eines Verhaltensmusters steigern und die eines anderen verringern. Beim Verhaltenstraining geht es um nichts anderes.

Gezielte Verstärkung lässt sich auf unterschiedliche Weise einsetzen. Auf einige davon gehen wir im Folgenden ein. Je nach Gegebenheiten und Problemlage ist die eine oder andere Methode geeigneter.

Gezielte Verstärkung von unvereinbarem Verhalten
(DRI, englische Abkürzung für differential reinforcement of incompatible behavior)
DRI wird häufig als Gegenkonditionierung bezeichnet. Das ist allerdings nicht ganz richtig. Bei DRI geht es darum, ein Verhalten zu belohnen, das mit dem unerwünschten Verhalten nicht kompatibel ist und seine Ausführung ausschließt. Zum Beispiel kann ein Hund nicht an Ihnen hochspringen, wenn er sitzt. Sitzen und Hochspringen sind miteinander unvereinbare Verhaltensweisen, die einander ausschließen. Daher trainieren Sie das Sitzen, damit Ihr Hund nicht mehr an Ihnen hochspringt. Hunde, die an der Leine auf andere Hunde oder auf Fremde losspringen, sind unbedingt Kandidaten für DRI-Training. Wenn der Hund schön bei Fuß geht oder sitzt, kann er nicht vorspringen. Wenn man die Übung so aufbaut, dass der Hund sie immer gut bewältigen kann, indem man in genügend großer Entfernung beginnt und ihm „Fuß" und „Sitz" beibringt, dann kann man damit arbeiten, „Fuß" oder „Sitz" für den Hund sehr, sehr lohnend und das Vorspringen sehr uninteressant zu machen. Vergessen Sie bitte nicht, dass das Vorspringen ein selbstbelohnendes Verhalten ist und Sie daher das Alternativverhalten auch unter Ablenkung trainieren müssen. Sie beginnen also an einem Punkt, an dem der Hund gut mit dem Training zurechtkommt und steigern den Schwierigkeitsgrad schrittweise. Das ist eher eine Vermeidung von selbstbelohnenden Situationen als das Vorenthalten der (Selbst)Belohnung. Als Nächstes üben Sie ein sicheres und verlässliches absitzen und bei Fuß gehen. Bissigen Hunden kann man in manchen Fällen auch beibringen, einen Gegenstand im Maul zu tragen. Wurde der Hund darauf ausreichend konditioniert, dann lässt er sich dadurch vom Schnappen oder Beißen abhalten, weil er seine Aufgabe nicht aufgeben will. Es ist daher zwar richtig, auch bei der Gegenkonditionierung eine emotionale Reaktion durch eine andere damit unvereinbare emotionale Reaktion zu ersetzen, die beiden Methoden unterscheiden sich aber dadurch, dass es sich im einen Fall um klassische Konditionierung handelt und im anderen Fall um operante Konditionierung.

Gezielte Verstärkung von Alternativverhalten
(DRA, englische Abkürzung für differential reinforcement of alternative behavior)
Manchmal lässt sich für ein bestimmtes Verhalten kein praktikables inkompatibles Alternativverhalten finden. In diesem Fall wählt man einfach ein Alternativverhalten, das zwar nicht mit dem unerwünschten Verhalten unvereinbar ist, das aber als neues und erwünschtes Verhalten belohnt wird, so dass es dadurch zu einer Abnahme des unerwünschten Verhaltens kommt. Ein Hund, der häufig drohend bellt, kann zum Beispiel lernen, sich hinzusetzen und ruhig zu sein. Das Bellen ist zwar mit dem Sitzen nicht unvereinbar, aber die Konzentration auf das Ausführen des „Sitz" kann den Hund vom Bellen abbringen. Man kann zu Hause auch durchaus ein Kommando für „Ruhig" oder „Cool bleiben" trainieren, indem man einfach jedes Mal, wenn der Hund sich von sich aus hinlegt, das Kommando wiederholt. Sie können das Kommando dann in Situationen, in denen der Hund normalerweise mit Bellen reagieren würde, verwenden. Denken Sie daran, den Hund sofort zu belohnen, wenn er auf Ihr Kommando hin zu bellen aufhört.

Gezielte Verstärkung von verschiedenem Verhalten
(DRO, engl. Abkürzung für differential reinforcement of other behavior)

DRO wird oft als Prozess des „Shaping von Nichtvorhandenem" bezeichnet. Es geht bei dieser Methode nicht darum, ein bestimmtes Verhalten zu erzielen, sondern das Nichtauftreten einer Verhaltensweise zu belohnen. Sie verstärken dabei in einer Situation, die normalerweise eine bestimmte unerwünschte Verhaltensweise auslöst, alles, außer dem unerwünschten Verhalten. Die Methode kann vor allem dann nützlich sein, wenn es schwer ist, irgendein Alternativverhalten gezielt zu erarbeiten. Denken Sie bitte auch hier wieder daran, manchmal unter Ablenkung zu trainieren.

Gezielte Verstärkung von herausragendem Verhalten
(DRE, englische Abkürzung für differential reinforcement of excellent behavior)

Bei DRE werden nur besonders schnelle und begeisterte Reaktionen verstärkt. Wenn Sie beispielsweise das „Sitz" als Gegenmittel zum Hochspringen üben, können Sie auch nur ein wirklich schön ausgeführtes „Sitz" belohnen. Auf diese Art und Weise werden Sie ein immer besseres „Sitz" bekommen – Sie arbeiten dabei nach dem Prinzip des Shaping, der Formung von Verhalten.

REIZKONTROLLE

Erinnern Sie sich an das ABC des Verhaltens: Auslösereiz – betreffendes Verhalten – Konsequenzen. Häufig kann man durch gezielte Steuerung und Kontrolle der Reize das Verhalten beeinflussen. Wenn es sich beim Auslöser um etwas handelt, das man eliminieren kann, könnte das die Lösung sein. Wenn zum Beispiel der Hund auf Strafe durch das Würgehalsband oder durch Schütteln am Nackenfell aggressiv reagiert, dann werfen Sie einfach das Würgehalsband weg und strafen Ihren Hund nicht mehr. Häufig wird ein Verhaltensproblem auch durch Übererregung ausgelöst. Wenn der Hund sich durch irgendeine Beschäftigung in einen Zustand der Übererregung hineinsteigert und das dann zu Aggressivität führt, dann können Sie vielleicht das unerwünschte Verhalten einfach dadurch stoppen, dass sie diese Beschäftigung nicht mehr anbieten oder zulassen.

GELERNTE IRRELEVANZ

Der Lernprozess, dass bestimmte Dinge bedeutungslos sind, ähnelt ein wenig der Extinktion. Wenn ein Verhalten nicht zu jenen Konsequenzen führt, die eigentlich zu erwarten gewesen wären, dann werden diese Erwartungen nicht bestätigt, und es kommt zu einem neuen Schritt von Anpassungslernen. Wenn Sie dauernd „Sitz", „Sitz", „Sitz" sagen, während Sie versuchen, Ihrem Hund dieses Kommando beizubringen, oder wenn er manchmal auf das Signal hin nicht sitzt und Sie das Kommando ohne irgendwelche Folgen wiederholen, dann lernt der Hund wahrscheinlich, dass das Signal „Sitz" bedeutungslos ist. Es hat deswegen keine Bedeutung, weil es eine vorhandene Bedeutung verliert oder erst gar keine erlangt. Bedeutung entsteht dadurch, dass ein

Verhalten Konsequenzen hat. Wenn ein Signal also keine Konsequenzen nach sich zieht, kommt es auch zu keinem Lernprozess (abgesehen davon, dass der Hund lernt, etwas ist bedeutungslos). Gelernte Irrelevanz kann im Fall von aggressivem Verhalten sehr problematisch sein, weil der Hund nämlich dann, wenn er einer für ihn sehr schwierigen Situation ausgesetzt ist, nicht darauf wartet, ob seine Erwartungen bestätigt oder widerlegt werden. Er reagiert einfach und wird damit auf Grund des selbstbelohnenden Charakters von Aggression in seinem Verhalten bestärkt. Wenn der Hund aber eine wie auch immer geartete Belohnung erlebt, bleibt das Ereignis für ihn nicht bedeutungslos. Aus diesem Grund ist es wichtig, den Hund gezielt und schrittweise in Situationen zu bringen, in denen er lernen kann, dass seine Erwartungen nicht zutreffen. Gelernte Irrelevanz ist häufig keine Methode, die Sie bewusst einsetzen. Es handelt sich um eine Form operanten Lernens, die beim Festigen und bei der gezielten Belohnung automatisch stattfindet. Es ist Teil jenes Mechanismus, der zum Tragen kommt, wenn erwünschtes und besser angepasstes Verhalten erlernt wird.

FESTIGEN

Beim Festigen oder Proofing geht es darum, ein Verhalten zuverlässig in unterschiedlichen Situationen und mit steigendem Schwierigkeitsgrad zu trainieren. Dabei soll der Hund seine Reaktion generalisieren und auch bei stärkerer Ablenkung, auf größere Entfernung oder für längere Zeit zeigen. Hunde sind normalerweise nicht sehr gut im Generalisieren. Man muss ihnen daher beibringen, dass das Wort „Sitz" nicht nur im Wohnzimmer, sondern auch im Hof, auf dem Gehsteig, in Menschenmengen usw. bedeutet, dass er sich hinsetzen soll. Für die Festigung eines Verhaltens ist es notwendig, den Hund langsam und schrittweise in immer schwierigere Situationen mit immer mehr Ablenkung zu bringen. Auch die Art der Ablenkung und ihr Grad müssen variieren, damit der Hund das Verhalten, das er ausführen soll, generalisieren kann. Sie müssen dabei Lernsituationen schaffen, in denen der Hund Erfolg haben kann. Sorgen Sie also nie für zu viel Ablenkung, damit er nicht notwendigerweise scheitert. Es ist eine Gratwanderung. Mit dem Festigen schaffen Sie gleichzeitig auch die Grundlagen für gelernte Irrelevanz. Ein wichtiger Tipp: Wenn Sie den Grad der Ablenkung erhöhen, machen sie vorübergehend einige andere Rahmenbedingungen etwas leichter. Dazu zählen etwa der Abstand, den Ihr Hund bei der Übung zu Ihnen hat, und besonders auch die Zeitspanne, wie lange ein Hund ein bestimmtes Kommando einhalten soll. Wenn sich die ersten Erfolge unter erschwerter Ablenkung eingestellt haben, können Sie auch Entfernung und Zeitdauer wieder erhöhen. Das gleiche Muster gilt auch für die Art der Verstärkung. Belohnen Sie anfangs die Übungen unter erschwerter Ablenkung jedes einzelne Mal. Gehen Sie dann wieder zu variabler Belohnung über. Belohnen Sie vor allem jene Wiederholungen, mit denen der Hund einen Durchbruch erreicht. Wenn der Hund eine Aufgabe besonders begeistert ausführt oder sich besonders bemüht oder wenn er bei seiner Aufgabe bleibt, obwohl es zu einer ungeplanten Ablenkung kommt, belohnen Sie diese besonderen Leistungen sehr stark.

Festigen ähnelt stark dem im Kapitel klassische Konditionierung beschriebenen Prozess der systematischen Desensibilisierung. Allerdings liegt der Schwerpunkt beim Festigen auf der operanten, nicht auf der klassischen Konditionierung. Es geht dabei um das Einüben einer bestimmten alternativen Verhaltensweise und nicht um die Konditionierung einer reflexartigen emotionalen Reaktion, obwohl das meist nebenbei geschieht und damit beide Formen gleichzeitig auftreten.

KLASSISCHE ODER OPERANTE METHODEN

Bei fast allen Trainingsprogrammen wird mit einer Kombination von Methoden der operanten und der klassischen Konditionierung gearbeitet. Je mehr emotionale Komponenten ein Verhalten hat, vor allem je stärker angstbedingt es ist, desto mehr werden wir zur klassischen Konditionierung greifen. Ich würde aber andererseits davon abraten, ausschließlich auf klassische Konditionierung zu vertrauen. Klassische Konditionierung hat gewisse Grenzen, weil sie sich ausschließlich mit dem Auslöser eines Problemverhaltens beschäftigt. Wir müssen uns aber gleichzeitig auch mit den zielgerichteten Komponenten eines Verhaltens beschäftigen. Eine Methode wie die von Jean Donaldson (1998) beschriebene „Bar geöffnet – Bar geschlossen" ist innovativ und sehr wertvoll. Diese Methode funktioniert folgendermaßen:

Der Hundebesitzer sorgt für eine Situation, in der sich der Hund langweilt, und präsentiert dann den angstauslösenden Reiz, während er gleichzeitig ein Signal wie „Bar geöffnet" gibt und damit beginnt, dem Hund laufend Leckerchen zu geben oder mit ihm zu spielen; dann wird der angstauslösende Reiz wieder weggenommen, was von dem Signal „Bar geschlossen" und dem sofortigen Ende von Leckerchen und Spielen begleitet wird. Dem Hundebesitzer wird geraten, diese Übung mehrfach durchzuführen, völlig gleichgültig, mit welchem Verhalten der Hund darauf reagiert. Das Ziel ist es, eine Gegenkonditionierung zu erreichen. Gleichzeitig kann man auch ganz leicht eine systematische Desensibilisierung einbauen, indem man die Intensität des Auslösereizes für den Hund schrittweise steigert. Der Hundebesitzer soll dabei den Hund dauernd weiter mit Leckerchen füttern, auch dann, wenn er aggressiv reagiert. Die dahinterstehende Theorie ist die, dass wir den emotionalen Gehalt verändern müssen, damit wir eine zuverlässige Reaktion erreichen. Da der Hund nicht nur mit einer bestimmten Verhaltensweise reagiert, sondern in dieser Situation höchstwahrscheinlich sehr viele verschiedene an den Tag legt, wird sich die Belohnung für aggressives Verhalten auch nicht als positive Verstärkung auswirken. Man geht davon aus, klassische Konditionierung sei stärker als operante Konditionierung und einige positiv bestärkte aggressive Reaktionen seien der Preis dafür, dass man den Hund dazu bringt, den angstauslösenden Reiz zu mögen.

Ich möchte das allerdings etwas einschränken. Ich wäre sehr vorsichtig und würde darauf achten, den Hund nicht so weit zu treiben, dass er tatsächlich aggressiv reagiert, und ich würde gleichzeitig auch operante Konditionierung verwenden und mit dem Hund ein alternatives Verhalten trainieren. Das Ziel ist dabei, eine alte schlechte Gewohnheit durch eine neue, sozialverträgliche Gewohnheit zu ersetzen. Ich möchte erreichen, dass der Hund mit einer positiven Erwartungshaltung auf einen Reiz reagiert, und möchte ihm gleichzeitig für die zielgerichtete Komponente seines Verhaltens sozialverträgliche Alternativen anbieten. Ich würde den Hund außerdem, wenn es zu einer aggressiven Reaktion kommt, sofort aus dieser Situation herausnehmen. Ich bin der Überzeugung, er kann nicht mehr viel Brauchbares lernen, wenn erst einmal das Verteidigungsverhalten ausgelöst wurde. In einem solchen Fall breche ich die Übung ab und gebe dem Hund die Gelegenheit, sich wieder zu beruhigen, bevor wir weitermachen. Dabei würde ich dann ein paar Stufen tiefer anfangen und langsamer vorgehen als zuvor. Wenn man mit Trainingsmethoden arbeitet, bei denen klassische und operante Konditionierung kombiniert werden, kann man die emotionale Erwartungshaltung eines Hundes ändern und ihm gleichzeitig neue Verhaltensweisen und Gewohnheiten beibringen, die mit den schlechten alten unvereinbar sind. Systematische Desensibilisierung und Gegenkonditionierung können verwendet werden, ohne deswegen auf Methoden der operanten Konditionierung verzichten zu müssen.

CLICKER-TRAINING

Clicker-Training nennt man die Methode der operanten Konditionierung, bei der mit einem so genannten konditionierten positiven Verstärker, auch Marker oder Belohnungssignal genannt, gearbeitet wird. Diese Bezeichnungen sind alle richtig. Der Clicker ist ein kleines Hilfsmittel, ein Kästchen, das einen Klick von sich gibt, wenn man darauf drückt. Dieses Klick-Geräusch wird durch klassische Konditionierung mit einem primären Verstärker verknüpft, bis der Hund auf das Klicken genauso reagiert wie auf das Leckerchen, Spiel oder was immer als primärer Verstärker verwendet wurde. Sie klicken, geben ein Leckerchen und wiederholen das so lange, bis der Hund weiß, dass auf das Klicken immer ein Leckerchen folgt. Sie können damit ein Verhalten sehr schnell und effizient verstärken. Wenn Sie mit Clicker arbeiten, können Sie den Hund auch auf Distanz verstärken oder für ein Verhalten, das nur ganz kurz auftritt. Sie können damit den Hund belohnen, ohne ihn dadurch abzulenken, dass Sie auf ihn zugehen. Den Clicker können Sie in wenigen Tagen mit ein paar Wiederholungen täglich konditionieren, bei denen Sie auf jedes Klicken eine Belohnung folgen lassen. Wiederholen Sie das so lange, bis der Hund Sie nach jedem Klicken erwartungsvoll ansieht. Jetzt hat ihr Clicker eine „Bedeutung" bekommen. Auf das Klicken muss immer eine Belohnung folgen. Ich kann Ihnen nur ans Herz legen, sich ein gutes Buch über Clicker-Training zu besorgen, zum Beispiel *Clicker. Positives Lernen für den Hund* von Karen Pryor oder *The Clicker Workbook. A Beginner's Guide* von Deborah Jones. Vor allem beim so genannten freien Shaping oder Formen von Verhalten ist Clicker-Training sehr nützlich. Beim Shaping versucht man, Verhaltensweisen, die Schritte hin zu einem erwünschten Zielverhalten sind, zu belohnen und sich damit diesem Zielverhalten immer mehr anzunähern. Wenn der Hund das Verhalten auf einer bestimmten Stufe sicher und verlässlich zeigt, dann gibt es erst mal keinen weiteren Klick und kein

Leckerchen. Sie wollen damit erreichen, dass er sein Verhalten wieder abwandelt und somit dem erwünschten Ziel ein Stückchen näher kommt ist. Er muss also immer mehr Elemente der Verhaltenskette zeigen, bis er das bestätigende Klicken und somit seine Belohnung bekommt. So arbeiten Sie weiter, bis Sie am Ziel sind. Erst dann wird das Verhalten mit einem Signal verknüpft, damit Sie es abrufen können. Sie haben damit ein Verhalten erzielt, ohne den Hund je berühren oder in eine Position drängen zu müssen. Da Clicker-Training so wenig invasiv und so effizient ist, eignet es sich besonders als Trainingsmethode für die Verhaltensrehabilitation von aggressiven Hunden. Hunde, die mittels Shaping trainiert werden, lernen dabei auch, kreativer und eigenständiger zu denken als Hunde, die mit anderen Methoden ausgebildet wurden. Sie müssen nachdenken, um an ein Leckerchen zu kommen. Sie lernen, dass es sich lohnt, verschiedene Verhaltensweisen auszuprobieren, und das damit einhergehende Nachdenken führt dazu, dass es häufigere Gelegenheiten zur Belohnung gibt und Sie letztendlich einen bewusster agierenden Hund haben. Wenn der Hund einem Leckerchen folgt, mit dem er zu etwas Bestimmtem veranlasst werden soll, erfordert das nicht so viel Eigeninitiative beim Nachdenken und Problemlösungsverhalten. Wenn der Hund von jemandem in eine bestimmte Position gezwungen wird, muss er dabei überhaupt nicht nachdenken. Das hohe Maß kognitiver Beschäftigung hat nebenbei auch den Vorteil, dass sich die Aufmerksamkeit des Hundes verbessert und die Aktivität der Großhirnrinde verstärkt wird, die ja – wie schon ausgeführt – für die Hemmung emotionaler Reaktionen zuständig ist. Shaping macht außerdem Spaß und kann leicht in Trainingsprogramme für aggressive Hunde integriert werden.

MEDIKAMENTÖSE BEHANDLUNG

Die Entscheidung für eine medikamentöse Behandlung sollte sorgfältig abgewogen werden. Medikamente können ein gezieltes Training nicht ersetzen. Sie können höchstens in manchen Fällen erreichen, einen Fuß in die Tür zu bekommen. Am besten wirkt eine medikamentöse Behandlung bei sehr reaktiven, nervös angespannten oder sehr ängstlichen Hunden. Bei vielen Hunden ist aber die Behandlung mit Medikamenten nicht ratsam. Bevor mit einer Behandlung mit Psychopharmaka begonnen wird, sollte in jedem Fall ein komplettes Blutbild samt Hormonspiegel gemacht werden (Overall, 1997). Eine Untersuchung durch den Tierarzt und Bluttests helfen zu entscheiden, ob bei Ihrem Hund eine medikamentöse Behandlung hilfreich sein könnte. Klienten sollten unbedingt umfassend über alle möglichen Nebenwirkungen eines Medikaments informiert und dazu aufgefordert werden, im Zweifelsfall Bedenken über die Behandlung mit dem Tierarzt zu besprechen (Overall, 1997).

Es gibt eine Fülle verschiedener Medikamente, die zur Anwendung kommen können. Häufig befindet man sich bei der Frage der Dosierung noch im Versuchsstadium, das heißt, Sie müssen bei Ihrem Hund mit einer bestimmten Standarddosierung beginnen und die Dosierung muss je nach Bedarf entweder gesteigert oder reduziert werden.

Treffen Sie solche Entscheidungen keinesfalls selbst, wenn nicht Ihr Tierarzt Ihnen dafür grünes Licht gibt.

Im Folgenden finden Sie eine kurze Beschreibung einiger sehr häufig verwendeter Psychopharmaka für Hunde.

ELAVIL (AMITRIPTYLINHYDROCHLORID)

Elavil ist ein trizyklisches Antidepressivum. Die antidepressive Wirkung resultiert vor allem daraus, dass die synaptische Wiederaufnahme von Noradrenalin und Serotonin gehemmt wird. Zu den Nebenwirkungen zählen trockener Mund, Verstopfung, Probleme beim Harnabsatz, Herzrasen und Herzrhythmusstörungen, Ohnmacht durch orthostatische Hypotonie, Verwirrung und generelle Depression sowie Appetitlosigkeit. Das Medikament ist bei Hunden mit Harnverhaltung und schweren Herzrhythmusstörungen kontraindiziert (Overall, 1997). Elavil wird vor allem bei angst- und unruhebedingter Aggression eingesetzt. Es kann auch bei Aggressionen innerhalb eines Hunderudels wirksam sein. Je mehr das aggressive Verhalten angstbedingt und Folge genereller ängstlicher Anspannung ist (also nicht wutbedingte Aggression), desto eher ist dieses Medikament die richtige Wahl. Handelt es sich jedoch stärker um wutbedingte und erlernte Aggression, dann wird das Medikament wahrscheinlich wenig Wirkung zeigen. Wenn Ihr Hund dieses Medikament erhält, müssen Sie sehr vorsichtig sein und ihn aufmerksam beobachten. Wenn sein aggressives Verhalten auf Lernerfahrungen und Verstärkung beruht, dann kann die beruhigende Wirkung des Medikaments auch zu einer Enthemmung führen und das aggressive Verhalten sogar verschlimmern. Bis die Wirkung einsetzt, können zwei bis sechs Wochen vergehen (Beaver, 1999). Die Behandlung sollte daher mindestens sechs Wochen durchgeführt werden, bevor man sie wegen Erfolglosigkeit einstellt, ausgenommen natürlich in jenen Fällen, in denen die Aggressivität schlimmer wird (Beaver, 1999).

PROZAC (FLUOXETIN)

Prozac hemmt die spezifische Serotoninwiederaufnahme und wirkt wesentlich stärker als Clomicalm (Overall, S. 134). Prozac hemmt nur die Wiederaufnahme von Serotonin und nicht, wie Clomicalm oder Elavil, auch die von Noradrenalin. Es kann einen Monat oder noch länger dauern, bis sich eine Wirkung bemerkbar macht. Prozac dürfte bei der Behandlung von heftiger Impulsivität, schwerwiegender Aggressivität und Aggression unter Hunden das wirksamste Mittel sein (Overall, S. 314). Es wird auch bei zwanghaften Verhaltensstörungen eingesetzt.

PAXIL

Paxil ist nicht spezifisch als Mittel zur Behandlung von Aggression bei Hunden zugelassen, wird aber in einigen Fällen mit außerordentlichem Erfolg dafür verwendet. Paxil ähnelt Prozac, ist aber eine Weiterentwicklung.

CLOMICALM (CLOMIPRAMINHYDROCHLORID)

Neue Behandlungsmöglichkeiten für angstbedingte Verhaltensprobleme ergeben sich durch die kürzliche Zulassung von Clomicalm, dem Markennamen eines Medikaments, das Clomipraminhydrochlorid enthält. Clomipramin ist ein trizyklisches Antidepressivum. Clomipramin blockiert die Wiederaufnahme von Serotonin und Noradrenalin in den Nervenzellen und führt so zu einem höheren Serotonin- und Noradrenalinspiegel im Gehirn. Ein höherer Serotoninspiegel führt beim Hund zu verringerten Angst- und Anspannungszuständen und einer Stressreduktion. Clomipramin wird im Körper zu Desmethylclomipramin metabolisiert, das den Noradrenalinspiegel im Gehirn steigen lässt. Bei einem höheren Noradrenalinspiegel im Gehirn spricht der Hund besser auf Methoden zur Verhaltenskorrektur an. Das Medikament erleichtert dem Hund, sich zu konzentrieren, und unterstützt ihn so beim Lernen. Das Medikament wird auch bei Angstzuständen beim Menschen eingesetzt.

PROQUIET (L-TRYPTOPHAN-ERGÄNZUNG)

ProQuiet ist ein Zusatzfuttermittel, das neben Tryptophan auch Komplimentärstoffe und synergistische Stoffe enthält, mit dem ein Ansteigen des Serotoninspiegels im Gehirn erzielt werden soll. Die folgende Beschreibung stammt vom Hersteller:

„ProQuiet®. Sanftes und sicheres Beruhigungsmittel. ProQuiet wird dann verabreicht, wenn Ihr Tier auf Grund von Umgebungsstress überängstlich, nervös oder übererregt ist. Das Mittel wurde getestet und ist in der angegebenen Verwendungsform ein unbedenkliches und wirksames Mittel. ProQuiet kann sogar täglich oder in Stress-Situationen nach Bedarf verabreicht werden. Da es sich bei diesem Beruhigungsmittel nicht um ein Medikament handelt, treten beim Tier keine Nebenwirkungen wie Schläfrigkeit, Lethargie oder andere Gesundheitsprobleme auf. Erhältlich als schmackhafte Kautablette – schmeckt Hunden und Katzen. ProQuiet ist in Fläschchen à 60 Stück erhältlich. Inhaltsstoffe: L-Tryptophan, Taurin, Hopfen, Kamille, Hefe, Vitamin B3, Vitamin B6, Ingwer, Vitamin B12 und Folsäure" (animalhealthoptions.com/f_products.html). Das Mittel ist über den Tierarzt erhältlich. Wenn Ihr Tierarzt dieses neue Produkt nicht kennt, können Sie unter folgender Adresse Informationen direkt vom Hersteller beziehen: Animal Health Options, 500 Corporate Circle, Suite A Golden, CO 80401, (800) 845-8849, Fax 313-271-0512, info@animalhealthoptions.com.

„Studien zeigen, dass die Einnahme von Tryptophan oder 5-HTP die Verfügbarkeit von Serotonin im Nervensystem erhöht (Anmerkung: Chronischer Stress und der damit verbundene Cortisol-Anstieg können die Umwandlung von in der Nahrung enthaltenem Tryptophan zu 5-HTP hemmen, nicht aber die Umwandlung von 5-HTP zu 5-HT (Serotonin). Daraus lässt sich ableiten, dass bei stressbedingten Problemen die Einnahme von 5-HTP wirksamer ist als die von Tryptophan)" (www.life-enhancement.com/displayart.asp?ID=208).

„Wenn aggressives und gewalttätiges Verhalten seine Ursache in Serotoninmangel hat, kann dann die Bekämpfung dieses Mangels wieder die Rückkehr zu normalem Verhalten ermöglichen? Es gibt auf diesem Gebiet zwar noch keine systematischen Studien, aber Hinweise darauf, dass das funktionieren könnte. Die Serotoninproduktion kann auf zwei Arten angekurbelt werden: indem die Stoffwechselvorläufer von Serotonin bereitgestellt werden oder indem die Blockierung und Wiederaufnahme des in die Synapse freigesetzten Serotonins verhindert wird"(www.life-enhancement.com/displayart.asp?ID=208).

5-HTP (5-HYDROXYTRYPTOPHAN)

5-HTP ist ein Stoffwechselprodukt der Umwandlung von Tryptophan zu Serotonin. Es steht dabei dem Serotonin um eine Stufe näher als dem Tryptophan. Bei Tryptophan gibt es ebenfalls Faktoren, die zu einer begrenzten Bereitstellung führen können, nicht jedoch bei 5-HTP. In Kanada und den USA ist 5-HTP rezeptfrei erhältlich, Trpytophan allerdings nicht. 5-HTP sollte nicht mit anderen, den Serotoninspiegel beeinflussenden Medikamenten eingenommen werden, außer der Tierarzt verschreibt die Medikamente in Kombination und berücksichtigt die Wechselwirkungen der kombinierten Einnahme. Die Dosierung muss auf dem Versuchsweg ermittelt werden. Bei einer Überdosierung kann der Hund anfangs an Übelkeit leiden. Bei einer zu geringen Dosierung bleibt die erwünschte Wirkung aus. Eine mögliche Dosierungsempfehlung könnte folgendermaßen aussehen:

- **Bei kleinen Hunderassen:** Beginnen Sie mit 10 mg dreimal täglich, und steigern Sie die Dosis gegebenenfalls langsam, bis sich die erwünschte Wirkung einstellt, oder verringern Sie die Dosis bzw. steigern Sie sie nicht weiter, wenn der Hund an Übelkeit leidet.
- **Bei großen Hunderassen:** Gehen Sie genauso vor, beginnen Sie aber mit einer Anfangsdosis von 40 mg dreimal täglich. Lassen Sie sich in jedem Fall von Ihrem Tierarzt zur richtigen Dosierung beraten.

5-HTP ist ein Wirkstoff, der von den entsprechenden Behörden noch nicht als Zusatzstoff zugelassen wurde, die in ProQuiet enthaltenen Wirkstoffe haben diesen Status bereits. Das soll nicht heißen, dass 5-HTP nicht sicher wäre, sondern nur, dass die Hersteller sich noch nicht um diesen Zulassungsstatus bemühten, und da 5-HTP nicht patentierbar ist, werden sie das wahrscheinlich auch in Zukunft nicht tun. „Jüngsten

Berichten zufolge führte das rezeptfreie Nahrungsergänzungsmittel 5-HTP (5-Hydroxytryptophan), das manchmal auch als Griffonia-Samenextrakt bezeichnet wird, bei 19 bis 21 Hunden, die versehentlich zwischen 350-500mg/ pro kg Körpergewicht[1] aufgenommen hatten, zu Vergiftungserscheinungen. Drei Hunde starben." (www.ivis.org/advances/Behavior_Houpt/schwartz/chapter_frm.asp?LA=1)

OPERATIVE EINGRIFFE

Häufig wird bei Verhaltensproblemen inklusive Aggressivität die Sterilisation beziehungsweise Kastration empfohlen.

RÜDEN

Bei der Kastration des männlichen Tieres wird die Quelle des frei zirkulierenden Testosteron im Körper entfernt.

> „Die umfangreichsten Studien über die Auswirkung der Kastration bei Hunden wurde von Ben und Hart an der University of California durchgeführt und erbrachten folgende Daten:
>
> Streunen: Abnahme bei 90 % aller Fälle, rasche Abnahme bei 45 %, allmähliche Abnahme bei 45 %, wirkungslos bei 10 %.
>
> Aggression gegen andere Rüden: Abnahme bei 60 % aller Fälle, rasche Abnahme bei 25 %, allmähliche Abnahme bei 35 %, wirkungslos bei 40 %.
>
> Aufreiten auf Menschen: Abnahme bei 60 % aller Fälle, rasche Abnahme bei 30 %, allmähliche Abnahme bei 30 %, auch leichte Reduktion des Aufreitens auf läufige Hündinnen.
>
> Markieren im Haus: Abnahme bei 50 % aller Fälle, rasche Abnahme bei 20 %, allmähliche Abnahme bei 30 %." (Fogle, S. 53)

Testosteron steuert sowohl das geschlechtsspezifische Sexualverhalten als auch aggressives und reaktives Verhalten. „Testosteron führt dazu, dass Hunde insgesamt heftiger reagieren. Wenn es bei einem nicht kastrierten Rüden zu einer Reaktion kommt, dann ist seine Reaktion schneller, heftiger und länger anhaltend" (Overall, S. 96).

---

[1] Eine solche Dosis sollte man nicht einmal annähernd verabreichen.

Für die Wirkung der Androgene (insbesondere des Testosteron) auf das Verhalten gibt es zwei verschiedene Erklärungen, die für den Zusammenhang von Kastration und Verhaltensänderung relevant sind:
1) pränatale Androgenisierung des testosteronsensiblen Teils des Nervensystems, der für die Steuerung des Sexual- und Aggressionsverhaltens verantwortlich ist, und
2) Verstärkung und Sensibilisierung dieser neuronalen Prädisposition in der Pubertät (Lindsay, 2000, S. 186).

Ein Beweis dafür lässt sich auch aus der Tatsache ableiten, dass die Verabreichung von Testosteroninjektionen bei Hündinnen dazu führen kann, dass sie rüdenspezifische Verhaltensweisen zeigen und dass andererseits die Kastration, auch die frühzeitige und vor der Pubertät durchgeführte Kastration, nicht zur vollständigen Eliminierung von rüdentypischem Verhalten beim Rüden führt. In der Entwicklung des Rüden gibt es zwei Testosteron-Wellen, die dazu führen, dass die Gehirnentwicklung maskulin verläuft und im Wesentlichen das Potential für das spätere dementsprechende Verhalten ausgeprägt wird. Eine findet unmittelbar vor und unmittelbar nach der Geburt statt, die zweite in der Pubertät. Durch sie werden die geschlechtsspezifischen Verhaltensweisen weiter entwickelt. Ab dann sind Verhaltensänderungen stärker lernbedingt. Diese erste Phase der Androgenisierung bleibt von der Kastration unbeeinflusst, was auch erklärt, warum die Kastration zu keinen eindeutigeren Auswirkungen auf das Verhalten führt. Man sollte auch nicht vergessen zu erwähnen, dass rüdenspezifisches Verhalten mit einer großen Wahrscheinlichkeit zu einem bestimmten Teil auch ein feststehendes Handlungsmuster ist. Urinieren als Reviermarkieren könnte zum Beispiel ein solches Handlungsmuster sein, ebenso das Aufreiten. Streunen könnte instinktgesteuertes Verhalten sein, da wild lebende Rüden ihr Rudel verlassen müssen, um nichtverwandte Paarungspartnerinnen zu finden. Wie bei fast allen Bereichen des Hundeverhaltens haben wir es auch hier mit einer komplexen Wechselwirkung von genetischen Faktoren, Körperchemie und Lernprozessen zu tun. Manche biochemischen Prozesse im Körper lassen sich durch die Kastration beeinflussen. Lernprozesse lassen sich bis zu einem gewissen Grad steuern, genetische Faktoren schon in einem viel geringeren Ausmaß. Das führt alles dazu, dass ein hartnäckiges Verhaltensmuster entsteht, wenn das Verhalten erst einmal eingesetzt hat.

„Testosteron-Titer beginnen zu steigen, wenn ein männlicher Welpe das Alter von vier oder fünf Monaten erreicht. Einen Höchststand erreicht der Testosteronspiegel mit zehn Monaten, bevor er dann ab etwa dem 18. Monat auf den durchschnittlichen Stand des erwachsenen Rüden fällt" (Dunbar, S. 68). Vermutlich ist der Anstieg des Testosteronspiegels in diesem Alter wichtig, weil der Junghund durch Provokation und die Auseinandersetzung mit anderen Hunden das geeignete Sozialverhalten lernt (Dunbar, S. 68). Mit dem Ansteigen des Testosteronspiegels werden die dazugehörigen Verhaltensweisen erlernt und im Verhaltensrepertoire des Hundes verankert. Das ist ein Argument dafür, einen Hund im Alter von sechs Monaten zu kastrieren, damit er zwar durch die Auseinandersetzung mit anderen Rüden das Sozialverhalten erlernt, aber nicht lange genug einem hohen Testosteronspiegel im Körper ausgesetzt ist, um die zugehörigen Verhaltensweisen zu üben, und durch Verstärkung zu verankern. Es wird auch argumentiert, dass Hunde, die mit anderen Hunden leben oder regelmäßigen Kontakt haben oder die besonders sensibel sind, bereits früher (im Alter von vier Monaten etwa) kastriert werden sollten, damit es zu weniger heftigen Auseinandersetzungen mit anderen Hunden kommt. Wartet man bei solchen Hunden zu lange, dann könnte es zu innerartlichen Begegnungen mit klassisch konditionierten Komplikationen kommen. Wird zum Beispiel ein Hund provoziert und reagiert mehrfach auf andere Rüden aggressiv, dann lernt er vielleicht, bei einer Begegnung mit anderen Rüden mit Konflikten zu rechnen. Diese klassische Konditionierung kann das Verhalten des Hundes noch lange, nachdem das Testosteron im Blut bereits wieder verschwunden ist, prägen. Die Vorteile einer frühzeitigen Kastration müssen sorgfältig gegen die verschiedenen möglichen negativen Auswirkungen abgewogen werden. Bei bereits vor der Pubertät kastrierten Hunden kommt es zu einer höheren Erregbarkeit und einer allgemein höheren Aktivität (Lindsay 2000, S. 186). Bei manchen Rassen und für manche Hundebesitzer ist das vielleicht kein Problem und eine frühzeitige Kastration kann traumatische Erfahrungen mit anderen Hunden vermeiden und dennoch eine maximale Sozialisierung ermöglichen. Auf jeden Fall muss man über Schaden und Nutzen einer Kastration gründlich nachdenken, bevor man einen geeigneten Zeitpunkt für die Operation empfehlen kann. Häufig wird die frühe Kastration auch vorgeschlagen, wenn Welpen eine durch einen Kontrollkomplex bedingte Aggression oder schlicht ein hohes Maß von kontrollierendem Sozialverhalten zeigen. Die Forschung über die Auswirkungen der Kastration ist bisher zu widersprüchlichen Ergebnissen gekommen. Solange es keine eindeutigen Forschungsergebnisse gibt, ist die Kastration im Alter von vier oder fünf Monaten vermutlich eine kluge Entscheidung.

HÜNDINNEN

Bei der Kastration der Hündin wird die Östrogen- und Progesteronquelle entfernt. Östrogen und Progesteron nehmen zyklisch zu und ab. Die größten Auswirkungen auf das Verhalten der Hündin haben diese zyklischen Östrogen- und Progesteronschwankungen in der Trächtigkeit und bei den zugehörigen Verhaltensweisen.

> „Während das Östrogen nur für kurze Zeit ansteigt, zirkuliert das Progesteron auch weiterhin im Körper des Hundes und beeinflusst das Gehirn noch zwei Monate nach jeder Läufigkeit und kann sich deutlich auf das Verhalten des Hundes auswirken. Die häufigsten Verhaltensänderungen werden durch die Trächtigkeit hervorgerufen, nämlich Nestbau, Ressourcen bewachen und Milchproduktion." (Fogle, S. 54)

Das häufigste Problem in diesem Zusammenhang ist das aggressive Bewachen von Ressourcen im Zuge des mütterlichen Verhaltens. Weitere Probleme sind Reizbarkeit, Konflikte mit anderen Hunden und ein genereller Mangel an Energie. „Eine häufige Auswirkung eines hohen Progesteronspiegels auf das Verhalten ist, dass Spielsachen, Puppen, Lappen, Hausschuhe oder sonstige Gegenstände, die die Hündin herumtragen kann, bewacht werden" (Fogle, S. 55). Kommt es bei nicht kastrierten Hündinnen zyklisch zu Problemen mit dem Bewachen von Gegenständen, dann handelt es sich meist um ein hormonell bedingtes Problem.

Wenn man Hündinnen ihre erste Läufigkeit erleben lässt, haben Sie ein größeres Krankheitsrisiko. Daher wird oft empfohlen, Hündinnen zu kastrieren, bevor sie sechs Monate alt sind.

Man kann vermutlich auch davon ausgehen, dass Hunde, die schon mit weniger als sechs Monaten ihren Besitzern gegenüber eine kontrollkomplexbedingte Aggression zeigen, Gefahr laufen, nach einer Ovarhysterektomie aggressiv zu werden. Wenn ein Hund eine starke Neigung zu einer kontrollkomplexbedingten Aggression zeigt, sollte man ihn vielleicht nicht kastrieren.

> „Beim Vergleich von Hündinnen, die während oder nach der Pubertät kastriert wurden, und nicht kastrierten Hündinnen wurden mehrere Unterschiede festgestellt. Ein Unterschied bestand darin, dass die kastrierten Hündinnen deutlich stärker zu Dominanzaggression gegenüber Familienmitgliedern neigten. Bei der Studie wurde allerdings nicht klar, ob der operative Eingriff bei mehreren Hündinnen vielleicht deswegen vorgenommen wurde, weil sie schon davor Aggressionsprobleme hatten, oder ob ein direkter Wirkungszusammenhang besteht. Bei kastrierten Hündinnen trat auch deutlich häufiger Nervosität im Auto und ungezügelterer Appetit als bei nicht kastrierten Hündinnen auf, und das schon unmittelbar nach der Operation." (Beaver, S. 229)

Diese Beobachtungen werden auch von Fogle (Fogle, S. 56) und Overall (Overall, S. 97) gestützt. „Unklar bleibt allerdings, warum diese unerwünschten Nebenwirkungen auftreten. Es gibt aber schlüssige Beweise dafür, dass bei Dominanzaggression bei Hündinnen Androgene wahrscheinlich eine wichtige Rolle spielen" (Overall, S. 97). Experimente an Hamstern (Brain & Haug, 1992; Vom Saal, 1984, 1989) zeigten, dass weibliche Tiere aggressiver sind, wenn sie im Uterus zwischen zwei männlichen Föten gelegen hatten und dass ihr Konfliktverhalten mehr dem von männlichen Tieren ähnelt (Overall, S. 97). Das Gehirn der männlichen Tiere ist vor der Geburt Testosteron ausgesetzt, was zu einer Maskulinisierung führt. Die Theorie ist nun, dass diese Maskulinisierung sich auch auf die daneben liegenden weiblichen Föten auswirkt und sie aggressiver werden lässt. Dadurch erhält auch die Debatte, wie wichtig Testosteron in der Entwicklung von Aggressivität und anderen Verhaltensweisen ist, neue Bedeutung. Injiziert man im Versuch Tieren Testosteron, dann entwickeln auch die Weibchen spezifisch männliche Verhaltensweisen. Allem Anschein nach spielt Testosteron auf die eine oder andere Art eine wichtige Rolle bei der Entstehung von Aggressivität.

BASISPROGRAMM

ÜBERNEHMEN SIE DIE KONTROLLE

Als Erstes müssen Sie akzeptieren, dass Sie ein Problem haben und dass es sich lohnt, sich damit auseinanderzusetzen. Gleich als Nächstes müssen Sie sich, wenn Sie einen aggressiven Hund haben, fest vornehmen, von nun an die Kontrolle zu übernehmen. Vielleicht gelingt es Ihnen nicht, Ihren Hund vollständig umzutrainieren, und vielleicht werden sie ihm in bestimmten Situationen nie ganz trauen können, trotzdem müssen Sie aber in jedem Fall selbst die Kontrolle übernehmen. Mit Kontrolle übernehmen ist gemeint, dass Sie die volle Verantwortung für jedes Risiko übernehmen und die Aggressionsprobleme nicht leugnen, herunterspielen, verschleppen oder fördern. Sie müssen ab sofort nicht nur vollkommen die Kontrolle übernehmen, sondern Ihrem Hund auch zeigen, dass Sie die Kontrolle haben. Sie müssen erreichen, dass Ihr Hund immer davon ausgeht, er befindet sich unter Ihrer Kontrolle. Vielleicht erfordert das einen größeren Umdenkprozess und wesentliche Veränderungen in der Beziehung zwischen Ihnen und Ihrem Hund. Ich würde es Ihnen gerne einfacher machen, das ist aber leider nicht möglich. Sie werden bestimmte Vorkehrungen treffen müssen und bestimmtes Zubehör brauchen. Wundermittel gibt es aber keine. Im Folgenden wird kurz beschrieben, wie Sie die Kontrolle (wieder)erlangen.

MANAGEMENT

Mit Management ist gemeint, die Umgebung des Hundes so zu organisieren, dass Probleme vermieden werden und man die Situation jeweils unter Kontrolle hat. Treffen Sie alle Vorkehrungen, um Ihre Sicherheit und die Ihrer Familie, Ihrer Besucher, die von Fremden und anderen Tieren zu gewährleisten. Ob Sie nun eine Verhaltenstherapie mit Ihrem Hund machen oder nicht, ein wichtiger erster Schritt ist in jedem Fall geeignetes Management.

Sorgen Sie für eine sichere Verwahrung Ihres Hundes, wenn Sie ihn nicht beaufsichtigen können, kein Mensch aber auch kein anderer Hund sollte in dieser Zeit zu ihm Zugang haben. Lassen Sie einen aggressiven Hund nicht einfach im Garten oder allein im Haus, wenn Sie zur Arbeit gehen. Es könnten Kinder in den Garten oder der Gasmann zum Ablesen des Zählers ins Haus kommen. Vermeiden Sie jede Situation, in der Ihr Hund mit anderen in Ihrer Abwesenheit Kontakt haben könnte.

Auch auf Spaziergängen müssen Sie wachsam sein. Vielleicht müssen Sie Menschen, die sich Ihrem Hund nähern wollen, bestimmter entgegentreten. Sagen Sie ihnen, wenn nötig (laut und deutlich und rechtzeitig), sie sollen sich von Ihrem Hund fern halten. Sagen Sie das freundlich und positiv. Sonst könnte Ihr Hund sich veranlasst sehen, noch mehr Verteidigungsbereitschaft zu zeigen. Ihre Anspannung überträgt sich auf den Hund. Reden Sie daher mit Fremden sehr freundlich und herzlich.

In manchen Fällen werden Sie Ihren Hund in der Öffentlichkeit nie frei laufen lassen können, weil das einfach zu gefährlich wäre.

Sie müssen möglichst genau herausfinden, in welchen Situationen bei Ihrem Hund eine aggressive Reaktion ausgelöst wird. Solche Situationen müssen Sie im Laufe Ihres Trainingsprogramms um jeden Preis vermeiden. Ein Verhalten wird mit jeder Wiederholung stärker eingeübt und fester verankert. Meiden Sie unbedingt alle Situationen, in denen sich Ihr Hund provoziert fühlen könnte, auch wenn das heißen sollte, dass Sie vorläufig keine Spaziergänge mehr unternehmen oder keine Spielsachen mehr zulassen oder den Hund nicht mehr ins Schlafzimmer lassen können. Alles, was eine aggressive Reaktion auslösen könnte, muss so lange vermieden werden, bis damit im Rahmen des Trainingsprogramms gearbeitet wird. Am Anfang einer Konsultation bei einem professionellen Trainer/ Verhaltenstherapeuten steht immer auch eine genaue Beschreibung, in welchen Situationen es jeweils zu aggressiven Zwischenfällen kommt, und ein gemeinsames Erörtern, wie man auf kreative Art und Weise solche Situationen vermeiden oder entschärfen könnte.

HAUSAUFGABE: Setzen Sie sich gleich jetzt mit Ihrer Mappe hin und schreiben Sie auf, wie Sie das Management Ihres Hundes so verbessern können, dass es erst gar nicht mehr zu Situationen kommt, die Aggressivität auslösen könnten. Überlegen Sie sich auch gleich für jede einzelne dieser Situationen Maßnahmen, was Sie tun können, wenn es doch zu einem aggressiven Zwischenfall kommt. Sie sollten sich nicht fragen: „Was mache ich, wenn mein Hund aggressiv reagiert?", sondern vielmehr: „Wie kann ich entsprechende Situationen rechtzeitig erkennen und verhindern, dass mein Hund eine aggressive Reaktion für notwendig hält?"

AUSRÜSTUNG

Maulkorb

Das nahe liegendste Zubehör zur Erhöhung der Sicherheit ist ein Maulkorb. Lassen Sie ihn von jemandem anpassen, der etwas davon versteht, und gewöhnen Sie Ihren Hund langsam an das Tragen. Es gibt im Prinzip zwei Arten von Maulkorb. Die eine Art besteht aus einer Art Gitter oder Flechtwerk und kann aus Metall, Plastik oder Leder gefertigt sein. Diese Maulkörbe werden dann verwendet, wenn der Hund ihn länger als rund eine Stunde tragen muss und wenn es sehr heiß ist oder der Hund sich körperlich anstrengt und daher hecheln muss. Der andere Maulkorbtypus ist der, wie ihn Tierärzte oder Hundefriseure verwenden, er ist normalerweise aus einem Nylonmaterial, kann aber auch aus Leder sein. So ein Maulkorb liegt so eng an, dass der Hund seinen Fang kaum öffnen und gerade ein sehr kleines Leckerchen nehmen kann. Wenn der Hund einen solchen Maulkorb nur sehr kurze Zeit und bei kühlem Wetter trägt und dabei keine körperlichen Anstrengungen unternimmt, ist das akzeptabel – aber nur dann. Für beide Arten von Maulkörben gilt, sie sollten von einem Fachmann (und ein Verkäufer in der Tierhandlung ist das meist nicht!) angepasst werden und der Hund sollte sie nicht tragen, wenn er nicht beaufsichtigt werden kann. Es gibt auch andere Maulkörbe, die im Wesentlichen aus einem elastischen Band um die Schnauze bestehen. Der Hund wird dadurch aber nicht am Beißen gehindert, außerdem gelten dafür die gleichen Regeln wie für eng sitzende Maulkörbe, egal was in der Gebrauchsanweisung steht. Diese Maulkörbe sind als Sicherheitsmaßnahme nicht empfehlenswert. Wie man den Hund langsam an das Tragen eines Maulkorbs gewöhnt, wird nachfolgend beschrieben.

1. Schritt:
Sorgen Sie dafür, einige Tage lang Spaß, Spiele, Aufmerksamkeit und Leckerchen möglichst mehrmals täglich nur im Zusammenhang mit dem kurzen Anlegen des Maulkorbs vorkommen zu lassen.

2. Schritt:
Halten Sie ein Leckerchen gleichzeitig mit dem Maulkorb und so in der Hand, dass der Hund es nur erreichen kann, wenn er seine Schnauze in den Maulkorb steckt.

3. Schritt:
Wiederholen Sie das mehrfach und lassen Sie dann den Maulkorb angelegt, während Sie dem Hund weiter und schnell hintereinander Leckerchen geben.

4. Schritt:
Geben Sie ihm die Leckerchen mit einigen Sekunden Abstand dazwischen. Ziehen Sie dem Hund den Maulkorb an und geben Sie weiter Leckerchen.

5. Schritt:
Geben Sie dann die Leckerchen mit immer größeren Abständen dazwischen und lassen Sie sie allmählich ganz weg, ersetzen Sie sie aber durch andere Belohnungen wie Rausgehen oder sonstige Dinge, die der Hund spannend findet. Wenn Sie den Maulkorb mit positiven Erlebnissen verknüpfen und diese nicht dadurch abwerten, dass sie ohnehin immer verfügbar sind, dann sollte er sich über den Maulkorb freuen. Wenn Sie mit dem Maulkorb kommen, sollte der Hund freudig mit dem Schwanz wedeln. Wenn Ihr Hund zu Unberechenbarkeit neigt oder aggressionsauslösende Reize nicht völlig vermieden werden können, sollte Ihr Hund auch im Haus einen geflochtenen Maulkorb tragen. Dadurch wird die Sicherheit all jener Menschen, die vielleicht versehentlich den „Auslöseknopf" drücken, gewährleistet. Viele Hunde müssen den Maulkorb zumindest während der Übungseinheiten des Trainingsprogramms tragen.

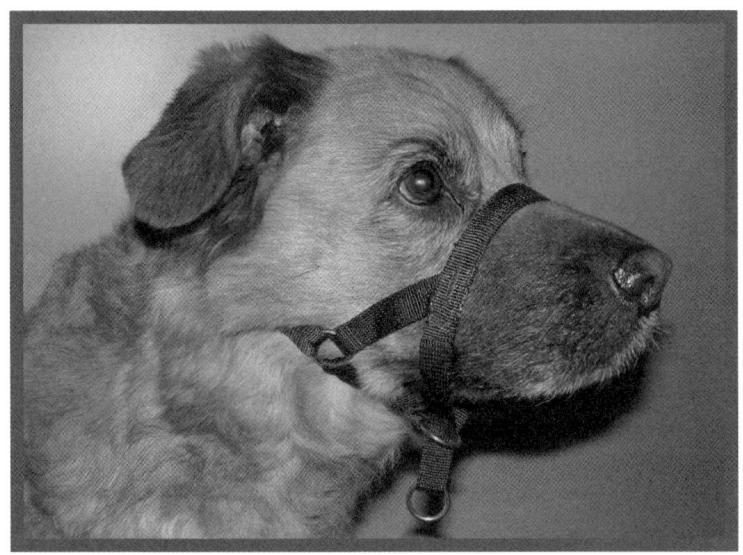

Halti

Das Halti ist ein Kopfhalfter für den Hund, das einem Halfter für Pferde nachempfunden ist. Dieses Kopfhalfter liegt um die Schnauze, läuft zum Hals und wird hinter den Ohren verschlossen. Die Leine wird dabei mit einem Haken unter dem Kinn des Hundes, mit dem anderen Haken am Halsband oder Brustgeschirr eingehakt. Es handelt sich beim Halti nicht um einen Maulkorb, da er nicht dazu geeignet ist, den Fang des Hundes geschlossen zu halten. Ein Halti liegt lose um den Nacken. Dieses Hilfsmittel wirkt manchmal beruhigend, vor allem aber haben Sie damit eine deutlich bessere Kontrolle über den Hund. Wenn auch nur die geringste Möglichkeit besteht, dass der Hund im Haus in eine Situation gerät, die zu einer aggressiven Reaktion führen könnte und Sie diese nicht verhindern können, dann sollte der Hund das Halti im Haus mit einer kurzen Leine tragen, vorausgesetzt allerdings, er ist unter Aufsicht. Notfalls können Sie den Hund dann damit unter Kontrolle halten. Das Halti muss gut sitzen und Sie müssen im Umgang damit geschult sein. Idealerweise wird es von einem Fachmann angepasst, der Ihnen auch die Handhabung erklärt. Wenn Sie mit dem Hund unterwegs sind, muss er angeleint sein und das Halti und gegebenenfalls auch noch einen Maulkorb tragen.

Gewöhnen Sie den Hund an das Halti so wie für den Maulkorb beschrieben. Mit Hilfe von Spaziergängen und anderen attraktiven Belohnungen lernen die meisten Hunde schnell, dieses Hilfsmittel zu akzeptieren. Die Hersteller behaupten, alle Hunde lernten schnell, es zu lieben. Dem steht die Erfahrung vieler Hundetrainer gegenüber, dass viele Hunde recht lange brauchen, bis sie sich daran gewöhnt haben. Bedenken Sie: Der Hund wird es, solange er daran noch nicht wirklich gewöhnt ist, als störend empfinden und kann sich daher nicht auf das Training konzentrieren. Am besten wäre es, wenn er in dieser Phase in keine schwierigen Situationen geriete, weil verhindert werden muss, dass er eine Verknüpfung zwischen einer schwierigen Situation und dem Kopfhalfter herstellt. Gewöhnen Sie den Hund zuerst an das Halti. Bei vielen Hunden bleibt das

Tragen des Kopfhalfters recht unbeliebt, es kann aber ein unendlich wirksames Hilfsmittel sein. Bei einem Hund, der ein Halfter trägt, darf keinesfalls mit Leinenruck gearbeitet werden. Man verwendet es vielmehr dazu, notfalls den Kopf in eine bestimmte Richtung zu lenken. Es wäre sogar gefährlich und könnte zu erheblichen Verletzungen führen, am Kopfhalfter einen Leinenruck zu geben. Achten Sie auch darauf, dass Ihr Hund nicht die volle Länge der Leine ausnutzt und zieht, wenn er ein Kopfhalfter trägt, und ziehen Sie den Hund am Kopfhalfter nicht zurück, sondern geben Sie nur Signale zur Seite. Verwenden Sie mit einem Kopfhalfter NIE eine ausziehbare Leine (so genannte Flexi-Leinen) oder eine Schleppleine.

Leine
Die Leine muss so fest sein, dass Sie den Hund daran gut halten können. In den meisten Fällen reicht eine simple zwei bis drei Meter lange Leine aus Nylon, Leder oder Textilgewebe aus. Am besten geeignet ist eine Lederleine, weil sie die Haut der Hand nicht aufreißt, wenn der Hund plötzlich heftig zieht.

Hausleine
Kaufen Sie eine normale, eher schmale, aber nicht dünne Leine und schneiden Sie das obere Ende mit der Schlaufe ab. Die Leine sollte weder Schlaufen noch Knoten haben, damit der Hund damit nicht hängen bleiben kann. Sie ist dazu gedacht, am Boden zu schleifen, wenn der Hund nicht an der Leine geht. Wenn der Hund hochspringt, jemanden anspringt oder sie ihn sofort unter Kontrolle bringen müssen, dann treten Sie einfach auf das Ende. Sie haben damit eine bessere Kontrolle über den Hund. Die Leine sollte nicht am Hund sein, wenn er unbeaufsichtigt ist, und Sie sollten auch nicht längere Zeit auf der Leine stehen bleiben, damit der Hund nicht gewürgt wird, wenn er springt. Es geht darum, ein Verhalten schnell zu unterbrechen. Es geht nicht darum zu bestrafen.

WIEDERHOLUNGEN VERMEIDEN

Wenn sie herausgefunden haben, welcher Reiz bei Ihrem Hund zu einer aggressiven Reaktion führt, ist es unerlässlich, diesen Reiz um jeden Preis zu vermeiden, bis im Trainingsprogramm gezielt daran gearbeitet wird. Jedes Mal, wenn ein Hund aggressiv reagiert, lernt er dabei etwas; das Verhaltensmuster wird verstärkt und ist daher schwerer zu verändern. Die erste Flucht- oder Kampfreaktion ist noch zu einem bestimmten Ausmaß reflexhaft, was danach folgt, ist aber im Wesentlichen eine Frage von Lernerfahrungen mit einem bestimmten Verhalten. Verhaltensweisen sind Strategien, und wenn sie zum gewünschten Erfolg führen, werden sie verstärkt. Wenn sie nicht zum gewünschten Erfolg führen, setzt der Hund damit entweder das gewünschte Ziel aufs Spiel oder aber es kommt zum Löschungstrotz. Mit Löschungstrotz beschreibt man das, was passiert, wenn ein Verhalten plötzlich nicht mehr den gewünschten Erfolg bringt. Das Tier variiert dann sein Verhalten und zeigt es normalerweise zuerst häufiger und/ oder intensiver. Es handelt sich um eine Übergangsphase, bis das Tier zu Plan B übergeht. Wenn es aber eine Variante seines Verhaltens entdeckt, die funktioniert, dann wird das zum neuen Regelverhalten. Lässt man aggressive Reaktionen zu, so ist das daher eine zweischneidige Sache. Entweder funktioniert das Verhalten und wird daher stärker, oder es funktioniert nicht. Man läuft dabei aber Gefahr, dass eine intensivere Variante ausprobiert wird, Erfolg hat und sich daher als neues Verhalten etabliert. Es ist deshalb ganz wichtig, alles zu tun, was notwendig ist, um Ihren Hund erst gar nicht in eine Situation geraten zu lassen, in der er eine aggressive Reaktion für notwendig hält, damit Sie die daraus resultierenden Folgen vermeiden können.

Um kritische Situationen zu vermeiden, müssen Sie kreativ werden. Sie müssen etwas flexibel denken und auch Ihre derzeitigen Prioritäten hinterfragen. Zum Beispiel wollen wir alle mit unseren Hunden spazieren gehen, wenn der Hund aber durch das Spazierengehen in potentiell aggressionsauslösende Situationen gerät, dann müssen Sie darauf vielleicht für eine Weile ganz oder teilweise verzichten. Wenn das Problem ein bestimmtes Spielzeug Ihres Hundes ist, dann ist es auch schon weg. Wenn die Futterschüssel das Problem ist, dann ist sie ebenfalls weg. Sie fragen, wie? Nun, wenn nötig kann das Futter auch als Belohnung für Trainingsaufgaben gegeben, in einen Buster Cube gesteckt oder an den verschiedensten Stellen im Haus versteckt werden, damit der Hund zum Suchen und Stöbern animiert wird. Sie können versuchen, das Wasser täglich in einer anderen Schüssel und an anderen Stellen anzubieten, damit er sich nicht zu sehr an eine bestimmte Schüssel oder einen festen Platz gewöhnt. Wie schwierig es manchmal sein kann, Kreativität zu beweisen, zeigt das Beispiel von Hunden, die das Sofa bewachen. In solchen Fällen werden Sie immer den Rat erhalten, dass Sie den Hund nicht auf das Sofa lassen sollen. Treten Sie dem Hund also direkt entgegen, wenn er wieder mal versucht, auf das Sofa zu kommen? Nein, denn dann hätten Sie ja den Konflikt nicht vermieden. Es reicht nicht, wenn Sie verhindern, dass der Hund auf das Sofa kommt. Sie müssen den Konflikt als solchen vermeiden. Daher kommt das Sofa entweder in einen Raum, der für den Hund tabu ist, oder der Hund darf nur dann in das betreffende Zimmer, wenn er angeleint ist und Sie dadurch kontrollieren können, wohin im Zimmer er geht. Vermeiden Sie jeden Konflikt. Vermeiden Sie es, Angst oder Wut beim Hund auszulösen. Lassen Sie nicht zu, dass der Hund sich sehr aufregt oder sich in etwas hineinsteigert, wenn das Probleme macht. Vielleicht müssen Sie sich ziemlich anstrengen, um das alles zu vermeiden. So ist das eben. Es kann notwendig sein, dass der Hund auf bestimmte Dinge wie Spielsachen oder Spaziergänge für eine Weile verzichten muss. Es kann sogar erforderlich sein, den Kontakt zu bestimmten Personen eine Zeit lang zu vermeiden. Das alles ist nicht immer einfach. Überlegen Sie sich nochmals, wie viel Engagement Sie aufbringen können und wollen, und machen Sie erst dann weiter.

Wenn Ihr Hund in eine Situation gerät, in der eine aggressive Reaktion ausgelöst wird, dann unterbrechen Sie das Verhalten und holen Sie ihn aus dieser Situation heraus. Wenn Sie dazwischen gehen, laufen Sie allerdings Gefahr, damit das Verhalten zu bestärken. Die Alternative wäre aber, den Hund in der Situation zu belassen, und das wäre sowohl gefährlich als auch ebenfalls eine Verstärkung, da er so Gelegenheit bekommt, sein Verhalten einzuüben. Stellen Sie das ab. Sie müssen dabei aufpassen, dass Sie keine Ersatzhandlung provozieren und die Aggression nicht gegen Sie gerichtet wird. Der Hund sollte sein Halti und/ oder den Maulkorb tragen und angeleint sein, führen Sie ihn daher einfach aus der Situation heraus. Wenn es zu Hause zu einem solchen Zwischenfall kommt, stellen Sie sich, wenn es sein muss, auf die schleifende Kurzleine. Gehen Sie langsam weg oder bleiben Sie ruhig stehen und vermeiden Sie Blickkontakt. Lassen Sie sich nicht auf eine Konfrontation ein und lassen Sie sich nicht herausfordern. Und wenn Sie sich von dem Schrecken wieder erholt haben, überlegen Sie, wie Sie kreativ werden und eine solche Situation in Zukunft verhindern können.

FÜHRUNGSQUALITÄTEN

Führung darf nicht mit Dominanz verwechselt werden. Zu den Hauptaufgaben, die Sie bei der Bewältigung der Aggressionsprobleme Ihres Hundes haben, zählt es, in der Beziehung zu Ihrem Hund wieder eine souveräne Führungsrolle zu übernehmen und diese beizubehalten. Hunde kommen mit der Rollenverteilung von Anführer und Geführter gut zurecht. Sie entwickeln eine bestimmte Erwartungshaltung, welche Rolle ihnen in einer Beziehung zukommt, und solange sich diese Rolle nicht ändert, scheinen die meisten Hunde recht zufrieden zu sein. Dabei geht es im Wesentlichen eigentlich nur um klare Strukturen und Konsequenz. Es geht NICHT um die Rangordnung. Wenn Sie die Führungsrolle beanspruchen, hat das nichts damit zu tun, dass Sie Ihren Hund niederdrücken, strafen oder dominieren müssen. Die folgenden Abschnitte beschreiben, was unter guten Führungsqualitäten zu verstehen ist.

Sicherheit geben (VERTRAUEN)
Der absolut erste Schritt bei einem aggressiven Hund ist, ihm umgehend wieder ein Gefühl der Sicherheit zu vermitteln. Sicherheit geben Sie Ihrem Hund dadurch, dass Sie ihn keinen Reizen aussetzen, gegen die er starke Abneigungen hat. Gab es in Ihrem Leben schon einmal jemanden, bei dem Sie sich nie wirklich sicher fühlen konnten? Was so ein Mensch tut (oder NICHT tut) führt zu einer Beziehung, die von Misstrauen geprägt ist. Das kann so weit gehen, dass eine Assoziation zwischen Ihren Abneigungen und diesem Menschen selbst entsteht und Sie daher dem Menschen misstrauen und ihn und seine Absichten verdächtigen. Ihre Verdächtigungen und Ihr Misstrauen führen dazu, dass Sie ständig auf der Lauer und in Verteidigungsbereitschaft sind. Dadurch entsteht Stress. Wird Ihre Verteidigungsbereitschaft verschwinden, wenn Sie dauernd mit unangenehmen Dingen konfrontiert sind und das Misstrauen anhält? Nein. Keinesfalls. Bei einem Hund ist das nicht anders. Wenn er sich generell unsicher fühlt, ist er wachsamer, gestresster, misstrauischer und natürlich verteidigungsbereiter (also aggressiv). Ihre erste Aufgabe ist es daher, Ihrem Hund Sicherheit zu geben, und zwar ein allgemeines Gefühl der Sicherheit und speziell ein Gefühl der Sicherheit, wenn er mit Ihnen, seinem Besitzer, zusammen ist. Fehlt dieses Gefühl, dann führt das zu mangelndem Selbstvertrauen, Angst und einer niedrigeren Frustrationstoleranz. Es führt auch zu einer pessimistischen kognitiven Erwartungshaltung (Grundeinstellung), während ein Gefühl der Sicherheit eine optimistische Grundeinstellung fördert. Aus Pessimismus resultiert noch mehr Misstrauen, aus Optimismus hingegen Vertrauen und Toleranz. Sie müssen sich fest vornehmen, dass Sie es nicht zulassen werden, dass Ihr

Hund mit seinen Abneigungen konfrontiert wird und er Verteidigungsverhalten für angebracht halten muss. Das ist die erste und wichtigste Regel, vergessen Sie sie nie! Sie dürfen daher Reaktionen Ihres Hundes gar nicht erst aufkommen lassen und müssen die Umgebung entsprechend managen. Wenn Ihr Hund Ihnen nicht vertraut, dann verschwenden Sie mit allen übrigen Behandlungsschritten nur Ihre Zeit.

Struktur vs. Chaos
Hunde lernen, wie bereits erwähnt, ihr ganzes Leben lang aus jeder Begegnung und in jeder Sozialbeziehung und nutzen ihre Lernerfahrungen, um sich daran bei künftigen Ereignissen zu orientieren. Wenn der Hund sich daran nicht zuverlässig orientieren kann, zum Beispiel weil seine Umgebung inkonsequent reagiert, dann wird er versuchen, selbst noch stärker die Kontrolle zu übernehmen. Diese Versuche sind naturgemäß meist aggressiv. Hunde brauchen klare und konsequent gesetzte Grenzen, damit sie nicht das Gefühl haben, immer wieder selbst ausloten zu müssen, wo diese Grenzen sind. Sie müssen Ihrem Hund klare Regeln in einer sicheren Struktur bieten, damit er sich daran gewöhnen kann, Ihren Anweisungen Folge zu leisten und sich an Ihnen, dem Besitzer, zu orientieren. Je weniger Sie selbst die Kontrolle haben und je weniger klare Strukturen Sie ihm anbieten, desto eher wird Ihr Hund selbst entscheiden und sich so verhalten, wie er es für angebracht hält. Das kann auch aggressiv sein. Ein Mangel an Struktur bedeutet Chaos. Auch hier gilt wieder: Es geht nicht um ein Mehr an Strafe oder Härte Ihrem Hund gegenüber. Wenn Sie mit Zwang und Druck arbeiten, wird Ihr Hund nur lernen, wie er das umgehen kann (siehe dazu auch die Artikelserie *The Third Way* von Chris Bach). Vielleicht wirkt das dann so, als würde Ihr Hund Sie manipulieren, dabei versucht er nur, ein wenig Beständigkeit und Klarheit in sein Leben zu bekommen. Es muss Ihnen gelingen, Sanftheit und Zuneigung mit Klarheit, Konsequenz und Verlässlichkeit zu verbinden.

Viele Menschen sind der Überzeugung, dass Strafe „wirkt". Angst hemmt aggressives Verhalten, und das ist der Grund, warum viele Menschen glauben, ihre Strafmaßnahmen funktionierten. Wenn Sie Aggressivität durch Angst unterdrücken, dann haben Sie vielleicht kurzfristig einen scheinbaren Erfolg. Es ist aber nur eine Frage der Zeit, bis dieses System völlig zusammenbricht. Wenn es dazu kommt, sind die Probleme viel schlimmer als vorher. Ihr Hund wird dann jegliches Gefühl von Sicherheit verloren haben, und es wird höchstwahrscheinlich auch nicht mehr herstellbar sein. Ein Leben voller Angst und Zwang führt dazu, dass die Dinge seltsam verzerrt wahrgenommen werden und eine Neurose entsteht, die den Hund daran hindert, sein Verhalten an den aus der Umwelt aufgenommenen Informationen auszurichten. Der Hund orientiert sich in seinem Verhalten nicht mehr an den Auswirkungen, die es hat, sondern an seiner verzerrten und neurotischen Wahrnehmung der Welt. Schließlich muss der Hund seine Umwelt, und dazu gehören auch die Auswirkungen seines Verhaltens auf sie, wahrnehmen und interpretieren. Hunde, bei denen mit Dominanz und Strafe gearbeitet wird, sind schließlich vollkommen fertig und nicht mehr rehabilitierbar. **Darauf weise ich nicht zuletzt deswegen hin, weil die Hundeszene von Dominanzmethoden und Rudeltheorien richtiggehend überschwemmt wurde und ich verhindern möchte,** dass Sie wichtige Themen wie souveräne Führungsqualitäten und klare Strukturen mit Dominanz und Strafe verwechseln.

NILIG (Nichts Im Leben Ist Gratis)

Das NILIG-Programm bietet Ihnen eine Möglichkeit, das Leben Ihres Hundes nach klaren Regeln auszurichten. Es vermittelt dem ängstlichen oder unsicheren Hund mehr Sicherheit und Selbstvertrauen und hilft einem nach Kontrolle strebenden Hund, sich an Ihnen zu orientieren. Die Grundlage des NILIG-Programms besteht darin, dass Sie in allen Fällen, die steuerbar sind, entscheiden, ob Ihr Hund eine Belohnung erhält oder nicht, und dass er sich diese erarbeiten muss. Der Hund muss sich für alle erstrebenswerten Dinge im Leben nach Ihnen richten und etwas tun. Verlangen Sie etwas von ihm, zum Beispiel ein kurzes Absitzen, bevor Sie dem Hund sein Futter geben, ihn streicheln oder loben, ihm das Halsband umlegen, die Tür öffnen, ein Leckerchen geben usw. Bei Hunden, die zu kontrollierendem Verhalten neigen, können Sie zuerst ein Absitzen, dann ein Ablegen, dann wieder ein Absitzen (Liegestütze für Hunde) verlangen. Nicht zu vergessen, das Ganze sollte spielerisch und freudig ablaufen, nicht im Kasernenhofstil. Wenn Sie das bei einem zu kontrollierendem Verhalten neigenden Hund das erste Mal so machen, kann es gut sein, dass er sehr unwillig reagiert. Er hat ja die Erwartungshaltung, dass er Sachen einfach einfordern kann oder zumindest gratis bekommt und diese Haltung muss erst überwunden werden. In vielen Fällen wird sich das Verhalten des Hundes zuerst verschlimmern (Wutanfälle), bevor es zu einer Besserung kommt. Auch hier haben wir es mit Löschungstrotz zu tun. Passiert das, dann greift die Methode, bleiben Sie dran.

Beginnen Sie mit der Futterschüssel. Bereiten Sie das Futter vor und verlangen Sie dann ein Absitzen. Geben Sie dem Hund einen Moment lang Zeit, dem Kommando Folge zu leisten. Wenn dieser Moment verstrichen ist und der Hund das Kommando nicht ausgeführt hat, dann sagen sie einfach „Oje" und stellen Sie die Schüssel wieder weg. Streichen Sie diese Fütterung für die nächste Stunde. Beim nächsten Versuch wird der Hund hungriger sein und vermutlich besser auf Ihr Kommando reagieren. Gehen Sie vor wie beim ersten Mal. Nur wenige Hunde brauchen mehr als drei Übungsdurchgänge ohne Futter, bis sie ein „Sitz" befolgen, um ihr Futter zu bekommen. Achten Sie bitte unbedingt darauf, dass Ihr Hund versteht, was Sie von ihm wollen! Der Hund muss das Kommando natürlich kennen und er sollte keine körperlichen Beschwerden haben, die es ihm schwer oder unmöglich machen, es zu befolgen! Und, NEIN, ich schlage nicht vor, dass Sie Ihren Hund hungern lassen! Er muss nur absitzen, und es ist seine Entscheidung, ob er Ihrem Kommando Folge leistet oder nicht. Ihr Hund hat gelernt, selbstständige und manchmal problematische Entscheidungen zu treffen, er muss nun erst lernen, dass er eine Weile etwas weniger unabhängig agieren kann, damit er angemessenes Verhalten lernen und später auch selbst zeigen kann. Wenn der Hund sitzt, geben Sie ihm sofort sein Futter. Wenn er die Übung mit diesem Schwierigkeitsgrad gut beherrscht, ändern Sie die Regeln. Jetzt muss er schneller absitzen. Wenn auch das gut klappt, verlangen Sie das Absitzen noch schneller. So werden Sie schon bald einen Hund haben, der auf Kommando sofort und begeistert seine Übung ausführt und dabei eine positive Erwartungshaltung hat. Er lernt dabei auch, auf Anweisungen von Ihnen zu achten. Er lernt, Sie in Ihrer Führungsrolle zu respektieren und sich an Ihnen zu orientieren. Er lernt, alle erstrebenswerten Dinge des Lebens kommen von Ihnen und er muss, wenn er diese Dinge haben will, auf Sie achten und tun, was Sie verlangen. Sie können nun mit Übungen beginnen, bei denen Sie den Hund von Hand füttern und ihm Übungen wie zum Beispiel kurz Blickkontakt aufzunehmen beibringen. Das Gleiche gilt auch für die anderen angenehmen Dinge des Lebens. Ihr Hund sollte täglich mindestens zwanzigmal ein von Ihnen verlangtes Kommando ausführen. Wenn er nicht gehorchen will, führt das nicht zu einem Konflikt oder Tadel, sondern zu einem schlichten „Oje", nach dem Sie einfach weggehen, ohne dem Hund zu geben, was er wollte. Keine Ausnahme. Hüten Sie sich davor, dem Hund Dinge aus unterschiedlichen Gründen nachzusehen.

Bei einem ängstlichen Hund lassen Sie das „Oje" besser weg. Gehen Sie behutsam vor und bauen Sie die Übung so auf, dass Ihr Hund sie erfolgreich bewältigen kann. Die Übung sollte allen Hunden Spaß machen, wenn sie erst einmal verstanden haben, worum es geht. Schließlich wissen Sie dann genau, was notwendig ist, damit sie bekommen, was sie wollen, und dass Knurren oder Beißen nicht dazugehört. Von der Konsequenz, mit der die Übung ausgeführt werden muss, werden alle Hunde profitieren.

Wenn Sie mit dem NILIG-Programm beginnen, steuern Sie die Verhaltensentwicklung bei Ihrem Hund. Dabei geht es um jene Dinge, die Ihrem Hund am wichtigsten sind. Da jeder Hund anders ist, wird auch Ihrer bestimmte Vorlieben haben. Beim NILIG-Programm ist es wichtig, dass Sie die Kontrolle über alle Dinge übernehmen, die Ihr Hund als Belohnung empfindet, dabei aber auch genau wissen, was Ihr Hund davon am liebsten hat, weil Sie erst damit Ihrem Programm den richtigen Schliff geben können. Bei der Durchführung des Trainingsprogramms sollen die Lieblingsdinge Ihres Hundes mit eingesetzt werden.

! | **HAUSAUFGABE:** Schreiben Sie eine Liste der zehn Lieblingsbelohnungen Ihres Hundes. Das kann alles sein. Es kann ein Spaziergang, eine bestimmte Sorte Leckerchen, auf dem Sofa liegen, Zuwendung, ein bestimmtes Spielzeug, ein bestimmtes Spiel usw. sein. Die einzigen Belohnungen, die Sie nicht auf die Liste setzen, sind die unerwünschten, wie zum Beispiel den Postboten beißen. Listen Sie die Belohnungen der Reihe nach mit dem beliebtesten auf Platz 1, dem zweitbeliebtesten auf Platz 2 usw. auf. Schreiben Sie die Liste und legen Sie sie in Ihre Mappe.

Suzanne Clothier schlägt in ihrem Buch *Finding a Balance Issues of Power in the Human/ Dog Relationship* eine Übung vor, bei der Sie auf einem Zettel zwei Spalten machen und links die Kategorie „mache ich" und rechts „macht der Hund" aufschreiben. Unter „mache ich" listen Sie alles auf, was Sie für Ihren Hund tun und er nicht selber machen kann. Seien Sie kreativ. Beschränken Sie sich nicht darauf, nur aufzuschreiben, dass Sie den Hund rauslassen, ihm sein Futter geben u.ä. Auf die Liste sollte alles gesetzt werden, auf das Ihr Hund positiv reagiert. Versuchen Sie, wenigstens 25 Punkte aufzuschreiben. Denken Sie wie ein Hund. Clothier beschreibt, dass es ihren Hunden offenbar Spaß macht zuzuschauen, wie sie ins Badezimmer geht. Das steht daher auf ihrer Liste jener Dinge, die sie macht und die ihren Hunden Spaß macht. Denken Sie in ähnlichen Bahnen. Nun schreiben Sie in der rechten Spalte zu jedem einzelnen Punkt der Liste dazu, was ihr Hund derzeit tut, damit er diese Sache bekommt. Schreiben Sie auf, mit welcher Gegenleistung er das bezahlt. Wenn Sie am Ende Ihrer Liste feststellen, dass Ihr Hund für keinen dieser Punkte etwas Bestimmtes tun muss, dann heißt das, dass er freien Zugang zu seinen liebsten Belohnungen hat. Warum nutzen Sie diese Belohnungen nicht für Ihre Zwecke? Auch das ist ein guter Ansatzpunkt, um mit einem NILIG-Programm zu beginnen. Ab sofort gibt es Belohnungen nur noch, wenn der Hund dafür eine bestimmte Aufgabe auf Anordnung erfüllt (indirekter Zugang). Zum Beispiel können Sie es so machen, dass der Hund zuerst absitzen und warten muss, bevor er hinaus darf oder sein Futter bekommt. Wenn Sie mit ihm Ball spielen, lassen Sie ihn zwischendurch immer wieder den Ball abgeben oder andere Kommandos ausführen. Vielleicht muss er etwas tun, bevor er Halsband oder Brustgeschirr umgelegt bekommt und es nach draußen geht. Bei all dem geht es um Führungsqualitäten. Sowohl der ängstliche Hund als auch der Kontrollfreak brauchen jemanden, der klar die Führung übernimmt. Führungsrolle heißt nicht, dass Sie dem Hund dauernd zeigen, wer der Boss ist, und ihn ständig dominieren müssen. Es heißt nur, dass Sie ihn nicht verwöhnen und verziehen sollen. Es heißt, Sie erlauben ihm nicht alles und er kann nicht alles gratis haben. Es soll heißen, dass Sie für sein Verhalten keine Entschuldigungen und Ausreden suchen. Die Ursache für so manches Aggressionsproblem ist in einer verpatzten Mensch-Hund-Beziehung zu suchen. Häufig sind die Besitzer solcher Hunde zu nachsichtig und verziehen den Hund und im nächsten Moment benehmen sie sich gleich wieder dominant und bestrafen ihn. Das muss ein Ende haben. Sie müssen nun ein gütiger, souveräner Anführer werden. Verzogene Kinder haben häufig Wutanfälle, verzogene Hunde ebenso. Wir wissen, wir müssen aufpassen und dürfen unsere Kinder nicht verziehen. Wenn Sie Ihrem Hund wirklich einen Gefallen tun wollen, dann ziehen Sie ihn so auf wie ein Kind: Setzen Sie ihm klare und immer gleiche Grenzen.

Nachgeben

Für viele Hunde ist es ein Problem, wenn sie von einem Platz vertrieben werden. Wenn Sie Ihren Hund anweisen, sich von einem Platz an einen anderen zu begeben und er weigert sich, ist das ein Warnsignal, weil Aggression sehr schnell generalisiert. Bei der nächsten Übung soll der Hund häufig an einen bestimmten Platz verwiesen und nach einer Weile von dort wieder weggeschickt werden und dafür eine große Belohnung bekommen. Wichtig ist, den Hund nicht mit der Belohnung zu locken, sondern die Belohnung als Überraschung zu geben. Verwenden Sie manchmal ein Hörzeichen, um den Hund von einem Platz auf einen anderen zu schicken, und dann wieder entfernen Sie ihn physisch von einem Platz. Damit meine ich nicht, Sie sollen ihn bestrafen oder hart anfassen. Nehmen Sie ihn ruhig am Halsband oder Brustgeschirr schieben Sie ihn sanft weg. Wenn Ihr Hund sich nicht gern am Halsband anfassen lässt, dann führen Sie zuerst eine Desensibilisierung durch und belohnen Sie den Hund dafür besonders. Die Übung soll für den Hund eine angenehme und lohnenswerte Erfahrung werden, im besten Falle sollte er sich allmählich darauf freuen. Belohnen Sie den Hund unmittelbar, nachdem Sie ihn von einem Platz verwiesen haben, mit einem besonders guten Leckerchen oder einem tollen Zerrspiel oder Ähnlichem. Versuchen Sie, echte Belohnungen aus dem Alltagsleben einzubauen. Verweisen Sie den Hund anfangs von Plätzen, die er nicht gleich aggressiv verteidigt. Wenn Ihr Hund zu denen gehört, die bestimmte Plätze bewachen, dann konfrontieren Sie ihn nicht zu Beginn schon mit dieser schwierigen Lage. Die Übung soll dazu dienen, aus einer Situation, die dem Hund ein wenig unangenehm ist, eine angenehme zu machen. Sie können auch gelegentlich den Hund einfach von seinem Platz abrufen und zu sich kommen lassen.

Sie können das Nachgeben auch mit einer anderen Methode, dem Clicker-Training, üben. Halten Sie Ihren Clicker und die Leckerchen bereit. Gehen Sie auf Ihren Hund zu. Wenn er Ihnen ausweicht, gibt's einen Klick und ein Leckerchen. Machen Sie das Ganze noch einmal. Wenn Sie damit zuverlässige Erfolge erzielen, können Sie ein Signalwort für das Verhalten einführen. Dazu geben Sie zuerst das Signalwort, gehen dann auf den Hund zu und sobald er ausweicht, gibt's einen Klick und ein Leckerchen. Wenn auch das gut funktioniert, können Sie die Übung wiederholen, wenn Ihr Hund irgendwo sitzt, wenn er liegt, und schließlich in schwierigen Situationen, zum Beispiel, wenn er gerade auf dem Sofa liegt. Bauen Sie die Übung schrittweise auf.

Time-Out und Time-In

Time-Out (Auszeit) beruht auf dem Prinzip, dass soziale Isolation als negative Strafe für ein Verhalten einzusetzen. Time-Out wird bei aufmerksamkeitheischendem Verhalten eingesetzt, genauso bei kontrollkomplex- und wutbedingter Aggression. Bei den eher angstbedingten aggressiven Verhaltensweisen sollte diese Methode nicht benutzt werden. Für viele Hunde kann eine Auszeit sehr frustrierend sein, daher sollten Sie nach Möglichkeit anderen Methoden den Vorzug geben und Time-Out ganz gezielt und selten einsetzen und sofort wieder damit aufhören, wenn Sie dabei keine schnellen Erfolge sehen. Bei Time-Out mit Ausschluss des Hundes wird er an einen Ort gebracht, an dem er keinen Sozialkontakt und keine sonstigen Belohnungen hat. Das Badezimmer eignet sich dafür meistens gut. Die Box des Hundes ist dafür weniger geeignet, damit er den Aufenthalt in seiner Box nicht mit Bestrafung verknüpft. Für eine Auszeit geben Sie Ihrem Hund (mittels Hörzeichen) die Anweisung, in den Auszeit-Bereich zu gehen, egal ob es nun das Badezimmer oder ein anderer Ort ist. Dazu ist es natürlich erforderlich, dem Hund zuerst beizubringen, diesen Bereich auf Kommando aufzusuchen. Verwenden Sie dazu ein bestimmtes Kommando, zum Beispiel „Auszeit", und nicht ein sonst verwendetes Signal, mit dem Sie etwa Ihren Hund in anderen Situationen an seinen Platz schicken. Bei Time-Outs ohne Ausschluss des Hundes wird ihm eine Belohnung oder der Sozialkontakt entzogen, er bleibt aber, wo er gerade ist. Sie können zum Beispiel einfach die Arme vorm Körper verschränken und sich abwenden, oder so weit gehen, dass Sie den Hund mit der Leine an einem Türknauf oder Baum festbinden und kurz (!) weggehen. Ein korrekt durchgeführtes Time-Out soll als negative Strafe wirken, nicht als positive Strafe. Meist funktioniert eine Auszeit, bei der der Hund weggesperrt wird, besser.

Es gibt ein paar wichtige Regeln, die entscheiden, ob etwas eine wirkungsvolle Auszeit oder eine Misshandlung des Hundes durch Isolation ist. Beachten Sie bitte die folgenden Hinweise.

Überbrückungssignal

Hunde haben manchmal Schwierigkeiten, eine Verbindung zwischen einzelnen Ereignissen und ihren Folgen herzustellen, wenn mehr als ein paar Sekunden dazwischenliegen. So wie ein Clicker als konditionierter positiver Verstärker ein Signal für den Hund ist, das ihm sagt, das, was er im Moment des Klick tat, bringt ihm eine Belohnung ein, kann ein anderes Signal dazu verwendet werden, ihm zu signalisieren, das, was er tat, als er das Signal hörte, trägt ihm ein Time-Out und den Verlust von Sozialkontakt ein. Sie können ein beliebiges Wort für dieses Signal verwenden, sollten aber darauf achten, dass es keines ist, das Sie im alltäglichen Leben häufiger verwenden.

Timing

Das Timing ist absolut wesentlich, damit der Hund weiß und lernt, was zum Verlust von Sozialkontakt und Belohnungen führt. Sie müssen den konditionierten negativen Strafreiz (also das Überbrückungssignal, z.B. das Wort „Auszeit") genau in dem Moment einsetzen, in dem der Hund das unerwünschte Verhalten ausführt. Im Idealfall sollte das Signal bereits kommen, wenn der Hund mit dem unerwünschten Verhalten beginnt. Der konditionierte negative Strafreiz hat auch die Funktion, den Hund in den Auszeit-Bereich zu schicken (also zum Beispiel das Badezimmer oder eine Decke in der Ecke, nicht aber sein normaler Liegeplatz).

Konsequenz

Ein Time-Out sollte es jedes Mal geben, wenn der Hund das unerwünschte Verhalten zeigt. Konsequenz und klare Abgrenzungen sind bei dieser Methode der Schlüssel zum Erfolg.

Dauer

Es hat sich gezeigt, dass zwei bis drei Minuten Auszeit bei Aggressionsproblemen das richtige Maß sind (Nobbe et al., Use of time-out as punishment for aggressive behavior, *Canine Behavior*, 1980). Eine längere Zeitspanne könnte je nach Hund zu hart sein oder dazu führen, dass sich der Hund an die Isolation gewöhnt. Eine kürzere Auszeit bringt nicht den gewünschten Effekt. Ich weiß, man glaubt meist, es sollte deutlich länger dauern, bei Hunden funktioniert das aber nicht so, halten Sie sich daher an die drei Minuten als absolutes Maximum.

Time-In

Zwischen dem Time-Out und der anderen Zeit, in der es kein Time-Out gilt, muss es einen klaren Unterschied geben, damit das Time-Out überhaupt irgendeine Bedeutung hat. Dazu hilft es, Gelegenheiten für ein Time-In zu schaffen. Bei einem Time-Out verliert der Hund alle angenehmen Dinge des Lebens, er wird sich daher stärker darum bemühen, ein Time-Out zu vermeiden, wenn er in den sonstigen Phasen viele angenehme Dinge erlebt. Wenn der Hund aus dem Time-Out zurückgeholt wird, sollte man ihm die Gelegenheit geben, in derselben oder einer ähnlichen Situation, die das Time-Out ausgelöst hatte, mit einem Alternativverhalten zu reagieren. Wenn er wieder das verbotene Verhalten zeigt, gibt es das nächste Time-Out. Wenn es Ihnen aber gelingt, ein anderes Verhalten zu erreichen, dann sollten Sie es positiv verstärken. Dadurch können Sie einen klaren Unterschied zwischen einer Phase des Time-Out und dem Time-In erreichen. Das soll nun nicht als Aufforderung missverstanden werden, Ihren Hund Situationen auszusetzen, in denen aggressives Verhalten ausgelöst wird; das muss unbedingt vermieden werden. Wenn Sie mehr als zwei Time-Outs hintereinander geben müssen, dann fordern Sie zu viel vom Hund. Machen Sie es ihm um ein paar Grade leichter und arbeiten Sie mit vorbeugenden Maßnahmen. Denken Sie außerdem darüber nach, ob Ihr Hund versteht, was Sie von ihm wollen.

Übungsziele

Hunde können komplexe Verhaltensweisen nur sehr schwer gleichzeitig lernen. Teilen Sie eine Aufgabe in einzelne Schritte und gewünschte Verhaltensweisen auf und trainieren Sie sie einzeln, damit Ihr Hund die Aufgabe erfolgreich bewältigen kann.

Emotionaler Gehalt

Es ist ABSOLUT wesentlich, dass das Time-Out EMOTIONSLOS ist. Kein Schimpfen, keine harte Behandlung des Hundes, kein Zerren am Halsband oder Brustgeschirr. Wenn Sie sich ärgerlich zeigen, dann überlagert das die Effekte des Time-Out und lenkt vom Überbrückungssignal ab. Aus der negativen Strafe wird dadurch eine positive Strafe. Härte wird sehr leicht als positive Strafe wahrgenommen und lässt auf Grund des sehr negativen Charakters der Strafe die Auszeit wie eine negative Verstärkung wirken, also wie das Ende einer unangenehmen Sache. Es kann dadurch sogar zu einer Zunahme des ursprünglichen unerwünschten Verhaltens kommen. Das ist ein wichtiger Punkt. Wenn das Signal Auszeit emotional geladen ist, wird die Sache nicht wirklich funktionieren und das Problem sogar verschlimmern. Wenn es Ihnen nicht gelingt, das Time-Out oder welches Überbrückungssignal auch immer Sie verwenden, emotionslos zu geben, dann sagen Sie besser gar nichts oder verwenden Sie einen Pfeifton als Signal für die Auszeit. Holen Sie den Hund und schicken Sie ihn ganz ruhig in den Auszeit-Bereich. Ohne Worte, ohne Schläge, ohne Gezerre. Wenn Sie es nicht schaffen, dabei ganz ruhig zu bleiben, dann verwenden Sie lieber kein Time-Out.

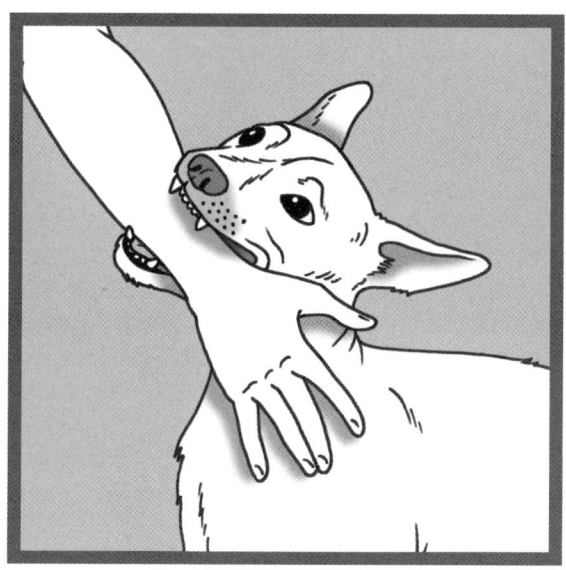

TRAINING DER BEISSHEMMUNG BEI ERWACHSENEN AGGRESSIVEN HUNDEN

Beißhemmung bezeichnet einfach gesagt die Intensität und den Druck, mit dem ein Hund seine Zähne beim Körperkontakt einsetzt. In einer idealen Welt lernen Hunde diese Fähigkeit als Welpen in ihrer Frühentwicklung, viele haben diese Möglichkeit aus verschiedensten Gründen allerdings nicht. Mit dem Training der Beißhemmung verfolgen wir vielfältige Ziele: Der Hund soll dabei nicht nur begreifen lernen, wie fest er zubeißt, sondern er soll auch in Situationen, in denen er sich aufregt, eine bessere Selbstkontrolle erlangen. Zusätzlich sollen mit diesen Spielen Frust und überschüssige Energie abgebaut werden, die vielleicht zur Verschärfung des eigentlichen Problems beitragen (Mitteilung von Rushman).

Beim Aufbau der Beißhemmung bei Hunden der Beißgrade 1 bis 3 werden Situationen so gesteuert, dass Sie dem Hund Feedback geben können. Dazu können Sie Zerrspiele oder Frisbee-Scheiben verwenden, bei denen Ihre Hände in engen Kontakt mit dem Fang des Hundes kommen, oder kleine Futterstückchen aus der Hand füttern. Wenn der Hund nach dem Spielzeug oder dem Futter schnappt und die Zähne Hautkontakt bekommen sollten, achten Sie darauf, es dem Hund leichter zu machen, indem Sie zum Beispiel die Übungen nach der Fütterung durchführen, wenn der Hund nicht hungrig ist und weniger fest schnappt (Mitteilung von Rushman). Ein Hund, der über Futter nicht so gut zu motivieren ist, wird allerdings vor der Fütterung besser arbeiten. Bleiben Sie in der Anfangsphase dieser Übungen ganz ruhig; wenn der Hund begeistert ist und sich aufregt, verliert er die Kontrolle darüber, wie fest er zubeißt, und kann daher die Aufgaben nicht erfolgreich bewältigen (Mitteilung von Rushman). Verwenden Sie zunächst den gleichen Trick, den Pferdetrainer einsetzen, und halten Sie das Leckerchen nicht zwischen den Fingern, sondern auf der Handfläche. Der Hund wird dadurch gezwungen, weniger mit den Zähnen und mehr mit der Zunge und den Lippen zu arbeiten (Mitteilung von Rushman). Erst wenn der Hund das gelernt hat, sollten Sie allmählich die Leckerchen auch zwischen den Fingern halten; wenn er Sie dabei versehentlich mit den Zähnen erwischt, stoßen Sie einen Schmerzensschrei aus und gehen sofort — wenn möglich mit dem Spielzeug oder dem Leckerchen — aus dem Raum. Machen Sie diese Übungen so lange, bis der Hund seine Zähne und seinen Fang deutlich behutsamer einsetzt, und machen Sie sein ganzes Leben lang immer wieder Stichproben, bei denen Sie ihm absichtlich Ihre Finger samt Leckerchen oder Spielzeug in den Fang legen. Wenn er bereits selbst verlässlich darauf achtet, nicht zuzubeißen, dann können Sie ein Kommando einführen. Fangen Sie auch dabei wieder in einer möglichst entspannten Situation an, ohne Aufregung und Hektik, und lassen Sie den Hund absitzen oder -liegen, bevor Sie weitermachen. Je besser der Hund die Übung ausführt, desto mehr (freudige) Erregung können Sie zulassen. Dadurch kann der Hund Selbstkontrolle lernen (Mitteilung von Rushman). Wenn Sie glauben, der Hund habe versehentlich zugeschnappt, dann vergessen Sie bitte nicht, Sie haben es mit einem Tier zu tun, das so geschickt ist, dass es eine Fliege erwischt, die ihm um den Kopf schwirrt. Sollte es tatsächlich ein Versehen gewesen sein, dann muss der Hund eben lernen, noch vorsichtiger und behutsamer zu sein. Machen Sie diese Übung zur Auffrischung immer wieder zwischendurch. Der Hund lernt dadurch, sehr behutsam zu werden, allerdings wird die Wirkung auf das Beißverhalten im wirklichen Leben wesentlich geringer sein als in der Übungssituation. Wenn beim Hund Flucht-, Kampf- oder Jagdverhalten ausgelöst wird, wird die in den Übungen aufgebaute Beißhemmung nicht gleich wirken. Dennoch ist das Üben der Beißhemmung ein wichtiger Bestandteil des Programms, weil der Hund dadurch bessere Selbstkontrolle lernt. Schließlich sollten wir alle uns zur Verfügung stehenden Mittel einsetzen.

Der Aufbau der Beißhemmung bei Hunden der Kategorie 4 bis 6 ist allerdings eine ganz andere Sache. Beurteilen Sie selbst, wie weit Sie die Übungen hier durchführen wollen, da das Risiko recht hoch ist und den möglichen Nutzen überwiegen kann. Ich führe die Übungen der Vollständigkeit halber an, damit sich die Trainer/ Tierverhaltensberater unter Ihnen selbst ein Bild machen können. Allerdings schlage ich meinen eigenen Klienten die Übungen in solchen Fällen höchst selten vor, weil bei Hunden, die derart fest zubeißen, das Risiko einfach zu groß ist, und weil ich überzeugt bin, dass bei so bissigen Hunden noch ganz andere Ursachen mitspielen, die sich nicht wesentlich beeinflussen lassen. Ich gehe in solchen Fällen das Problem meist von einer anderen Seite an. Die Entscheidung liegt aber bei Ihnen. Die Übungen sind die gleichen wie bei weniger gefährlichen Hunden, Sie müssen aber auf ausreichende Sicherheitsvorkehrungen achten. Wenn Ihr Hund ein Problem mit Futter hat, dann sollten Sie nicht unbedingt mit dem Füttern aus der Hand arbeiten. Wenn Ihr Hund dazu neigt, Spielsachen zu bewachen, ist ein Zerrspiel nicht gerade der beste Weg. Wenn Ihr Hund ein Problem mit der Berührung am Kopf oder Fang hat, müssen Sie eine Weile mit dem Zähneputzen aussetzen. Wenn Sie sich bei den Übungen unsicher fühlen, dann hören Sie sofort auf. Eine Beißhemmung aufzubauen ist gut, wenn es sich ohne Risiko machen lässt, aber nicht immer lässt sich der feste Einsatz des Fangs und manchmal auch der Zähne durch Konditionierung wegtrainieren, und wenn es zu gefährlich wird, lohnt sich die

Sache nicht. Noch etwas gilt es zu bedenken: Auch wenn wir besonders vorsichtig sind, trifft doch zu, was wohl Patricia McConnell in ihrem Buch *The Cautious Canine* am treffendsten beschrieb, Bisse nämlich geschehen immer nur in der Vergangenheit, nie in der Gegenwart oder Zukunft. Sie meint damit, dass eine Beißattacke unglaublich schnell vor sich geht. Es gibt kaum bis gar keine Zeit, überhaupt zu reagieren. Ich würde daher die folgenden Übungen sicher nicht bei Hunden mit Beißgrad 5 oder 6 vorschlagen! Selbst bei Hunden mit Beißgrad 4 habe ich meine Zweifel.

Anmerkung: Wenn Sie die Spiele machen, trägt der Hund dabei keinen Maulkorb. Das heißt, dass Sie (und gegebenenfalls Ihre Helfer) bei diesen Übungen stärker gefährdet sind. Machen Sie die Übungen nicht, wenn Sie sich dabei nicht absolut sicher fühlen. Bei jedem Spiel, das Sie mit Ihrem Hund machen (egal ob er aggressiv ist oder nicht) werden Kommandos aus der Unterordnungsarbeit verwendet, Ihr Hund muss diese einfachen Kommandos gut beherrschen, bevor Sie mit den Spielübungen beginnen können. Es ist wichtig, diese Kommandos zu verwenden, denn sie helfen dem Hund dabei, konzentriert zu bleiben und in schwierigen oder aufregenden Situationen mehr Selbstkontrolle zu behalten. Neben den Kommandos aus der Unterordnung muss Ihr Hund auch einigermaßen verlässlich auf Kommandos wie „Aus" oder „Gib's mir" hören, damit Sie ein Spielzeug wieder an sich nehmen können. Der Hund muss diese Kommandos erlernt haben, bevor Sie mit den Übungen beginnen. Erlauben Sie Kindern NICHT, diese Spiele mit dem Hund zu spielen, solange er dabei nicht wirklich SEHR gut gehorcht — und erlauben Sie Kindern diese Übungen NIE bei einem Hund, der bereits einmal Aggression gegenüber Kindern gezeigt hat!

1. Schritt:
Achten Sie darauf, dass sich Ihr Hund nicht so sehr aufregt, dass Sie sich nicht mehr im unproblematischen Bereich bewegen. Seien Sie vorsichtig. Denken Sie an Ihre Sicherheit.

2. Schritt:
Meiden Sie „gefährliche" Dinge oder Verhaltensweisen, und konzentrieren Sie sich auf Übungen, bei denen der Hund nicht überreagiert. Seien Sie vorsichtig.

3. Schritt:
Arbeiten Sie mit einem Helfer, der die Leine hält, die Sie am Halsband oder Brustgeschirr befestigen, das der Hund trägt. Wenn Sie die Übungen alleine machen, dann befestigen Sie die Leine an irgendetwas, damit Sie dem Hund notfalls entkommen können.

4. Schritt:
Reduzieren Sie Spaß und Spiele für den Hund außerhalb der Übungszeiten, damit es für den Hund wichtiger wird, dass die Spiele während der Übungszeit mit Ihnen nicht abgebrochen werden. Im Idealfall werden die Übungen erst gemacht, nachdem Sie ein Programm zum Aufbau von gesichertem Sozialverhalten durchgeführt haben. Lesen Sie Details dazu im Abschnitt über die Behandlung von kontrollkomplexbedingter Aggression nach.

5. Schritt:
Beginnen Sie ein Zerrspiel (wenn dieses Spiel für Sie und Ihren Hund in Frage kommt und nicht problematisch ist). Achten Sie darauf, dass Sie das Spiel immer unter Kontrolle haben. Zerrspiele sollten immer nur mit einem bestimmten Spielzeug gespielt werden, das dafür reserviert ist und das nach dem Spiel wieder weggeräumt wird. Der Hund muss das Spielzeug auf Kommando fallen lassen. Er darf es erst auf Ihr Signal hin wieder nehmen und vor allem darf er während des Spiels weder Ihre Kleidung noch Ihre Haut berühren. Das Spiel soll ein Spiel bleiben. Sorgen Sie dafür, dass sich der Hund nicht zu sehr aufregt, und bauen Sie immer wieder Gehorsamkeitsübungen als Pause ein. In dem Moment, in dem der Hund Ihre Kleidung oder Haut auch nur leicht berührt, rufen Sie „AU!", so als hätte es sehr weh getan, stehen auf und gehen weg, möglichst mit dem Spielzeug, wenn Sie es gerade haben. Wenn nicht, dann ohne, damit Sie keine Zeit verlieren. Nach ein paar Minuten gehen Sie wieder zum Hund, verlangen ein Kommando und vielleicht noch andere Gehorsamkeitsübungen und nehmen das Spiel als Belohnung für die Ausführung wieder auf. Üben Sie das viele Male und seien Sie in Ihrem Feedback an den Hund absolut eindeutig und konsequent. Wenn es dabei in irgendeiner Phase zu wirklich aggressivem Verhalten kommt oder die Übungen nicht dazu führen, dass Stärke und Häufigkeit der Bisse abnehmen, hören Sie damit auf und suchen Sie einen professionellen Trainer/ Verhaltenstherapeuten auf.

6. Schritt:
Beim Füttern aus der Hand gehen Sie genauso vor. Anfangs verwenden Sie wieder kleine Futterstücke, die Sie dem Hund auf Ihrer leicht gewölbten Handfläche anbieten. Als Nächstes halten Sie ein kleines Futterstückchen (erbsengroß oder noch kleiner) zwischen Zeigefinger und Daumen, so dass es ein wenig hervorragt. Bieten Sie Ihrem Hund das Futter an. Wenn er es behutsam nimmt, geben Sie es ihm, loben ihn intensiv und geben Sie ihm ein paar weitere Futterstückchen. Wenn er schnappt oder gar ohne große Rücksichtnahme Ihre Haut zwischen die Zähne bekommt, rufen Sie „AU", lassen das Futter möglichst nicht los, stehen auf und gehen weg. Führen Sie diese Übungen möglichst in einem Raum durch, in dem weder seine Decke oder Box noch Spielsachen sind, damit der Raum ohne Sie sehr uninteressant ist. Verwenden Sie ein Kindergitter, über das Sie beim Weggehen leicht steigen können oder machen Sie einfach die Tür hinter sich zu. Lassen Sie dem Hund ein paar Minuten Zeit, in der er merken kann, wie langweilig es ohne Sie ist und wie viel Spaß es macht, wenn Sie da sind, und gehen Sie dann zu ihm zurück, verlangen Sie ein paar Gehorsamkeitsübungen und führen Sie die Übung dann noch einmal durch. Machen Sie das mehrere Übungseinheiten lang so.

7. Schritt:
Führen Sie diese Übungen immer wieder durch.
Wichtig ist, diese Übungen mit Hunden, die fest zubeißen, nicht zu machen, wenn Sie sich dabei nicht völlig sicher fühlen. Es gibt auch die Auffassung (Lindsay, 2000), es könnte zumindest teilweise physiologische oder anatomische Gründe haben, wenn ein Hund so fest zubeißt. Es kann daher schwierig werden, bei solchen Hunden eine bessere Beißhemmung zu erzielen. Wenn Ihre Sicherheit dabei nicht gewährleistet ist, sollten Sie auf die Übungen verzichten.

Bei jedem Hund, der zu aggressivem Verhalten neigt, ist es absolut notwendig, dass er Hör- und Sichtzeichen befolgt. Wenn er das tut, können Sie damit nicht nur schlimme Zwischenfälle vermeiden oder abstoppen, sondern Sie haben auch die Möglichkeit, den Hund leichter zu desensibilisieren und ihm als Reaktion auf aggressionsauslösende Reize ein angemessenes Alternativverhalten beizubringen.

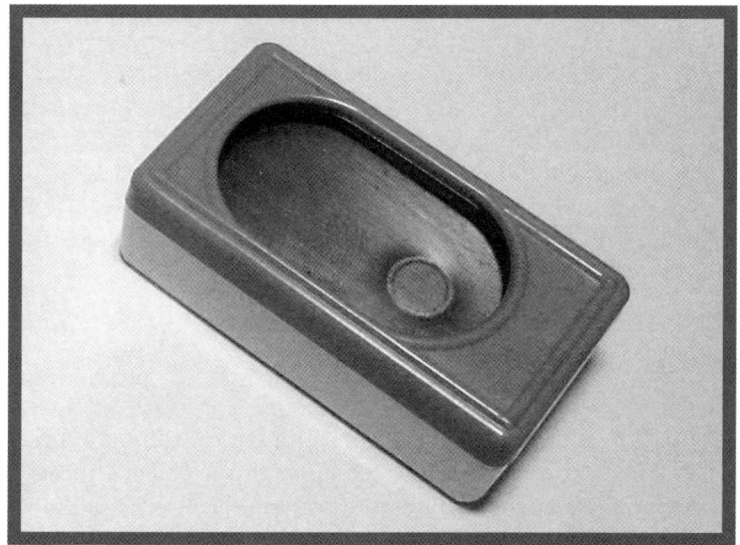

Hierfür kann ich das Clicker-Training nur dringend empfehlen. Wenn Sie ohne Clicker arbeiten, dann kommunizieren Sie mit Ihrem Hund eventuell nicht so effizient, wie das möglich wäre. Der Clicker ist ein klareres, prägnanteres und eindeutigeres Signal als Wörter oder das Zuwerfen von Leckerchen es sein können. Ein Clicker ist ein kleines Ding, das ein Klickgeräusch von sich gibt, wenn man darauf drückt. Der Clicker ist für den Hund anfangs bedeutungslos. Es ist ein neutraler Reiz. Durch klassische Konditionierung verbindet man dann zwei Reize (Klick und Belohnung), bis der Hund auf den Klick fast genauso reagiert, wie auf die Belohnung selbst. Der unkonditionierte Verstärker (Belohnung) kann zum Beispiel ein Leckerchen sein, und wenn eine Verknüpfung der beiden Reize erreicht wurde, wird der Klick zum konditionierten Verstärker. Wenn also der Hund die Verknüpfung einmal hergestellt hat, dann wird er sich durch den Klick belohnt fühlen, ohne das Leckerchen schon erhalten zu haben. Mit dem Klick sagen Sie Ihrem Hund „Ja, genau, was du jetzt gerade gemacht hast, als der Klick kam, war genau das, was ich mag, was ich öfter haben möchte und wofür du jetzt ein Leckerchen bekommst und in Zukunft noch mehr Leckerchen bekommen kannst!" Viele Verhaltensäußerungen sind ganz schnell und kurz oder finden außerhalb Ihrer Reichweite statt, mit dem Clicker haben Sie die Möglichkeit, auch dieses Verhalten ganz präzise zu belohnen! Sie könnten natürlich auch einfach das Wort „Ja" verwenden, aber es taugt als Signal wenig, weil Sie es täglich vielfach verwenden, auch wenn es für den Hund gar keine besondere Bedeutung haben soll. Es kommt daher nicht zu einer eindeutigen Verknüpfung und es hängt jeweils davon ab, wer das Wort verwendet, außerdem können Sie mit einem Wort nie so präzise arbeiten wie mit dem sekundengenauen Klick. Besorgen Sie sich also einen Clicker und ein Clicker-Buch. Ein gutes Buch ist *The Clicker Workbook, A Beginner's Guide* von Deborah Jones. Es ist ein gutes, knappes Buch und nicht sehr teuer. Sie können es zum Beispiel unter www.dogwise.com bestellen. Clicker können Sie über www.SitStay.com beziehen oder in Deutschland über www.clicker.de. Sie müssen beim Clicker-Training nicht Ihr Leben lang mit Clicker und Leckerchen unterwegs sein. Man verwendet den Clicker, um etwas Neues zu lernen oder bereits erlerntes Verhalten „aufzupolieren", man muss aber nicht immer weiter damit arbeiten. Wenn ein Verhalten gut konditioniert ist, kann es auch durch unregelmäßige Belohnung ohne Clicker aufrechterhalten werden. Es gibt inzwischen sogar elektronische Clicker, die alle eine unterschiedliche Frequenz haben, damit es beim Arbeiten in der Gruppe nicht zu verwirrend wird. Das Problem hierbei ist aber, dass Sie mit dem Kauf eines solchen Clickers die Firma unterstützen, die auch Elektroschock-Halsbänder herstellt! Davon würde ich natürlich abraten!

DEN CLICKER EINFÜHREN

Um den Clicker einzuführen, um also eine konditionierte Reaktion auf den Clicker herzustellen, müssen Sie ihn nur wiederholt gemeinsam mit einem anderen Reiz präsentieren. Am einfachsten ist es, mehrmals hintereinander einen Klick mit einer Belohnung (C+B) zu geben. Die Belohnung muss innerhalb von drei Sekunden auf den Klick folgen. Achten Sie darauf, dass Ihr Hund gerade nichts Unerwünschtes tut, wenn Sie klicken und belohnen. Vergessen Sie nicht, dass auf jeden Klick eine Belohnung folgen muss. Sie dürfen nie klicken, ohne zu belohnen. Wenn Sie das eine oder andere Mal das Timing nicht richtig hinbekommen, ist das nicht zu schlimm. Sie müssen dann eben das Verhalten wieder in die richtige Richtung umformen, aber entwerten Sie den Clicker nicht dadurch, dass auf den Klick keine Belohnung folgt. Ob das Signal des Clickers bereits gut beim Hund eingeführt ist, können Sie daran erkennen, wenn er in seinem Verhalten oder an seinem Gesichtsausdruck erkennen lässt, dass er freudig aufgeregt ist, wenn er den Clicker hört. Verwenden Sie vor allem anfangs Leckerchen, die für Ihren Hund etwas ganz Besonderes sind. Getrocknete oder gebratene Leberstückchen sind meist sehr beliebt. Die Lieblingsleckerchen von einem meiner Hunde sind klein gehackte Hühnchen-Hotdogs, die ich kurz in die Mikrowelle stecke, damit Sie nicht klebrig sind. Mein Hund arbeitet aber auch für normale Leckerchen, die viel gesünder für ihn sind. Vergessen Sie bitte nicht, dass der Hund entscheidet, was ein tolles Leckerchen ist und was nicht. Außerdem ist die Frage, wie attraktiv eine Belohnung gerade ist, immer relativ – je nach Situation und Stimmung. Die Leckerchen sollten höchstens erbsengroß sein. Wenn der Hund erst lange kauen muss, sind die Pausen im Training zu lang und der Hund ist schnell satt. In einer späteren Trainingsphase können Sie dann sowohl normale Leckerchen als auch super tolle Belohnungshappen in Ihrem Beutel haben und mit den Leckerchen normal gutes und den super tollen Happen wirklich außergewöhnliches Verhalten belohnen. Außerdem bekommen Sie, wenn Sie Leckerchen und Hotdog-Happen gleichzeitig im Beutel haben, neue Lieblingsleckerchen – Leckerchen mit Hotdog-Geschmack! Sie können damit das Verhalten Ihres Hundes besser beeinflussen und formen.

VERHALTENSWEISEN

Die drei wichtigsten Verhaltensweisen, die Sie für die Arbeit mit einem aggressiven Hund brauchen, sind „Schau", „Sitz" und „Lass das". Jedes Signal wird im nachfolgenden Abschnitt kurz erläutert. Eine Einzelstunde mit einem Clicker-Trainer wird Ihnen den Anfang des Trainings leichter machen.

„Schau"
Setzen Sie einen Zeitraum für Ihre Übungseinheit fest. 10 bis 15 Minuten sind am Anfang am besten. Wenn Ihr Hund ein Verhalten verlässlich ausführt, können Sie dann damit im Training arbeiten. Üben Sie anfangs in einer Umgebung, die sehr wenig Ablenkung bietet.

„Schau" heißt, der Hund soll Blickkontakt zu Ihnen herstellen und ihn so lange halten, bis das Kommando entweder mit dem Klick oder einem Signal, wie zum Beispiel einem „okay" oder indem Sie die Arme in die Luft werfen, wieder aufgehoben wird. Blickkontakt mit Ihrem Hund kann in verschiedenen Situationen sehr hilfreich sein. Erstens erhalten Sie dadurch die Möglichkeit, mit Ihrem Hund zu kommunizieren, was nicht möglich ist, wenn er Sie nicht beachtet oder Angst hat, Sie anzusehen. Ihr Hund muss Ihnen Aufmerksamkeit schenken. Sie können dann zweitens die Aufmerksamkeit Ihres Hundes von etwas anderem weglenken. Wenn Ihr Hund zum Beispiel einen anderen intensiv anstarrt, dann verfällt er leicht in einen Tunnelblick und seine Erregung steigt, bis es auf dem Höhepunkt zur Entladung kommt. Mit Blickkontakt zu Ihrem Hund können Sie seine Aufmerksamkeit auf sich lenken. Sie können dafür auch ein Kommando einführen, im Wesentlichen geht es aber darum, das „Schau" als automatisches Verhalten aufzubauen. Das bedeutet, dass Sie es nicht aktiv verlangen, sondern dass der Hund von sich aus immer wieder Blickkontakt zu Ihnen sucht. Das erreichen Sie, indem Sie es für den Hund wirklich interessant machen, mit ihnen Blickkontakt aufzunehmen. Hierfür gehen Sie folgendermaßen vor:

Lächeln Sie ☺. Wenn Sie mit Ihrem Hund arbeiten, sollten Sie immer lächeln. Nehmen Sie ein Leckerchen und halten Sie es so weit von sich weg, wie Sie nur können. Der Hund wird das Leckerchen ansehen. Ihre Aufgabe ist es jetzt, geduldig zu warten. Versuchen Sie nicht, durch Ihren Gesichtsausdruck oder ein stimmliches Signal den Hund zu locken, damit er sie ansieht. Ich weiß, die Versuchung ist groß, aber widerstehen Sie ihr. Irgendwann wird sich der Hund fragen, was los ist und Sie – vielleicht auch nur kurz – ansehen. In genau diesem Moment gibt es den Klick und die Belohnung (C+B). Das Timing ist wirklich wichtig. Stellen Sie sich das Klicken wie den Auslöser eines

Fotoapparates vor. Belohnt wird genau das, was der Hund in dem Moment, in dem der Klick kommt, tut – nicht das, was er gerade tun wollte oder gerade getan hat. Den richtigen Moment zu erwischen, wenn er Ihnen einen Blick zuwirft, ist nicht ganz einfach, aber versuchen Sie es so gut wie möglich. Wiederholen Sie die Übung mehrfach.

Wenn es Ihnen Probleme macht, einen Blick von Ihrem Hund zu erhaschen, dann bauen Sie eine Zwischenstufe ein. Klicken Sie zuerst jedes Mal, wenn Ihr Hund kurz vom Leckerchen wegsieht. Wiederholen Sie das mehrmals. Wenn er schneller oder häufiger vom Leckerchen wegsieht, gehen Sie zur nächsten Stufe über. Warten Sie, bis er Sie ansieht, bevor Sie klicken. Ab dann sollte die Übung keine weiteren Probleme mehr machen.

Wenn der Hund einmal Blickkontakt zu Ihnen aufnimmt, und sei es nur kurz, können Sie ein wenig mehr verlangen. Warten Sie als Nächstes, bis er Sie voll und ganz ansieht. Das heißt, er soll sie nicht nur flüchtig ansehen, sondern kurze Zeit vollen Blickkontakt zu Ihnen halten. Der Hund wird Sie zunächst kurz ansehen, sich dann wundern, warum es keinen Klick gibt und wieder zum Leckerchen zurück sehen. Warten Sie, bis er Sie wieder ansieht und den Blick zwei bis drei Sekunden lang hält. Wenn der Hund Sie bewusst ansieht, hält er dabei vielleicht kurz den Atem an und schließt den Fang. Wenn er Sie das erste Mal so ansieht, sofort klicken und Jackpot! Ein Jackpot wird immer dann eingesetzt, wenn der Hund eine besondere Leistung geschafft hat. Sie werfen dabei mehrere Leckerchen rund um ihn auf den Boden (oder geben ihm mehrere Leckerchen nacheinander aus der Hand), statt ihm nur ein Leckerchen zu geben. Wiederholen Sie jetzt diese Übung mehrfach und mehrere Übungseinheiten lang.

Wechseln Sie als Nächstes die Richtung, in die Sie das Leckerchen halten, damit der Hund nicht auf merkwürdige Ideen kommt und Fehlverknüpfungen herstellt. Er könnte zum Beispiel glauben, die Sache funktioniere nur, wenn Sie Ihren rechten Arm nach rechts strecken.

Dann bauen Sie allmählich Ablenkungen ein. Dazu brauchen Sie einen anderen Menschen oder einen anderen Hund im selben Raum (arbeiten Sie aber keinesfalls mit etwas, was bereits eine aggressive Reaktion ausgelöst hat; dafür ist es noch viel zu früh!). Bauen Sie die Ablenkungen möglichst schrittweise und so ein, dass Ihr Hund die gestellte Aufgabe immer erfolgreich bewältigen kann. Wenn er Blickkontakt zu Ihnen aufnimmt, Klick und Belohnung. Steigern Sie allmählich die Dauer des erforderlichen Blickkontakts und den Schwierigkeitsgrad der Ablenkung. Erhöhen Sie dabei immer nur eine Anforderung, also entweder Dauer des Blickkontakts oder Ablenkungsgrad, und verlangen Sie bei der anderen Variable etwas weniger, wenn Sie gerade eine Sache schwieriger machen. Mehr dazu weiter unten.

Achten Sie auch darauf, wann Ihr Hund von sich aus Blickkontakt sucht und belohnen Sie ihn dafür. Sie werden vielleicht feststellen, dass Ihr Hund die Übung so beruhigend und angenehm findet, dass er anfängt, von sich aus Blickkontakt zu suchen, wenn er sich unwohl fühlt oder Stress bekommt. Wenn er Blickkontakt aufnimmt und dabei gleichzeitig ruhig und entspannt ist, geben Sie ihm dafür einen Jackpot. Genau das wollen Sie erreichen. Es geht darum, dass Ihr Hund dieses Verhalten freiwillig als Methode für die Bewältigung schwieriger Situationen oder als Alternativverhalten an Stelle von unerwünschten Verhaltensweisen wählt.

„Sitz"

„Sitz" heißt, auf Kommando mit dem Körperhinterteil Bodenkontakt aufzunehmen, während das vordere Ende des Körpers oben bleibt, und so lange in dieser Haltung zu verharren, bis das Kommando aufgehoben wird. Die genaue Definition ist wichtig, damit Sie eine klare Vorstellung von Ihrem Ziel haben. Sie üben das folgendermaßen ein:

Halten Sie ein Leckerchen zwischen Daumen und Zeigefinger. Zeigen Sie das Leckerchen dem Hund so, dass er daran schnuppern und es fixieren kann. Halten Sie Ihre Hand mit der Handfläche nach oben. Wenn der Hund das Leckerchen fixiert hat, schieben Sie Ihre Hand hoch und vor, so als würden Sie damit zwischen seine Augen Richtung Schwanz zielen, wobei der Hund das Leckerchen die ganze Zeit hindurch fixieren soll. Dabei sollte sich sein Hinterteil Richtung Boden bewegen, während sein Blick Ihrer Hand nach oben folgt. In dem Moment, in dem das geschieht, Klick und Belohnung. Wenn der Hund stattdessen hochspringt, haben Sie vermutlich das Leckerchen zu hoch gehalten. Halten Sie das Leckerchen die ganze Zeit dicht vor seine Nase, damit er nicht hochspringt. Wenn er bei der Übung einfach nach hinten geht, probieren Sie es in einer Ecke oder vor einer Wand, damit er nicht nach hinten ausweichen kann – vorausgesetzt er fühlt sich durch diese Position nicht in die Enge gedrängt. Wiederholen Sie das dreimal. Dann zeigen Sie dem Hund, dass Sie nichts in der Hand haben. Nehmen Sie das Futter in die Hand mit dem Clicker und halten Sie die Hand hinter den Rücken oder arbeiten Sie mit einem Leckerchen-Beutel. Führen Sie den Hund jetzt wieder mit der Hand, in der Sie davor das Leckerchen gehalten hatten, in die Sitz-Position. Wenn er sich hinsetzt, Click und Jackpot. Werfen Sie mehrere Leckerchen rund um ihn auf den Boden. Wenn man einen Durchbruch wie diesen erzielt, wird immer stark belohnt. Wiederholen Sie die Übung ein paar Mal mit einem Leckerchen in der Hand und dann noch ein oder zweimal ohne Leckerchen. Bauen Sie das Lock-Signal allmählich ab. Mit „Lock-Signal abbauen" meine ich, Sie nehmen die Handbewegung immer mehr zurück und gehen damit in Richtung des schließlich angestrebten Handzeichens. Das Handzeichen sieht folgendermaßen aus: ausgestreckte Hand, Ellbogen im rechten Winkel, Handfläche nach vorn. Die Hand bewegt sich nach oben Richtung Schulter. Wandeln Sie das Lock-Signal allmählich so ab, dass es immer mehr wie das schließlich verwendete Handzeichen aussieht. Wenn die Sache einmal gut und verlässlich klappt, können Sie zu einer Belohnung nach variablem Schema übergehen. Sie geben dabei nicht jedes Mal eine Belohnung. Der Hund soll auf Leckerchen hoffen und raten müssen, wann eines kommt. Dabei dürfen Sie nicht so selten belohnen, dass er aufgibt, aber auch nicht zu oft. Versuchen Sie, die besonders gut ausgeführten Übungen zu belohnen, wenn der Hund sehr schnell und freudig reagiert hat. Wenn Sie nicht jedes „Sitz" belohnen, sondern nur die wirklich gut ausgeführten, formen Sie damit ein besser ausgeführtes „Sitz". Belohnen Sie den Hund mal und dann wieder nicht, damit er nie ganz genau weiß, wann er etwas bekommt. Achten Sie darauf, nicht in ein bestimmtes Muster zu verfallen und zum Beispiel jedes dritte oder jedes vierte Mal etwas zu geben. Belohnen Sie manchmal ein paar Ausführungen gleich hintereinander und dann wieder ein paar nicht. Hunde erkennen Muster oft viel schneller als wir, seien Sie daher vorsichtig. Halten Sie Ihren Hund in gespannter Erwartung.

Ich würde vorschlagen, Sie behalten das Handzeichen bei. Das Problem mit Hörzeichen ist, dass viele Besitzer dazu tendieren, sie mehrmals zu wiederholen, wenn der Hund nicht gleich darauf reagiert, und das ist schlecht (siehe auch den Abschnitt über gelernte Irrelevanz). Viele wiederholen das Kommando auch in immer fordernderem und drohenderem Tonfall, wenn es der Hund nicht gleich ausführt. Wenn der Hund empfindlich auf laute Geräusche oder soziale Spannungen reagiert, ist ihm das sehr unangenehm, was Hundebesitzer oft gar nicht bemerken. Das alles kann man leicht vermeiden, wenn man nur das Handzeichen verwendet. Außerdem fördern Sie damit, dass Ihr Hund Sie immer im Auge behält. Vergessen Sie aber bitte nicht, wir haben bislang noch gar kein Hörzeichen eingeführt. Verwenden Sie kein Hörzeichen, solange Sie nicht ganz sicher sind, genau das erwünschte Verhalten zu bekommen. Wenn man ein Signal mit einem Verhalten verknüpft, heißt das: „Dieses Signal bedeutet IMMER dieses Verhalten." Vergewissern Sie sich daher vorher, dass das gezeigte Verhalten WIRKLICH das ist, was Sie haben wollen! Wenn Sie eine schnellere Reaktion oder eine genauere Ausführung haben wollen, müssen Sie das Verhalten weiter formen, bevor Sie ein Hörzeichen einführen. Das Hörzeichen kommt nicht am Anfang des Übungsaufbaus, sondern erst ganz am Ende. Wenn Sie es einführen wollen, gehen Sie folgendermaßen vor: Wenn das Verhalten auf das Handzeichen hin schön und verlässlich ausgeführt wird, geben Sie zuerst das Hörzeichen, dann das Sichtzeichen und dann, wenn der Hund sitzt, Klick und Belohnung. Wiederholen Sie das mehrmals und mehrere Übungseinheiten lang. Dann testen Sie den Hund. Sie sagen „Sitz" und warten, was geschieht. Wenn sich der Hund hinsetzt, bekommt er einen Jackpot. Wenn nicht, gehen Sie wieder zur Übung zurück und wiederholen Sie die Reihenfolge wie gehabt mehrfach. Sagen Sie das Kommando bitte nicht mehrmals hintereinander, der Hund lernt sonst nur, nicht darauf zu achten, oder aber er wartet zig Wiederholungen ab, bevor er reagiert. Anders gesagt, das Signal wäre dann nicht mehr „Sitz", sondern „Sitz, Sitz!, SITZ!!!". Tappen Sie nicht in diese Falle. Wenn er das gewünschte Verhalten nicht ausführt, reagieren Sie darauf mit einem „keine-Reaktion-Verhalten" (No Change Response©), wie weiter unten beschrieben. Geben Sie die Signale nicht gleichzeitig, sondern erst das Hörzeichen und dann das Sichtzeichen. Wenn Sie die Signale gleichzeitig geben oder sie ineinander übergehen, überlagert das Sichtzeichen das Hörzeichen, weil Hunde auf visuelle Signale stärker reagieren, und erschwert damit die Einführung des Hörzeichens oder macht es sogar unmöglich.

Wenn das Verhalten gut und zuverlässig ausgeführt wird und Sie sicher sind, dass der Hund die Kommandos wirklich gut kennt, können Sie mit dem Festigen des Verhaltens anfangen. Dazu steigern Sie den Grad der Ablenkung. Sie können zum Beispiel das Absitzen in anderen Zimmern üben, in denen es mehr Ablenkung gibt, und damit schließlich, wie Jean Donaldson es formuliert, „auf die Straße gehen".

Wenn Sie bei einer Übung ein neues Element einführen, dann müssen Sie ihre Anforderungen bei anderen Elementen wieder ein Stück zurücknehmen. Sie können jetzt zum Beispiel eine längere Dauer des Absitzens trainieren. Dazu ist es erforderlich, wieder unter geringer Ablenkung zu üben. Wenn Sie ein längeres Absitzen trainieren wollen, dann lassen Sie den Hund sich hinsetzen und warten dann einfach kurz, bevor Sie das Klick und die Belohnung geben. Bauen Sie schrittweise ein längeres Absitzen auf, vergessen Sie aber nicht, variabel zu belohnen. Schieben Sie oft ganz einfache Übungsschritte ein. Verlangen Sie ein Absitzen und zählen Sie im Stillen bis drei. Wenn der Hund noch immer sitzt, gibt es Klick und Belohnung. Als nächstes warten Sie vier Sekunden lang. Dann wieder nur eine Sekunde lang. Dann lassen Sie den Hund sieben Sekunden lang sitzen. Variieren Sie. Und verlängern Sie dabei allmählich die Dauer. Probieren Sie es mit gezielter Belohnung von herausragendem Verhalten und arbeiten Sie auf Spitzenleistungen hin. Mit einem gelegentlichen Jackpot für besondere Leistungen bleibt Ihr Hund motiviert.

Als Nächstes arbeiten Sie auf Entfernung. Hierfür schrauben Sie zuerst wieder die Anforderungen hinsichtlich Dauer und Ablenkungsgrad zurück. Verlangen Sie ein „Sitz", und während der Hund sitzt, gehen Sie einen Schritt zurück und wieder zum Hund hin. Wenn der Hund dabei sitzen bleibt, Klick und Belohnung. Dann machen Sie einen Schritt zur Seite. Dann einen Schritt auf die andere Seite. Vergrößern Sie den Abstand schrittweise. Ein mögliches Ziel der Übung könnte es sein, dass Sie um den Hund herumgehen oder einmal aus dem Blickfeld verschwinden. Wenn das gut klappt, erhöhen Sie auch die Dauer und den Ablenkungsgrad wieder. Achten Sie dabei darauf, die Übungen immer schrittweise aufzubauen, und lassen Sie den Hund immer ein wenig im Ungewissen darüber, wann es die nächste Belohnung gibt. Bauen Sie die Übung so auf, dass der Hund sie erfolgreich bewältigen kann. Wenn der Hund viele Fehler macht, dann sind Sie zu schnell vorgegangen. Machen Sie eine Pause, fangen Sie dann ein paar Stufen darunter noch mal an und gehen Sie langsamer vor.

Wenn Sie das Stadium erreicht haben, bei dem der Hund genau versteht, was er tun soll, es aber dennoch nicht ausführt, dann verwenden Sie die Methode „Keine Reaktion" (No Change Response© von Chuck Tompkins, Behavior International, *Using the No Change Response©*). Sie sollten beim Üben generell gute Laune ausstrahlen, Spaß haben, den Hund belohnen. Wenn er nun ein Kommando nicht ausführt, dann gibt es das alles nicht mehr. Sagen Sie nichts, schauen Sie den Hund nicht an, stehen Sie ganz still da und bieten Sie ihm absolut nichts; es gibt keine Strafe und keine Belohnung; absolut nichts. Zählen Sie im Stillen bis vier und verlangen Sie dann nochmals, dass der Hund das Kommando befolgt. Nach einer Zeit wird das „Keine Reaktion" für den Hund eine bestimmte Bedeutung erlangen. Er wird verstehen, dass er etwas falsch gemacht hat und daher nichts mehr von Ihnen bekommt. Das ist viel wirkungsvoller als Korrekturen oder Strafen. Der Hund wird dann alles, was Sie sonst tun, als Belohnung wahrnehmen. Tun Sie also einfach gar nichts. Wenn Sie öfter als zweimal hintereinander ein „Keine Reaktion" geben mussten, ist das ein Zeichen dafür, dass Sie zu schnell vorgegangen sind oder dass die Qualität der Übungseinheit aus einem anderen Grund sinkt. Wenn das passiert, verlangen Sie vom Hund noch ein paar einfache Dinge, bei denen Sie sicher sind, dass er sie gut ausführen kann, und beenden Sie dann das Training mit einem Erfolgserlebnis.

„Lass das"
„Lass das" heißt, dass sich der Hund um etwas Bestimmtes, um das es gerade geht, nicht kümmern, sondern davon weggehen soll.

Sie fangen an, indem Sie mit dem Hund an der Leine gehen. Werfen Sie ein Leckerchen oder ein Spielzeug seitlich auf den Weg, so dass Sie daran vorbeigehen müssen, oder sorgen Sie dafür, dass etwas vorher dort ausgelegt wurde. Vermutlich zieht der Hund an der Leine, um das Leckerchen oder Spielzeug zu erwischen. Gehen Sie einfach weiter als wäre nichts. In dem Moment, wo der Hund aufgibt, Klick und Belohnung. Das ist vermutlich erst dann der Fall, wenn Sie von dem Gegenstand bereits so weit weg sind, dass Sie ihn kaum noch sehen können. Das ist schon in Ordnung. Sie werden feststellen, dass der Hund immer früher aufgibt, je öfter Sie die Übung wiederholen. Jedes Mal, wenn er aufgibt, gibt es Klick und Belohnung. Irgendwann werden Sie dann merken, dass der Hund gleich aufgibt, wenn er das Objekt entdeckt hat. Das ist großartig. Er versteht nun, worum es geht. Er lernt, er bekommt nicht immer alles gleich, aber wenn er Sie ansieht oder das Objekt nicht beachtet, wird er vermutlich dafür belohnt. Am Anfang zieht der Hund an der Leine, um an die ausgelegten Leckerchen zu kommen. Sie werden sehen, dass ein leichter Zug an der Leine (in gar keinem Fall eine aktive Korrektur durch Leinenruck!) für ihn das Signal wird, sich nicht weiter um das Objekt zu kümmern. Das ist ganz praktisch, weil Sie unweigerlich in Situationen geraten werden, in denen Ihr Hund etwas in Ruhe lassen soll und wo Sie die Sache nicht durch irgendwelche Kommandos oder Anspannung verschärfen wollen. Wenn Sie einfach weitergehen, spannt sich die Leine und der Zug, der dadurch entsteht, ist für den Hund das Signal, sich nicht weiter um die Sache zu kümmern und stattdessen Sie anzuschauen, um eine Belohnung zu bekommen, die Sie ihm dann auch geben. Das ist genau das Verhalten, das Sie sich von Ihrem Hund wünschen. Ich möchte mich bei Chris Bach und Angelica Steinker für diesen kleinen Tipp (auf den Sie beide unabhängig voneinander gekommen sind) bedanken.

Wenn die Übung gut und verlässlich klappt, steigern Sie den Schwierigkeitsgrad. Sie nehmen dann statt der Leckerchen vielleicht das Lieblingsspielzeug Ihres Hundes oder einen anderen Menschen oder einen anderen Hund. Wenn auch das gut und zuverlässig klappt, machen Sie mit Alltagssituationen und im Freien unter größerer Ablenkung weiter. Wie auch bei den anderen Übungen des Basisprogramms arbeiten Sie auch hier so lange, bis der Hund das Verhalten selbst unter größter Ablenkung verlässlich ausführt. Wie beim „Sitz" gehen Sie dann zu variabler Verstärkung über und belohnen vor allem die besonders gut ausgeführten Übungen.

Um ein Hörzeichen einzuführen, geben Sie zuerst das Wort, konfrontieren dann den Hund mit der Sache, die er ignorieren soll, und wenn er sich nicht darum kümmert, gibt es Klick und Belohnung. Wiederholen Sie das mehrmals und mehrere Übungseinheiten lang, das Kommando „Lass das" sollte danach ein klares Signal für den Hund sein, sich um etwas Bestimmtes nicht weiter zu kümmern, sondern dran vorbeizulaufen. Das ist auch praktisch, wenn der Hund frei läuft, was vermutlich nicht allzu häufig der Fall sein wird, wenn Sie einen aggressiven Hund haben, der eigentlich nur im eigenen, sicher eingezäunten Garten frei laufen kann. Das Kommando hilft Ihnen aber in jedem Fall, die Aufmerksamkeit des Hundes auf etwas anderes zu lenken, wenn er sich über etwas zu sehr aufregt.

IMPULSKONTROLLE LERNEN

Bei vielen Übungen aus dem Basisprogramm lernt der Hund bereits ein gewisses Maß an Impulskontrolle, es gibt dafür aber auch ganz spezielle Übungen, die Sie machen können.

Wenn Ihr Hund sehr leicht erregbar ist, dann sprechen Sie ruhig und leise und bewegen Sie sich langsam und entspannt. Solche Hunde sind meist nicht imstande, klar zu denken und sich zu entspannen, wenn Sie zu aufmunternd oder aufgeregt mit ihnen reden. Wenn der Hund bereits sehr aufgedreht oder sehr leicht erregbar ist, sollten Sie das nicht noch dadurch verschärfen, dass Sie die Leine kurz nehmen, aufgeregt auf ihn einreden oder Kommandos brüllen.

Arbeiten Sie mit dem Kommando „Sitz", um dem Hund Impulskontrolle beizubringen. Fangen Sie mit einer leichten Schwierigkeitsstufe an und lernen Sie mit Ihrem Hund das Absitzen. Steigern Sie die Dauer des Absitzens nach einem willkürlichen Muster und verlängern Sie es schrittweise. Schrauben Sie dann die Anforderungen hinsichtlich der Dauer wieder etwas zurück und führen Sie allmählich ein wenig Ablenkung ein, aber immer so, dass der Hund die Aufgabe erfolgreich bewältigen kann. Verlangen Sie ein Absitzen, bevor der Hund aggressiv wird oder sehr erregt ist und nicht erst danach, damit Sie wenigstens die Chance haben, dass er tatsächlich einfach sitzen und sich beruhigen kann. Schauen Sie den Hund beim Absitzen an. Die Sitz-Position ist deswegen so gut geeignet, weil es eine nicht reaktive Körperhaltung ist, sich der Hund gleichzeitig aber vermutlich weniger schutzlos fühlt als beim Kommando des Ablegens („Platz"). Wenn Sie die Übung so weit erfolgreich trainiert haben, dass Sie sie dazu verwenden können, den Hund in einer potentiell aufregenden oder gefährlichen Situation wieder zu beruhigen, müssen Sie ihn ganz genau beobachten. Achten Sie darauf, das Absitzen zu verlangen, bevor sich der Hund zu sehr aufregt. Sie müssen daher genau darauf achten, wie er seine Ohren oder seine Rute trägt, wie er atmet, wie er schaut, ob sein Fell gesträubt ist oder ob er irgendwie erkennen lässt, dass seine Aufregung steigt. Fordern Sie ihn mit einem „Sitz" auf, sich wieder zu beruhigen und seine Impulse unter Kontrolle zu halten, bevor er einen Zustand hochgradiger Sensibilisierung erreicht hat. Üben Sie anfangs in einer möglichst einfachen Umgebung und bauen Sie die Übung von dort aus schrittweise auf.

Der Hund soll Zurückhaltung lernen, **aber nicht zurückgehalten werden**. Daher ist Clicker-Training eine ausgezeichnete Sache. Sie können jeden Körperkontakt zum

Hund vermeiden und sein Verhalten frei formen, indem Sie schrittweise jede weitere Annäherung an das erwünschte Verhalten belohnen.

Bringen Sie Ihrem Hund Dinge bei, die ihm zu einer besseren Impulskontrolle verhelfen. Bei Kommandos wie „Warte" oder „Bleib" lernt der Hund, sich unter Kontrolle zu halten. Wenn Sie den Schwerpunkt des Trainings auf die Dauer und den Schwierigkeitsgrad einer Übung legen, bekommt der Hund das Gefühl, besondere Leistungen erbracht zu haben, während er eigentlich etwas ganz anderes tun wollte. Fangen Sie in einer Umgebung mit wenig Ablenkung an und bauen Sie die Übung schrittweise und in einem Tempo auf, das Ihr Hund erfolgreich bewältigen kann.

SPIELEN

Spielen führt zu emotionalen Reaktionen, die mit Aggression unvereinbar sind. Spiel ist für Hunde ein wichtiges Mittel zum Aufbau und zur Festigung von Sozialbeziehungen. Sie lernen beim Spielen, wie sie sich anderen Hunden gegenüber verhalten sollen und welche Optionen sie dabei haben. Spielen kann auch vertrauensbildend wirken. Es macht Spaß und fördert die Verhaltens- und die emotionale Flexibilität. Spielen Sie konstruktiv und strukturiert. Verwenden Sie Spielpausen beim Gehorsamkeitstraining als Belohnung. Wenn Ihr Hund seinen Wurfball oder sein Zerrspiel liebt, dann verwenden Sie das als Belohnung für eine besonders gute Leistung im Clicker-Training.

Wenn Ihr Hund ein Verhaltensproblem hat, weil er bestimmte Dinge bewacht, dann spielen Sie bitte nicht mit diesen Gegenständen, weil es zu einer problematischen Situation führen könnte. Wenn beim Verhaltensproblem Ihres Hundes das Jagdverhalten eine Rolle spielen könnte, dann achten Sie bitte beim Spielen darauf, dass Ihr Hund Ihnen nicht nachhetzt. Wenn er übererregbar ist, dann gestalten Sie die Spiele möglichst ruhig und halten Sie den Anteil der Beutespiele gering.

Wenn Ihr Hund unberechenbar ist und an einer kontrollkomplexbedingten Frustration und Aggressivität zu leiden scheint, dann kann Spielen sehr gefährlich werden.

> „Wenn man mit einem dominant-aggressiven [lesen Sie bitte: durch einen Kontrollkomplex bedingt aggressiven] Hund, der bereits mehrfach ernsthaft zugebissen hat, zu spielen beginnt, kann das sehr gefährlich werden. Um das Risiko möglicht gering zu halten, sollten derartige Beschäftigungen erst dann ganz langsam und vorsichtig wieder aufgenommen werden, wenn ein gründliches Trainingsprogramm zur Verhaltenskorrektur durchgeführt wurde. Dominant-aggressive [lesen Sie bitte: durch einen Kontrollkomplex bedingt aggressive] Hunde legen häufig ein auffälliges Desinteresse am Spielen an den Tag, begegnen Spieleinladungen unwillig und können aggressiv reagieren, wenn man sie zum Spielen auffordert." (Lindsay, 2001, S. 253).

Bei Hunden mit einem Kontrollkomplex sollte man nur ganz langsam (und manchmal gar nicht) mit spielerischen Aktivitäten beginnen und erst nachdem eine Veränderung ihres Sozialverhaltens erreicht wurde. Lesen Sie dazu bitte auch den Abschnitt über die Behandlung von Hunden mit Kontrollkomplexen weiter unten.

FÜTTERN AUS DER HAND

Ihren Hund aus der Hand zu füttern ist gut, wenn er nicht gerade ein Problem mit Futter oder seiner Futterschüssel hat. Durch das Füttern aus der Hand soll der Hund lernen, dass die Hand etwas Gutes und nicht etwas Schlechtes ist und dass Sie, der die Hand mit dem Futter reicht, die Quelle aller guten Dinge im Leben sind, was wiederum die Bindung zwischen Ihrem Hund und Ihnen stärkt. Beginnen Sie mit dem Füttern aus der Hand ohne Futterschüssel. Verlangen Sie einfach im Rahmen des NILIG-Programms ein Absitzen, und wenn der Hund sitzt, darf er eine Hand voll Futter aus Ihrer Hand haben. Wenn seine Futterschüssel ein Problem ist, dann müssen Sie ihn erst langsam desensibilisieren, damit er Sie bei seiner Futterschüssel akzeptiert. Lesen Sie im Abschnitt über die Behandlung von aggressivem Bewachen von Dingen weiter unten nach.

LÄCHELN ☺

Wenn Sie Ihrem Hund beibringen, Lächeln beim Menschen heißt mit großer Wahrscheinlichkeit, dass nun etwas Angenehmes folgt, dann können Sie das vor allem bei der Begegnung mit einem furchteinflößenden Fremden gut verwenden. In so einer Situation lächeln Sie einfach und schlagen auch dem Fremden (ob es nun ein für die Übung engagierter Bekannter oder tatsächlich ein Fremder ist) vor, zu lächeln. Damit können Sie häufig die anfängliche Scheu des Hundes vor Fremden überwinden. Sie üben das einfach, indem Sie mehrmals lächeln, bevor Sie dem Hund etwas Gutes geben, so lange, bis der Hund auf Ihr Lächeln mit erkennbar freudiger Erwartung reagiert. Sie sollten Ihren Hund dabei unterstützen, diese Lektion zu verallgemeinern, indem möglichst verschiedene Personen ins Training eingebunden werden. Sie können dann das Lächeln bei den Übungen des Trainingsprogramms einsetzen und Ihrem Hund damit die Möglichkeit zu einer anderen emotionalen Reaktion geben.

Ernährung kann das Verhalten des Hundes wesentlich beeinflussen. Wenn Sie Ihrem Hund minderwertiges Futter geben, ist er wahrscheinlich unzureichend mit Nährstoffen versorgt. Füllstoffe aus Getreide und Fleischabfallprodukte sind schlimm genug, aber manche chemischen Konservierungsstoffe, Farbstoffe oder Zusätze, die dazu dienen, das Futter feucht zu halten, können zu Problemen führen. Viele Hunde reagieren auf Futterzusätze negativ, was sich auch in Verhaltensproblemen äußern kann. Bei minderwertigen Futtermitteln wird in vielen Fällen auch sehr viel Mais verwendet, wodurch der Serotoninspiegel im Gehirn sinkt.

> „Häufig liefert Mais das Eiweiß im Hundefutter. Mais ist allerdings meist sehr arm an Tryptophan und kann bei Hunden, die auf Serotoninmangel empfindlich reagieren, bedenklich sein" (Lindsay, 2000, S. 100).

Hochwertiges Futter ist meist sehr energiereich, man füttert daher weniger, der Hund bekommt aber genauso viele Kalorien. Zum Beispiel hat eine Tasse Innova Dog Food 557 Kalorien im Vergleich zu 350 bis 400 Kalorien bei den meisten Billigmarken. Ein Hund, der mit Billigfutter gefüttert wird, muss meist eineinhalbmal mehr fressen als ein Hund, der Innova bekommt. Der Hund setzt auch weniger Kot ab, weil das Futter besser verwertet werden kann. Außerdem sind Hunde, die hochwertiges Futter erhalten, meist gesünder, Sie müssen daher mit ihnen weniger oft zum Tierarzt und weniger Medikamente kaufen.

> „Die Aufnahme der Aminosäuren Tryptophan und Tyrosin sowie anderer großer neutraler Aminosäuren über die Nahrung hat einen deutlichen Effekt auf die Biosynthese und Konzentration einer als Monoamine bekannten Gruppe von Neurotransmittern – Serotonin, Noradrenalin (auch als Norepinephrin bezeichnet) und Dopamin." (Strong, *The Dog's Dinner*, S. 19)

Noradrenalin ist für hochgradige Erregungszustände verantwortlich, die zu Aggression führen. Dopamin reguliert Reaktionsgeschwindigkeit und Aufmerksamkeit, und Serotonin beeinflusst Stimmungen, Erregungszustände und Schmerzempfindlichkeit. Ein Serotoninmangel im Gehirn gilt als Schlüsselfaktor bei der Entstehung von Aggressivität, Impulsivität, asozialem Verhalten, Aufmerksamkeitsstörungen, Hyperaktivität, Angstzuständen und Konditionierungsproblemen (Strong, 1999, S. 19). Hunde, bei denen ein Serotoninmangel im Gehirn festgestellt wurde, erwiesen sich als sehr schmerzempfindlich, stark reaktiv, emotional und aggressiv.

Einzelne Aminosäuren, die Vorläufersubstanzen dieser Monoamine sind, konkurrieren miteinander um die Aufnahme aus dem Blut in das Gehirn. Wenn das Gleichgewicht gestört ist oder ein Mangel eintritt, führt das auch zu einem Ungleichgewicht in der Gehirnchemie: „Die Serotoninproduktion im Gehirn hängt von aus der Nahrung aufgenommenem Tryptophan ab. Tryptophan gelangt wie andere Aminosäuren, die als

Vorläufersubstanzen für die Herstellung von Neurotransmittern dienen, über die Blut-Hirn-Schranke ins Gehirn" (Lindsay, 2000, S. 99). An der Blut-Hirn-Schranke kommt es zur Konkurrenz der Aminosäuren um die begrenzt vorhandenen Transportwege, über die die Stoffe in das Gehirn aufgenommen werden. Mit der Nahrung zugeführtes Tryptophan ist die Vorstufe für Serotonin, während Tyrosin die Vorstufe für Noradrenalin und Dopamin ist. Mit der Nahrung aufgenommenes Tyrosin fungiert wie eine Art Anti-Tryptophan und daher gleichzeitig wie ein Anti-Serotonin. Daher ist es wichtig, einen Tyrosinüberschuss zu vermeiden und auf eine ausreichende Versorgung mit Tryptophan zu achten. Eiweißreiche Nahrung weist üblicherweise im Vergleich zu kohlehydratreicher mehr Tryptophan als Tyrosin auf. In vielen Fällen brachte der Umstieg auf eine weniger eiweißreiche Ernährung dramatische Verbesserungen des Verhaltens. „... eiweißreiche Nahrung führt meist zu einem Absinken des Tryptophanspiegels im Gehirn" (Lindsay, 2000, S. 99). „... kohlehydratreiche Nahrung führt sogar zu einer Zunahme des für die Serotoninsynthese verfügbaren Tryptophans, auch wenn in der Nahrung selbst nur vergleichsweise wenig Tryptophan enthalten ist" (Lindsay, 2000). Warum eine kohlehydratreiche Ernährung eine derart deutliche Auswirkung auf den Serotoninspiegel im Gehirn hat, obwohl in Kohlehydraten weniger Tryptophan enthalten ist als in Eiweiß, erscheint auf den ersten Blick unlogisch. In seinem Buch *The Handbook of Applied Dog Behavior and Training* beschreibt Lindsay, dass die in der Folge des Verzehrs von Kohlehydraten einsetzende Insulinproduktion andere Vorläufer-Aminosäuren so beeinträchtigt, dass Tryptophan einen Wettbewerbsvorteil an der Blut-Hirn-Schranke erhält und leichter ins Gehirn transportiert werden kann.

> „(1) Natürlich vorkommendes Tryptophan macht nur einen kleinen Teil der Aminosäuren aus, aus denen Eiweiß besteht (rund 1 % bis 1,6 %). Die anderen großen und häufiger vorkommenden Aminosäuren konkurrieren mit Tryptophan um begrenzt verfügbare Transportkanäle, über die die Blut-Hirn-Schranke überwunden werden kann. Das führt in der Folge dazu, dass Tryptophan an der Blut-Hirn-Schranke abgeblockt wird und im Gehirn schon bald die verfügbaren Vorräte dieser für die Produktion von Serotonin erforderlichen Aminosäure erschöpft sind. (2) Warum eine kohlehydratreiche Ernährung zu einem Anstieg des Tryptophanspiegels im Gehirn führt, lässt sich nur durch einen komplizierten Stoffwechselvorgang erklären. Nahrungsmittel, die deutlich mehr Kohlehydrate als Protein enthalten (im Verhältnis von mindestens fünf oder sechs Teilen Kohlehydrate pro ein Teil Protein) stimulieren die Insulinproduktion. Ein wichtiger Effekt der Insulinproduktion besteht darin, große neutrale Aminosäuren (nicht aber Tryptophan) ins Muskelgewebe umzuleiten. Tryptophan unterscheidet sich durch seine einzigartige Molekülstruktur von den anderen Aminosäuren und wird daher von dieser Wirkung des Insulins nicht erfasst. Das Ergebnis ist, dass der Tryptophangehalt im Plasma deutlich steigt und damit das Tryptophan den anderen Aminosäuren gegenüber einen Wettbewerbsvorteil bei der Überquerung der Blut-Hirn-Schranke erlangt. Dadurch steigt die Serotoninproduktion im Gehirn deutlich an." (Lindsay, 2000, S. 99)

Falls auch Sie, wie ich bei den Recherchen für dieses Buch, auf die Forschungsergebnisse von Dodman und Kollegen (1996) stoßen sollten (www.sonic.net/~cdlcruz/gpcc/library/protein.htm), so ist festzuhalten, dass sie die hier dargestellte Theorie nicht notwendigerweise widerlegen, auch wenn das behauptet wird. Den Ergebnissen dieser Studie zufolge führte eine Reduktion des Proteins in der Nahrung nur bei einer einzigen Aggressionsform zu einer Verbesserung, nämlich bei stark angstbedingter territorialer Aggression. Die Studie wurde allerdings kritisiert (Lindsay, 2000, S. 100), weil während der Versuchsdauer der Proteingehalt der Nahrung nicht genügend gesenkt wurde, der Kohlehydratanteil nicht hoch genug war und die Hunde nicht lange genug so ernährt wurden, um eine Wirkung beobachten zu können. In einer am 15. August 2000 im JAVMA, Vol 217, No. 4, unter dem Titel „Effect of Dietary Protein Content and Tryptophan Supplementation on Dominance Aggression, Territorial Aggression, and Hyperactivity" veröffentlichten Studie von DeNapoli, Dodman, Shuster, Rand und Gross zeigte sich, dass eine Eiweißreduktion in der Nahrung sehr wohl zu einem deutlichen Rückgang von Aggression, nicht aber zu einem signifikanten Rückgang von Hyperaktivität führte. Eine Eiweißreduktion mit Tryptophanergänzung führte zu einem noch deutlicheren Rückgang der Aggression.

Die Sache hat einen Haken, der einen Hinweis liefert, wie die Ernährungsumstellung wirksamer vorgenommen werden kann:

> „Das im Gehirn verfügbare Tryptophan kann allerdings durch die Aufnahme von Kohlehydraten nur dann signifikant gesteigert werden, wenn die kohlehydrathaltige Nahrung innerhalb von zwei bis drei Stunden nach der Aufnahme von Protein verzehrt wird. In Reaktion auf die Aufnahme von Kohlehydraten wird Insulin ausgeschüttet, das den Blutzuckerspiegel reguliert. Durch das Insulin kommt es auch zu einer Umleitung von großen neutralen Aminosäuren in die Körperperipherie, wo sie für die Energieerzeugung und Funktionen des Immunsystems eingesetzt werden." (Strong, 1999, S. 20)

Bei der Synthese von Tryptophan zu Serotonin spielt auch Vitamin B6 eine wichtige Rolle und muss daher bei einer Ernährungsumstellung gesondert beachtet werden.

Aus all dem ergibt sich folgender Stufenplan für eine Ernährungsumstellung bei aggressiven Hunden:

1. Schritt:
Stellen Sie Ihren Hund über eine Phase von zehn Tagen auf eine hochwertige Futtersorte um, falls er derzeit minderwertiges Futter bekommt. Besorgen Sie sich dazu Informationen aus unabhängigen Quellen. Fragen Sie nicht einfach die Verkäufer in der Tierhandlung. Im Allgemeinen wissen sie über Ernährungsfragen kaum Bescheid, außerdem führen sie meist eine bestimmte Marke im Geschäft und forcieren diese. Achten Sie darauf, dass die Kohlehydrate in der Nahrung aus Reis, Hafer, Kartoffeln oder Gerste stammen und nicht aus Mais, der hohe Tyrosinwerte aufweisen kann.

Beginnen Sie die Umstellung auf die neue Futtersorte, indem Sie zuerst 90 % der alten Futtersorte und 10 % der neuen füttern. Steigern Sie den Anteil der neuen Futtersorte täglich um 10 %, bis der Hund zu 100 % mit der neuen ernährt wird. So können Sie vermeiden, dass der Hund Magenprobleme oder Durchfall bekommt.

2. Schritt:
Reduzieren Sie die Menge des Trockenfutters, das der Hund erhält, damit Sie eine weitere Fütterung mit reinen Kohlehydraten in die Tagesration einfügen können.

3. Schritt:
Geben Sie dem Hund etwa zwei Stunden nach dem Trockenfutter eine kleine Menge reiner Kohlehydrate. Es kann sein, dass Sie ein wenig experimentieren müssen, was der Hund am besten frisst. Als Kohlehydrate können Sie beispielsweise Kartoffeln, Süßkartoffeln, Gerste, Vollkornreis oder Karotten füttern. Geben Sie einen Vitamin B-Komplex ins kohlehydrathaltige Futter oder füttern Sie speziell Vitamin B6 in einer Dosis von 1mg pro Kilogramm Körpergewicht und Tag.

Eine Verbesserung kann sich bereits innerhalb der ersten zehn Tage einstellen (Strong, 1999, S. 19). Setzen Sie diese Art der Fütterung fort, bis Sie eine deutliche Besserung in allen Punkten des Trainingsprogrammes sehen. Danach können Sie versuchen, statt weiterhin extra Kohlehydrate zu füttern, zu einem eiweißärmeren Trockenfutter zu wechseln. Wenn Sie auf eine „Light"-Variante umsteigen, dann sollten Sie darauf achten, dass der Rohfaseranteil höchstens 6 %, besser noch 5 % beträgt. Wenn Ihr Hund die Kohlehydrate pur nicht fressen mag, können Sie sie auch einfach unter das Trockenfutter mischen, und wenn auch das nicht funktioniert, ein Fertigfutter mit möglichst niedrigem Eiweißanteil verwenden.

GEISTIGE BESCHÄFTIGUNG

Wenn Ihr Hund sich auf eine Aufgabe konzentriert und angeregt mit etwas beschäftigt, wird die Großhirnrinde stimuliert und dadurch das limbische System und das Entstehen von problematischen emotionalen Zuständen in Schach gehalten.

> „Wenn sich ein Hund oder ein Mensch auf eine bestimmte Aufgabe konzentriert, dann wird er nicht so leicht von Emotionen überwältigt. Es kann sogar dazu kommen, dass Reize, die nicht Teil der Aufgabe sind, ausgeblendet werden. Aus diesem Grund können Hunde, die sich sonst spinnefeind sind, oft friedlich nebeneinander arbeiten - ihre Aufmerksamkeit gilt ganz ihrer Aufgabe, nicht der emotionalen Reaktion auf den anderen Hund (nach Feierabend allerdings...)." (Clothier, S. 27)

Im Folgenden nun einige Vorschläge, wie Sie Ihren Hund beschäftigen und mental stimulieren können:

1. Geben Sie ihm sein Futter in einem Buster Cube oder einem ähnlichen Spielzeug, aus dem er die Futterstückchen nur einzeln herausfischen kann. Auf diese Art muss sich der Hund sein Futter erarbeiten.

2. Verstecken Sie sein Futter in kleinen Portionen an verschiedenen Plätzen im Haus. Der Hund muss dadurch auf Futtersuche gehen.

3. Training. Sie können mit Ihrem Hund Obedience-Training machen oder eine Hundesportart wie Agility, Degility, Dogdancing oder Ähnliches betreiben. Wichtig ist, es muss dem Hund Spass machen und er trainiert dabei seine Lernfähigkeit und Konzentration. Achten Sie darauf, dass Ihr Hund zwar gefordert aber nicht überfordert wird und es ihm Spaß macht. Besonders zu empfehlen, und zwar für jede Art von Hundesport, ist Clicker-Training.

4. Ausflüge. Die meisten Hunde geniessen Wanderungen oder andere Unternehmungen, bei denen sie neue Gegenden kennen lernen. Es ist eine gute Möglichkeit, Ihrem Hund Abwechslung und geistige Beschäftigung zu verschaffen. Aber auch hier gilt: Überfordern Sie den Hund nicht. Ein untrainierter Hund sollte zum Beispiel nicht mehrstündige Bergtouren laufen. Achten Sie auf ausreichend lange Ruhepausen.

5. Clicker-Training und Shaping. Besorgen Sie sich ein gutes Buch über Clicker-Training. Spiele wie zum Beispiel „100 Sachen, die man mit einer Schachtel machen kann" oder Shaping von verschiedensten Verhaltensformen trainieren Ihren Hund auch geistig und fördern eigenständiges Denken. Hunde, die mit Shaping ausgebildet wurden, sind weniger impulsiv und denken mehr nach. Shaping ist wunderbar, weil dabei keine aversiven Reize und kein Zwang eingesetzt wird. Der Hund muss nachdenken, um an die Belohnung zu kommen. Beim Clicker-Training muss Ihr Hund geistig „am Ball bleiben". Mit dieser Methode bringen Sie Ihrem Hund das DENKEN bei, ausserdem lernt er ganz nebenbei, auch emotional mit Stress immer besser zurechtzukommen. Jedes Mal, wenn Sie den Hund ein wenig auf den Klick warten lassen (was beim Shaping der Fall ist), bedeutet das für den Hund ein wenig zusätzlichen Stress. Leichter Stress kann das Lernen anregen und hilft Ihrem Hund, Bewältigungsstrategien gegen diesen zu entwickeln. Übertreiben Sie die Sache aber nicht.

KÖRPERLICHE AKTIVITÄT UND BEWEGUNG

Ein müder Hund ist ein guter Hund. Diesen Spruch haben Sie sicher schon oft gehört. Er lässt sich sogar physiologisch nachweisen. Körperliche Aktivität hat Forschungsergebnissen zufolge deutliche therapeutische Auswirkungen auf die Physiologie des Hundes (Lindsay, 2000, S. 112). Durch Bewegung wird die Produktion von Serotonin, Noradrenalin und anderen Endorphinen angeregt, die dafür verantwortlich sind, dass körperliche Bewegung die Stimmung hebt. „Bewegung führt nicht nur zu einem Anstieg der Noradrenalinproduktion, sondern auch zur Ausschüttung verschiedener Hormone der Hypothalamus-Hypophysen-Nebennieren-Achse (Beta-Endorphine, adrenocorticotropes Hormon und Cortisol)" (Lindsay, 2000, S. 113). Körperliche Aktivität, die kurz und heftig ist, kann den Körper belasten, länger anhaltende und moderate Bewegung dagegen löst den sogenannten Eu-Stress aus, der die erwähnten positiven Wirkungen hervorruft.

> „Während unvermittelte und erzwungene monotone Bewegung offenbar zu einer Erschöpfung der Noradrenalinvorräte (wie es auch bei gelernter Hilflosigkeit der Fall ist) und zu physiologischem Stress für die Tiere führt, hat regelmäßige Bewegung im Gegensatz dazu zur Folge, dass vermehrt Noradrenalin produziert und größere Mengen Noradrenalin in verschiedenen Bereichen des Gehirns gespeichert werden. Neben der Steigerung der Noradrenalinproduktion führt Bewegung auch zu einem Anstieg des Serotoninspiegels im Amygdalakern." (Lindsay, 2000, S. 113)

Allem Anschein nach gibt es für die positiven Auswirkungen regelmäßiger Bewegung bei Stress, Unruhe, Erregbarkeit und Aggression physiologische Ursachen. Lindsay beschreibt das folgendermaßen:

> „Die Entdeckung, dass die Serotoninausschüttung durch regelmäßige Bewegung angeregt werden kann, ist für die Behandlung von stressbedingten Verhaltensproblemen von großer Bedeutung. In der Neuro-Ökonomie des Gehirns spielt Serotonin bei der Stressregulation und der Steuerung von unerwünschtem impulsivem Verhalten eine wichtige Rolle. Dass zwischen körperlicher Bewegung und der Serotoninproduktion ein funktionaler Zusammenhang besteht, wurde durch die Forschungsarbeit von Dey und Kollegen (1992) erhärtet, die bei Ratten, die regelmäßig Bewegung bekamen, eine deutlich veränderte Serotoninproduktion im Gehirn nachweisen konnten. Tägliche Bewegung führte zu einer deutlichen und anhaltenden Steigerung der Serotoninsynthese in verschiedenen Bereichen des Gehirns, darunter auch in der Großhirnrinde. Dieser Forschungsarbeit zufolge ist die Großhirnrinde wahrscheinlich auch jener Teil des Nervensystems, in dem die positiven Auswirkungen körperlicher Bewegung bei Depression manifest werden… Die genannten Studien bestätigen also, dass Bewegung, insbesondere tägliche und regelmäßige Bewegung sich positiv auf die Neuro-Ökonomie des Hundes auswirken kann." (Lindsay, 2000, S. 113)

„Die Reaktion der Subtypen von Serotoninrezeptoren auf Bewegung war den Auswirkungen von trizyklischen Antidepressiva sehr ähnlich." (Lindsay, 2000, S. 113)

Hunde ähneln dem Menschen sehr. Manche sind in guter körperlicher Verfassung, andere nicht. Wenn Ihr Hund bislang wenig Bewegung hatte, müssen Sie sein Bewegungspensum über mehrere Wochen hin schrittweise steigern. Fangen Sie nicht von heute auf morgen ein anstrengendes Trainingsprogramm an. Ihr Hund wird dadurch nur körperlich wie psychisch gestresst und kann sich sogar verletzen oder krank werden. Studien haben gezeigt, dass ein Zuviel an körperlicher Bewegung den Hund derartig stresst, dass es zu aggressiven Verhaltensweisen kommen kann (vergl. *Stress bei Hunden* von Scholz/ v. Reinhardt). Analysieren Sie sorgfältig, wie viel körperliche Bewegung Ihr Hund bislang täglich hatte. Wenn er täglich neun Stunden lang acht Hektar Gelände zur Verfügung hat, heißt das nicht unbedingt, dass er auch wirklich Bewegung bekommt. Wenn er die ganze Zeit vor der Tür oder in der Hundehütte liegt, bewegt er sich praktisch kaum oder gar nicht. Wenn er andererseits ein paar Stunden täglich im Garten auf und ab läuft, bekommt er genug Bewegung. Wie viel Bewegung der Hund braucht, hängt von Rasse und Alter ab. Hunde bis zu einem Jahr brauchen viel Bewegung, allerdings muss vor allem bei den großen Rassen darauf geachtet werden, dass die Gelenke nicht übermäßig belastet werden. Einige Rassen wie der Sibirische Husky oder der Border Collie brauchen zuchtbedingt mehr Bewegung. Ganz allgemein kann man davon ausgehen, dass Schlittenhunde, Hütehunde und Gebrauchshunderassen mehrere Stunden Auslauf pro Tag brauchen. Bestimmte, auf Sicht jagende Hunde wie die Greyhounds sind insgesamt nicht sehr aktiv, haben aber ihre täglichen Energieausbrüche, bei denen sie so schnell sie nur können durch den Garten rasen und Sie in einer Staubfahne zurücklassen, wenn Sie an Ihnen vorbeischießen. Das ist bei diesen Rassen ganz normal. Manche Rassen (wie zum Beispiel die Englische Bulldogge oder der Bassett) sind nur schwer zu körperlicher Betätigung zu motivieren und liegen am liebsten den ganzen Tag auf dem Sofa. Das ist auch ganz normal. Da gerade von Bulldoggen die Rede ist: Hunde mit kurzer Schnauze leiden leicht unter Atemnot, wenn sie sich körperlich ein wenig anstrengen. Bei solchen Rassen muss man ganz besonders vorsichtig sein, wenn man mit regelmäßiger Bewegung beginnt. Vergessen Sie nie, Ihren Hund vor dem Training aufzuwärmen und das Training langsam ausklingen zu lassen. Die Kernaussage ist die: Recherchieren Sie, wofür die Hunderasse gezüchtet wurde, welches Bewegungsbedürfnis Ihr Hund hat und ob besondere Dinge zu berücksichtigen sind. Dann konsultieren Sie Ihren Tierarzt und holen sich seine Zustimmung, bevor Sie mit dem Trainingsprogramm beginnen. Dann bauen Sie die Kondition Ihres Hundes schrittweise auf und trainieren ihn so, wie es seiner Rasse und seinen Lebensumständen entspricht. Rechnen Sie mit den ersten Auswirkungen auf sein Verhalten erst nach ein paar Wochen.

Bei der Auswahl eines geeigneten Trainingsprogramms können Sie auch danach gehen, wofür der Hund ursprünglich gezüchtet wurde. Ideal wäre es natürlich, wenn ein für den Wasserapport gezüchteter Hund schwimmen gehen kann, ein Hütehund Schafe hüten darf usw., allerdings wird das nicht immer möglich sein. Schwimmen ist für die meisten Rassen und natürlich besonders für die Retriever das sicherste und vermutlich beste Training, das man einem Hund bieten kann. Dabei werden im Unterschied zu anderen Formen körperlicher Aktivität die Gelenke geschont. Seien Sie aber bei Hunden wie dem Boxer, die eine massiv gebaute Brust haben, vorsichtig: Sie schwimmen weniger gut, weil die schwere vordere Hälfte ihres Körpers tiefer sinkt. Außerdem haben sie oft weniger Körperfett als andere Rassen und müssen sich daher mehr anstrengen, um an der Wasseroberfläche zu bleiben. Wenn Sie einen Hund gekauft haben, der mehr Bewegung braucht, als Sie sich selber zumuten können, dann bieten Apportierübungen eine Lösung. Sie können dabei selber einfach stehen bleiben und werfen dem Hund ein Frisbee, einen Kong, einen Tennisball oder sonst etwas, was den Hund nicht gefährdet. Nicht alle Hunde apportieren von sich aus. Vielleicht müssen Sie das Spielzeug außerhalb der Spielzeiten verstecken, damit es interessanter wird. Vielleicht müssen Sie auch mit zwei Bällen arbeiten und den zweiten werfen, um den ersten zurückzubekommen. Vielleicht brauchen Sie ein gutes Buch über Apportiertraining oder Beratung von einem Trainer, um Ihrem Hund das Apportieren beizubringen. Einen guten Artikel darüber finden Sie unter www.dogscouts.com/retrieve.shtml. Allerdings gilt auch hier, dass sich diese Beutespiele im Rahmen bewegen sollten, damit Sie den Hund nicht zu sehr hochpowern.

Übrigens, die wenigsten Hunde bekommen selbst auf langen Spaziergängen ausreichend Bewegung. Hunde müssen zumindest traben können, um genug Bewegung zu bekommen. Lange Strecken gehen ist für die meisten Rassen zu wenig, außer Sie stehen mit dem Konditionstraining bei Ihrem Hund erst am Anfang. Jogging und Rad fahren bieten sich ebenfalls an. Sie müssen allerdings darauf achten, dass Ihr Hund Sie nicht zu Fall bringt oder Ihnen ins Rad läuft. Eine andere Möglichkeit ist Hundesport. Der sinnvollste Hundesport ist vermutlich Agility (hier kommt es auch auf Tempo an, das den Hund schnell in einen sehr hohen Erregungszustand bringen kann) oder Degility (hier geht es bei ähnlichen Übungen bedeutend ruhiger, konzentrierter und langsamer zu), weil Sie dabei eng mit dem Hund zusammenarbeiten und gemeinsam eine körperlich und geistig anregende Aufgabe bewältigen. Auch Dogdancing kommt in Frage. Das sind einfach alles Vorschläge. Wichtig ist, dass Ihr Hund sein Bewegungsbedürfnis auf sichere Art und Weise ausleben kann.

ERSTELLEN EINES TRAININGSPROGRAMMS

LERNTHEORIE AUF AUSLÖSEREIZE ANWENDEN

Bei der Erstellung eines Trainingsprogramms können verschiedene Prinzipien der Lerntheorie zur Anwendung kommen. Ganz allgemein kann man sagen, dass Methoden der klassischen Konditionierung vor allem bei emotionalen Reaktionen und Methoden der operanten Konditionierung vor allem bei zielgerichtetem Verhalten verwendet werden. Da es sich bei den meisten Verhaltensweisen um eine komplizierte Mischung emotionaler Reaktionen und zielgerichteter Verhaltensstrategien handelt, macht es nur Sinn, beide Arten der Konditionierung gleichzeitig zu verwenden. Üblicherweise kann man davon ausgehen, dass man umso mehr klassische Konditionierung einsetzt, je stärker Angst am Verhalten beteiligt ist, und umso mehr operante Konditionierung verwendet, je mehr Frustration oder Wut die Ursache des Verhaltens ist. Aber natürlich wird normalerweise eine Kombination beider Methoden verwendet. Wie bereits weiter oben ausgeführt, fördert operante Konditionierung das aktive Denken beim Hund, während es gleichzeitig bei operanter Konditionierung, die mit positiver Verstärkung arbeitet, zu einer klassischen Konditionierung als Begleiterscheinung kommt.

DIE VERWENDUNG VON OPERANTER UND KLASSISCHER KONDITIONIERUNG

Wie verschiedene Prozesse operanter und klassischer Konditionierung funktionieren, wurde bereits ausgeführt. Nun geht es darum, die einzelnen Bausteine zusammenzufügen und sowohl ein Trainingsprogramm als auch spezifische Behandlungspläne zu entwickeln. Der nächste Abschnitt soll Ihnen dabei helfen.

Jedes aggressive Verhalten besteht aus einer komplizierten Mischung emotionaler Reaktionen und operant gelernter Verhaltensweisen. Bei manchen Aggressionsformen ist Angst die Ursache, bei anderen sind es vor allem Frustration, Wut und Impulsivität. Stellen Sie sich das als eine Skala vor, bei der am einen Ende Angst registriert wird und am anderen Ende Frustration, Wut und Impulsivität. Das soll nicht heißen, es gebe nicht auch Hunde, die mit beidem ein ernstes Problem haben, aber normalerweise tendiert ein Hund eher in die eine oder in die andere Richtung.

Wie bereits erwähnt gilt als Faustregel, dass wir umso eher zu klassischer Konditionierung greifen müssen, je stärker ein Verhalten angstbedingt ist, und umso mehr zu operanter Konditionierung, je mehr Impulsivität, Frustration oder Wut die Ursache des Problems sind. Die wichtigsten Methoden aus dem Bereich der klassischen Konditionierung sind systematische Desensibilisierung und Gegenkonditionierung. Die wichtigsten Methoden aus dem Bereich der operanten Konditionierung sind gezielte Verstärkung und Festigung eines Verhaltens. Es wurde bereits darauf hingewiesen, dass man sich auf operante Konditionierung konzentrieren sollte, weil der Hund dadurch auch lernt, selbständig zu denken und die richtigen Entscheidungen zu treffen. Allerdings ist es auch wichtig, dem ängstlichen Hund eine angemessene emotionale Reaktion zu ermöglichen. Wenn das Problem Ihres Hundes vor allem angstbedingt ist, dann beginnen Sie am besten mit systematischer Desensibilisierung und Gegenkonditionierung. Wenn Sie damit die ersten Fortschritte erreicht haben, können Sie den Schwerpunkt stärker auf operante Konditionierung legen. Wenn Sie es mit wutbedingter Aggression zu tun haben, sollten Sie gleich von Anfang an mit operanter Konditionierung arbeiten. Lesen Sie unter den jeweiligen Kapiteln nach, wie Sie ein Trainingsprogramm nach den beiden verschiedenen Methoden der Konditionierung erstellen. Im Wesentlichen besteht der Unterschied zwischen Festigen und gezielter Verstärkung des Verhaltens einerseits und systematischer Desensibilisierung und Gegenkonditionierung andererseits darin, dass Sie bei operanter Konditionierung zuerst ein Alternativverhalten trainieren, das dann auf Übungen übertragen wird, in denen es auf einen allmählich intensiver werdenden Auslöserreiz hin ausgeführt werden soll. Bei klassischer Konditionierung verwenden Sie nicht unbedingt ein Alternativverhalten. Sie verknüpfen vielmehr einen bestimmten Reiz mit etwas Angenehmen und steigern die Intensität so langsam, dass es zu keiner aversiven Reaktion beim Hund kommt. Beide Methoden sehen in der Praxis ganz ähnlich aus, wenn man das Alternativverhalten außer Acht lässt, und in Wirklichkeit finden auch beide Formen des Lernens gleichzeitig statt.

Eines der wichtigsten Prinzipien beim Üben ist die Freiwilligkeit. Sie dürfen einem Hund nie einen angstauslösenden Reiz aufzwingen. Der Hund kippt sonst nur in eine limbische Reaktion, und es kommt zur Sensibilisierung. Das Einzige, was er dabei lernt, ist, dass er Ihnen nicht trauen kann und sich selbst schützen muss. Achten Sie darauf, den Hund denkfähig (im operanten Bereich) zu halten.

Sie müssen als Erstes eine Möglichkeit finden, wie Sie den Hund mit dem Reiz oder einem dem Reiz ähnlichen Ding so konfrontieren, dass die Entfernung groß genug ist. Er soll den Reiz bemerken, aber im operanten Bereich bleiben können. Es empfiehlt sich, die Übungen vor dem Füttern zu machen und Spielsachen - wenn Sie mit diesen als Belohnung arbeiten - zumindest ein paar Stunden (wenn nicht Tage) vor dem Üben zu verstecken. Futter oder Spielsachen sollen eine attraktive (wertvolle) Belohnung sein, wenn der Hund sie aber ohnehin die ganze Zeit hat, wird die Belohnung entwertet.

Wenn man Methoden der operanten Konditionierung anwendet, dann verwendet man meist das Absitzen oder das „bei Fuß-Gehen" als Alternativverhalten. Bei Hunden mit starker Spielmotivation arbeite ich am liebsten mit Spielsachen, ein Zerrspiel etwa eignet sich dafür wunderbar, weil Sie dabei den Hund gleichzeitig während der Übungen sicher an der Leine haben können (allerdings müssen Sie in diesem Fall auf den Maulkorb verzichten – wenn ihr Hund bereits einmal jemanden verletzt hat, ist das KEINE ausreichend sichere Variante!). Denken Sie daran, zu lächeln und fröhlich zu sein. Zeigen Sie gute Laune. Atmen Sie normal. Sie dürfen keine Anspannung auf den Hund übertragen. Verwenden Sie ein Halti oder anderes Zubehör, wenn dies nötig ist, um sich sicher und zuversichtlich fühlen zu können. Denken Sie dran, den Hund jedes Mal intensiv zu belohnen, wenn er das Alternativverhalten ausführt. Ich würde ihnen empfehlen, den Clicker dafür zu verwenden. Allerdings sind manche Menschen so damit beschäftigt, an alles zu denken, dass sie in dieser Situation mit dem Clicker nicht zurechtkommen. Wenn Sie die Aufmerksamkeit des Hundes nicht halten können oder nicht sicher sind, dass Sie den Clicker richtig einsetzen, dann sollten Sie ihn besser nicht verwenden oder doch besser einen Clicker-Trainer kontaktieren und die richtige Anwendung korrekt erlernen. Wenn Sie allerdings mit dem Clicker gut zurechtkommen, können Sie ihn verwenden, um damit sehr effizient mit Ihrem Hund zu kommunizieren, außerdem erleichtert es Ihnen, selbst konzentriert zu bleiben. Führen Sie die Übungen, die Sie Ihrem Hund beigebracht haben, so durch, wie es bereits im Abschnitt über das Festigen eines Verhaltens beschrieben wurde.

Wenn Sie mit klassischer Konditionierung arbeiten, dann folgen Sie der bereits beschriebenen Anleitung, seien Sie aber jederzeit vorbereitet, von einem Moment auf den anderen auf operante Konditionierung umzusteigen. Sie haben die Aufgabe, sensibilisierte Reaktionen des Hundes zu verhindern. Sollte das nicht gelingen, dann müssen Sie zumindest vermeiden, den Hund für das unerwünschte Verhalten zu belohnen. Unterbrechen Sie aggressive Reaktionen möglichst gleich. Schaffen Sie den Hund von dort weg. In dem Moment, in dem Sie mal die guten Sachen anbieten und mal nicht, arbeiten Sie bereits mit gezielter Verstärkung. In gewisser Weise arbeiten Sie eigentlich die ganze Zeit mit operanter Konditionierung, bauen aber die Übung so auf, dass erst gar keine Situation entsteht, in der es einmal keine guten Dinge gibt. Wie auch immer Sie die Sache betrachten wollen, wichtig ist vor allem, nicht zuzulassen, dass der Hund in einem sensibilisierten Zustand verharrt, und aggressives Verhalten nicht mit Leckerchen oder Spielen zu belohnen.

Wenn es der Hund nicht schafft, sich auf Sie zu konzentrieren, dann gibt es zu viele Ablenkungen und/ oder er hat zu viel Stress. Machen Sie die Übung wieder einfacher und gehen Sie langsamer und in kleineren Schritten vor. Reagiert der Hund positiv, dann belohnen Sie ihn sofort intensiv. Wiederholen Sie das ein paarmal und beenden Sie dann die Übung mit einem Erfolgserlebnis. Gehen Sie vom angstauslösenden Reiz weg, denken Sie aber daran, dass damit auch der Spaß vorbei sein muss. Es soll ein klarer Unterschied zwischen jenen Phasen, in denen der Reiz vorhanden ist und es Spiel und Spaß gibt, und den langweiligen Phasen, in denen der Reiz nicht vorhanden ist, bestehen. Machen Sie nicht den häufigen Fehler, den Hund zu belohnen, NACHDEM der

Reiz wieder weg ist. Das belohnt das Verschwinden des Reizes. Wenn Sie die Übungssituation zum Beispiel so arrangiert haben, dass ein Fremder als Auslösereiz auf der gegenüberliegenden Straßenseite in Gegenrichtung an Ihnen vorbeigeht, während Sie mit dem Hund arbeiten, dann dürfen Sie den Hund nicht erst belohnen, wenn der Fremde wieder weg ist. Belohnen Sie den Hund, wenn der Fremde auftaucht und näher kommt, und hören Sie damit auf, wenn der Fremde sich wieder entfernt. Ganz besonders wichtig ist das, wenn Ihr Hund Territorialverhalten zeigt, das ja belohnt wird, wenn sich Menschen vom Hund wegbewegen. Belohnen Sie den Hund immer, wenn das angsteinflößende Ding näher kommt und der Hund angemessen reagiert.

Wiederholen Sie die Übung in unterschiedlichen Schwierigkeitsstufen. Sie sollten dabei auch darauf achten, die Übungen an verschiedenen Orten und in verschiedenen Situationen durchzuführen. Beim Festigen geht es darum, die situationsspezifischen Reize zu reduzieren. Das heißt, Sie müssen die Übungen in vielen verschiedenen Situationen durchführen, damit der Hund nicht falsche Schlüsse zieht und glaubt, dass alles in Ordnung ist, solange er im Haus ist, draußen aber alles ganz anders läuft. Oder dass alles ganz anders ist, je nachdem welche Menschen anwesend sind. Geben Sie dem Hund die Möglichkeit, das Gelernte zu generalisieren, indem er es in vielen verschiedenen Situationen erleben kann.

Wenn Sie Fortschritte erzielen, dann behalten Sie das Sozialisierungsprogramm und die gezielte Verstärkung des Verhaltens bei. Stellen Sie sich Ihre Arbeit wie einen Muskel vor. Wenn Sie nicht weiter trainieren, kommt es zum Muskelschwund, wenn Sie fleißig trainieren, werden Sie stärker. Setzen Sie die gute Arbeit fort.

DIE WICHTIGSTEN TRAININGSPROGRAMME

NACH PROBLEMBEREICHEN

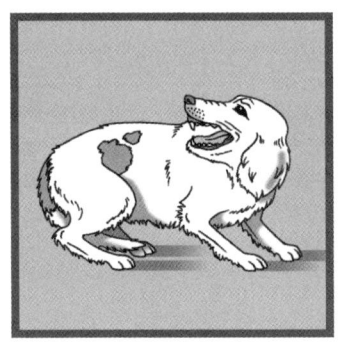

ANGSTBEDINGTE AGGRESSION

1. Schritt:
Führen Sie Vorbeugungs- und Managementmaßnahmen durch, die sicherstellen, dass es zu keinen weiteren sensibilisierten Reaktionen mehr kommt. Es ist entscheidend, dass Ihr misstrauischer und verängstigter Hund lernen kann, sich bei Ihnen sicher zu fühlen. Das erfordert ARBEIT - üben Sie mit Ihrem Hund zweimal täglich, verwenden Sie evtl. Clicker-Training und managen Sie jede Situation UNBEDINGT so, dass Ihr Hund nicht gestresst wird. Sie sollten ihm immer Sicherheit und Geborgenheit vermitteln können, und er sollte diese bei IHNEN suchen. Lassen Sie nicht zu, dass IRGENDETWAS Schlimmes geschieht, und sorgen Sie dafür, dass Ihr Hund sieht, wie Sie schlimme Dinge fernhalten. Wenn ein Fremder kommt und Ihr Hund Angst vor Fremden hat, SAGEN Sie dem Fremden, er soll nicht näherkommen. Positionieren Sie sich zwischen Ihrem Hund und dem furchteinflößenden Etwas und schirmen Sie ihn ab. Sie sind dafür verantwortlich, dass er niemanden in der Öffentlichkeit gefährdet, Sie sind aber ebenso für das physische und emotionale Wohlergehen Ihres Hundes verantwortlich - nehmen Sie diese Verantwortung ernst, und Sie werden beobachten können, wie Ihre Beziehung sich ganz erheblich verbessert. Seien Sie kreativ und denken Sie voraus. Verwenden Sie sicherheitshalber ein Kopfhalfter, um Ihren Hund unter Kontrolle halten zu können, falls Sie einen Fehler machen oder etwas schiefgeht. Die meisten Hunde mit angstbedingter Aggression warnen sehr deutlich und ausgiebig vor, aber wenn Warnsignale bisher bestraft und unterdrückt wurden, können sie auch ausbleiben. Wenn der Hund bereits seine Erfahrungen gesammelt hat, warnt er vielleicht nur noch mit einem Präventivschlag, der das Gefürchtete in die Flucht schlagen soll. Erkennen Sie die Reize, die aggressives Verhalten auslösen, und vermeiden Sie diese. Achten Sie darauf, dass die Individualdistanz ihres Hundes nicht verletzt wird.

2. Schritt:
Beginnen Sie mit einem nicht konfrontativen Gehorsamkeitstraining und dem NIL-IG-Programm. Arbeiten Sie wirklich daran, Ihrem Hund mehr Selbstvertrauen zu vermitteln, indem Sie seinem Leben eine klare Struktur geben. Achten Sie darauf, ob Ihr Hund bestimmte Situationen selbst durch ein Alternativverhalten entschärft, und belohnen Sie ihn dafür. Der Hund lernt dadurch vielleicht, dieses Verhalten von sich aus zur Bewältigung von Stress und schwierigen Situationen zu verwenden und es an Stelle offensiver Verteidigungsstrategien einzusetzen. Lernen Sie, dieses Verhalten zu sehen und zu belohnen. Nehmen Sie sich möglichst zwei- bis dreimal täglich 15 Minuten Zeit zum Üben. Seien Sie dabei fröhlich, die Übungen sollen Spaß machen. Wenn

der Hund generell eher ängstlich und zurückhaltend ist und es weniger um einen bestimmten angstauslösenden Reiz geht, dann spielen Sie vorsichtig mit ihm. Vielleicht müssen Sie ihn dazu auch sanft überreden. Sie können auch andere nicht konfrontative Teile des Basisprogramms umsetzen, zum Beispiel Ernährungsumstellung, Bewegung und geistige Beschäftigung.

3. Schritt:

Beißhemmung. Wenn das Risiko in Ihrem Fall nicht zu groß ist, dann führen Sie die Übungen zum Erlernen und Verbessern der Beißhemmung durch.

4. Schritt:

Zusätzliche Sozialisierung. Ein großer Teil der angstbedingten Aggressionsprobleme ist auf unzureichende oder ungeeignete Sozialisierung zurückzuführen. Für eine zusätzliche Sozialisierung ist es notwendig, dass der Hund häufig in die Welt hinaus kommt. Anfangs sollten Sie sich dabei lieber auf die weniger geschäftigen Zeiten oder Plätze konzentrieren, dann aber schrittweise immer anregendere Spaziergänge oder Wanderungen in Ihr Programm aufnehmen. Halten Sie genügend Abstand zu angstaus-lösenden Dingen, achten Sie aber darauf, dass Sie dem Hund nicht das Gefühl vermitteln, selbst ängstlich darauf zu reagieren. Sie könnten die Gelegenheit nutzen und ihm jedes Mal, wenn er etwas sieht, wovor er Angst hat, Leckerchen zustecken, wenn das Ding näher kommt und der Hund dabei ruhig und entspannt bleibt. Es ist viel wert, wenn der Hund viele verschiedene Reize positiv kennen lernt.

5. Schritt:

Wenn der Hund bereits mehr Selbstvertrauen hat und sich sicherer fühlt, können Sie mit spezifischen Trainingsprogrammen beginnen. Beginnen Sie entweder mit dem Festigen des Verhaltens oder systematischer Desensibilisierung und Gegenkonditionie-rung. Wenn Sie erst einmal erste Erfolge in der Umprogrammierung der emotionalen Reaktion Ihres Hundes erreicht haben, was in den meisten Fällen nicht mehr als ein paar Wochen dauern sollte (und ich habe auch schon Fälle gesehen, bei denen inner-halb von wenigen TAGEN bedeutende Fortschritte erzielt werden konnten), können Sie ein Absitzen mit Blickkontakt oder ein „bei Fuß-Gehen" als gleich bleibendes Alterna-tivverhalten einführen.

Ein häufiges durch Angst bedingtes Problem ist Aggression an der Leine. Hier sind ein paar Vorschläge, was Sie dagegen tun können:

· Die wenigsten Hunde haben sofort einen heftigen aggressiven Anfall. Die mei-sten durchlaufen einen Prozess wachsender Erregung, bevor sie attackieren. Beo-bachten Sie das Verhalten Ihres Hundes genau. Sie müssen wirklich genau hinse-hen. Wenn Sie die ersten Anzeichen erkennen, nutzen Sie die Information und greifen Sie frühzeitig ein, statt den Prozess bis ans Ende ablaufen zu lassen und mit einem tobenden Monster an der Leine zu kämpfen. Wenn eine aggressive Reaktion bei Ihrem Hund erst einmal ausgelöst wurde, können Sie nicht mehr viel machen, außer schleunigst die Situation aufzulösen.

- Wechseln Sie entweder die Richtung und gehen Sie von dem anderen Hund oder Menschen weg oder geben Sie das Signal für ein anderes Verhalten wie das Absitzen und zwar entspannt und fröhlich. Das Kommando darf nicht gegen das Prinzip der Freiwilligkeit verstoßen. Kein Druck in Ihrer Stimme. Freuen Sie sich, lächeln Sie. Atmen Sie ruhig und spannen Sie Ihre Muskeln nicht an. Ob Sie den Hund absitzen lassen oder die Richtung ändern und weggehen, hängt davon ab, ob der andere Hund oder Mensch so nahe kommt, dass Sie eine aggressive Reaktion nicht mehr vermeiden können. Auch beim Weggehen bleiben Sie entspannt und fröhlich. Vermeiden Sie Angespanntheit und Drängen.

- Wenn Ihr Hund sich aufregt und stehen bleibt, drehen Sie lieber ab. Die Aufregung macht es ihm schwer, sich auf Sie zu konzentrieren, und ist auch ein Zeichen dafür, dass Sie ihn zu schnell in zu schwierige Situationen gebracht haben. Loben Sie ihn mit der Stimme, einem Lächeln oder einem Streicheln dafür, dass er sich unter Kontrolle hat.

- Halten Sie unbedingt die Leine locker!

- Wenn der Hund auf das Ding, das er attackiert, nicht sozialisiert wurde, dann wird neben der Festigung des Verhaltens und der Gewöhnung auch zusätzliche Sozialisierung ein wichtiger Teil des Trainingsprogramms sein. Sorgen Sie behutsam dafür, dass der Hund deutlich mehr und sehr angenehmen Kontakt mit dem Ziel seiner Attacken hat. Das heißt NICHT, einen engen Kontakt Ihres verängstigten Hundes zu fremden Menschen oder Hunden zuzulassen! Es heißt vielmehr, dass Sie Übungssituationen aufbauen sollen, in denen die gefürchteten Dinge (meist fremde Menschen oder Hunde) in entsprechender Entfernung auftauchen und ihr Hund die Gelegenheit hat, sie als ungefährlich zu erleben (im schlechtesten Fall kommt es zu gelernter Irrelevanz, im besten Fall zu Gegenkonditionierung). Wenn ich von mehr Kontakt spreche, dann meine ich damit so viel wie möglich. Wenn fremde Menschen ganz generell ein Problem sind, dann sollten Sie vielleicht täglich ein paar Stunden ganz am Rande des Parkplatzes beim Einkaufszentrum verbringen. Jeden Tag rücken Sie dem Mittelpunkt des Geschehens ein kleines Stück näher. Das ist eine ganze Menge an zusätzlicher Sozialisierung. Gehen Sie langsam vor, es soll keine Übung zur Reizüberflutung werden, sondern eine in Sachen gelernter Irrelevanz und Gewöhnung.

Eine andere Möglichkeit....
- Finden Sie heraus, welcher Reiz in welchem Abstand bei Ihrem Hund eine aggressive Reaktion auslöst. Engagieren Sie einen Helfer, der an Ihnen vorbeigeht. Anfangs müssen Sie vielleicht auf einer Wiese oder auf gegenüberliegenden Seiten der Straße arbeiten. Wenn Sie genug Platz haben, dann sollte jeder von Ihnen in großen Kreisen im Uhrzeigersinn gehen, und zwar so, dass Sie an einem bestimmten Punkt zusammentreffen und einander überholen müssen. Gehen Sie anfangs (wie im Diagramm weiter unten skizziert) in einem Abstand aneinander vorbei, bei dem Ihnen Ihr Hund noch Blickkontakt und Aufmerksamkeit schen-

ken kann. Ihr Helfer (Q) und Sie (X) führen diese Überholmanöver immer wieder durch und verringern dabei den Abstand allmählich in dem Maß, in dem der Hund damit gut zurechtkommt. Ermuntern Sie Ihren Hund jedes Mal, wenn Sie überholen, schön neben Ihnen zu gehen und Sie eventuell aufmerksam anzusehen. Nutzen Sie, was Sie sich im Gehorsamstraining erarbeitet haben. Loben Sie Ihren Hund bei gelungenen Überholmanövern und ignorieren Sie solche, bei denen der Hund angespannt reagiert. Versuchen Sie aber, möglichst nur gute Ausführungen der Übung zu bekommen, indem Sie auf die richtige Entfernung achten. Seien Sie locker und fröhlich. Sie können diese Übung auch auf gegenüberliegenden Straßenseiten durchführen, und jedes Mal den Abstand zueinander ein wenig verringern. Belohnen Sie den Hund, wenn er Ihren Helfer toleriert, und ignorieren Sie ihn, wenn er es nicht tut.

Im Laufe der Zeit können Sie damit bei Ihrem Hund sowohl eine bessere Impulskontrolle und eine Gewöhnung erreichen als auch ein Alternativverhalten trainieren. Vergessen Sie nicht, dass es sehr viel Übung braucht, bis sich ein Erfolg einstellt. Vielleicht sollten Sie nochmals überlegen, ob Sie die nötigen Voraussetzungen und das nötige Engagement für ein solches Training besitzen.

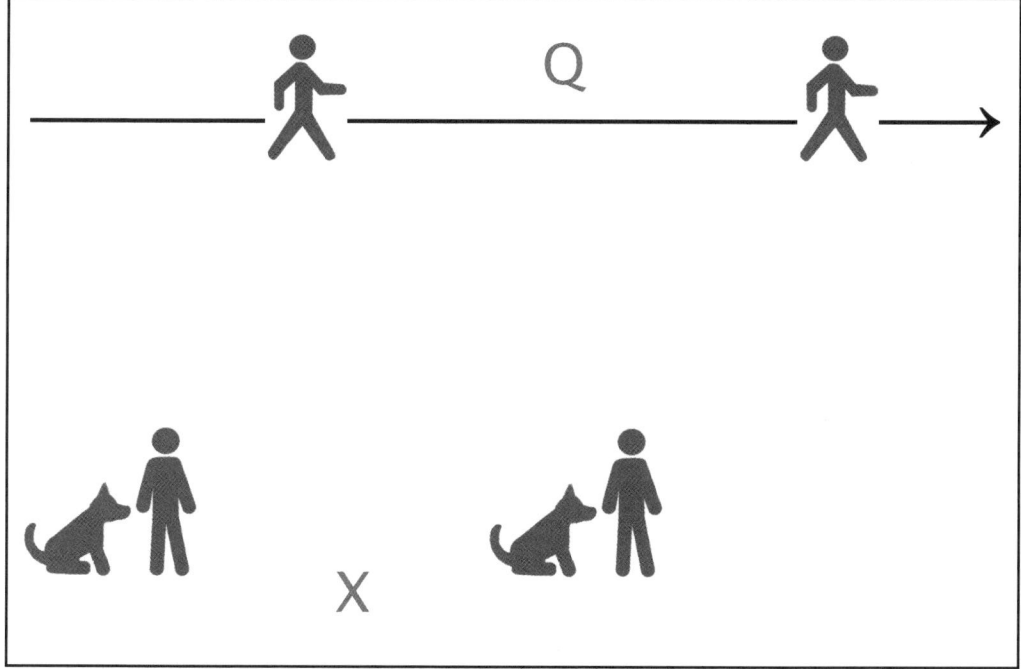

Überholmanöver üben

Einen genialen Trick, wie man aggressives Verhalten an der Leine korrigieren kann, brachte mir Angelica Steinker (www.CourteousCanine.com) bei. Es ist oft sehr schwer, die Leine locker zu lassen. Der Trick besteht darin, dem Hund beizubringen, ein leichter Ruck an der Leine ist das Signal dafür, dass ein kurzes Zerrspiel oder irgendetwas anderes, was dem Hund Spaß macht, folgt. Sie könnten dem Hund auch beibringen, Sie auf das Signal straffe Leine hin anzuschauen. Das ist gleichzeitig die Grundlage der Übung „Lass das", die weiter oben beschrieben wurde. Was auch immer Sie verwenden wollen, die Übung wird in jedem Fall gleich aufgebaut. Sie straffen hierfür mehrmals hintereinander in einer Umgebung mit wenig Ablenkungen die Leine und spielen gleich darauf ein Zerrspiel oder aber geben das Signal für Blickkontakt. Sie können dann das Verhalten unter stärkerer Ablenkung und in schwierigeren Situationen festigen. Der Trick funktioniert großartig, besonders dann, wenn man Probleme hat, die Leine wirklich immer locker zu lassen, was ja bei den meisten Hundebesitzern und auch bei vielen Trainern der Fall ist.

KONTROLLKOMPLEX

1. Schritt:

Beginnen Sie mit Vorbeugungs- und Managementmaßnahmen, die sicherstellen, dass es nicht zu einem durch reaktives Verhalten ausgelösten Konflikt kommt. Verwenden Sie zum Beispiel ein Halti. Der Hund sollte dieses Kopfhalfter möglichst immer tragen, wenn er unter Aufsicht ist, und zwar mindestens einen Monat lang, und auch dann, wenn er nur auf dem Boden liegt und an einem Kauknochen nagt, während Sie fernsehen. Am Halti befestigen Sie eine Leine, damit Sie den Hund notfalls unter Ihre Kontrolle bringen können. In der Öffentlichkeit darf der Hund nicht von der Leine, vielleicht sein Leben lang nicht mehr. Werden Sie nicht nachlässig. Das Problemverhalten richtet sich bei solchen Hunden zwar meistens gegen Familienmitglieder und weniger oft gegen Unbekannte, aber Sie müssen auf Nummer sicher gehen.

2. Schritt:

Beginnen Sie mit nicht konfrontativem Gehorsamkeitstraining, am besten wären zwei bis drei kurze Trainingseinheiten von einigen Minuten pro Tag. Mit einem gezielten Training zur Verhaltenskorrektur sollten Sie erst anfangen, wenn Sie im Gehorsamkeitstraining bereits Fortschritte erzielt haben. Rechnen Sie damit, dass diese Phase mindestens zwei Wochen, wahrscheinlicher einen Monat lang dauert. Fangen Sie gleichzeitig mit dem NILIG-Programm an. Sie können auch schon andere nicht konfrontative Maßnahmen aus dem Basisprogramm umsetzen, wie zum Beispiel Ernährungsumstellung, mehr Auslauf/ Bewegung oder geistige Beschäftigung.

3. Schritt:

Beißhemmung. Seien Sie bei den Übungen zur Beißhemmung sehr vorsichtig. Wenn Sie das Gefühl haben, es könnte gefährlich werden, hören Sie sofort mit dem Programm auf. Wenn Sie sich nicht sicher sind, dann ist das Risiko in jedem Fall größer als der mögliche Nutzen.

4. Schritt:

Lindsay (2001) prägte den Begriff „soziale Polarität". Die Methode lässt sich bei Hunden, die Zuwendung akzeptieren oder sogar einfordern, selber aber keine geben, gut einsetzen. Gehen Sie dabei folgendermaßen vor:

A. Ignorieren Sie den Hund weitgehend, bis er Ihnen von sich aus Zuwendung entgegenbringt und zum Schmusen kommt. Eventuell kann dies auch ein paar Tage dauern. Ihr Hund hat Ihre Zuwendung vielleicht bisher als selbstverständlich hingenommen, oder er hatte sich bereits an weniger Zuwendung gewöhnt. In jedem Fall aber stehen Sie nun an einem Wendepunkt. Geben Sie sich zurückhaltend. Und wenn Sie zu den Menschen gehören, die der Philosophie vom Rudelführer angehören (und ich zähle nicht dazu!), dann sollten Sie wissen, dass die Zurückhaltung ein wesentliches Merkmal des wahren Rudelführers ist.

B. Wenn der Hund von sich aus Zuneigung zeigt, dann können Sie diese erwidern, allerdings nur, solange sich Ihr Hund Ihnen gegenüber respektvoll verhält. Vergessen Sie nicht, es könnte auch eine vorgetäuschte Zuwendung sein, die eigentlich eine Herausforderung ist. Wenn Sie mit einem solchen Fall konfrontiert sind, sollte der Hund unbedingt einen Maulkorb tragen, wenn Sie diese Methode anwenden, damit es für Sie nicht zu gefährlich wird. Das Absitzen als erlerntes Verhalten für Konfliktsituationen oder ein „Platz" auf Kommando können gut mit eingebaut werden. In manchen Fällen können Sie vom Hund auch eine kleine Kommandoabfolge verlangen „Sitz – Platz – Sitz" verlangen, bevor er Zuwendung von Ihnen bekommt. Es sollte aber immer nur etwas Zuwendung sein, so dass der Hund gerne noch mehr hätte.

C. Ab jetzt achten Sie darauf, dass Ihre Zuwendung wertvoll bleibt, indem Sie nicht zuviel davon geben. Zuwendung gibt es nur, wenn der Hund sich respektvoll verhält, und Sie hören immer auf, bevor er genug davon hat. Ich weiß, dass das schwer ist. Schließlich haben Sie nicht zuletzt deswegen einen Hund, um ihm Zuneigung zeigen zu können. Wenn Sie aber Ihr Problem in den Griff bekommen wollen, müssen Sie in diese Richtung gehen. Sie haben derzeit einen Hund, der erwartet, dass in Ihrer Beziehung alles nach seinem Kopf geht. Jetzt geht es darum, ihm behutsam und nicht konfrontativ beizubringen, dass es in Zukunft andersherum, also nach Ihrem Kopf geht. Denken Sie daran, wir wollen Ihren Hund nicht reinlegen, sondern ihm helfen.

5. Schritt:

Wenn sich die Polarität in Ihrer Beziehung erst einmal verändert hat und der Hund in Konfliktfällen (oder zumindest verlässlich auf Kommando) angemessenes Verhalten zeigt, können Sie mit einem gezielten Training und spezifischen Maßnahmen beginnen. Im Folgenden sind einige Beispiele häufig verwendeter Methoden hierfür angeführt. Wenden Sie Ihr Wissen über Lerntheorie und Methoden zur Verhaltenskorrektur an, um die vorgeschlagenen Maßnahmen an Ihre Situation anzupassen.

Viele Hunde, die einen Kontrollkomplex haben, lassen nicht zu, dass man über sie hinwegsteigt. Wenn das bei Ihrem Hund der Fall ist, dann beginnen Sie damit, das entsprechende Verhalten positiv zu verstärken und zu festigen. Verwenden Sie positive Verstärkung bei jeder Form von sozialverträglichem Verhalten. Ein Programm könnte etwa folgendermaßen aussehen:

A. Fangen Sie mit den Übungen an einer Stelle an, die dem Hund relativ egal ist. An den problematischen Stellen, wie dem Lieblingsplatz Ihres Hundes im Flur oder Ähnlichem, können Sie später weitermachen, wenn die Übungen an den weniger problematischen Stellen gut funktionieren.

B. Gehen Sie in einem bestimmten Abstand, in dem der Hund noch entspannt bleibt, an Ihrem Hund vorbei. Als Überraschung werfen Sie dem Hund beim Vorbeigehen sein Lieblingsleckerchen zu. Achten Sie aber darauf, dass der Hund nicht vorher merkt, dass Sie ein Leckerchen dabeihaben. Gehen Sie danach einfach weiter.

C. Wiederholen Sie die Übung so lange, bis Ihr Hund sich bereits zu Tode langweilt oder noch besser, bis er sich freut, wenn er Sie kommen sieht.

D. Gehen Sie dann bei der nächsten Stufe der Übung ein wenig näher am Hund vorbei. Nicht so nahe, dass er misstrauisch und angespannt reagiert, sondern nur ein kleines Stückchen näher. Wiederholen Sie die Übung wie unter B beschrieben.

E. Setzen Sie die Übungen fort und verringern Sie allmählich den Abstand zum Hund. Gehen Sie aber immer erst dann zur nächsten Stufe über, wenn der Hund begeistert reagiert, wenn er Sie kommen sieht. Machen Sie so lange weiter, bis Sie über den Hund steigen können. Wenn Sie einmal so nahe am Hund sind, darf der Abstand nur in winzigen Schritten verkleinert werden. Vergessen Sie nicht, dass Sie NICHT zum nächsten Schwierigkeitsgrad übergehen dürfen, solange der Hund nicht eindeutig positiv auf Sie reagiert. Es geht hier um klassische Konditionierung, zu der es wie bereits ausgeführt als Nebeneffekt zur gezielten Verstärkung eines Ersatzverhaltens kommt.

F. Wenn Sie an den unproblematischen Stellen Fortschritte gemacht haben, können Sie dazu übergehen, die Übungen auch an schwierigeren Stellen durchzuführen (fangen Sie damit aber IMMER wieder auf der leichtesten Stufe an!!). Dann können Sie so weitermachen, dass Sie warten, bis Ihr Hund sich von sich aus irgendwo hingelegt hat, statt ihn für die Übungen mit einem „Platz" abzulegen.

G. Wenn eine Person alle Übungen auch an problematischen Stellen abgeschlossen hat, sollte das nächste Familienmitglied das Programm durchführen und dabei wieder an den einfachen Stellen beginnen und den Schwierigkeitsgrad dem Lerntempo des Hundes entsprechend langsam steigern.

Viele Hunde mit Kontrollkomplex reagieren auf einen Leinenruck aggressiv. Man braucht in solchen Fällen nur aufzuhören, an der Leine zu rucken. Das Problem hat sich damit von selbst gelöst. Wenn Sie ein Würgehalsband oder Stachelhalsband verwenden, dann werfen Sie es weg. Ein guter Teil der Frustration und der Angst Ihres Hundes kann von einem derartigen Halsband ausgelöst worden sein. Ich würde mich auch wehren, wenn Sie versuchten, mich zu erwürgen! Wir haben wirklich Glück, dass uns die Hunde so vieles nachsehen und so wenig aggressiv sind. Ich bin vermutlich tendenziell eindeutig aggressiver als die meisten Hunde. Wenn mir jemand weh tut, sehe ich es ihm nicht so rasch nach, und ich wehre mich viel früher als die meisten Hunde.

Bei vielen Hunden kommt es zu einer aggressiven Reaktion, wenn man mit ihnen schimpft, sie geben dann „Widerworte". Konzentrieren Sie sich in einem solchen Fall auf die Arbeit mit positiver Verstärkung statt auf Schimpfen. Vermeiden Sie, so weit das nur irgendwie möglich ist, jegliche Provokation. Wenn nötig, dann gehen Sie einfach weg. Das kann zwar das Verhalten des Hundes unabsichtlich verstärken, aber bei weitem nicht so wie eine offen ausgetragene Konfrontation. Wenn es sich machen lässt, dann nutzen Sie bestimmte Situationen – wenn der Hund zum Beispiel etwas haben möchte, geben Sie es ihm nicht. Gehen Sie einfach weg.

Zu einer aggressiven Reaktion kommt es bei vielen Hunden mit Kontrollkomplex auch dann, wenn man sie anstarrt. Am besten arbeitet man bei solchen Hunden mit gezielter Belohnung und Übungen zum Festigen des gewünschten Verhaltens, bei denen es nebenbei auch zur klassischen Konditionierung kommt. Übungsbeispiel:

A. Lassen Sie den Hund als Erstes sitzen.

B. Schauen Sie den Hund nun kurz an, so als säße er zufällig in Ihrer Blickrichtung, und lassen Sie Ihren Blick kurz über ihn schweifen. Für den Blick gibt es einen Klick und dann die Belohnung.

C. Wenn der Hund den Blick den Bruchteil einer Sekunde ohne negative Reaktion aushalten konnte, dann schafft er es vermutlich auch einen Bruchteil einer Sekunde länger. Wenn er es schafft, dann geht vermutlich auch ein kurzer Blick von einer Sekunde. Klicken und belohnen Sie den Hund jedes Mal, wenn Sie ihn ansehen, außer wenn er unruhig wird oder defensives Verhalten zeigt. Sorgen Sie dafür, dass Ihr Hund sich darauf freut, wenn Sie ihn ansehen. Machen Sie die Übungen, wie es dem Tempo Ihres Hundes entspricht, und versuchen Sie nicht, irgendetwas zu erzwingen. Wie auch bei der vorangegangenen Übung wiederholen Sie auch hier am Anfang jeder neuen Übungseinheit die bereits absolvierten Stufen, bevor Sie den Schwierigkeitsgrad weiter steigern.

D. Wenn eine Person mit diesen Übungen bereits sehr weit gekommen ist, kann eine andere das Programm (beginnend mit den ersten Schritten) durchführen. Es soll erreicht werden, dass der Hund sich regelrecht darauf freut, mit direktem Blickkontakt angesehen zu werden, und darauf mit den verschiedensten nicht aggressiven Verhaltensweisen reagiert. Machen Sie die Übung so lange, bis Ihr Hund mehrere Sekunden lang angesehen werden kann. Danach können Sie beginnen, mit ihm das Herstellen von Blickkontakt zu trainieren.

Seien Sie bei diesen Hunden sehr vorsichtig damit. Sie müssen die Übung zur Herstellung des Blickkontakts behutsam aufbauen. Wenn Sie bei Hunden, die nicht an kontrollkomplexbedingter Aggression leiden, den Blickkontakt trainieren, dann schauen Sie den Hund einfach an und warten, bis er zu Ihnen hochblickt. Bei einem Hund mit dieser Art Problemverhalten kann es zwar sein, dass er Sie anblickt, sein Problem besteht aber eben darin, dass Sie ihn ansehen. Für solche Hunde kann Blickkontakt eine Bedrohung darstellen, Sie müssen ihnen daher beibringen, den Blickkontakt als etwas Positives statt etwas Unangenehmes erleben zu können.

Viele Hunde mit Kontrollkomplex reagieren auch negativ auf Berührungen, besonders an der Schnauze, an den Hüften und im Hals- und Nackenbereich. Wenn das bei Ihrem Hund der Fall sein sollte, dann führen Sie mit ihm am besten eine systematische Desensibilisierung und eine Gegenkonditionierung durch. Nutzen Sie auch die Möglichkeiten, die Ihnen die gezielte Belohnung eines Verhaltens bietet. Wenn Ihnen ein erwünschtes Alternativverhalten einfällt, dann können Sie das über operante Konditionierung verstärken. Denken Sie immer an die Grundregel, für die Übungen anfangs einen Schwierigkeitsgrad zu wählen, der für den Hund machbar ist, auch wenn das heißen sollte, dass das Anfangsstadium der Übungen scheinbar kaum etwas mit dem angestrebten Ziel zu tun hat. Machen Sie die Übungen an unproblematischen Stellen und gehen Sie dabei so langsam vor, wie es dem Tempo des Hundes entspricht. Legen Sie dem Hund anfangs falls nötig einen Maulkorb an. Zumindest sollte er aber das Halti samt Leine tragen. Wenn Sie das Übungsprogramm mit Maulkorb abgeschlossen haben, fangen Sie wieder von vorne an, diesmal ohne Maulkorb. Arbeiten Sie das Programm noch einmal mit Halti und Leine ganz durch. Wenn eine Person das Übungsprogramm an einer unproblematischen und danach einer problematischen Stelle (falls es eine geben sollte) abgeschlossen hat, kann das nächste Familienmitglied mit dem Programm wieder von vorn beginnen.

TERRITORIALE AGGRESSION

1. Schritt:
Ergreifen Sie strikte Vorbeugungs- und Management-maßnahmen. Das kann zum Beispiel heißen, Ihre Fenster so zu präparieren, dass der Hund nicht hinaussehen kann. Sie können als Hintergrundgeräusch die ganze Zeit Musik spielen lassen, wenn Sie weg sind, damit der Hund nicht frustriert und aufgeregt auf Geräusche von draußen reagiert. Vielleicht müssen Sie den Flur im Eingangsbereich mit einem Kindergitter abriegeln. Es kann notwendig sein, den Briefkasten an der Gartentür zu montieren, damit der Postbote nicht mehr zum Haus kommen muss, vielleicht müssen Sie Ihre Post sogar selber vom Postamt abholen. Es kann bedeuten, den Hund nur an der Leine nach draußen zu führen und ihn nicht einfach hinauslaufen zu lassen. Ganz sicher ist jedenfalls, dass Sie den Hund NIEMALS draußen angebunden halten. Der Hund sollte nie unbeaufsichtigt im Garten sein und sollte in manchen Fällen noch nicht einmal frei laufen. Ich weiß, dass das jede Menge Arbeit erfordert. Die ist aber notwendig. Besorgen Sie Ihrem Hund ein Halti, das er nur dann nicht tragen soll, wenn er unbeaufsichtigt ist, sonst aber immer.

2. Schritt:
Beginnen Sie mit nicht konfrontativem Gehorsamkeitstraining, am besten wären zwei bis drei kurze Trainingseinheiten von einigen Minuten pro Tag. Mit einem gezielten Training zur Verhaltenskorrektur sollten Sie erst anfangen, wenn Sie im Gehorsamkeit-straining bereits Fortschritte erzielt haben. Rechnen Sie damit, dass diese Phase mindestens zwei Wochen, wahrscheinlicher einen Monat lang dauert. Fangen Sie gleichzeitig mit dem NILIG-Programm an. Sie können auch schon andere nicht konfrontative Maßnahmen aus dem Basisprogramm umsetzen, wie zum Beispiel Ernährungsumstellung, mehr Auslauf/ Bewegung oder geistige Beschäftigung.

3. Schritt:
Beißhemmung. Seien Sie bei den Übungen zur Beißhemmung sehr vorsichtig. Wenn Sie das Gefühl haben, es könnte gefährlich werden, hören Sie sofort mit dem Programm auf und konsultieren Sie einen professionellen Trainer, der mit Clicker-Training arbeitet. Das Risiko ist sonst höher als der mögliche Nutzen.

4. Schritt:

Zusätzliche Sozialisierung. Wenn Sie den Hund häufiger Erfahrungen mit der großen weiten Welt sammeln lassen, wird er vermutlich feststellen, dass viele Dinge gar nicht so schrecklich sind und dass er keine Angst haben muss, wenn sie in seiner Umgebung auftauchen. Viele dieser Hunde haben so fest eingefahrene Muster und so wenig Erfahrungen mit Situationen, in denen sie sich völlig sicher fühlen konnten, dass sie bei der geringsten Kleinigkeit, die ihnen zu nahe kommt, schon heftig reagieren. Achten Sie darauf, dass jede neue Erfahrung für Ihren Hund ein angenehmes Erlebnis ist. Bringen Sie den Hund, wenn das nicht gefährlich ist, mit möglichst vielen Menschen zusammen. Erweitern Sie den Horizont Ihres Hundes und vergrößern Sie damit seine „Sicherheitszone".

5. Schritt:

Wenn die verschiedenen Übungen bereits gut greifen, können Sie ein Training zur Verhaltenskorrektur planen. Im Folgenden finden Sie häufig verwendete Maßnahmen und Methoden. Arbeiten Sie nach den Grundregeln und passen Sie die Übungen Ihrer Situation an.

Bei den Übungen in der ersten Phase wird vor allem nach den Prinzipien operanter Konditionierung gearbeitet. Sie trainieren Hörzeichen und belohnen gewünschtes Verhalten. In der zweiten Phase arbeiten Sie daran, dass jeder Fremde für den Hund zum willkommenen Gast wird.

Phase 1: Hörzeichen einführen und Ersatzverhalten belohnen

Wenn der Auslöser für den Hund darin besteht, dass er Fremde zum Grundstück kommen oder daran vorbeigehen sieht, steht als Erstes das Verhindern des Sichtkontakts auf dem Programm. Statten Sie Ihre Fenster mit Gardinen oder Jalousien aus, die fest montiert und blickdicht sind. Sie können in Baumärkten auch Plastikfolien zum Aufkleben besorgen, mit denen Sie das Fensterglas „mattieren", damit der Hund nicht mehr hinaussehen kann. Vielleicht können Sie Möbel, auf die der Hund steigt, um nach draußen sehen zu können, umstellen. Tun Sie alles Notwendige, um den Hund daran zu hindern, das Geschehen draußen zu verfolgen. Wenn seine Territorialaggression durch Geräusche von draußen ausgelöst wird, dann lassen Sie ein Radio oder Fernsehgerät als Hintergrundgeräusch an, damit das Verhaltensmuster des Hundes, auf jedes Geräusch zu reagieren, durchbrochen wird.

Wenn das Problem dann auftritt, wenn jemand an der Tür klingelt oder klopft, können Sie verschiedene Dinge tun. Hängen Sie als Erstes ein Schild an Ihre Tür, das Klopfen und Klingeln untersagt. Sie können Besucher bitten, statt dessen kurz vorher anzurufen, damit Sie wissen, wann sie kommen, und nach ihnen Ausschau halten können. Sie können das Schild wieder abnehmen, sobald der Hund nicht mehr negativ auf jedes Geräusch an der Tür reagiert. Sie und andere Familienmitglieder können jedes Mal klopfen oder klingeln, bevor Sie die Wohnung betreten. Dadurch kündigt das Geräusch dem Hund nicht mehr jedes Mal einen unbekannten Eindringling an (gelernte Irrelevanz). GANZ WICHTIG: Bitten Sie jedes Familienmitglied darum, jedes Mal anders zu klopfen oder zu klingeln. Bei einem Klienten von mir erkennt jeder Hund im Haus am Klopfen, welches Familienmitglied vor der Tür steht. Sie müssen die Hunde zur Seite schieben, um überhaupt die Tür aufzubekommen. Das ist natürlich eine ganz andere Reaktion als die auf einen Unbekannten. Wenn Sie selber nach Hause kommen, könnten Sie die Klingel betätigen, unmittelbar bevor Sie die Tür öffnen, damit der Hund – falls er auf die Klingel aggressiv reagiert – sofort sieht, dass es nur Sie sind. Machen Sie das mehrmals täglich, bis sich der Hund ziemlich sicher ist, die Türglocke oder ein Klopfen an der Tür signalisiert keinen Eindringling.

Vielleicht reagiert Ihr Hund ja deswegen negativ auf ein Klopfen an der Tür, weil das Klopfen oder Klingeln das Signal für Menschen im Haus war, zur Tür zu stürzen. Der Hund nimmt das als heftige Reaktion Ihrerseits wahr und schließt sich dieser Reaktion an (soziale Nachahmung). Wenn das der Fall ist, dann ändern Sie das sofort. Es wird nicht mehr zur Tür gelaufen. Warten Sie nach jedem Klingeln oder Klopfen drei Sekunden und gehen Sie dann langsam und lächelnd zur Tür. Wenn der Hund dabei erwünschtes Verhalten zeigt, können Sie ihm gleichzeitig ein paar Leckerchen geben.

Hier finden Sie nun einen Vorschlag für ein Trainingsprogramm.
Ein weiterer folgt danach.

A. Geben Sie dem Hund zunächst nur dann Aufmerksamkeit oder sonstige Belohnungen, wenn er sich bei Anwesenheit von Besuch im Haus gut benimmt oder für sonstiges sozialverträgliches Verhalten. Sie können sogar gezielt Übungssituationen aufbauen und dazu Leute zu sich einladen. Am besten sollten die Besucher Menschen sein, die Ihr Hund schon kennen gelernt hat (und die er mag), damit er durch die Übungen Erfahrungen sammeln kann, welches Verhalten beim Begrüßen von Besuchern von ihm erwartet wird. Ich würde Ihnen empfehlen, für täglich mindestens einen Besucher zu sorgen – wenn Sie die Möglichkeit dazu haben, wären zehn Besucher täglich für einen schnellen Erfolg des Programms noch besser. Allerdings sollten Sie nicht die ganze Woche lang nichts tun und dann plötzlich Sonntagnachmittag zehn Besucher haben; es ist wichtig, die Besucher gleichmäßig über die Woche zu verteilen, damit der Hund viel Übung bekommt.

B. Lassen Sie den Hund etwa drei Meter von der Tür entfernt absitzen. Er soll sehen können, wie Sie ein paar Schritte zur Tür machen und dann zu ihm zurückgehen. Wenn er ruhig und gelassen sitzen bleibt, belohnen Sie ihn mit einem Spiel, einem Spielzeug oder einem Leckerchen. Wenn er bellt, sagen Sie bloß „Oje" und gehen weg. Da er auch sonst in dieser Zeit keine Belohnung bekommt, wird er höchst motiviert sein, das „Oje" (konditionierte negative Strafe) zu vermeiden. Wiederholen Sie die Übung so lange, bis der Hund keine Anspannung oder Unruhe mehr erkennen lässt.

Anmerkung: Wenn Sie die Begeisterung Ihres Hundes über Besucher als aggressives Verhalten fehlinterpretiert haben, dann wird er an Leckerchen oder Spielen, die Sie als Belohnung verwenden, keinerlei Interesse zeigen, wenn jemand an der Tür ist. Aber es schadet natürlich nie, auf Nummer sicher zu gehen, und die Übungen werden dem Hund in jedem Fall ein allgemein gutes Benehmen beibringen und dadurch verhindern, dass er jedes Mal in ein Hinterzimmer verbannt werden muss, wenn Besuch kommt. Diese Verwechslung passiert recht häufig, die Übungen sind dennoch sinnvoll, weil sie helfen, das überschäumende Verhalten des Hundes zu kontrollieren. Allerdings ist das Begrüßen eines Besuchers für solche Hunde viel attraktiver als jedes Leckerchen oder Spiel. Sie werden auch das irgendwann üben und dabei auf die Sicherheit aller Beteiligten achten müssen.

C. Machen Sie die gleiche Übung wie oben beschrieben, gehen Sie jetzt aber ein Stückchen näher an die Tür heran, bevor Sie zum Hund zurückkehren und ihn belohnen, wenn er ruhig sitzen bleibt.

D. Wie oben, nur gehen Sie jetzt bis zur Tür, berühren die Türklinke und gehen dann zurück und belohnen den Hund.

E. Wie oben, allerdings drücken Sie nun die Türklinke nach unten, bevor Sie zum Hund zurückgehen und ihn belohnen.

F. Wie oben, Sie gehen nun aber zur Tür, öffnen die Tür, schließen sie wieder und gehen zum Hund zurück und belohnen ihn.

G. Wie oben, nun aber die Tür öffnen, einen Schritt über die Schwelle nach draußen machen, wieder zurück, Tür schließen und zum Hund gehen und ihn belohnen.

H. Wie oben, jetzt aber die Tür nicht schließen. Klingeln Sie und zwar so, dass der Hund Sie sehen kann, gehen Sie zu ihm zurück und belohnen Sie ihn, wenn er ruhig sitzen geblieben ist. Wenn Sie wollen, können Sie die Übung auch ein wenig abwandeln und kurz in der Tür stehen bleiben und läuten und dann dem Hund ein Leckerchen von dort aus zuwerfen. Wiederholen Sie das Klingeln – Leckerchen zuwerfen ein paarmal, um eine klare Verknüpfung im Sinne klassischer Konditionierung herzustellen. Ein Klingeln an der Tür bedeutet ein Leckerchen.

I. Wie oben, schließen Sie nun aber die Tür, damit der Hund sie nicht mehr sehen kann. Klingeln Sie. Gehen Sie zum Hund zurück und belohnen Sie ihn.

J. Wenn der Hund so weit ist, dass er bei all dem ruhig sitzen und gelassen bleibt, dann kann ein weiteres Familienmitglied mit der Übung beginnen, während Sie beim Hund bleiben und das Kommando „Sitz" geben.

K. Wenn auch das klappt, lassen Sie es einmal klingeln, bevor Sie ein „Sitz" verlangen. Wenn möglich sollte das Familienmitglied bei der Übung die Wohnung durch eine andere Tür verlassen, damit Sie pro Übungseinheit ein paar Wiederholungen machen können, ohne dass der Hund bereits weiß, wer an der Tür ist. Wenn der Hund auf das Türklingeln mit einem unerwünschten Verhalten reagiert, dann kommen Sie einfach nach dem Klingeln herein und ignorieren den Hund völlig, so wie schon zuvor bei der Übung, wo Sie läuteten, aber nicht jedes Mal reinkamen.

L. Wie oben, Sie gehen nun aber zur Tür und begrüßen den „Besucher" (am Anfang sollte das kein Fremder sein). Sie können das entweder so üben, dass der Besucher dann wieder geht oder aber in die Wohnung kommt. Gehen Sie zum Hund zurück, belohnen Sie ihn für das ruhige Sitzenbleiben und bleiben Sie bei ihm. Mit dem Besucher haben Sie bereits zuvor vereinbart, dass er den Hund völlig ignoriert.

M. Machen Sie nun die gleiche Übung mit einem Besucher, den der Hund nur flüchtig kennt.

N. Machen Sie die gleiche Übung mit einem dem Hund völlig unbekannten Besucher.

Wenn die Übungen bereits gut klappen, dann bitten Sie den Besucher, den Hund zumindest während der ersten paar Sekunden zu ignorieren und erst dann zu begrüßen, und das auch nur, wenn der Hund ruhig und gelassen ist. Bei vielen dieser Übungen ist es vielleicht ratsam, mit Maulkorb zu arbeiten. In so einem Fall sollten Sie die Übung ERST DANN ohne Maulkorb machen, wenn der Hund das ganze Programm bereits mit Maulkorb durchlaufen hat und alles gut funktionierte. Statten Sie den Hund als Nächstes mit Halti und Leine aus, damit Sie ihn nötigenfalls leicht wieder unter Kontrolle haben. Wenn der Hund begrüßt wird, dann sollte das sehr ruhig ablaufen. Diese Begrüßung darf keinesfalls bedrohlich auf ihn wirken. Deshalb muss der Hund die Gelegenheit bekommen, den Besucher zu beschnüffeln und vielleicht von ihm ein Leckerchen zu erhalten. Abrupte Bewegungen oder ein Tätscheln am Kopf sollten zumindest anfangs vermieden werden.

Ich würde Ihnen empfehlen, die Übungen über Clicker-Training aufzubauen. Anfangs sollten Klick und Belohnung in schneller Abfolge kommen.

Phase 2: Besucher sind toll!

Damit der Hund nicht nur lernt, dass es sich lohnt, gehorsam zu sein, wenn Besucher kommen, sondern Besucher selbst als etwas sehr Angenehmes erlebt (... und man muss sie nicht vertreiben...), ist zusätzlich etwas mehr Gegenkonditionierung erforderlich.

A. Führen Sie zuerst das oben beschriebene Programm für Hörzeichen aus, bevor Sie zu Phase 2 übergehen.

B. Beschränken Sie die Belohnungen oder die für den Hund wertvollen Dinge auf die Zeiten, wenn Besuch da ist. Wenn kein Besuch da ist, ist das Leben für den Hund daher eher langweilig. Wenn aber Besuch kommt und der Hund zur Begrüßung brav sitzt, dann gibt es Spiel und Spaß. Achten Sie aber sorgfältig darauf, dass sich der Hund nicht zu sehr aufregt. Wenn sich Ihr Hund beim Spielen so aufregt, dass das zu Problemen führen könnte, dann halten Sie die Spiele möglichst ruhig und konzentrieren sich darauf, eine angenehme Situation zu schaffen, um ein Kippen der Stimmung ins Aggressive zu vermeiden.

C. Anfangs ist es vermutlich am besten, wenn Ihr Besuch den Hund völlig ignoriert und auch sonst wenig tut, während Sie oder ein anderes Familienmitglied den Hund für jedes Verhalten, das nicht aufgeregt oder aggressiv ist, belohnt. Dadurch stellt der Hund die Verknüpfung Besuch = angenehm her. Fangen Sie mit Besuchern an, die beim Hund höchstwahrscheinlich keine negative Reaktion auslösen (also Freunde oder Familienangehörige, die der Hund bereits kennt und mag), und arbeiten Sie sich dann schrittweise zu unbekannten Besuchern vor. Wenn der Besuch da ist, ist das der Auftakt für Spiel und Spaß. Ein paar Minuten später geht der Besuch wieder und Spiel und Spaß sind vorbei. Machen Sie das Ganze noch mal. Achten Sie darauf, dass sich der Hund nicht aufregt, und schieben Sie gelegentlich zur Beruhigung eine Pause ein. Beenden Sie die Übung immer mit einem Erfolgserlebnis. Die Besuche sollten gezielt als Übungssituation arrangiert werden und nicht länger als jeweils 10 bis 15 Minuten dauern.

D. Wenn Stufe C gut funktioniert, können Sie beginnen, die Besucher in Spiel und Spaß aktiv miteinzubeziehen. Anfangs können die Besucher dem Hund vielleicht nur ruhig ein Leckerchen hinwerfen, allmählich aber sollte es möglich sein, dass sie ihm das Leckerchen aus der Hand geben oder mit dem Hund im Flur Apportieren spielen. Die Besucher sollten dabei darauf achten, dem Hund nicht frontal gegenüberzutreten, sich nicht über ihn zu beugen und ihn nicht anzustarren. Sie sollten sich leicht seitlich zum Hund positionieren und wenn sie auf ihn zugehen, das immer in einem Bogen und nicht gradewegs und direkt tun. Eine Annäherung in einem Bogen hat eine beruhigende Wirkung auf den Hund. Das in Bogen laufen zählt zu den Beschwichtigungssignalen, die auch einander unbekannte oder wenig bekannte Hunde untereinander verwenden. Den Blick abwenden kann ebenfalls helfen, eine angespannte Situation zu entschärfen. Das Leckerchen kann dem Hund von der Seite hingeworfen oder gereicht werden.

Lektion: Besuch = angenehm. Kein Besuch = nicht so angenehm.

Wenn man diese Lektion immer wiederholt, dann entsteht dabei im Laufe der Zeit eine klassisch konditionierte positive Reaktion auf unbekannte Besucher, die an die Stelle der bisherigen negativen emotionalen Reaktion tritt. Der Hund lernt: Besuch kündigt Leckerchen und Spiele an. Dadurch wird Besuch zu einer tollen Sache. Bis es so weit ist, ist allerdings einiges an Zeit und Mühe notwendig.

Eine andere Möglichkeit
Diese Idee stammt von Brenda Rushman von PAWsitive Solutions Canine Behavior Counseling Ltd. (www.PAWsitiveSolutions.net). Das Trainingsziel besteht dabei darin, dass der Hund einen Besuch vielleicht noch mit einem Warnbellen ankündigt, dann aber sofort zu seinem Platz läuft. Der Besucher kann nun gefahrlos die Wohnung betreten und begrüßt werden.

Im Wesentlichen geht es dabei darum, den Hund mit einem Signal auf einen bestimmten Platz zu schicken, wobei die Türglocke (oder das Klopfen) statt eines Hörzeichens als Signal dient. Wenn der Hund bereits ein Hörzeichen kennt, mit dem er auf einen Platz geschickt wird und dort bleibt, bis das Kommando aufgelöst wird, dann können Sie auch damit arbeiten. In diesem Fall – und in allen anderen Fällen, in denen Sie ein Signal für ein bestimmtes Verhalten neu einführen oder verändern wollen – gehen Sie einfach so vor, dass Sie das neue Signal unmittelbar vor dem alten geben und der Hund dann die entsprechende Reaktion zeigt. In unserem Fall etwa läutet es erst an der Tür, dann kommt das Hörzeichen, mit dem der Hund auf einen bestimmten Platz geschickt wird (falls nötig ermuntern Sie ihn anfangs dazu), dann bekommt er den Klick und die Belohnung dafür, und dann wiederholen Sie alles noch einmal. Wiederholen Sie die Übung so lange, wie der Hund noch Spaß daran hat (Übungseinheiten sollten etwa zehn bis 15 Minuten dauern). Nach einigen Übungseinheiten werden Sie merken, dass der Hund bereits auf die Klingel als Signal reagiert. Sie können manchmal richtig sehen, wie dem Hund plötzlich ein Licht aufgeht. Wenn Sie glauben, der Hund hat die Übung begriffen, dann klingeln Sie und warten ein paar Sekunden, bevor Sie das Hörzeichen geben. Sie merken dann, ob das neue Signal (die Türklingel) bereits funktioniert oder noch nicht. Wenn der Hund noch zögert und nicht auf den eingeübten Platz geht, dann muss er noch etwas mehr üben, bis er die beiden Signale verknüpft. Wenn er auf das Klingeln von allein zu diesem Platz geht, dann belohnen Sie ihn mit einem Jackpot – Sie haben einen echten Durchbruch geschafft. Wenn die Übung bereits gut funktioniert, können Sie zu einer variablen Belohnung übergehen. Ich würde dazu raten, den Hund auch dann noch sehr häufig zu belohnen und ihn jedes Mal zumindest zu loben. Wenn die Übung gut klappt, können Sie beginnen, sie zu festigen, indem Sie schrittweise mehr Ablenkungen einbauen. Dazu kann es zum Beispiel nötig sein, die Klingel ein paarmal hintereinander zu betätigen oder gleichzeitig zu klingeln und zu klopfen. Es ist in jedem Fall gut, die Übung auch mit einem Klopfen an der Tür zu machen, da viele Menschen vielleicht lieber klopfen und Sie ja wollen, dass der Hund auch auf ein Klopfen hin auf den eingeübten Platz geht. Üben Sie auch Situationen, in denen es an der Tür klopft oder klingelt und Sie gerade nicht im Blickfeld des Hundes sind. Sie können beim Heimkommen an der Tür läuten, durch den Türspion schauen, ob der Hund auch wirklich zu diesem Platz geht und dann klicken, eintreten und den Hund belohnen. Sie sollten dann schrittweise dazu übergehen, wirklich jemanden an der Tür zu empfangen und den Hund auf die Anwesenheit von Unbekannten zu desensibilisieren. Das trägt dazu bei, dass er sich dann an diesem Platz auch sicher fühlt.

Wenn der Hund noch kein Hörzeichen kennt, auf das hin er auf diesen bestimmten Platz geht, dann machen Sie die Übungen genauso wie oben beschrieben, nur dass Sie die Abfolge etwas abändern und folgendermaßen vorgehen: Ermuntern Sie den Hund, zu diesem Platz zu gehen, indem Sie ihn mit der Stimme locken, auf den Boden am Platz klopfen oder was immer sonst Ihr Hund als Einladung versteht. Was praktisch immer funktioniert, ist ein Leckerchen (vor allem ein besonders feines), das Sie auf diesen Platz werfen. Der Hund darf den Platz auch gleich wieder verlassen. Wiederholen Sie das Ganze. Beginnen Sie damit, den Hund an diesem Platz zu füttern und geben Sie ihm dort wirkliche tolle Dinge (zum Beispiel einen mit Leckereien gefüllten Kong), die er nur dort bekommt, sonst nirgends. Belohnen Sie ihn jedes Mal üppig, wenn er auf diesen Platz geht. Wenn das bereits gut funktioniert, führen Sie ein Signal wie zum Beispiel „auf die Decke" dafür ein. Sie geben das Signal, ermuntern den Hund, auf den Platz zu gehen, und belohnen ihn, wenn er es tut. Nach einiger Zeit können Sie auf die Ermunterung als Hilfssignal verzichten, ähnlich wie oben beschrieben. Ab dann können Sie so vorgehen, wie oben beschrieben und als neues Signal die Klingel einführen.

Die Methode eignet sich vor allem dann besonders gut, wenn Sie mit dem ersten, weiter oben beschriebenen Programm Schwierigkeiten haben. Sie können die beiden Methoden natürlich auch kombinieren und damit erreichen, dass der Hund auf den angewiesenen Platz geht, wenn jemand an der Tür ist, und Besucher als etwas Tolles empfindet.

AGGRESSIVES BEWACHEN VON GEGENSTÄNDEN

1. Schritt:
Ergreifen Sie Vorbeugungs- und Managementmaßnahmen. Dazu gehört, alle Spielsachen oder Decken oder sonstigen Objekte, die Ihr Hund bewacht, wegzuräumen. Sollte das nicht möglich sein, müssen Sie bereit sein, es hinzunehmen, wenn sich Ihr Hund das Objekt aneignet. Ich erkläre meinen Klienten immer, jedes Objekt, das Sie in Reichweite des Hundes liegen lassen, müssen sie opfern. Es ist NIE ratsam, einem Hund, der diese Form von Aggressionsproblemen hat, einen Gegenstand wieder wegzunehmen, es sei denn, die Sicherheit des Hundes macht es erforderlich. Lassen Sie sich vom Hund nicht herausfordern und versuchen Sie nicht, ihm den Gegenstand wegzunehmen. Wenn er versucht, das Bleib-bloß-weg-Spielchen mit Ihnen zu spielen, gehen Sie einfach nicht darauf ein. Wenn er sich etwas schnappt, was Sie ihm unter keinen Umständen lassen können, weil seine Sicherheit dadurch gefährdet wäre, dann werfen Sie ihm ein Stück Fleisch so hin, dass Sie den Gegenstand an sich nehmen können, während sich der Hund das Fleisch holt. Anmerkung: Im ersten Schritt geht es darum, Konfrontationen zu vermeiden. Wenn Sie dem Hund jedoch etwas wegnehmen, steigt der Wert dieses Objekts, was wiederum später zu Problemen mit dem Bewachen führen kann, wenn Sie diesen Gegenstand im Training wieder einführen. Sie haben daher entweder die Möglichkeit, Ihrem Hund bestimmte Dinge ganz zu überlassen und daraus nie einen Streitfall zu machen oder die Dinge gänzlich wegzunehmen oder dem Prinzip der Übung zu folgen und ein Objekt vorsichtig wieder zuzulassen, ohne es deswegen zum Streit kommen zu lassen, bis der Hund es wieder langweilig findet.

2. Schritt:
Führen Sie das restliche Basisprogramm durch. Beginnen Sie mit nicht konfrontativem Gehorsamkeitstraining.

3. Schritt:
Sie haben verschiedene Möglichkeiten. Hier sind ein paar Vorschläge:

A. Entsorgen Sie das strittige Objekt einfach. Wenn der Hund seinen Korb bewacht, schaffen Sie ihn weg. Wenn er Kauknochen bewacht, dann gibt es nie wieder Kauknochen. Wenn er die Futterschüssel bewacht, könnten Sie ihm einfach Trockenfutter auf den Küchenboden kippen oder ihm sein Futter in einem Kong oder einem Buster Cube geben. Mein Hund verteidigte immer seine Futterschüssel. Als ich ihm sein Futter schließlich in einem Buster Cube gab, brachte er mir diesen sogar regelmäßig, weil ich die einzelnen Stückchen besser rausfischen konnte als er. Wenn er mir den Buster Cube brachte, schüttelte ich ihn ein paarmal bis ein paar Futterstückchen rausfielen und gab dem Hund den Buster Cube wieder zurück. Ohne Futterschüssel gab es auch kein Problem mehr. In manchen Fällen ist es tatsächlich so einfach…

B. Wenn Hunde wegen Futter- oder Wasserschüsseln miteinander Streit haben, können Sie versuchen, mehrere Schüsseln an verschiedenen Stellen aufzustellen. Wenn ein Hund Futter verteidigt, haben Sie zwei Möglichkeiten: Sie können dem Hund einerseits Futter hinstellen und den ganzen Tag über stehen lassen, statt es zu festen Zeiten als Mahlzeit zu servieren. Wenn der Hund zu viel frisst, füttern Sie ihn mit Light-Produkten. Das hat gleichzeitig den Vorteil, dass das Futter weniger gut schmeckt, damit für den Hund weniger wertvoll ist und er weniger Grund hat, es zu bewachen. Andererseits können Sie die Hunde auch getrennt füttern. Wenn mehrere Hunde wegen eines bestimmten Gegenstandes Streit haben, dann können Sie mit Managementmaßnahmen sicherstellen, dass der Hund, der zum Bewachen dieses Gegenstands neigt, nur dann Zugang dazu hat, wenn kein anderer Hund dabei ist.

C. Sie können ein gezieltes Trainingsprogramm zum Abbau des Bewachens von Gegenständen durchführen.

Bewachen der Futterschüssel
Das Bewachen der Futterschüssel ist ein häufiges Problem. Das nachfolgend beschriebene Programm wurde von Dr. Ian Dunbar entwickelt und nennt sich „der räuberische Kellner". Bei dieser Methode wird der Hund darauf konditioniert, Ihre Anwesenheit bei der Futterschüssel positiver zu finden als ihre Abwesenheit.

A. Stellen Sie die Futterration Ihres Hundes in einer Schüssel (nicht der Futterschüssel des Hundes) auf der Küchentheke bereit. Verlangen Sie ein Absitzen vom Hund, stellen Sie seine Futterschüssel leer neben ihn auf den Boden und geben Sie ihm das Kommando zum Fressen. Der Hund wird vermutlich daran schnüffeln und Sie dann ansehen, um herauszufinden, was das Ganze denn soll. Der Hund erwartet Futter und wird, wenn er es nicht gleich bekommt, eher zulassen, dass Sie sich der Futterschüssel nähern, weil er ja Futter haben möchte. Der Hund MÖCHTE sogar, dass Sie nicht weggehen, sondern sich der Futterschüssel nähern. Außerdem gibt es bei dieser Übung nichts zu verteidigen, er hat daher also auch keinen Grund, aggressiv zu reagieren. Sie bauen die Übung also so auf, dass der Hund positive Erfahrungen machen kann.

B. Gehen Sie zur Futterschüssel, verlangen Sie ein Absitzen vom Hund, falls er nicht ohnehin sitzt, und werfen Sie ein Stück Trockenfutter in die Futterschüssel. Dann lösen die das Kommando wieder auf und gehen wieder zurück zur Küchentheke. Der Hund wird das Stück Trockenfutter schnell fressen und Sie dann wieder ansehen. Sie haben damit einen Hund, der sonst seine Futterschüssel bewacht, Sie aber nun „bittet", wieder zu seiner Futterschüssel hinzugehen, statt Sie wie sonst dazu „auffordert", davon wegzubleiben. Sie bringen dem Hund damit eine neue Gewohnheit bei.

C. Füttern Sie dem Hund die restliche Mahlzeit auf die gleiche Weise und geben Sie ihm immer nur eine kleine Menge Futter in die Futterschüssel, so dass der Hund sich freut, wenn Sie sich der Futterschüssel nähern. Der Kern des Problems ist nämlich die Erwartungshaltung des Hundes, die durch diese Übung zu einer positiven Erwartung wird.

D. Halten Sie die Futterschüssel des Hundes mit etwas Futter darin in der Hand. Mit der anderen Hand geben Sie dem Hund ein besonders gutes Leckerchen. Geben Sie Ihm mehrere Leckerchen hintereinander und lassen Sie ihn zwischendurch immer wieder ein wenig von seinem langweiligen Trockenfutter aus der Schüssel fressen, dann geben Sie ihm wieder Leckerchen. In Butter und Knoblauch angebratene Leberstückchen eignen sich ausgezeichnet als Leckerchen. Sollte der Hund sich bei der Übung plötzlich steif machen, knurren oder eine Lefze hochziehen, dann gehen Sie sofort mitsamt der Futterschüssel weg. Denken Sie daran, Sie haben die Futterschüssel ja die ganze Zeit in der Hand. Wenn der Hund darauf negativ reagiert, sind Sie zu schnell vorgegangen. Wenn der Hund negativ darauf reagiert, dass Sie mit der Futterschüssel weggehen, dann machen Sie das bei künftigen Übungen nicht mehr, untersuchen Sie aber sorgfältig, was genau diese Reaktion Ihres Hundes auslöste und wie Sie in Zukunft die Übung schrittweise so aufbauen können, dass es zu keinen negativen Reaktionen mehr kommt.

E. Wenn Sie sicher sind, Ihr Hund hat mit den Übungen bis hierher keinerlei Probleme und reagiert auf Ihre Nähe zu seiner Futterschüssel freudig und erwartungsvoll, können Sie seine Futterschüssel als Nächstes loslassen. Bisher haben Sie sie immer festgehalten und konnten daher die Schüssel, die Sie ja ohnehin schon hatten, auch wegnehmen. Wenn Sie ein Objekt länger haben, dann gehört es der Hundelogik nach Ihnen. Sobald Sie es aber loslassen, gehört es potentiell dem Hund. Das ist daher jetzt ein wichtiger Schritt. Halten Sie ihre besten Leckerchen parat. Halten Sie die Schüssel, aus der der Hund frisst, fest. Lassen Sie dann die Schüssel einen Moment lang los und geben Sie dem Hund in diesem Moment mit der anderen Hand ein besonders feines Leckerchen, dann nehmen Sie die Schüssel gleich wieder an sich. Bei manchen Hunden kann dazu ein sehr gutes Timing notwendig sein. Füttern Sie den Hund dabei weiterhin immer nur mit ganz kleinen Futterportionen in der Schüssel, damit nie mehr als ein Happen oder zwei drin sind, falls Sie mit einem „Oje" auf unerwünschtes Verhalten des Hundes reagieren und mit der Schüssel weggehen müssen. Versuchen Sie NICHT, die Schüssel wieder an sich zu nehmen, wenn der Hund negativ reagiert.

F. Wiederholen Sie das Ganze und lassen Sie dabei die Schüssel immer einen Moment länger los, dann legen Sie die Hand wieder an die Futterschüssel.

Eine leichtere und relativ einfache Alternative ist die Methode, bei der Sie an der Futterschüssel vorbeigehen.

A. Stellen Sie fest, bis auf welchen Abstand Sie an die Futterschüssel herangehen können, ohne dass Ihr Hund aggressiv reagiert.

B. Halten Sie ein paar besonders tolle Leckerchen, auf die Ihr Hund ganz versessen ist, bereit.

C. Verlangen Sie ein Absitzen und stellen Sie die Futterschüssel auf den Boden, wenn der Hund sitzt. Dann lösen Sie das „Sitz" auf und lassen den Hund fressen.

D. Während der Hund frisst, gehen Sie in einem Abstand an ihm vorbei, der für ihn gerade noch akzeptabel ist, und werfen Sie ihm ein Leckerchen neben oder in die Futterschüssel. Machen Sie das so oft wie möglich, bis der Hund fertig gefressen hat.

E. Wenn der Hund bereits auf ein Leckerchen wartet, wenn Sie näher kommen, und auf diese Entfernung freudig auf Sie reagiert, dann machen Sie die Übung ein wenig schwieriger und verkürzen den Abstand etwas. Werfen Sie dem Hund weiterhin Leckerchen zu.

F. Setzen Sie den Prozess auf diese Weise fort, bis Sie dem Hund schließlich ein Leckerchen in die Futterschüssel legen können, während er frisst. Je näher Sie der Futterschüssel kommen, in desto kleineren Übungsschritten müssen Sie vorgehen, weil das für den Hund viel schwieriger ist als die größere Entfernung vorher.

G. Gehen Sie wieder ein paar Stufen zurück und vergrößern Sie den Abstand, wiederholen Sie die Übungen, geben Sie dem Hund die Leckerchen jetzt aber nach einem variablen Belohnungsplan. Werfen Sie dem Hund anfangs in 95 % aller Fälle ein Leckerchen zu und reduzieren Sie die Rate allmählich auf rund 5 %. Die 5 % können Sie auch auf Dauer beibehalten, damit die Konditionierung gefestigt bleibt.

Stellen Sie den Hund auf eine Futtermarke um, die er nicht so gerne mag und bei der er daher weniger stark das Bedürfnis hat, das Futter zu bewachen oder zu verteidigen. Wenn Sie im Training Fortschritte erzielt haben, können Sie auch wieder zur alten Futtermarke zurückkehren. Oder aber Sie geben ihm das weniger schmackhafte Futter, wenn er alleine frisst, und das wirklich gute Futter bei Gelegenheiten, in denen Sie ihn von Hand füttern.

Bewachen von Spielsachen und anderen Gegenständen

Wenn es sich bei dem Gegenstand, den der Hund bewacht, um nichts Wichtiges handelt, dann können Sie ihn einfach wegwerfen. Geht es allerdings um etwas, das Sie nicht so leicht entfernen können oder um etwas, mit dem der Hund außerhalb des Haushalts ohnehin in Kontakt kommt, dann lohnt sich ein Trainingsprogramm. Das Gleiche gilt, wenn Sie zwar einen Gegenstand wegwerfen, der Hund aber stattdessen einen anderen bewacht.

HAUSAUFGABE: Wenn Sie das nicht bereits gemacht haben, dann sollten Sie als Erstes eine Liste der Dinge erstellen, die Ihr Hund bewacht, und Sie vom begehrtesten zum am Wenigsten begehrten Ding reihen. Schreiben Sie diese Liste wirklich und legen Sie sie in Ihre Mappe. Fangen Sie bei den Übungen mit dem am wenigsten begehrten Objekt und den besten Leckerchen an. Achtung: Wenn das Objekt einmal zu Boden fallen sollte, werfen Sie ein Leckerchen in die vom Hund entgegengesetzte Richtung (bzw. die dem Objekt entgegengesetzte), bevor Sie das Objekt wieder an sich nehmen. Versuchen Sie NIE, das Ding einfach so wieder aufzuheben.

A. Bieten Sie dem Hund einen wenig begehrten Gegenstand an.

B. **WICHTIG**: Lassen Sie diesen Gegenstand bei den ersten Übungen nie ganz los. Wenn Sie loslassen und Ihre Hand wegziehen, geben Sie damit Ihren Besitzanspruch auf, und es kann gefährlich werden, wenn Sie versuchen, diesen Gegenstand wieder zurückzubekommen. Arrangieren Sie die Sache stattdessen so, dass der Gegenstand nur kurz vom Hund gehalten wird, ziehen Sie ihn dann gleich wieder weg und belohnen Sie den Hund. Machen Sie das als Vorbereitung für die nächste Stufe mehrfach. Der Hund wird durch diese Übungen auf die späteren vorbereitet.

C. Wiederholen Sie Schritt B, lassen Sie den Gegenstand nun aber EINE Sekunde im Fang des Hundes (lassen Sie ihn aber dennoch nicht los), sagen Sie „Gib's mir" und nehmen Sie den Gegenstand weg. Wiederholen Sie diese Übung drei Tage lang und üben Sie täglich dreimal je fünf Minuten lang. Wenn möglich, machen Sie die Übung noch öfter.

D. Wiederholen Sie Schritt C, lassen Sie dem Hund den Gegenstand aber nun DREI Sekunden lang.

E. Wiederholen Sie Schritt C, lassen Sie dem Hund den Gegenstand aber nun FÜNF Sekunden lang.

F. Wiederholen Sie Schritt C, lassen Sie dem Hund den Gegenstand nun aber SIEBEN Sekunden lang.

G. Geben Sie dem Hund den Gegenstand in den Fang, lassen Sie EINE Sekunde lang los, greifen Sie wieder nach dem Gegenstand, lassen ihn aber noch weitere sechs Sekunden im Fang (wobei Sie den Gegenstand in der Hand halten), sagen Sie „Gib's mir" und nehmen Sie den Gegenstand weg. Wiederholen Sie diese Übung drei Tage lang, und üben Sie täglich dreimal je fünf Minuten lang. Wenn möglich, machen Sie die Übung noch öfter.

H. Wiederholen Sie Schritt G, lassen Sie den Gegenstand nun aber ZWEI Sekunden lang los, dann greifen Sie wieder nach ihm, lassen ihn aber noch weitere acht Sekunden im Fang des Hundes.

I. Wiederholen Sie Schritt G, lassen Sie den Gegenstand nun aber FÜNF Sekunden lang los, dann greifen Sie wieder nach dem Gegenstand, lassen ihn aber noch weitere fünf Sekunden im Fang des Hundes.

J. Wiederholen Sie Schritt G, lassen Sie den Gegenstand nun aber SIEBEN Sekunden lang los, dann greifen Sie wieder nach dem Gegenstand, lassen ihn aber noch weitere drei Sekunden im Fang des Hundes.

K. Schieben Sie dem Hund den Gegenstand hinter den Zähnen in den Fang, lassen Sie den Gegenstand für ZEHN Sekunden los, dann greifen Sie wieder nach dem Gegenstand, geben Sie das Kommando „Gib's mir", nehmen Sie den Gegenstand dem Hund wieder aus dem Fang (das sollte er sich inzwischen gut gefallen lassen) und belohnen Sie ihn.

L. Festigen: Wiederholen Sie den letzten Schritt MIT DEM GLEICHEN GEGEN-STAND, verändern Sie aber Ihre Position. Wenn Sie vorher gesessen sind, dann stehen Sie jetzt. Wenn Sie vorher in der Küche geübt haben, dann machen Sie es jetzt irgendwo anders. Gehen Sie zehn Sekunden vom Hund weg, kommen Sie zurück und geben Sie ihm das Kommando „Gib's mir". Wenn das alles gut klappt, können Sie mit dem nächsten Schritt weitermachen.

M. Verwenden Sie als Nächstes einen anderen, ebenfalls wenig begehrten Gegenstand, und fangen Sie wieder von vorne an. Diesmal sollte die Sache deutlich schneller gehen.

N. Lassen Sie alle Familienmitglieder mit dem Hund das gesamte Übungsprogramm machen und BEAUFSICHTIGEN SIE DAS GANZE.

O. Gehen Sie zu einem variablen Belohnungsschema über.

P. Wenn Ihr Hund wenig begehrte Objekte auf Kommando begeistert hergibt und bereits nach einem variablen Schema belohnt wird, machen Sie die Übung als Nächstes mit einem etwas begehrteren Gegenstand. Fangen Sie dabei wieder mit Schritt A an und belohnen Sie jedes Mal.

Q. Arbeiten Sie sich so durch die ganze Liste von den wenig begehrten bis zu den begehrtesten Gegenständen. Wenn eine Person den gesamten Prozess abgeschlossen hat, sollte das nächste Familienmitglied die Übungsserie mit dem Hund machen. Sie werden sehen, bei jeder Person geht es ein wenig schneller, übereilen Sie aber nichts. Belohnen Sie den Hund, statt ihn zu bestechen, es sei denn, Sie müssen ihn aus Sicherheitsgründen einmal bestechen. Der Hund soll auf eine Belohnung hoffen, Sie aber nicht schon vorher angeboten bekommen. Der Hund lernt im Laufe dieser Übungen, dass er nicht nur ein Leckerchen dafür bekommt, wenn er sein heiß geliebtes Spielzeug hergibt, sondern anschließend sogar das Spielzeug zurückbekommt. Ja, natürlich rechnet er dann auch damit, er bekommt aber gleichzeitig auch Vertrauen in dieses System, und wenn es dann einmal notwendig wird, beherrscht er die Sache schon und vertraut Ihnen. Belohnen Sie den Hund auch weiterhin dafür, dass er Gegenstände abgibt. (Der größte Teil der geschilderten Übung stammt von Brenda Rushman).

Wenn Sie dem Hund beibringen, Dinge zu apportieren, dann verbessert sich dabei nicht nur die körperliche und geistige Kondition des Hundes (und des Besitzers), sondern der Hund lernt dabei auch, Ihnen Dinge zu bringen und zu geben. Außerdem kann es für einen Hund eine tolle Belohnung sein, wenn Sie ihm einen Gegenstand zum Apportieren werfen.

Bewachen der Schlafdecke, der Box, des Sofas und bestimmter Plätze

Wenn Hunde bestimmte Plätze bewachen, dann besteht die einfachste und naheliegendste Lösung darin, dem Hund den Zugang zu diesem Platz unmöglich zu machen oder den Platz abzuschaffen. Wenn es sich bei dem Platz um Ihr Bett oder den Hundekorb handelt, funktioniert das wunderbar, weil Sie nur die Tür zum Schlafzimmer schließen oder den Hundekorb verschwinden lassen müssen. Bei Liegeplätzen im Flur oder auf dem Sofa ist die Sache schon schwieriger. Die Lösung besteht dann aus zwei Dingen: Das Befolgen des Grundgehorsams und vor allem ein Kommando, mit dem sie den Hund an einen bestimmten Platz schicken können. Arbeiten Sie intensiv daran, dass der Hund – wie im Basisprogramm beschrieben – nachzugeben lernt. Wenn Sie von Ihrem Hund verlangen können, auf Kommando einen bestimmten Platz aufzusuchen oder zu räumen, dann gibt es damit vermutlich auch weniger Probleme. Ich werde das am Beispiel des Sofas beschreiben.

A. Sagen Sie „Sofa" und locken Sie den Hund auf das Sofa, indem Sie auf die Kissen klopfen oder einladende Geräusche von sich geben. Wenn er auf das Sofa springt, sagen Sie ihm, was für ein kluger Hund er ist. Heben Sie sich die wirklich guten Belohnungen für das Runterspringen vom Sofa auf. Machen Sie diese Übung dann, wenn der Hund gerade kein großes Interesse am Sofa zeigt.

B. Sie können dem Hund auch sagen, dass er sich auf dem Sofa hinlegen soll, um die Situation, wenn er es von sich aus tut, besser nachzuahmen.

C. Sagen Sie dann „Runter", klopfen Sie auf den Boden und machen Sie einladende Geräusche. Sowie er vom Sofa springt, belohnen Sie ihn sofort mit einem tollen Leckerchen oder seinem Lieblingsspielzeug oder sonst irgendetwas für ihn besonders Gutem. Wenn er nicht vom Sofa runtergeht, sagen Sie einfach „Oje" und gehen weg. In einem solchen Fall suchen Sie zunächst eine einfachere und weniger begehrte Stelle zum Üben aus. Sie können den Hund ein paarmal auf das Sofa und wieder hinunter locken, beenden Sie die Übung mit einem Spiel und einem Erfolgserlebnis.

D. Wiederholen Sie das mehrfach in mehreren Übungseinheiten, damit der Hund die Kommandos lernt und weiß, er wird dafür belohnt.

E. Wenn das in Übungssituationen, die Sie herbeigeführt haben, bereits gut klappt, dann verwenden Sie das Kommando auch einmal, wenn der Hund bereits aus eigenem Antrieb gemütlich auf dem Sofa liegt. Variieren Sie nach den ersten paar Übungseinheiten die Belohnung. Wenn er vom Sofa runterspringt, holen Sie gelegentlich die Leine hervor und fragen Sie ihn, ob er Lust auf einen Spaziergang hat. Ein anderes Mal wieder spielen Sie mit ihm ein Zerrspiel oder Apportieren, und dann wieder bekommt er gebratene Fleischstücke als Leckerchen. Wechseln Sie die Belohnungen möglichst oft ab, damit der Hund Spaß an der Sache hat. Der Hund soll mit ganzem Herzen dabei sein und die Übungen genießen.

F. Wenn das alles gut klappt und der Hund in den Übungssituationen willig mitmacht, dann steigen Sie auf variable Belohnung um. Der Hund soll weiterhin darauf vertrauen können, dass er belohnt wird, aber es braucht keine intensive Belohnung für jede einzelne Ausführung mehr. Loben Sie den Hund aber immer deutlich, wenn Sie ihn von seinem Liegeplatz weggeschickt haben.

BEHANDLUNG VON IDIOPATHISCHER AGGRESSION

Für Hunde mit idiopathischer Aggression gibt es leider keine Trainingsprogramme oder -methoden. Angesichts des hohen Risikos und der fehlenden Behandlungsmöglichkeiten empfiehlt sich in allen Fällen, die als idiopathische Aggression diagnostiziert werden, den Hund einschläfern zu lassen. Aber stellen Sie sicher, dass diese Diagnose auch stimmt, denn gerade die idiopathische Aggression wird oft zu Unrecht vermutet. Vergessen Sie nicht, eine solche Diagnose kann nur getroffen werden, wenn der Hund sehr heftige aggressive Anfälle hat und medizinische Ursachen und Anfallserkrankungen ausgeschlossen werden können. Um sicherzugehen, dass die Einschätzung richtig ist, und um sich selber vor Schuldgefühlen zu schützen, ist es ratsam, einen zweiten professionellen Trainer/ Verhaltenstherapeuten zu konsultieren und die Diagnose bestätigen zu lassen und noch zusätzlich einen Tierarzt um Rat zu fragen. In manchen Fällen helfen zwar starke Medikamente wie Paxil oder Prozac, es dauert aber einige Zeit, bis die Wirkung tatsächlich einsetzt. Der Hund steht dann vielleicht für immer unter starken Medikamenten und das Risiko ist weiterhin sehr hoch, weil es - selbst wenn er Medikamente bekommt - keine Garantie dafür gibt, dass sich das Verhalten bessert. Je größer ein Hund ist, desto gefährlicher ist er. Vielleicht entscheiden Sie sich dafür, es zuerst mit Medikamenten zu versuchen. Seien Sie dabei aber sehr vorsichtig und verwenden Sie geeignetes Zubehör, um das Risiko zu verringern.

PATHOPHYSIOLOGISCHE AGGRESSION

Wenn die Aggression im Zusammenhang mit gesundheitlichen Problemen auftritt, dann beginnt man als Erstes mit der medizinischen Behandlung und geht danach zu Maßnahmen über, mit denen die gegebenenfalls erlernten Anteile des Verhaltens korrigiert werden. Wenn sich die Aggressionsprobleme nach der medizinischen Behandlung nicht erledigt haben, führt man das Basisprogramm durch. Danach werden falls nötig spezifische Maßnahmen durchgeführt, um verbleibende erlernte Anteile von aggressivem Verhalten in den Griff zu bekommen.

MÜTTERLICHE AGGRESSION

Für mütterliche Aggression gibt es nur wenig spezifische Behandlungsmethoden. Das Wichtigste ist in solchen Fällen ein entsprechendes Management der gesamten Situation, falls nicht ein chirurgischer Eingriff Abhilfe schaffen kann. Wenn die Hündin nach jeder Läufigkeit eine Scheinträchtigkeit entwickelt und mütterliche Aggression nicht um echte Welpen sondern um Ersatzobjekte wie Spielsachen, Hausschuhe usw. entwickelt, dann kann das leicht mit aggressivem Bewachen von Gegenständen verwechselt werden. Die Kastration der Hündin zum richtigen Zeitpunkt nach der Läufigkeit wirkt sich häufig positiv aus, allerdings darf der Eingriff frühestens sechs Wochen nach der Läufigkeit erfolgen – besprechen Sie das mit Ihrem Tierarzt. Das Verhalten kann auch erlernte Anteile aufweisen, für die ein Trainingsprogramm ähnlich dem bei Fällen von aggressivem Bewachen von Gegenständen entwickelt werden kann.

AGGRESSIVES JAGDVERHALTEN

Bei Aggressionsproblemen im Zusammenhang mit Jagdverhalten wird das Basisprogramm verwendet und ein besonderer Schwerpunkt auf entsprechende Managementmaßnahmen und das Training verlässlicher Hörzeichen gelegt. Bei den ersten Stufen der Jagdsequenz wird mit einer Auszeit gearbeitet. Geeignetes Alternativverhalten wird gezielt verstärkt. Ganz wichtig ist es, die Impulskontrolle des Hundes zu verbessern.

1. Schritt:
Setzen Sie Vorbeugungs- und Managementmaßnahmen um, die sicherstellen, dass niemand durch den Hund zu Schaden kommt. Wenn der Auslösereiz jemand ist, der in Ihrem Haus lebt, dann muss entweder diese Person oder der Hund das Haus verlassen. Der Hund darf sich nicht unbeaufsichtigt im Freien aufhalten. In der Öffentlichkeit darf der Hund nie ohne Leine laufen, überdies sollte er immer ein Halti tragen. Richtiges Management ist entscheidend.

2. Schritt:
Jagdverhalten ist zwar ein stark triebgesteuertes Verhalten, ich würde aber dennoch empfehlen, das Basisprogramm durchzuarbeiten und vor allem Hörzeichen zum Abru-

fen des Hundes gut zu trainieren. Unterbrechen Sie das Jagdverhalten des Hundes so früh wie möglich. Genau das wird nämlich bei Hütewettbewerben von Border Collies gemacht, um ihren Beutetrieb in die richtigen Bahnen zu lenken. Der Hundeführer gibt dabei Kommandos für ein bestimmtes Alternativverhalten, bevor der Hund zur nächsten Stufe der Jagdsequenz übergeht. Wenn man weiß, welcher Reiz beim Hund wann den Übergang zur nächsten Stufe des Jagdverhaltens auslöst, dann kann der Hundeführer dadurch das Verhalten praktisch aus- und wieder einschalten.

3. Schritt:
Setzen Sie das Training des Hundes fort, trainieren Sie vor allem ein verlässliches Hörzeichen, mit dem Sie den Hund abrufen können.

4. Schritt:
Arbeiten Sie ein Trainingsprogramm aus, bei dem der Hund lernt, mit einem alternativen und mit dem Jagen unvereinbaren Verhalten auf den Auslösereiz zu reagieren. Verwenden Sie dazu vor allem Methoden der operanten Konditionierung. Schließlich hat der Hund vor dem Auslösereiz ja keine Angst.

AGGRESSIVES SPIELEN

1. Schritt:
Stoppen Sie jede Form von wildem Spielen. Entwickeln Sie ein Programm zur Aggressionsvorbeugung. Dabei werden Sie eventuell ein Halti mit Leine einsetzen müssen.

2. Schritt:
Führen Sie das Basisprogramm durch und legen Sie einen Schwerpunkt auf Hörzeichen und Verlässlichkeit. Sehen Sie zu, dass der Hund deutlich mehr Bewegung bekommt!

3. Schritt:
Achten Sie auf erwünschtes Verhalten, belohnen Sie es und vermeiden Sie aggressives Spielen und Spielen ohne Aufforderung Ihrerseits so weit wie möglich. Wenn der Hund von sich aus wilde oder aggressive Spiele beginnen will, dann ignorieren Sie ihn oder reagieren Sie mit einer Auszeit, bis der Hund sich wieder beruhigt hat. Gehen Sie nicht darauf ein, wenn Sie der Hund herausfordert, und lachen oder lächeln Sie nicht, auch wenn Sie das Benehmen des Hundes lustig finden.

AGGRESSION ALS ÜBERSPRUNGS- ODER ERSATZHANDLUNG

Bei der Behandlung dieser Aggressionsform geht es vor allem darum, übermäßige Aufregung und Stimulierung des Hundes zu vermeiden. Außerdem sollte der Hundebesitzer lernen, welche Reize bei seinem Hund zu übermäßiger Erregung führen und aggressive Reaktionen auslösen und wie er seinen aufgeregten Hund gegebenenfalls mit geeigneten Managementmethoden unter Kontrolle halten kann. Die Aggressionsformen, die diesem Verhalten zu Grunde liegen und sich als Ersatzhandlung äußern, müssen gesondert behandelt werden.

AGGRESSION GEGEN HUNDE IM SELBEN HAUSHALT

Aggression gegen Hunde, die im selben Haushalt leben, kann viele verschiedene Ursachen haben. Neben den üblichen Problemen zu Konkurrenzsituationen untereinander und erlernter Ungeduld kann es auch schlicht daran liegen, dass einer der Hunde sich zunehmend vor den anderen Hunden oder einem bestimmten Hund im Haushalt fürchtet. Wenn die Angst sehr groß ist, kann man bereits von einer sozialen Phobie sprechen. Wenn der offensiv aggressive Hund deutlich größer ist als der Hund, gegen den sich die Aggression richtet, könnten auch Beutetrieb und Jagdverhalten eine Rolle spielen. Dazu kommt es, wenn ein kleiner Hund bei einem deutlich größeren das instinktive Beute- und Jagdverhalten auslöst. Es könnte auch sein, dass gesundheitliche Probleme der Grund für die Aggression sind. Einer der Hunde kann sich durch kontinuierliche Verstärkung seines erfolgreichen Verhaltens zum Tyrannen entwickelt haben. Häufig passen Hunde, die im selben Haushalt leben, von ihrem Wesen her einfach nicht zusammen. Schließlich haben sie sich normalerweise nicht selber ausgesucht, im selben Haushalt zu leben. Wenn beide Hunde von den gleichen Trieben gesteuert werden oder wenn die Triebe des einen Hundes mit den Abneigungen des anderen in Konflikt geraten, dann gibt es Probleme. Konsequente Arbeit an der verbesserten Impulskontrolle der Hunde und das Vermeiden jeglichen Einübens von aggressivem Verhalten sind in jedem Fall unerlässlich und können dazu beitragen, Streitigkeiten der Hunde untereinander zu beenden und die Dinge in die richtige Richtung zu lenken, um Chaos und Krisen in Ihrem Haushalt in den Griff zu bekommen.

Um mit Aggression unter Hunden im selben Haushalt klarzukommen, ist ein dynamischer Prozess erforderlich, der Managementmaßnahmen sowohl auf der Mikro- als auch auf der Makroebene umfasst. Da das Problemverhalten nicht statisch ist, sondern sich weiterentwickelt und da die Behandlung und das Management solcher Situationen sehr komplex sind, müssen Sie einige Grundprinzipien kennen. Diese Grundprinzipien können Ihnen eine Orientierung für die Bewältigung dieses Problems liefern. Aggression gegen andere Hunde im Haushalt muss jedenfalls unterbunden werden, und wo das nicht möglich sein sollte, darf Aggression dem Hund so wenig Belohnung wie möglich einbringen. Führen Sie das Basisprogramm durch und konzentrieren Sie sich dabei vor allem auf die Trainingsaufgaben. Sehen Sie zu, dass jeder Hund ausreichend viel

Bewegung bekommt und kontinuierlich mit ihm gearbeitet wird. Machen Sie mit jedem Hund das NILIG-Programm.

Management

Management spielt eine wesentliche Rolle. Sie können Kindergitter, Hundeboxen, Türen usw. verwenden, um die Hunde nötigenfalls voneinander getrennt zu halten. Wenn zwei Hunde bereits immer wieder aneinander geraten sind, dann dürfen sie nur unter Aufsicht Kontakt zueinander haben. Wenn die Hunde eine ernsthafte Rauferei beginnen, gießen Sie einen Eimer Wasser über sie oder versuchen Sie, sie anderweitig zu trennen. Wenn Sie bei einer Rauferei dazwischengehen, können Sie gebissen werden. Es ist immer ein Risiko, einen Hundekampf zu unterbrechen. Bei kleinen und mittelgroßen Hunden können sie mit einem Stück Holz in entsprechender Größe dazwischengehen und die Hunde am Kämpfen hindern. Sie können auch eine mit Kieselsteinen gefüllte Dose oder ein anderes ähnlich lautes Geräusch verwenden. Wenn es zu einem Kampf kommt, kommt es damit automatisch auch zu einer Belohnung des Verhaltens, sorgen Sie daher dafür, dass die Belohnung möglichst gering ausfällt, und schicken Sie den Hund, der den Kampf begonnen hat, ins Time-Out.

Häufig kommt es bei Hunden zum Streit um bestimmte Gegenstände, ergreifen Sie daher geeignete Managementmaßnahmen. Wenn die Hunde um die Wasserschüssel streiten, dann stellen Sie mehrere Wasserschüsseln an verschiedenen Stellen auf. Sie müssen einigermaßen geschickt sein und Ihre diplomatischen Fähigkeiten und Ihre Beobachtungsgabe schulen. Denken Sie daran, die Hunde zu belohnen, wenn sie geduldig miteinander sind. Wenn der eine Hund sich dem anderen gegenüber friedlich zeigt, sorgen Sie dafür, dass dieser Hund belohnt wird. Es muss sich für die Hunde wirklich lohnen, geduldig und friedlich zu sein.

Einzeltraining

Als Erstes steht Einzeltraining für die Hunde auf der Tagesordnung. Nehmen Sie sich für jeden Hund einzeln etwas Zeit zum Trainieren. Es soll für den Hund eine angenehme Erfahrung sein, und Sie können das Training auf Spaziergängen, beim Spielen oder in Übungseinheiten absolvieren. Das Training ist eine Pflichtaufgabe, achten Sie aber auch auf genügend Gelegenheit zum Aufbau einer Bindung zum Hund, damit er Ihnen vertraut und sich daran gewöhnt, auf Sie zu achten und zu tun, was Sie verlangen. Wenn der Hund immer mit einem Haufen anderer Hunde herumläuft, gewöhnt er sich leicht an, gar nicht auf Sie zu achten. Sie müssen jeden Hund einzeln so weit trainieren, dass er die Übungen sehr verlässlich ausführt und die wichtigsten Kommandos beherrscht, mit denen Sie ihn unter Kontrolle halten können. Der Hund übt sich beim Training darüber hinaus aber auch in Geduld und verbessert seine Impulskontrolle. Man kann einem Hund leicht beibringen, dass er kommt, wenn man ihn ruft, oder dass er sich auf ein Signal hin setzt. Aber kommt er auch, wenn Sie ihn vom Spielen mit anderen Hunden abrufen? Wenn nicht, dann müssen Sie weiter trainieren und mehr erreichen als die korrekte Ausführung der Übung in Situationen ohne Ablenkung. Ich kann Ihnen gar nicht sagen, wie oft mir Leute erklären, ihr Hund beherrsche eine bestimmte Übung sehr gut, nur um dann festzustellen, dass der Hund die Übung nur dann ausführt, wenn er entweder mit einem Leckerchen gelockt wird oder in dieser Situation nur wenig Ablenkung herrscht oder sonst irgendwelche besonderen Bedingungen gegeben sind. Ein solcher Hund hat nicht mehr als die Grundschule absolviert. Er mag ja die Übung „Sitz" auf dem Grundschulniveau ganz hübsch ausführen, wir brauchen aber für unsere Zwecke mehr. Wenn ich den Besitzer bitte, das „Sitz" mit abgewandtem Gesicht zu geben, macht der Hund es oft nicht. Das Gleiche passiert, wenn das Kommando auf Entfernung gegeben wird oder wenn der Besitzer dabei nicht in Sichtweite ist oder wenn der Hund irgendwie abgelenkt ist. Wenn der Hund die Übung nicht unter all den genannten Bedingungen zuverlässig ausführt, dann beherrscht er sie nicht gut. Sie müssen aus dem Absitzen auf Grundschulniveau eines mit Hochschulabschluss machen (also eine zuverlässige Ausführung selbst in ablenkungsreicher Umgebung). Festigen Sie einfache Signale wie „Aus", „Hier", „Sitz" und „Platz", bis der Hund sie selbst bei sehr starker Ablenkung zuverlässig befolgt. Genauere Anweisungen für das Training finden Sie im Abschnitt über Hundetraining. Je mehr Einzeltrainingseinheiten Sie einschieben können und je verlässlicher der Hund die Übungen ausführt, desto besser ist das für Ihr Trainingsprogramm. Sie können mit dem schwierigsten Hund bzw. den schwierigsten Hunden Ihres Haushaltes auch Kurse in Clicker-Training besuchen, allerdings immer nur mit einem Hund pro Kurs.

Paarweises Training

Wenn Sie im Einzeltraining bereits ein hohes Maß an Zuverlässigkeit erreicht haben, beginnen Sie mit dem paarweisen Training der Hunde. Auch wenn Sie mehrere Hunde haben, wird als Nächstes erst einmal paarweise trainiert. Gestalten Sie das Training für jeden Hund so, dass er dafür belohnt wird, wenn er ruhig akzeptiert, dass der andere Hund Aufmerksamkeit bekommt. Verlangen Sie ein „Sitz" erst von dem einen Hund und dann vom anderen. Sie sollten dabei vor dem Signal die Hunde mit ihrem Namen ansprechen, damit sie wissen, wer genau gemeint ist. Lösen Sie erst das Kommando für den einen Hund auf und belohnen Sie ihn, dann lösen Sie das Kommando für den anderen Hund auf und belohnen ihn. Beginnen Sie mit den Übungen, wenn die Hunde dafür empfänglich sind, und halten Sie am Anfang den Abstand groß genug, damit es zu keinen aggressiven Reaktionen zwischen den Hunden kommen kann. Fangen Sie mit einfachen Übungen an und arbeiten Sie sich zu schwierigeren vor. Wenn Sie mit einem Hundepaar trainiert haben und mehrere Hunde besitzen, dann arbeiten Sie als Nächstes mit einem anderen Hundepaar. Wenn es immer derselbe Hund ist, der Probleme macht, dann können Sie sich beim Training auf diesen Hund konzentrieren, sollten aber dennoch auch jede mögliche Paarkonstellation gemeinsam trainieren.

Sie können auch Gruppenkommandos einführen. Dazu lassen Sie sich ein Wort oder eine Anrede an die Hundegruppe einfallen, zum Beispiel „alle" und schließen das Hörzeichen an. Belohnen Sie nur die Hunde, die das Kommando ausgeführt haben, und wiederholen Sie es dann, ermuntern Sie auch die anderen Hunde, es zu tun. So ein Gruppenkommando ist dann besonders praktisch, wenn Sie wollen, dass alle Hunde auf ein bestimmtes Signal reagieren. Es kann etwa in bestimmten Situationen ganz sinnvoll sein, wenn das „Sitz" für alle Hunde gleichzeitig gilt.

Gruppentraining

Wenn Sie so weit sind, dass die Hundepaare in jeder möglichen Konstellation die Übungen auch unter Ablenkung verlässlich ausführen, können Sie als Nächstes mit drei Hunden gleichzeitig arbeiten. Das Training mit drei Hunden funktioniert im Wesentlichen genauso wie das Training der Hundepaare. Üben Sie mit jedem der drei Hunde extra und der Reihe nach. Wenn die Kleingruppen in jeder möglichen Dreierkonstellation bereits deutliche Fortschritte gemacht haben, können Sie die übrigen Hunde im Haushalt mit dazunehmen, bis Sie schließlich mit der ganzen Gruppe gleichzeitig arbeiten. Setzen Sie das Training fort, und zwar sowohl als Einzeltraining als auch in der Gruppe. Bauen Sie Trainingsaufgaben möglichst auch im Alltag ein.

Wenn ein Hund aggressiv reagiert

Wenn ein Hund unruhig wird und nach einem anderen Hund schnappt, dann schicken Sie ihn sofort in ein Time-Out. Zeigt der Hund Ungeduld, Frustration oder Wut, dann gibt es für ihn keine Belohnung des Verhaltens mehr. Wie bei jedem Time-Out müssen Sie natürlich auch in diesem Fall sicherstellen, dass der Hund weiß, welches Verhalten angebracht und erwünscht wäre. Belohnen Sie den Hund bei jedem Anzeichen von Impulskontrolle und ruhiger Reaktion auf andere Hunde.

Spezielle Übungen

Im Folgenden finden Sie eine Schritt für Schritt beschriebene Übung, die Sie ebenfalls machen können. Der Hund lernt dabei nicht nur, Ihre Hörzeichen zu befolgen, sondern auch Geduld und bessere Impulskontrolle.

Geduld lernen

Ich übernahm diese Methode von Brenda Rushman von PAWsitive Solutions Canine Behavior Counseling Ltd. (www.PAWsitiveSolutions.net). Sie ist eine gute Übung für alle Hunde, die Futter oder andere Ressourcen verteidigen oder die es nicht ertragen können, wenn ein anderer Hund in bestimmten Situationen bevorzugt wird.

Bereiten Sie zunächst die Umgebung zum Üben vor. Bei sehr lebhaften Hunden sollten Sie einen Maulkorb verwenden. Suchen Sie sich einen Platz, wo Sie bequem mit einem Hund links und einem rechts und jeweils einer Barriere dazwischen sitzen können. Wenn Sie große Hunde haben, reicht ein Küchentisch. Wenn Sie mittelgroße Hunde haben, sollten Sie noch einen Stuhl vor sich haben. Bei kleineren Hunden arbeiten Sie mit einem Schemel oder einem ähnlichen Objekt. Üben Sie möglichst oft pro Tag jeweils zehn Minuten lang. Üben Sie in fröhlicher Stimmung und achten Sie darauf, dass es den Hunden Spaß macht, Sie es aber nicht übertreiben und sich die Hunde nicht zu sehr aufregen.

1. Schritt:

Beide Hunde bekommen gleichzeitig Leckerchen. Geben Sie jedem Hund gleichzeitig mehrmals hintereinander ein Leckerchen, damit die Hunde lernen, dass Ihnen nicht entgeht, wenn der andere Hund eines bekommt. Wiederholen Sie das mehrere Übungseinheiten und so lang, bis Sie den Eindruck haben, auch der aggressive Hund fühlt sich dabei wohl.

2. Schritt:
Wenn Sie den ersten Schritt erfolgreich abgeschlossen haben, dann geben Sie als Nächstes wieder beiden Hunden gleichzeitig ein Leckerchen, halten aber das Leckerchen des aggressiven Hundes fest und lassen ihn daran lecken oder knabbern. Erst wenn der andere Hund sein Leckerchen gefressen hat, bekommt auch der aggressive Hund seines. Die Zeitspanne zwischen dem Moment, in dem der andere Hund das Leckerchen bekommt, und dem Moment, in dem der aggressive Hund seines bekommt, sollte nur den Bruchteil einer Sekunde betragen.

3. Schritt:
Steigern Sie nun sehr langsam und allmählich die Zeitspanne zwischen dem Leckerchen für den einen Hund und dem für den aggressiven Hund. Sie können auch langsam damit beginnen, dem einen Hund sein Leckerchen und erst danach dem aggressiven Hund seines zu geben. Wichtig ist, dabei ganz langsam vorzugehen.

Sie sollten dabei den aggressiven Hund am besten nicht einmal ansehen, damit er sich nicht provoziert fühlt. Sie können das Element, den aggressiven Hund anzuschauen, später in die Übung einbauen. Denken Sie daran, beim Übungsaufbau immer nur an jeweils einem Element zu arbeiten, bis das zuverlässig klappt, und dann erst das nächste einzuführen und dabei die Anforderung insgesamt wieder etwas niedriger zu halten. Sie können auch versuchen, dem aggressiven Hund gut zuzureden. Solange er geduldig und ruhig bleibt und sich nicht verspannt, können Sie ihn loben und ihm natürlich weitere Leckerchen geben. Ein anderer Trick besteht darin, dass Sie dem einen Hund normale Leckerchen geben, dem aggressiven Hund aber besonders schmackhafte Dinge. Den Schwierigkeitsgrad der Übung steigern Sie erst, wenn die einfacheren Schritte wirklich gut und zuverlässig klappen.

4. Schritt:
Arbeiten Sie daran, das Erlernte zu generalisieren, indem Sie die gleiche Übung mit weiteren Hunden durchführen oder mit verschiedenen Leckerchen und Spielsachen arbeiten.

Eine andere Form dieser Übung besteht darin, Spielsachen zu verwenden und zwischen den Hunden zu tauschen. Belohnen Sie die Hunde tüchtig, wenn sie dabei ruhig und entspannt bleiben.

Neues Zuhause
Wenn die Hunde ununterbrochen Streit haben und offenbar nichts wirkt, was Sie versuchen, dann müssen Sie überlegen, ob der Ausweg nicht darin besteht, für einen der Hunde ein neues Zuhause zu finden. Wenn ein Hund einen anderen absichtlich oder unabsichtlich tyrannisiert, sollten Sie einen der Hunde weggeben. Wenn ein Hund den anderen ernsthaft verletzt oder nach seinen Pfoten beißt, dann müssen Sie den Hund entweder weggeben oder überlegen, ob es nicht besser wäre, ihn einschläfern zu las-

sen. Sie können von keinem Hund verlangen, dass er in einem Haushalt und in einer Hundebeziehung lebt, in der er traumatisiert, misshandelt oder verletzt wird. Das wäre unfair. Achten Sie auf die Lebensqualität des Hundes.

AGGRESSION GEGEN FREMDE HUNDE

Bei Aggression zwischen Hunden, die nicht im selben Haushalt leben, haben wir es meist entweder mit Mobbing oder mit unrealistischen Erwartungen im Sozialkontakt zwischen Hunden oder Angst und unzureichender Sozialisierung zu tun.

Wenn Ihr Hund hin und wieder eine harmlose Auseinandersetzung mit anderen Hunden hat, bei der keiner der Hund physisch oder psychisch Schaden nimmt, dann haben Sie vermutlich nicht wirklich ein Problem. Wenn allerdings die Auseinandersetzungen nicht bloß kurz und korrekt verlaufen und sich die Hunde danach nicht einfach wieder trennen und jeder seiner Wege geht oder wenn ein Hund einen anderen bedroht und/ oder ihm physisch oder psychisch Schaden zufügt, dann haben Sie ein echtes Problem. Solche Zwischenfälle können nur allzu leicht dazu führen, dass ein Hund andere Hunde fürchten lernt und neue Aggressionsprobleme entstehen. Außerdem ist es unfair, ein Mobben Ihres Hundes zuzulassen. Wenn Ihr Hund andere mobbt, dann machen Sie sich nicht vor, dass er sich mit den anderen Hunden ja nur „bekannt machen" will oder die Hunde das schon „unter sich ausmachen" werden. Das ist irrelevant. Tatsache ist, eine einzige solche schlimme Erfahrung kann reichen, dass ein Hund in seinem Sozialverhalten anderen Hunden gegenüber für immer schwer gestört ist. Wenn Ihr Hund andere mobbt, dann dürfen Sie dieses Verhalten unter keinen Umständen zulassen oder gar zur Gewohnheit werden lassen. Ja, das kann heißen, dass Sie Ihren Hund immer an der Leine führen müssen und dass er vielleicht nicht ausreichend viele Sozialkontakte bekommt, wie es wünschenswert für ihn wäre. Das ist dann eben so. Sie dürfen nicht zulassen, dass anderen Hunden Schaden zufügt wird, nur damit Ihr Hund genug Sozialkontakte hat. Und machen wir uns nichts vor: Ihr Hund hätte zwar Sozialkontakte, würde dabei aber auch lernen, wie er andere noch besser mobben kann. Management und verlässliches Befolgen von Hörzeichen sind bei einem solchen Hund sehr wichtig. Auf dieser Grundlage können Sie dann bestimmte Übungen festigen und gezielt ein mit dem Problemverhalten inkompatibles Verhalten belohnen. Üben Sie zum Beispiel, aneinander vorbeizugehen und belohnen Sie Ihren Hund, wenn er dabei ruhig und entspannt bleibt.

Wenn Ihr Hund derjenige ist, der gemobbt wird, dann sollten Sie mit dem Besitzer des anderen Hundes darüber reden, dass er dafür die Verantwortung trägt. Allerdings stoßen Sie dabei sehr wahrscheinlich auf Ablehnung und ein Leugnen der Realität. Sie können auch einfach woanders mit Ihrem Hund spazieren gehen, in jedem Fall sollten Sie aber unbedingt vermeiden, dass Ihr Hund mehrfach gemobbt wird. Hieraus könnte schnell eine Generalisierung entstehen, die den Hund vor vielen oder sogar allen anderen Artgenossen Angst haben lässt.

Wenn Ihr Hund vor den meisten oder allen fremden Hunden Angst hat, dann sollten Sie eine systematische Desensiblisierung und Gegenkonditionierung durchführen oder erwünschtes Alternativverhalten belohnen und festigen. In manchen Fällen ist auch eine weitergehende Sozialisierung möglich. Suchen Sie sich dafür einen gut sozialisierten, erfahrenen „Hundediplomaten". Wenn Ihr Hund vor allem mit nicht kastrierten Rüden ein Problem hat, dann arbeiten Sie anfangs mit einer gut sozialisierten Hündin. Sie können dann im Laufe der Zeit allmählich andere Hunde in die Spielgruppe aufnehmen. Vielleicht kommen Sie ja nie so weit, dass Sie auch nicht kastrierte Rüden aufnehmen können, aber wenigstens kann ihr Hund so besseres Sozialverhalten trainieren. Achten Sie auch darauf, Ihren Hund generell sicherer und selbstbewusster zu machen.

„ROWDY-GRUPPEN"

Seit einiger Zeit gibt es für die Behandlung von Aggressionsproblemen von Hunden untereinander auch die so genannten „Rowdy-Gruppen" oder „Halbstarken-Gruppen". Bei „Rowdy-Gruppen" handelt es sich um ein Gruppentraining für Hunde, die alle ein Aggressionsproblem haben. Die Hunde tragen anfangs normalerweise einen Maulkorb, und die Hundebesitzer lernen Methoden, wie sie gezielt mit ihren Hunden trainieren sollen. Einige sehr bekannte Trainer der Hundeszene loben die „Rowdy-Gruppen" in ihren Büchern als gut geeignete Methode, ich selber kenne aber keine wissenschaftlichen Studien, die ihre tatsächliche Wirksamkeit belegen. Grundsätzlich gilt: Jede Situation, in der ein Hund sein unerwünschtes Verhalten einüben kann, ist schlecht. Auch wenn die Hunde Maulkörbe tragen und Trainer dabei sind oder wenn nur einander in Größe und Stärke entsprechende Hunde zusammenkommen, spielt das keine Rolle. Wenn es zwischen zwei Hunden zu einer sensibilisierten Reaktion kommt und sie einfach aufeinander losgehen können, dann entspricht das de facto der Methode der Reizüberflutung. Bei der Reizüberflutung wird der Hund dem angstauslösenden Reiz in voller Stärke ausgesetzt. Das ist eine sehr heikle Methode, die auch das Gegenteil des Erwünschten bewirken kann. In vielen Rowdy-Gruppen wird die Sache noch dadurch verschlimmert, dass die Hunde die Interaktion nicht einmal austragen und zu Ende führen dürfen und es so gar nicht dazu kommen kann, dass die Hunde durch die Reizüberflutung müde werden und dadurch die Gewöhnung eintreten könnte. Die Hunde werden nämlich getrennt, noch bevor dieser Lernvorgang beginnt. Ich vertrete keineswegs die Meinung, dass Hunde einen Konflikt bis zum Ende durchkämpfen sollen, und bin daher auch gegen die üblichen „Rowdy-Gruppen". Die Methode der Reizüberflutung wird bei diesen Treffen einfach nur schlecht angewandt. Man bekommt all die negativen Nebenwirkungen der Reizüberflutung, nicht aber den gewünschten Effekt (falls es einen solchen überhaupt geben kann, was ja sehr strittig ist). Ich besuchte 2000 bei einem sehr bekannten Hundetrainer, dessen Namen ich hier nicht nennen möchte, ein Seminar über Rowdy-Gruppen, wo die Methode genau beschrieben und vorgeführt wurde. Es war für mich ganz offensichtlich, dass viele Hunde dort in schlimmerer Verfassung weggingen, als sie gekommen waren, und ich konnte bei keinem einzigen Hund eine Verbesserung feststellen. Ein kleiner Viszla war dort, bei dem ich sicher bin, dass er dadurch endgültig für andere Hunde verdorben wurde. Halten Sie sich das bitte alles vor Augen, wenn Sie überlegen, eine Rowdy-Gruppe zu besuchen oder selbst eine zu organisieren. Erlauben Sie auch einem angeblichen „Profi" nicht, Ihren Hund zu sensibilisieren oder einer Reizüberflutung auszusetzen. Wenn Sie selbst Profi sind, dann achten Sie darauf, keinen Hund zu sensibilisieren. Der Hund lernt dabei nichts Positives! Hüten Sie sich unbedingt vor diesen so genannten Rowdy-Gruppen. Ich rate dringend davon ab!

Seit der ersten Ausgabe dieses Buches habe ich von einigen neuartigen Rowdy-Gruppen erfahren, die vermutlich etwas besser als die bisher üblichen sind. Dabei werden nur drei bis fünf Hunde unter Aufsicht mehrerer sehr erfahrener Trainer zusammengebracht. Man achtet darauf, dass es nicht zu einer Sensibilisierung kommt. Die Hunde werden in entsprechendem Abstand zueinander gehalten und die Besitzer in Methoden unterrichtet, wie sie auch in diesem Buch beschrieben sind. Mir ist bei dem Gedanken an solche Gruppen dennoch nicht ganz wohl, wenn sie aber tatsächlich in der beschriebenen Weise organisiert werden, sind meine ursprünglichen Gegenargumente nicht mehr in vollem Umfang zutreffend. Machen Sie sich aber unbedingt vorher kundig, bevor Sie mit Ihrem Hund in eine Hundegruppe für reaktive oder aggressive Hunde gehen!

ZUSAMMENFASSUNG

Zur Behandlung von Aggressionsproblemen gibt es die unterschiedlichsten Methoden. Welche dieser Methoden sinnvoll angewendet werden kann, hängt vom jeweiligen Hund und seinem Problem ab. Wenn Sie das Problem alleine in den Griff bekommen wollen, brauchen Sie umfassende Kenntnisse über die Prinzipien der Lerntheorie und über die verschiedenen Methoden zur Verhaltenskorrektur. Wenn Sie sich mit den Prinzipien nicht wirklich gut auskennen oder es schwierig finden, sie in die Praxis umzusetzen, dann sollten Sie sich die Sache noch einmal überlegen. Wenn das Risiko in Ihrem Fall beträchtlich ist, sollten Sie unbedingt einen professionellen Trainer mit ausreichend viel Erfahrung mit aggressiven Hunden zu Hilfe ziehen, der mit Methoden der positiven Verstärkung arbeitet. Wenn Sie nicht ganz genau wissen, was wann zu tun ist, können Sie ein solches Problem nicht alleine bewältigen. Denken Sie aber auch daran, dass Sie es sind, der mit dem Hund und damit mit dem Risiko leben muss. **Sie** müssen daher lernen, wie Sie damit umzugehen haben. Geben Sie den Hund nicht in ein so genanntes stationäres Training bei jemand anderem. Sie müssen das Training mit dem Hund selber machen.

Führen Sie als Erstes das Basisprogramm durch. Neben allen anderen darin vorgeschlagenen Schritten fangen Sie vor allem mit der Ausbildung und dem Training des Hundes an. Solange Sie mit dem Hund nicht ausgiebig trainiert haben, er das Training noch nicht genießt und Sie die Übungen nicht auch unter starker Ablenkung gefestigt haben, sollten Sie dem eigentlichen Problemverhalten aus dem Weg gehen.

Das Ziel des Trainings ist nicht, den Hund von seiner Aggression zu *heilen*, denn das ist nicht möglich. Es gibt alle möglichen Bücher über aggressive Hunde, die den Eindruck erwecken, man müsse nur die eine und einzige Methode befolgen, um den Hund von seiner Aggression zu befreien. Das stimmt nicht. Wenn Sie konsequent und zuverlässig an dem Problem arbeiten, werden Sie es sehr wahrscheinlich in den Griff bekommen und auch die Zuverlässigkeit Ihres Hundes deutlich steigern können, er wird aber nie vollkommen „geheilt" sein.

Aggression wirkt auf den Hund selbstbelohnend und wird schnell zur Gewohnheit. Das heißt, der Hund fällt unter Stress leicht in alte und gewohnte Verhaltensmuster zurück. Sie verfolgen mit dem Training im Wesentlichen zwei Ziele: Sie bauen gezielt Situationen so auf, dass der Hund sich an das „Ding", auf das er aggressiv reagieren würde, gewöhnen kann, und Sie bringen ihm statt des aggressiven Verhaltens ein erwünschtes Alternativverhalten bei, das er automatisch zeigen soll. Ich kann Clicker-Training nur empfehlen, da effiziente Kommunikation sehr wichtig ist und Sie dem Hund mit dem Clicker genau mitteilen können, was Sie von ihm wollen und was Ihnen gefällt.

KAPITEL 5
AGGRESSIVE HUNDE UND KINDER

VORBEUGUNG

Kinder sind jener Teil der Bevölkerung, der am häufigsten Opfer von Hundeaggression wird. Wenn ein Kind von einem Hund gebissen wird, sind die Verletzungen meistens deutlich schwerer als bei einem Erwachsenen. Mehr als die Hälfte aller Hundebisse entfallen auf Kinder, und in 26 % dieser Fälle (aber nur bei 12 % der Erwachsenen, die gebissen wurden) ist eine medizinische Versorgung notwendig. Die meisten Bisse mit Todesfolge werden bei Kindern registriert. Besonders gefährdet sind Kinder zwischen 5 und 9 Jahren (www.dogbitelaw.com).

Angesichts des überproportional hohen Anteils von Kindern unter den gebissenen Opfern verdient das Thema besondere Beachtung.

Kinder machen aus Sicht des Hundes lauter verkehrte Sachen. Sie benehmen sich wie verletzte Beutetiere. Sie machen abrupte, ruckartige Bewegungen. Sie quietschen und kreischen. Sie knuddeln Hunde ganz fest (die darauf von ihrer Sozialisierung und Ausbildung nicht immer vorbereitet sind). Sie ziehen Hunde am Fell, an den Ohren und an der Rute. Sie schlagen Hunde. Sie necken Hunde. Sie laufen vor Hunden davon oder direkt auf sie zu. Überdies wurden viele Hunde, die Kontakt mit Kindern haben, in der sensiblen Phase ihrer Frühentwicklung nicht entsprechend auf Kinder sozialisiert. Die fehlende Sozialisierung führt dazu, dass der Hund Kindern gegenüber etwas ängstlich ist – im besten Fall jedenfalls. Es ist oft nur eine Frage der Zeit, bis ein Unglück geschieht. Auch die Eltern spielen dabei eine Rolle. Viele Eltern vergessen, dass es sich bei Hunden um Tiere handelt und nicht um kleine Menschen mit Fell. Viele Eltern sind fast schon paranoid, wenn es um Fremde geht, setzen ihre Kinder aber dann hochriskanten Hundebegegnungen aus.

BEHANDLUNG

Die Entscheidung, ob man mit einem Hund arbeiten soll, der sich Kindern gegenüber aggressiv verhält, hängt von mehreren Faktoren ab. Beantworten Sie die folgenden Fragen und ziehen Sie dann daraus Ihre Schlüsse.

Hat Ihr Hund bereits einmal so fest zugebissen, dass Blut floss? Wenn die Antwort darauf ein Ja ist, dann ist die Lage sehr gefährlich, und Sie riskieren die Verletzung oder gar Tötung eines Kindes. Ich bin jetzt sehr direkt, die Statistiken über Hundebisse rufen aber geradezu nach jemandem, der sehr direkt ist, und zwar hier und jetzt. Die betroffenen Hundebesitzer waren sich alle ganz sicher gewesen, dass ihr Hund nie einem Kind etwas zu Leide tun würde. Ihnen könnte es genauso gehen.

Verhält sich Ihr Hund Kindern gegenüber aggressiv, die im selben Haushalt leben? Wenn die Antwort ein Ja ist, dann schweben die Kinder in großer Gefahr. Wenn Ihr Hund aggressiv auf Kinder reagiert und die Möglichkeit besteht, dass es zu einem Kontakt mit Kindern in Situationen kommt, in denen Sie den Hund nicht voll unter Kontrolle haben, dann ist das ein Risiko. Und das Risiko steigt noch deutlich, wenn Sie nicht sowohl den Hund als auch das Kind unter Kontrolle haben. Ich bin immer vollkommen entsetzt, wenn ich sehe, wie Eltern ihre Kleinkinder auf der Hundewiese im Park herumkrabbeln lassen (siehe auch das Foto links von dem Kleinkind, das versucht, einem fremden Hund sein Spielzeug wegzunehmen, und das ich bei uns im Park aufnahm). Wenn Sie das Risiko für nicht vertretbar halten, müssen Sie daraus die nötigen Schlüsse ziehen und sich überlegen, was Sie tun können. GEBEN SIE EINEN AGGRESSIVEN HUND NIE AN EINEN ANDEREN MENSCHEN AB, ES SEI DENN AN EINEN PROFI, DER MIT DIESEM TIER UMZUGEHEN WEISS. Alles andere ist viel zu riskant. Aggression ist ein Verhalten, zu dem der Hund immer neigen wird, und die Sache ist daher zu gefährlich. Wenn Sie ein Hundeleben retten wollen, dann gehen Sie, nachdem Sie Ihre Trauer überwunden haben, ins Tierheim und nehmen Sie einen Hund zu sich, der nicht aggressiv ist und dringend einen neuen Platz sucht. Es gibt viele herrenlose Hunde, die nicht im Geringsten aggressiv sind, die wunderbare Hausgenossen und keine Gefahr für die öffentliche Sicherheit sind. Ihre Entscheidung könnte einem dieser Hunde das Leben retten. Überlegen Sie sich wirklich gut und gründlich, ob Sie einen Hund, der sich Kindern gegenüber aggressiv verhält, wirklich behalten wollen, auch wenn Sie selber gar keine Kinder haben. Auch für einen professionellen Trainer/ Verhaltensberater ist der Anruf eines Klienten, dessen Hund Kindern gegenüber aggressiv ist, eine Herausforderung.

Im Folgenden finden Sie einige Vorschläge, wie Sie einen Hund darauf vorbereiten können, auf Kinder nicht aggressiv zu reagieren. Ich habe aber genaue Anleitungen, wie man einen Hund, der bereits eine Aggression gegen Kinder entwickelt hat, an Kinder gewöhnen kann, bewusst weggelassen. Die Sache ist einfach zu gefährlich. Die angehenden Trainer/ Verhaltensberater unter Ihnen sollten einen solchen Fall erst dann übernehmen, wenn Sie davor entsprechende Erfahrungen bei einem sehr erfahrenen Profi erworben haben. Es handelt sich in solchen Fällen um etwas, das man nur durch Anleitung von erfahrenen Menschen lernen kann, nicht aus einem Buch.

VORBEREITUNG DES HUNDES AUF KINDER

Wenn Sie einen Hund haben und Kinder bekommen möchten, dann können Sie sich an den folgenden Richtlinien orientieren. Die meisten davon sind dem Buch *Child-Proofing Your Dog* von Brian Kilcommons und Sarah Wilson entnommen. Ich rate allen, die Kinder mit Hunden zusammenbringen wollen, dringend, sich dieses Buch zu besorgen und zu lesen.

Organisieren Sie den Tagesablauf Ihres Hundes so, dass es zu keinen Veränderungen kommt, wenn das Kind einmal da ist.

Spielen Sie im Haus keine Spiele mehr, bei denen sich der Hund sehr aufregt. Beschränken Sie solche Spiele auf den Garten oder auf Spaziergänge, damit der Hund nicht in der ganzen Wohnung herumspringt, ohne darauf zu achten, wo das Baby ist.

Bevor Sie ein Baby ins Haus bringen, sollten Sie dem Hund mehrere Wochen lang weniger Aufmerksamkeit schenken. Stellen Sie sicher, dass er, wenn das Baby da ist, wieder mehr Aufmerksamkeit statt weniger bekommt.

Spielen Sie dem Hund Aufnahmen mit weinenden und kreischenden Babys und Kindern vor. Geben Sie sich dem Hund gegenüber fröhlich und entspannt, wenn Sie die Aufnahmen abspielen. Geben Sie ihm ein Leckerchen. Sorgen Sie dafür, dass er die Geräusche mit etwas Angenehmen verknüpft. Desensibilisieren Sie den Hund systematisch auf Baby- und Kindergeräusche.

Machen Sie Ihren Hund mit Dingen wie Windeln, Kinderspielsachen und Ähnlichem vertraut.

Geben Sie dem Hund Spielsachen, die sich deutlich von Kinderspielzeug unterscheiden. Kaufen Sie das Kinderspielzeug schon jetzt und bringen Sie dem Hund bei, es nicht zu benutzen. Das machen Sie, indem Sie den Hund zwischen seinen eigenen Spielsachen und dem Kinderspielzeug wählen lassen. Nimmt er sich seine eigenen, dann loben und belohnen Sie ihn, indem Sie mit ihm spielen. Wenn er die falsche Wahl trifft, verwenden Sie das Kommando „Nein" und ermuntern ihn, sich etwas von seinen eigenen Sachen zu nehmen. Sie können ihm die Entscheidung auch dadurch erleichtern, dass Sie eine winzige Menge abscheulich schmeckender oder riechender Substanz auf das Kinderspielzeug geben.

Sozialisieren Sie den Hund bereits jetzt auf so viele Kinder wie möglich. Achten Sie dabei immer auf eine lockere Leine. Machen Sie den Hund mit Kindern jeder Altersgruppe bekannt. Sie müssen unbedingt verhindern, dass die Kinder dem Hund wehtun oder ihn erschrecken. Der Hund muss auch immer die Möglichkeit haben, einfach wegzugehen, achten Sie aber darauf, in welchen Situationen er das tut. Wenn es einfach daran liegt, dass er schon müde ist, ist das in Ordnung. Wenn er weggeht, weil ihm die Situation unangenehm ist, sollten Sie ihn auf diese Situation desensibilisieren. Das

Ganze soll dem Hund Spaß machen, belohnen Sie ihn daher mit Lob und Leckerchen. Sie sollten selber lachen und (aus der Perspektive des Hundes gesehen) möglichst unterhaltsam sein, wenn Kinder anwesend sind.

Glauben Sie nicht, Sie könnten Ihren Hund auf das Zusammensein mit Kindern vorbereiten, indem Sie ihn mit einer großen Puppe konfrontieren. Der Hund nimmt die Puppe höchstwahrscheinlich als Spielzeug wahr und könnte das dann auch bei Kindern tun.

Desensibilisieren Sie Ihren Hund auf Verhalten, wie Kinder es Hunden gegenüber häufig an den Tag legen. Streicheln Sie den Hund am Kopf und geben Sie ihm ein Leckerchen. Streicheln Sie ihn etwas fester und geben Sie ihm zwei Leckerchen. Tätscheln Sie ihn am Kopf und geben Sie ihm ein Leckerchen. Tätscheln Sie ihn etwas fester am Kopf und geben Sie ihm ein paar Leckerchen. Tätscheln Sie ihn kräftig und werfen Sie ihm einige Leckerchen hin. Berühren Sie ein Ohr und geben Sie ihm ein Leckerchen. Ziehen Sie sanft am Ohr und geben Sie ihm mehrere Leckerchen. Ziehen Sie etwas fester und geben Sie ihm einige Leckerchen. Machen Sie das mit der Rute und den Pfoten genauso. Tun Sie ihm dabei aber keinesfalls weh und verängstigen Sie ihn nicht! Versuchen Sie ihm beizubringen, Berührungen zu genießen, die Kinder häufig machen. Vergessen Sie dabei nicht, ihm auch feste Umarmungen und das Anziehen von Verkleidungen beizubringen. Sie werden natürlich alles versuchen, damit Kinder das mit Ihrem Hund nicht tun, bereiten Sie sich und Ihren Hund aber besser auf die unvermeidlichen Fehler vor.

WAS SIE TUN SOLLTEN ...

- Bringen Sie Kindern bei, immer erst um Erlaubnis zu fragen, bevor sie sich einem Hund nähern.
- Zeigen Sie Kindern, wie sie einen Hund am Brustkorb streicheln statt am Kopf.
- Erklären Sie Kindern, dass sie einen schlafenden Hund nicht stören dürfen.
- Erklären Sie Kindern, weshalb sie einen Hund in seinem Korb oder seiner Box in Ruhe lassen müssen.
- Erklären Sie Kindern, warum Sie dem Hund nicht nachlaufen sollen, wenn er weggeht.
- Erklären Sie Kindern, dass sie einen Hund nicht anstarren dürfen.
- Erklären Sie Kindern, warum sie nie vor einem Hund weglaufen oder direkt auf ihn zulaufen sollen.
- Erklären Sie Kindern, weshalb sie in der Nähe von Hunden keine abrupten Bewegungen machen sollen.
- Erklären Sie Kindern, dass sie das Futter und die Spielsachen des Hundes in Ruhe lassen sollen.
- Erklären Sie Kindern, weshalb sie nie zu einem Hund gehen sollen, der hinter einem Zaun ist.

... UND WAS SIE NICHT TUN SOLLTEN

- Lassen Sie ein Kind und einen Hund niemals unbeaufsichtigt zusammen.
- Zwingen Sie den Hund nicht, zu einem Kind hinzugehen.
- Lassen Sie Kinder den Hund nicht hochheben.
- Binden Sie Ihren Hund niemals irgendwo fest, wo er von Kindern geneckt werden könnte und frustriert wird.
- Lassen Sie nie zu, dass Kinder einen Hund necken oder belästigen. Das ist nicht niedlich, sondern der Grundstein für künftige Probleme.

Denken Sie vor allem immer daran, Hunde sind lebendige Tiere und haben ihre eigenen Emotionen und Motive für ihr Verhalten. Es sind keine Stofftiere. Seien Sie jedes Mal, wenn Kinder und Hunde Kontakt miteinander haben, sehr vorsichtig. Machen Sie sich nichts vor und glauben Sie nicht, so etwas könnte Ihnen nicht passieren. Glauben Sie bloß nicht, dass IHR Hund einem Kind NIE etwas zu Leide tun könnte. Die Statistik über Hundebisse verrät, wie viele Menschen sich da ganz SICHER waren – und Unrecht hatten!

ZUSAMMENFASSUNG

Das Aufeinandertreffen von Kindern und Hunden kann katastrophal enden. Wenn ein Hund mit Kindern oder ein Kind mit Hunden nicht gut umgehen kann, dann sollte man ihnen keinen Kontakt erlauben, solange sie das nicht gelernt haben. Wenn das Kind noch klein ist und die Spielregeln entweder nicht versteht oder sich nicht daran hält, dann sollte es nicht mit einem Hund im Haushalt leben. Das ist zu gefährlich.

Wenn Sie ein Baby erwarten und bereits einen Hund haben, dann folgen Sie den Anleitungen im Buch, um den Hund auf die Veränderung in seinem Leben vorzubereiten. Wenn Sie Kinder unter neun Jahren haben, dann warten sie noch etwas und schaffen Sie sich erst einen Hund an, wenn das Kind alt genug ist und mit einem Hund gefahrlos zurecht kommt.

Lassen Sie nie, niemals ein Kind und einen Hund unbeaufsichtigt miteinander allein, auch wenn Sie es für gefahrlos halten!

NOTIZEN

ZUR WEITEREN INFORMATION

Nachfolgend aufgeführt finden Sie Hinweise zu Quellen im Internet. Ich würde Ihnen empfehlen, diese zu nutzen. Allerdings heißt das nicht, dass ich mit allen dort vertretenen Standpunkten und Trainingsmethoden einverstanden bin. Sie haben aber die Möglichkeit, die in diesem Buch aufgeführten Inhalte auch aus anderer Perspektive und/ oder ergänzend zu betrachten.

Besonders empfehlen möchte ich die Website www.DogPsych.com. Sie ist ein guter Einstieg für alle, die sich für die Psychologie des Hundes interessieren. Sie finden dort viele Artikel und jede Menge Links zu wichtigen Quellen im Internet. Sie können sich der DogPsych Discussion Group anschließen und Themen rund um die Hundepsychologie mit mir und den anderen Teilnehmern diskutieren.

Ebenfalls besonders hervorheben möchte ich www.K9U.com. Als Mitglied können Sie dort von dem Wissen erfahrener Hundebesitzer und Trainer profitieren. Falls Sie nicht die Möglichkeit haben, einen professionellen Trainer persönlich aufzusuchen, können Sie dort über Ihr Problem und mögliche Lösungsansätze diskutieren. Diese Homepage hat einen sehr guten Ruf, denn in den letzten Jahren konnte hier vielen Rat suchenden Hundebesitzern geholfen werden.

www.K9U.com ist ein interessantes Forum für alle, die sich gezielt mit Problemlösungen beschäftigen möchten, während wir bei www.DogPsych.com mehr akademisch orientiert diskutieren. Ich würde mich freuen, Sie dabei zu haben!

WEITERE INFORMATIONSQUELLEN (IN ENGLISCHER SPRACHE):

Article on medicating behavior:
http://www.allbreed.net

Behavioral genetics and animal behavior:
http://www.grandin.com/references/genetics.html

Aggression article:
http://www.vetshow.com/friskies/cani.htm
http://www.gooddogtraining.com
http://www.labradornet.com/daggression.html
http://www.doggiedoor.com/aggressi.shtml
http://www.k9shrink.co.uk

Flying Dog Press articles on aggression:
http://www.flyingdogpress.com/onldagg.html
http://www.flyingdogpress.com/selfpg.html
http://www.flyingdogpress.com/sayhi.html
http://www.flyingdogpress.com/attitude.html

Bite prevention:
http://www.dogscouts.com/biteprevention.shtml

QUELLENNACHWEIS

Ray + Lorna Coppinger, 2003 in deutscher Sprache erschienen
HUNDE – Neue Erkenntnisse über Herkunft, Verhalten und Evolution der Kaniden
animal learn Verlag
www.animal-learn.de

Turid Rugaas, 2001 in deutscher Sprache erschienen
Die Beschwichtigungssignale der Hunde
animal learn Verlag
www.animal-learn.de

Aloff, Brenda. 2002
Aggression in Dogs, Practical Management, Prevention and Behaviour Modification.
Fundcraft Inc.

Beaver, Bonnie, DVM, MS, Dipl ACVB. 1999.
Canine Behavior: A Guide for Veterinarians
W. B. Saunders Company

Burns, Steven, M.D.
The Medical Basis of Stress, Depression, Anxiety, Sleep Problems and Drug Use.
http://www.teachhealth.com/index.html

Burch, M. Ph.D. & Bailey, J. Ph.D., 1999.
How Dogs Learn
Howell Book House

Cacioppo, John. 1999.
Annual Review of Psychology

Clothier, Suzanne. 1996.
Body Posture & Emotions Shifting Shapes, Shifting Minds.
FlyingDogPress.com

Clothier, Suzanne. 1996.
Finding A Balance Issues of Power in the Human/ Dog Relationship.
FlyingDogPress.com

Clothier, Suzanne. 1996.
The Seven C's A Guide to Training & Relationships.
FlyingDogPress.com

Clothier, Suzanne. 1996.
Understanding & Teaching Self Control.
FlyingDogPress.com

Coppinger, Raymond. Coppinger, Lorna. 2001.
Dogs. A Startling New Understanding of Canine Origin, Behavior & Evolution.
Scribner

Cornell University College of Veterinary Medicine. 1999.
Dealing with your Dog's Aggressive Behavior
A special Report from the Editors of Dog Watch.
Torstar Publications, Inc.

DeNapoli, Jean S., Nicholas H. Dodman, Lousis Shuster,
William M. Rand and Kathy L. Gross
Effect of dietary protein content and tryptophan supplementation on dominance aggression, territorial aggression and hyperactivity.
JAVMA, Vol 217, No 4, on August 15, 2000.

Dodman, Nicholas. Dr. 1999.
Dogs Behaving Badly
Bantam Books

Donaldson, Jean. 2002.
Mine! A Practical Guide to Resource Guarding in Dogs.
The San Fransisco SPCA

Donaldson, Jean. 1998.
Dogs Are From Neptune
Lasar Multimedia Productions

Donaldson, Jean. 1996.
The Culture Clash
James & Kenneth Publishers

Dunbar, Ian, D.V.M., Ph.D., MRCVS.
Dog Aggression Biting (video of seminar)
James & Kenneth Publishers

Dunbar, Ian, D.V.M., Ph.D., MRCVS. 1999.
Dog Behavior
Howell Book House

Houpt A. Katherine, VMD, Ph.D., Watanabe E. Myrna, Ph.D., 1999.
Dealing with your Dog's Aggressive Behavior
A special report from DogWatch,
Cornell University College of Veterinary Medicine

Jones, Deborah Ph.D., 1999.
The Clicker Workbook. A Beginner's Guide.
Howln Moon Press

Kilcommons B. & Wilson, S., 1994.
Child Proofing Your Dog.
Warner Books

Lindsay, Steven M.A., 2000.
Handbook of Applied Dog Behavior and Training Volume One.
Iowa State University Press

Lindsay, Steven M.A., 2001.
Handbook of Applied Dog Behavior and Training Volume Two.
Iowa State University Press

London, Karen, Ph.D. & McConnell, Pactritia, Ph.D., 2001.
Feeling Outnumbered? How to Manage and Enjoy Your Multi-Dog Household.
Dog's Best Friend, Ltd.

McConnell, Patricia, Ph.D., 1998.
The Cautious Canine. How to help dogs conquer their fears.
Dog's Best Friend, Ltd.

McLennan, Bradi,1993.
Dogs & Kids Parenting Tips
Howell Book House

Meisterfeld, C.W., 1889.
Jelly Bean Versus Dr. Jekyll & Mr. Hyde.
MRK Publishing

O'Farrel, V., 1996.
Manual of canine behavior
British Small Animal Veterinary Association

Overall, Karen L., M.A., V.M.D., Ph.D., 1997.
Clinical Behavioral Medicine For Small Animals.

Pryor, Karen, 1999.
Don't Shoot The Dog!
Bantam Books

Reid, Pamela. Ph.D., 1996.
Excel-erated Learning
James & Kenneth Publishers

Reid, Pamela, Ph.D., June 1997.
Getting Dogs Off Death Row [video]

Serpell, James, 1995.
The Domestic Dog – its evolution, behaviour and interactions with people.
Cambridge University Press

Siiter, Roland, 1999.
Introduction to Animal Behavior
Brooks/ Cole Publishing Company. ISBN 0-534-34405-4

Strong, Val., 1999.
The Dog's Dinner
Alpha Publishing, Tel: 01753 89004, ISBN: 0-9532814-5-0

Strong, Val., 1999.
The Dog's Brain – a simple guide.
Alpha Publishing, Tel: 01753 89004, ISBN: 0-9532814-6-9

Unruh, La Vonn, 1996.
Canine Aggression
The Middle Atlantic States Komondor Club, Inc.

Reisner, R. Llana, DVM, Ph.D., DACVB.
Canine Aggression: Neurobiology, Behavior and Management.
Article on the internet at http://www.vetshow.com/friskies/cani.htm

Dunbar, Ian, D.V.M., Ph.D., MRCVS.
Dog Aggression Biting (video of seminar)
James & Kenneth Publishers

Donaldson, Jean, 1998.
Dogs Are From Neptune
Lasar Multimedia Productions

Hunde können beissen

...aber Luftballons und

Pantoffeln sind gefährlicher

Janis Bradley

Es ist richtig, dass Hunde gefährlich sein können – und zwar für Kinder mehr als für Erwachsene. Sie sind natürlich nicht so gefährlich wie zum Beispiel Küchenutensilien, große Wasserbehälter, Pferde oder Kühe und auch bei weitem nicht so gefährlich wie Kinderspielplätze, Swimmingpools, Skateboards und Fahrräder – und nicht annähernd so gefährlich wie die eigene Familie, Freunde, Schusswaffen oder Autos.

Janis Bradley deckt diese Missstände in ihrem mutigen Buch auf und informiert über die wahren Zahlen rund um das Thema „Hundebisse". Ihre Ergebnisse sind schockierend und beschämend – und fordern auf, wieder auf den Boden der Tatsachen zurück zu kommen. Ihr Resümee: Ja, Hunde können beißen. Aber selbst von Luftballons oder Hauspantoffeln geht eine größere Gefahr für die Menschheit aus.

Gleichzeitig weist sie darauf hin, in wie vielen Bereichen uns der Hund treu zu Diensten ist, sei es als Lebensretter, Begleiter für Behinderte, Co-Therapeut für Kranke, Helfer bei der Drogen- oder Sprengstoffsuche oder einfach als freundlicher Begleiter und guter Zuhörer auf vier Pfoten, der uns den Alltag mit seinem liebenswürdigen Wesen und einem freundlichen Schwanzwedeln verschönt.

Hardcover, 176 Seiten,
mit zahlreichen farbigen Abbildungen
ISBN: 978-3-936188-36-3

Leinenaggression

Clarissa v. Reinhardt

Mit ausführlichem Kapitel über Leinenführigkeit

Ein Hund, der sich beim Anblick eines Artgenossen wütend bellend in die Leine wirft, kaum zu halten ist und sich aufführt „wie ein Verrückter" macht seinem Halter wenig Freude. Der gemeinsame Spaziergang wird zum Spießrutenlauf, der von guten Ratschlägen anderer Hundehalter begleitet wird, die kopfschüttelnd mit ansehen, wie Herrchen oder Frauchen versucht, den zum Untier mutierten Hund zu halten.

Clarissa v. Reinhardt, international gefragte Referentin und Autorin zahlreicher kynologischer Fachbücher, erklärt in diesem Buch, wie und warum sich eine LEINENAGGRESSION entwickelt und stellt gleich zwei Trainingsprogramme vor, die dieses unerwünschte Verhalten korrigieren.

Zahlreiche Fallbeispiele aus ihrer eigenen Hundeschule veranschaulichen die einzelnen Trainingsschritte und ein eigenes Kapitel erklärt, warum man welche Erziehungsmethoden nicht anwenden sollte. Zusätzlich findet der Leser eine ausführliche und reich bebilderte Trainingsanleitung zur Leinenführigkeit.

Softcover, 70 Seiten,
mit zahlreichen farbigen Abbildungen
ISBN: 978-3-936-188-45-5